世界主要国家
财政运行报告
（2016）

中国财政科学研究院　著

中国财经出版传媒集团

经济科学出版社

Economic Science Press

报告撰写组

顾　问：刘尚希

组　长：王朝才

副组长：张晓云　马洪范　张纪雄　宁旭初

执笔人：吕旺实（研究员）　　　马洪范（研究员）

　　　　张东明（研究员）　　　李　欣（研究员）

　　　　李三秀（研究员）　　　冯丽薇（副研究员）

　　　　刘翠微（副研究员）　　景婉博（副研究员）

　　　　王美桃（副研究员）　　秦　强（副教授）

　　　　于雯杰（助理研究员）　田　远（助理研究员）

　　　　白忠涛（博士研究生）　李　博（硕士研究生）

　　　　梁佳雯（硕士研究生）

目录
CONTENTS

第一篇 欧 洲

第二篇　北美洲

第三篇　南美洲

第四篇　大洋洲

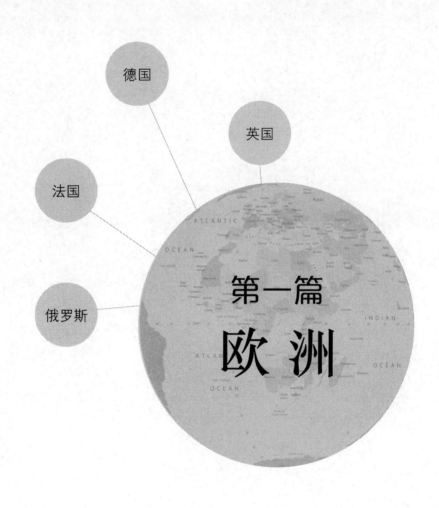

德国

英国

法国

俄罗斯

第一篇

欧 洲

第一章
英 国

英国全称为大不列颠及北爱尔兰联合王国（The United Kingdom of Great Britain and Northern Ireland），面积 24.41 万平方公里（包括内陆水域），包括英格兰、苏格兰、威尔士和北爱尔兰四部分，首都为伦敦。英国是英联邦 53 个成员国的盟主，目前在海外仍有 13 块领地。英国人口 6410 万人（截至 2014 年 6 月），居民多信奉基督教新教。英国的很多法律和制度成为世界各国学习和效仿的对象，例如君主立宪制、大宪章。英国资本主义发展较早，是最先完成工业化的国家。曾是世界霸主，被称为"日不落帝国"，对英联邦成员国无论是语言还是体制、制度上都有深远的影响。英国在第一次世界大战后逐渐走向衰落，目前是世界第六大经济体，欧盟第三大经济体。

一、政府治理体系

（一）宪法、政体、政党及政治

1. 宪法

英国宪法不是一个独立的文件，由成文法、习惯法、惯例组成。主要有大宪章（1215 年）、人身保护法（1679 年）、权利法案（1689 年）、议会法（1911、1949 年）以及历次修改的选举法、市自治法、郡议会法等。其中《大宪章》（拉丁文 Magna Carta，英文 Great Charter），是 1215 年 6 月 15 日（一说 1213 年）英王约翰被迫签署的宪法性的文件，是英国宪法的基础，创造了"法治"这一理念，文件在历史上第一次限制了封建君主的权力，日后成为了英国君主立宪制的法律基石，目前仍是英国宪法的重要组成部分，美国的联邦宪法和各州宪法也都包含有《大宪章》的思想。苏格兰有自己独立的法律体系。

2. 政体

英国政体为君主立宪制。君主是国家元首、最高司法长官、武装部队总司令和英国国教圣公会的"最高领袖"，形式上有权任免首相、各部大臣、高级法官、军官、各属地的总督、外交官、主教及英国圣公会的高级神职人员等，并有召集、停止和解散议会、批准法律、宣战/媾和等权力，但实权在内阁。女王伊丽莎白二世（Queen Elizabeth II），1926年4月21日出生，1952年2月6日即位，1953年6月2日加冕。

3. 政党

政党体制从18世纪起即成为英宪政中的重要内容。现英国主要政党有：

（1）保守党（Conservative Party）：议会第一大党。领袖戴维·卡梅伦，2005年12月当选。保守党前身为1679年成立的托利党，1833年改称现名。1979~1997年曾4次连续执政18年。2015年5月英国大选后，保守党获单独执政地位，组成保守党政府。支持者一般来自企业界和富裕阶层。主张自由市场经济，严格控制货币供应量，减少公共开支，压低通货膨胀，限制工会权利，加强"法律"和"秩序"等。近年来，提出"富有同情心的保守主义"，关注教育、医疗、贫困等社会问题。强调维护英国主权，反对"联邦欧洲"、欧盟制宪，不加入欧元区，认为英国继续作为欧盟成员符合英国利益，但主张重新谈判英国同欧盟的关系，承诺将于2017年年底前就英欧关系进行公投。

（2）工党（Labour Party）：议会第二大党。1900年成立，原名劳工代表委员会，1906年改用现名。1997~2010年连续执政13年。2010年5月大选失利，成为反对党。近年来，工党更多倾向关注中产阶级利益，与工会关系一定程度上有所疏远。主张保持宏观经济稳定增长，建立现代福利制度。外交上主张积极参与国际合作，视与美国和欧盟关系为两大外交支柱，支持欧盟一体化建设，反对英国脱离欧盟。2015年5月大选失败，埃德·米利班德辞去工党领袖职务。9月12日工党领袖选举结果出炉，激进左翼候选人杰里米·科尔宾（Jeremy Corbyn）以59.5%得票率当选工党新领袖。

英国其他政党还有：苏格兰民族党（Scottish National Party）、威尔士民族党（Plaid Cymru）、绿党（Green Party）、英国独立党（UK Independence Party）、英国国家党（British National Party），北爱尔兰一些政党如：北爱尔兰统一党（Ulster Unionist Party）、民主统一党（Democratic Unionist Party）、社会民主工党（Social Democratic and Labour Party）、新芬党（Sinn Fein）等。

4. 政治

2015年5月，英国举行议会大选，组成保守党单独执政政府，戴维·卡梅伦（David Cameron）连任首相。新政府上台后，将保持经济的长期发展作为主要任务，以控制公共开支、减少赤字为重点，积极促进劳动生产率和就业增长。调整福利政策，增加医疗预算。推动宪政方案，向苏格兰、威尔士、北爱尔兰进行权力下放。推动欧盟改革，提出将尽早立法，在 2017 年年底之前就是否留在欧盟举行全民公决。提出继续在全球事务中扮演领导角色，与国际社会共同应对国际安全、经济与人道主义挑战，强调英国在北约、叙利亚、伊拉克以及巴黎全球气候大会中的作用。

（二）政府

1. 立法：议会

议会管理着整个英国。[①] 议会为英国最高立法机构，由君主、上院（贵族院）和下院（平民院）组成。上院议员包括王室后裔、世袭贵族、终身贵族、教会大主教及主教。1999 年 11 月，上院改革法案获得通过，除 92 人留任外，600 多名世袭贵族失去上院议员资格，非政治任命的上院议员将由专门的皇家委员会推荐。2006 年 7 月首次经过选举产生了上院议长，现任议长为迪苏莎女男爵（Baroness D Souza）。下院议员由普选产生，采取简单多数选举制度，任期 5 年，但政府可提议提前大选。本届议会下院于 2015 年 5 月选出。在目前议席中，保守党占 331 席、工党占 232 席、苏格兰民主党占 56 席、自民党占 8 席、独立党占 1 席、绿党占 1 席、其他小党和无党派人士占 13 席。现任议长为约翰·伯科（John Bercow）。

2. 司法

英国有三种不同的法律体系：英格兰和威尔士实行普通法系，苏格兰实行民法法系，北爱尔兰实行与英格兰相似的法律制度。司法机构分民事法庭和刑事法庭两个系统。在英格兰和威尔士，民事审理机构按级分为郡法院、高等法院、上诉法院民事庭、最高法院。刑事审理机构按级分为地方法院、刑事法院、上诉法院刑事庭、最高法院。最高法院是英国所有民事案件的最终上诉机关，也是英格兰、威尔士和北爱尔兰所有刑事案件的最终上诉机关。苏格兰高等法院是苏格兰所有刑事案件的最终上诉机关。

1986 年成立皇家检察院，负责受理所有由英格兰和威尔士警察机关提交的刑事诉讼案。总检察长和副总检察长是英政府的主要法律顾问。现任总检察长杰里米·赖特（Jeremy Wright）。

2007 年 5 月，英内政部改组，分为内政部、司法部两个独立部门。内政部专责安全、反恐、移民，打击犯罪、毒品、反社会行为及建立身份证制度等事务；司法部负责法院、监狱、缓刑等事务。

3. 行政

英国实行内阁制，由君主任命在议会中占多数席位的政党领袖出任首相并组阁，向议会负责。现政府为保守党政府，于 2015 年 5 月大选后组成。同月，英国内阁进行调整。现任内阁主要成员为：首相兼首席财政大臣、文官大臣戴维·卡梅伦（David

---

① Anwar Shah, Local Government in Industrial Countries, the World Bank 2006, P265.

Cameron），首席大臣兼财政大臣乔治·奥斯本（George Osborne），上院领袖兼掌玺大臣斯托厄尔女男爵（Baroness Stowell），内政大臣特里萨·梅（Theresa May），外交大臣菲利普·哈蒙德（Philip Hammond），内阁办公室国务大臣兼兰卡斯特公爵郡大臣奥利弗·莱特文（Oliver Letwin），司法大臣兼大法官迈克尔·戈夫（Michael Gove），国防大臣迈克尔·法伦（Michael Fallon），商业、创新和技能大臣兼贸易委员会主席萨义德·贾维德（Sajid Javid），就业和养老金大臣伊恩·邓肯·史密斯（Iain Duncan Smith），卫生大臣杰里米·亨特（Jeremy Hunt），社区和地方政府事务大臣格雷格·克拉克（Greg Clark），教育大臣兼妇女事务大臣尼基·摩根（Nicky Morgan），国际发展大臣贾斯汀·格里宁（Justin Greening），能源和气候变化大臣安布尔·拉德（Amber Rudd），交通大臣帕特里克·麦克洛克林（Patrick McLoughlin），苏格兰事务大臣戴维·芒德尔（David Mundell），北爱尔兰事务大臣特里萨·维勒斯（Theresa Villiers），威尔士事务大臣斯蒂芬·克拉布（Stephen Crabb），文化、媒体和体育大臣约翰·惠廷德尔（John Whittingdale），环境、食品和乡村事务大臣伊丽莎白·特拉斯（Elizabeth Truss），下院领袖兼枢密院大臣克里斯·格雷林（Chris Grayling）。

在英国，首相在内阁和部长的支持下领导政府。广义来说，部长共 118 位，包括首相 1 位、内阁部长 21 位、其他部长 96 位。政府机构和组织包括部级机构 24 个、非部级机构 22 个、政府组织和其他公共机构 300 多个。财政部（HM Treasury）是政府部级经济和财政部门，负责管理公共支出、制定英国经济政策的方向、目标是实现强劲和持续的经济增长。财政部长乔治·奥斯本（George Osborne）是首席大臣兼财政大臣，内阁排名仅低于首相兼首席财政大臣、文官大臣戴维·卡梅伦（David Cameron）。①

英国行政区划分为英格兰、威尔士、苏格兰和北爱尔兰四部分。英格兰划分为 43 个郡。苏格兰下设 32 个区，包括 3 个特别管辖区。威尔士下设 22 个区。北爱尔兰下设 26 个区。苏格兰、威尔士议会及其行政机构全面负责地方事务，中央政府仍控制外交、国防、总体经济和货币政策、就业政策以及社会保障等。伦敦也称"大伦敦"（Greater London），下设独立的 32 个城区（London Boroughs）和 1 个"金融城"（City of London）。各区议会负责各区主要事务，但与大伦敦市长及议会协同处理涉及整个伦敦的事务。

二、政府间财政关系

英国是单一制国家，行政区划分为英格兰、威尔士、苏格兰和北爱尔兰四部分，他们每个都是独立的国家。其中，英格兰划分为 43 个郡；苏格兰下设 32 个区，包括 3

---

① 资料来源：英政府网站和英财政部网站。

个特别管辖区；威尔士下设 22 个区；北爱尔兰下设 26 个区。苏格兰、威尔士议会及其行政机构全面负责地方事务，中央政府仍控制外交、国防、总体经济和货币政策、就业政策以及社会保障等。伦敦也称"大伦敦"，下设独立的 32 个城区和 1 个"金融城"，各区议会负责各区主要事务，但与大伦敦市长及议会协同处理涉及整个伦敦的事务。本章除中央政府外，统称为地方。

英国地方行政当局的法律地位主要可以从以下三个因素来反映：超越权限、解散和自治。首先，在英国，地方行政当局只能做法律允许的事情，而不是法律不禁止的皆可为，如果做了法律允许范围外的事情即为超越权限。其次，地方行政当局由中央政府建立，中央政府也有解散的权力。最后，地方自治权受到限制，限制体现在上文提到的超越权限、规定了一系列地方的强制性事权、对地方行政当局税收权的限制等方面。[①]

（一）事权

地方行政当局提的事权主要包括以下几个方面：

1. 教育。地方行政当局负责提供大多数儿童选择的公立的小学和初中教育，为 5 岁以下的幼儿建立一些学校，还为一些其他学校提供补贴。另外，地方行政当局还为有各种严重问题的幼儿提供特殊教育，也提供一些成人教育。地方行政当局没有责任提供大学（University）教育，大学教育由中央负责，例如以前地方政府曾建立被称为科技专科学校的学院（College），1989 年中央政府将这些学院接收并将其升级为大学。

2. 社会服务。地方行政当局为无家可归的儿童提供住所，负责这类儿童的养育和领养工作。为有身体、学习或智力障碍的劳动者提供各种帮助。为不能住在自己家的老年人提供住所，为住在个人私有住房的老年人提供一些经济上的资助，以及为准备住在自己家的老年人提供援助。

3. 安全保障服务。地方行政当局运作消防、防火建议和强制执行、防灾（例如洪水、化学品泄漏和恐怖袭击）紧急方案的制定、警察服务。还提供地方法庭服务，地方法庭是最低级别的法庭，适用情节较轻微的违法犯罪。

4. 住房。地方行政当局有责任保障每个人都有居所，必须为可能无家可归的人提供住处。为租住私人和公共住所的贫困人群提供现金补助，这项服务是代表中央政府实施的代理服务。另外，地方行政当局对改善个人私有住房居住条件的人们给予一些补贴。

5. 交通。地方行政当局提供并维护二级和三级公路，对这些公路的交通和停车进行管理。高速公路和国家重要的主干道是中央政府的责任。地方行政当局也对私人所有的公共交通道路提供一些补贴，免除老年人或其他人群的缴费。

6. 文化服务。地方行政当局运行着绝大多数的公共图书馆。对历史性建筑有一定的责任，提供一些艺术展廊和博物馆。另外，提供一些公园或其他活动空间、体育馆、

---

① Anwar Shah, Local Government in Industrial Countries, the World Bank 2006, P272－273.

游泳馆和游乐场地。最后，促进旅游发展。

7. 规划。地方行政当局决定发展规划，处理发展的申请，在上报中央政府请求批准的情形下有权接受或者反对发展的申请。

8. 环境。地方行政当局负责街道清扫、垃圾的收集和处理。还协调处理一些其他的环境问题，包括提供公共厕所、保障食品安全、制定住房标准、控制噪声或其他种类的环境污染、提供公墓和火葬场。

此外，地方行政当局还履行一些其他服务，例如出生、结婚、死亡和选举的登记。

地方行政当局对其责任内的事务并不是拥有完全的权利，中央政府对地方事务规定了很多规则和制度。实际上，地方行政当局是在国家的框架下履行其绝大多数的职责，也有一定的自由裁量空间。

（二）支出责任

作为财政权力高度集中的单一制国家，英国70%的财政支出由中央政府负担。在按功能分类的各项支出中，中央承担比例最高的项目依次是医疗卫生、国防、一般公共服务、社会保障、经济事务、娱乐文化与宗教、公共安全、环境保护、教育、住房与社区发展，其中前六项中央政府的支出占该项全国总支出的比例超过50%，医疗卫生和国防几乎全部由中央政府承担，而教育和社区发展则主要由地方政府承担。但与支出相关的具体管理事务则由各级政府共同分担，并且主要依赖于地方政府。[①]

以英格兰为例，按经济性质划分，英格兰地方行政当局总支出分为收入性支出和资本性支出两类，其中以收入性支出为主（89.7%），其中最主要的是雇员工资（42.2%）和运营经费（40.5%）；按功能分类，英格兰地方行政当局总支出分为教育（31.6%）、社会服务（15.5%）、警察（8.9%）、消防（1.9%）、住房（7.3%）、其他住房（7.4%）、交通（6.6%）、其他服务（17.6%）、其他（3.4%，例如利息支出）共9类。英国的收入性支出减去收入性收入为净的收入性支出，英格兰地方行政当局净收入性支出按功能分类分别为教育（42.6%）、社会服务（19.7%）、安全服务（16.1%）、住房（1.3%）、交通（4.9%）、文化（3.9%）、规划（1.9%）、环境（4.8%）、地方行政当局中央办公室（3.7%）、其他（1.0%）。[②]

（三）税权划分

与其他国家相比，英国的政府收入集中程度非常高，95%的税收收入归中央政府，所有OECD国家中只有爱尔兰超过了这一比例。除住宅房产税以外的所有税种都属于

---

① 财政部财政科学研究所：《经济危机中的财政——各国财政运行状况（2011）》，中国财政经济出版社2012年版，第130页。

② Anwar Shah, Local Government in Industrial Countries, the World Bank 2006, table 8.4, table8.5, table8.6.

中央税，其中包括：收入税、增值税、公司税、国民保险缴费、特种商品税、车辆特种税、保险溢价税、空乘税、气候变化税、开采税、博彩税、资本利得税、印花税、营业税、土地占用税、北海石油税、商业房产税等。[①]

地方政府自有税收收入主要是住宅房产税（Council Tax，有时也被称为 Domestic Tax）。1992 年，在英格兰、威尔士和苏格兰，住宅房产税取代了原有的人头税（Poll Tax），该税种属于财产税类别，税基为住宅房产，收入属于地方，地方拥有一定的税率决定权，将住房按价值从低到高分为几类每类采用相同税率征税，征税范围不包括商业房产（商业房产税在 20 世纪 90 年代被收归中央），房产税的权限在英格兰、苏格兰、威尔士和北爱尔兰的不同地方间有较大差异。以英格兰地方行政当局为例，房产按价值从低到高分为 A 到 H 共 8 类，D 为中间基准层，地方对其管辖范围内的房产设定 D 层的税率后，其他层级房产的税率按相应公式就可计算得出，每层级房产适用相同的税率，对于房产价值没有规定经过多少年需进行再评估，一些房产可以享受税收折扣，3% 的房产属于免税范围（主要是学生居住的房屋），H 级房产的税率是 A 级房产的 3 倍，房产价值高缴纳的税也多，相同房产如果只住 1 个人纳税要少于人口多的家庭。[②]

统一的商业房产税（Uniform Business Rate）也有人将其归入地方税，这里也做一个简要的介绍。中央政府要求地方行政当局按照中央规定的统一税率征收非住宅房产税，收入缴纳到中央后再按人口数平均分配到各地方，在有 2 个或更多层级（Tier）的地方，中央来决定各层级如何分享按人口数享有的收入。商业房产税更偏向于中央税，中央确定税基、价值评估、统一的从价税率（Uniform Poundage）和分配规则，更像是按人口数量平均分配的对地方的一般转移支付，地方只是负责征集收入并按中央的分配原则获得收入。与住宅房产不同，商业房产的价值评估每 5 年进行一次。税基不仅涵盖商业房产，还包公共建筑、管道和广告牌，但是教堂和使馆免征，农业用地和建筑也免征，一些房产可以享受强制的税收减免如慈善机构享受 80% 的税收减免。地方行政当局可以给予进一步的税收减免，但是等于减少其分享的该税种税收收入。[③]

（四）转移支付

由于地方政府的财政收入仅占全国财政收入的 5%，但承担了 28% 的支出责任。为保证地方政府提供高质量的公共服务，中央政府对地方政府进行转移支付。中央政府给予地方政府的转移支付包括一般转移支付（General Grants）和专项转移支付（Specific Grants）两类。

一般转移支付主要由两部分构成：一是上文提到的商业房产税，英文有的也叫

① 财政部财政科学研究所：《经济危机中的财政——各国财政运行状况（2011）》，中国财政经济出版社 2012 年版，第 130 页。

②③ Anwar Shah, Local Government in Industrial Countries, the World Bank 2006, P287 - 291.

NNDR（National Non-Domestic Rates），可直接翻译为国家非住宅房产税；另一个是对英格兰地方行政当局的收入援助转移支付（Revenue Support Grant，RSG），苏格兰和威尔士也类似。商业房产税正如上文提到的中央将该税种的税收收入按照地方人口数平均分配；收入援助转移支付是按照一个均等化的转移支付方案来确定转移支付的金额，其程序要经历4个步骤，简单来说第1步是中央政府计算地方履行职责所需的资金，第2步是中央政府计算地方住宅房产税征收的收入，第3步中央政府计算通过统一的商业房产税的收入分配地方能够获得的转移支付金额，第4步将第1步计算结果减去第2步和第3步的计算结果就是中央对地方的收入援助转移支付数额。总的来说，经过一般转移支付的调整，中央保证地方的收入正好满足支出需要。①

专项转移支付是根据项目获得的拨款。这些项目有的由副首相办公室，有的由其他政府部门为实现其目标而确立。80%的专项转移支付资金属于8类项目，以英格兰为例，英格兰地方政府获得的主要专项转移支付为强制性租金补贴（Mandatory Rent Allowance）、住宅房产税负担转移支付（Council Tax Benefit Grant）、警察转移支付（Police Grant）、教育标准资金（Education Standards Fund）、学校标准转移支付（School Standards Grant）、教师工资改革（Teachers Pay Reform）、寻求庇护者转移支付（Asylum Seekers Grant）、大伦敦当局交通转移支付（Great London Authority Transport Grant）、其他，除其他外以前4项为主，下面简单分别做个介绍。强制性租金补贴是对贫困的承租人给予的最高额为租金100%的承租住房的补贴。住宅房产税负担转移支付是对贫困的住宅房产税纳税人给予的最高额为其缴纳的住宅房产税税金100%的转移支付。强制性租金补贴和住宅房产税负担转移支付可以被看做地方行政当局代中央政府实施的支出，因为所有的规则、条件和支出水平都是中央决定的，地方来实施，通过专项转移支付收回其所需资金。警察转移支付是因为警察委员会（Police Boards）不完全在地方行政当局的管辖下，同样警察不是传统的地方政府应该提供的服务。警察转移支付由内政部（the Home Office 或者 Ministry of the Interior）以一个复杂的公式为基础计算得出，公式针对每个警队处理犯罪、接到报警、交通维护、公共秩序管理、社区警力和巡逻和津贴的情况来设计。教育标准转移支付是覆盖学校修缮、社会融入、教学条件急需改进、教学支持、教师培训和教学条件改善的40多项转移支付的综合体。一般情况下，该项转移支付可以覆盖相关支出的48%。②

英国的转移支付不仅涉及中央政府和地方政府，也涉及国有企业（Public Corporations）和私人部门（Private Sector），既有政府对国有企业和私人部门的转移支付，也有来自国有企业和私人部门的对政府的转移支付。

就中央政府获得的转移支付来看（见表1-1），经常性转移支付平稳增长，从2011~2012财年的36亿英镑增长到2014~2015财年的44亿英镑，占中央政府经常性

①② Anwar Shah, Local Government in Industrial Countries, the World Bank 2006, P290-294.

支出的比重虽然也在增长，但仍然不到其经常性支出的1%。中央政府获得的资本性转移支付的数量在各财年间变动较大，所获得的资本性转移支付占其资本性支出的比重也变动较大。中央政府获得的资本性转移支付中来自地方政府的部分在2011~2012财年较为重要，但在之后财年中要弱于来自私人部门的资本性转移支付。总的来看，对中央政府的经常性转移支付数量不多，对经常性支出的影响也不大；对中央政府的资本性转移支付的情况也类似，但相对更重要一些；来自地方政府的对中央政府的资本性转移支付在2011~2012财年是中央政府获得的资本性转移支付的最重要来源，其他财年少于来自私人部门的转移支付。

英国中央政府对地方政府转移支付的规模较大，地方政府的支出主要依赖中央的转移支付（见表1-1）。2011~2012财年，中央对地方政府的经常性、资本性转移支付分别为1 282亿英镑和185亿英镑，之后财年有所下降，2014~2015财年分别为1 222亿、121亿英镑。但是无论从绝对量还是占中央政府相应支出比重还是地方政府相应支出的比重都可以看出，中央政府对地方政府的支持力度很大，将其经常性收入的40%和资本性收入的30%转移支付给地方政府，地方政府的支出对中央政府转移支付的依赖很大。

表1-1　英国政府间转移支付（2011~2012财年至2014~2015财年）

单位：百万英镑

年　份	2011~2012	2012~2013	2013~2014	2014~2015
对中央政府的经常性转移支付	3 576	3 244	4 217	4 431
对中央政府的资本性转移支付	13 612	661	1 667	941
其中来自地方政府的资本性转移支付	13 518	116	165	242
中央政府对地方政府的经常性转移支付	128 172	125 156	125 349	122 164
中央政府对地方政府的资本性转移支付	18 498	11 756	11 999	12 101
对中央政府的经常性转移支付占其经常性支出的比重（％）	0.5	0.5	0.6	0.7
对中央政府的资本性转移支付占其资本性支出的比重（％）	23.6	1.1	3.2	1.7
其中来自地方政府的资本性转移支付占对中央政府资本性转移支付的比重（％）	23.5	0.2	0.3	0.4

注：（1）数据来自后附表PSA6C和PSA6E及计算得出。

　　（2）对中央政府的资本性转移支付分别来自地方政府、国有企业和私人部门，其中主要来自地方政府和私人部门。

资料来源：Office for National Statistics, Public Sector Finances, April 2015, issued on 22 May 2015, 英国财政部网站。

三、财政收支运行状况

（一）政府收入和支出

1. 英国整个政府的收入和支出

2013～2014 财年，英国政府（General Government）经常性收入 6 276 亿英镑，经常性支出 6 723 亿英镑，折旧 265 亿英镑，经常性预算赤字 712 亿英镑，净投资 304 亿英镑，净借款 1 016 亿英镑，净现金需求 767 亿英镑（见表 1 - 2）。

表 1 - 2　　　　　　英国政府财政状况（2013～2014 财年）　　　　单位：百万英镑

		中央政府	地方政府	汇总	中央政府所占比重（%）	地方政府所占比重（%）
经常性收入	1	592 326	35 279	627 605	94.4	5.6
经常性支出	2	644 540	27 799	672 339	95.9	4.1
经常性预算赤字	3 = 2 - 1 + 折旧	69 183	2 014	71 197	97.2	2.8
净投资	4	33 944	- 3 531	30 413	111.6	- 11.6
净借款	5 = 3 + 4	103 127	- 1 517	101 610	101.5	- 1.5
净现金需求	6 = 5 + 相关交易	79 832	- 3 114	76 718	104.1	- 4.1

注：（1）数据来自后附表 PSA10 及计算得出。

　　（2）经常性预算赤字 = 经常性支出 - 经常性收入 + 折旧，净借款 = 经常性赤字 + 净投资，
　　　　净现金需求 = 净借款 + 与净现金需求相关的交易。

资料来源：Office for National Statistics，Public Sector Finances，April 2015，issued on 22 May 2015，英国财政部网站。

2. 英国地方政府收入和支出

2013～2014 财年，英国地方政府经常性收入 352 亿英镑，经常性支出 278 亿英镑，折旧 95 亿英镑，经常性预算赤字 20 亿英镑，净投资 - 35 亿英镑，净借款 - 15 亿英镑，净现金需求 - 31 亿英镑（见表 1 - 2）。

3. 英国中央政府收入和支出

（1）中央政府支出总量。2011～2012 财年至 2014～2015 财年，英国中央政府总支出分别为 7 081 亿、7 188 亿、7 266 亿和 7 336 亿英镑（见表 1 - 3）。财政支出总量逐年增长，增量率较低，在 1%～1.5% 之间，而且增长率逐年下降。财政支出占 GDP 比重逐年下降，占比从 43.0% 下降到 39.7%。

表 1 - 3　　　　　　　　英国中央政府支出状况

（2011～2012 财年至 2014～2015 财年）　　　　单位：百万英镑

年　份	2011～2012	2012～2013	2013～2014	2014～2015
财政支出总计	708 110	718 780	726 618	733 574
财政支出增长率（％）		1.5	1.1	1.0
GDP	1 647 303	1 693 742	1 772 566	1 845 771
财政支出占 GDP 比重（％）	43.0	42.4	41.0	39.7

注：支出数据来自后附表 PSA6C，其他数据根据其他后附表及计算得出。

资料来源：Office for National Statistics, Public Sector Finances, April 2015, issued on 22 May 2015, 英国财政部网站。

（2）中央政府支出结构及其变化。经济分类。按经济分类，中央政府支出分经常性支出和资本性支出两大类别，其中以经常性支出为主，所占比重超过 91%，资本性支出所占比重较低，不到 9%（见表 1 - 4）。2011～2012 财年至 2014～2015 财年，中央经常性支出占总支出比重分别为 91.9%、92.0%、92.8%、92.5%，所占比重呈现略有增长的态势，在 2014～2015 财年所占比重有所下降，资本性支出所占比重变化情况正好相反。

表 1 - 4　　　　　　　英国中央政府支出结构：经济分类

（2011～2012 财年至 2014～2015 财年）　　　　单位：百万英镑

年　份	2011～2012	2012～2013	2013～2014	2014～2015
财政支出总计	708 110	718 780	726 618	733 574
经常性支出	650 475	661 189	674 038	678 920
资本性支出	57 635	57 591	52 580	54 654
占总支出比重（％）				
经常性支出	91.9	92.0	92.8	92.5
资本性支出	8.1	8.0	7.2	7.5

注：数据来自后附表 PSA6C 及计算得出。

资料来源：Office for National Statistics, Public Sector Finances, April 2015, issued on 22 May 2015, 英国财政部网站。

功能分类。由于缺乏英国中央政府功能分类的结构，因此这里对英国公共部门服务支出按功能分类的结构进行了分析（见表 1 - 5、图 1 - 1）。按功能分类，英国公共部门服务支出包括：一般公共服务、国防、公共秩序与安全等十几项内容，从支出的数量来看，最重要的支出类别分别是社会保障、医疗卫生和教育。2013～2014 财年，社会保障、医疗卫生和教育支出占比分别为 36%、19% 和 14%，三项支出占总支出比重在 70% 左右。从发展趋势来看，这三项支出占总支出比重基本稳定，略有上升。

表 1 - 5　　　　　　　英国公共部门服务支出结构：功能分类

（2000~2001 财年至 2013~2014 财年）单位：十亿英镑，实际数

年　份	2000~2001	2010~2011	2011~2012	2012~2013	2013~2014
1. 一般公共服务	52.6	64.1	63.6	58.1	59.2
2. 国防	34.9	41.5	40.1	37.1	36.4
3. 公共秩序与安全	27.7	34.9	33.2	31.9	30.1
4. 经济事务	32.4	42.1	38.9	36.1	39.2
5. 环境保护	6.9	11.5	10.8	10.8	11.5
6. 住房与社区服务	7.5	14.0	10.6	10.3	11.6
7. 医疗卫生	73.7	126.5	125.7	126.8	129.4
8. 文娱宗教事务	10.6	13.7	13.0	13.0	11.8
9. 教育	62.4	96.6	90.1	88.8	91.8
10. 社会保障	174.7	243.2	248.8	255.8	250.7
欧盟相关支出	-3.5	3.8	2.1	4.4	5.0
公共部门服务支出	479.8	691.8	677.0	673.1	676.7
账户调整	29.2	54.6	55.7	62.4	45.6
管理支出汇总	509.0	746.3	732.7	735.6	722.3
占 GDP 比重（%）					
1. 一般公共服务	3.7	3.9	3.8	3.4	3.4
2. 国防	2.5	2.5	2.4	2.2	2.1
3. 公共秩序与安全	2.0	2.1	2.0	1.9	1.7
4. 经济事务	2.3	2.5	2.3	2.1	2.3
5. 环境保护	0.5	0.7	0.6	0.6	0.7
6. 住房与社区服务	0.5	0.8	0.6	0.6	0.7
7. 医疗卫生	5.2	7.6	7.4	7.5	7.5
8. 文娱宗教事务	0.8	0.8	0.8	0.8	0.7
9. 教育	4.4	5.8	5.3	5.2	5.3
10. 社会保障	12.4	14.6	14.7	15.1	14.5
欧盟相关支出	-0.3	0.2	0.1	0.3	0.3
公共部门服务支出	34.1	41.6	40.1	39.6	39.1
账户调整	2.1	3.3	3.3	3.7	2.6
管理支出汇总	36.2	44.9	43.4	43.3	41.7

　　注：（1）实际数是指根据名义数进行了价格的调整。

　　　　（2）采用权责发生制会计处理方法。

　　资料来源：HM Treasury，Statistical Bulletin：Public Spending Statistics April 2015，Table10a and 10b.

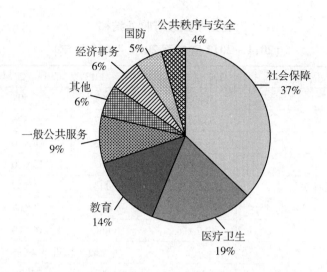

图 1 - 1　英国公共部门服务支出结构：功能分类（2013～2014 年）

注：根据表 1 - 5 绘制。

（3）中央政府收入规模及其变化。2011～2012 至 2014～2015 财年，英国中央政府总收入分别为 5 940 亿、5 929 亿、6 235 亿和 6 441 亿英镑（见表 1 - 6）。收入总量的变化相对支出来说变化较大，因为收入受经济影响更为显著，但与发展中经济体相比收入的变动不大。收入占 GDP 比重逐年下降，占比从 36.1% 下降到 34.9%。

表 1 - 6　　　　　　　　英国中央政府收入状况

（2011～2012 财年至 2014～2015 财年）　　　　单位：百万英镑

年　份	2011～2012	2012～2013	2013～2014	2014～2015
财政收入总计	594 003	592 897	623 491	644 068
财政收入增长率（%）		- 0.2	5.2	3.3
GDP	1 647 303	1 693 742	1 772 566	1 845 771
财政收入占 GDP 比重（%）	36.1	35.0	35.2	34.9

注：收入数据来自后附表 PSA6C，其他数据根据其他后附表及计算得出。

资料来源：Office for National Statistics, Public Sector Finances, April 2015, issued on 22 May 2015, 英国财政部网站。

（4）中央政府收入结构。英国中央政府收入分经常性收入、产出、养老金缴费、对中央政府的经常性拨款、对中央政府的资本性转移支付、营运盈余六个部分（见表 1 - 7）。中央政府收入主要是经常性收入，占总收入的比重在 95% 左右，比重近年来略有增长。2014～2015 财年，英国中央政府经常性收入 6 441 亿英镑，占总收入的 95.2%。

表1-7 英国中央政府收入结构

（2011~2012财年至2014~2015财年） 单位：百万英镑

年 份	2011~2012	2012~2013	2013~2014	2014~2015
财政收入总计	594 003	592 897	623 491	644 068
经常性收入	553 651	566 567	592 326	613 137
产出	17 481	16 428	18 620	18 312
养老金缴费	21 849	22 657	23 630	24 537
对中央政府的经常性拨款	3 576	3 244	4 217	4 431
对中央政府的资本性转移支付	13 612	661	1 667	941
减营运盈余	-16 166	-16 660	-16 969	-17 290
	占总收入比重（%）			
经常性收入	93.2	95.6	95.0	95.2
产出	2.9	2.8	3.0	2.8
养老金缴费	3.7	3.8	3.8	3.8
对中央政府的经常性拨款	0.6	0.5	0.7	0.7
对中央政府的资本性转移支付	2.3	0.1	0.3	0.1
减营运盈余	-2.7	-2.8	-2.7	-2.7

注：收入数据来自后附表PSA6C及计算得出。

资料来源：Office for National Statistics, Public Sector Finances, April 2015, issued on 22 May 2015, 英国财政部网站。

经常性收入的结构及其变化。英国中央政府经常性收入分为税收收入、国民社会保险缴费、利息和红利收入和其他收入四类（见表1-8）。其中税收收入是经常性收入的主体，占比在75%左右；其次是国民社会保险缴费，占比在18%左右；再次是其他收入，最后是利息和红利收入，这两类收入占经常性收入的比重略超过3%。近年来，各项收入占经常性收入的比重基本稳定，税收收入所占比重略有下降，利息和红利收入所占比重略有上升。2014~2015财年，税收收入、国民社会保险缴费、利息和红利收入和其他收入分别为4 623亿、1 095亿、196亿、217亿英镑，占经常性收入的比重分别为75.4%、17.9%、3.2%和3.5%。

表1-8 英国中央政府经常性收入结构

（2011~2012财年至2014~2015财年） 单位：百万英镑

年 份	2011~2012	2012~2013	2013~2014	2014~2015
经常性收入	553 651	566 567	592 326	613 137
税收收入	424 749	425 950	444 437	462 319
国民社会保险缴费（NICs）	101 597	104 483	107 306	109 455

年 份	2011~2012	2012~2013	2013~2014	2014~2015
利息和红利	9 612	16 668	20 295	19 618
其他收入	17 693	19 466	20 288	21 745
	占经常性收入的比重（%）			
税收收入	76.7	75.2	75.0	75.4
国民社会保险缴费（NICs）	18.4	18.4	18.1	17.9
利息和红利	1.7	2.9	3.4	3.2
其他收入	3.2	3.4	3.4	3.5

注：收入数据来自后附表 PSA6C 及计算得出。

资料来源：Office for National Statistics, Public Sector Finances, April 2015, issued on 22 May 2015, 英国财政部网站。

税收收入的结构及其变化。英国中央政府税收收入包括：产品税、所得和财产税和其他税收收入三类（见表1-9）。其中产品税的税收收入和所得和财产税的税收收入是税收收入的主体，占税收收入比重分别在50%和46%左右；其他税收收入相对较小，占比不到4%。2014~2015 财年，产品税、所得和财产税和其他税收收入分别为2 317亿、2 133亿、173亿英镑，占税收收入的比重分别为50.1%、46.1%和3.7%。从近年变动趋势来看，产品税所占比重呈上升趋势，所得和财产税所占比重呈下降趋势，其他税收收入所占比重基本稳定。

表1-9　　　　　英国中央政府税收收入结构

（2011~2012 财年至 2014~2015 财年） 单位：百万英镑

年 份	2011~2012	2012~2013	2013~2014	2014~2015
税收收入	424 749	425 950	444 437	462 319
产品税	206 627	211 622	223 425	231 696
所得和财产税	202 767	198 967	203 569	213 292
其他税收收入	15 355	15 361	17 443	17 331
	占税收收入的比重（%）			
产品税	48.6	49.7	50.3	50.1
所得和财产税	47.7	46.7	45.8	46.1
其他税收收入	3.6	3.6	3.9	3.7

注：收入数据来自后附表 PSA6B 及计算得出。

资料来源：Office for National Statistics, Public Sector Finances, April 2015, issued on 22 May 2015, 英国财政部网站。

从税种看，按税收收入从高到低依次是收入所得税（PAYE IT - Pay As You Earn Income Tax）、增值税、企业所得税（Corporation Tax）等等（见表 1 - 10）。收入所得税收入占税收收入比重超过 30%，但占比呈现略有下降的趋势，占比从 2011~2012 财年的 31.5% 下降到 2014~2015 财年的 30.2%。增值税收入占税收收入的比重在 27% 左右，近年来所占比重略有上升，从 2011~2012 财年的 26.4% 上升到 2014~2015 财年的 27.0%。企业所得税收入占税收总收入的比重在 9% 左右，近年来占总收入比重略有下降，从 2011~2012 财年的 9.9% 下降到 2014~2015 财年的 9.1%。其他一些较为重要的税种还有燃料税（Fuel Duty）、商业税（Business Rates）、自我评估所得税（Self Assessed Income Tax），这三个税种的收入占税收收入的比重在 5%~6% 左右。

表 1 - 10　　　　　　英国中央政府税收收入结构：分税种

（2011~2012 财年至 2014~2015 财年）　　　单位：百万英镑

年 份	2011~2012	2012~2013	2013~2014	2014~2015
产品税	206 627	211 622	223 425	231 696
增值税	112 067	114 465	120 226	125 023
酒税	10 180	10 139	10 308	10 449
烟草税	9 878	9 590	9 556	9 251
燃料税	26 798	26 571	26 882	27 156
商业税	22 714	23 848	24 557	24 993
印花税（股票）	2 794	2 233	3 108	2 922
印花税（土地和财产）	6 125	6 907	9 371	10 848
企业支付的车辆税	946	958	978	945
其他	15 125	16 911	18 439	20 109
所得和财产税	202 767	198 967	203 569	213 292
自我评估所得税	20 333	20 551	20 854	23 663
资本利得税	4 336	3 927	3 910	5 832
收入所得税（PAYE IT）	133 915	132 559	135 481	139 483
其他所得税	-1 541	-815	1 286	689
企业所得税	42 151	39 454	39 271	42 274
石油所得税	2 032	1 737	1 118	76
杂项税	1 541	1 554	1 649	1 275
其他税收收入	15 355	15 361	17 443	17 331
电视牌照税	3 113	3 085	3 120	3 137
家庭支付的车辆税	4 968	5 029	5 127	4 961

续表

年 份	2011~2012	2012~2013	2013~2014	2014~2015
银行税	1 835	1 617	2 297	2 791
其他	5 439	5 630	6 899	6 442
税收收入汇总	424 749	425 950	444 437	462 319
	占税收收入的比重（%）			
增值税	26.4	26.9	27.1	27.0
酒税	2.4	2.4	2.3	2.3
烟草税	2.3	2.3	2.2	2.0
燃料税	6.3	6.2	6.0	5.9
商业税	5.3	5.6	5.5	5.4
印花税（股票）	0.7	0.5	0.7	0.6
印花税（土地和财产）	1.4	1.6	2.1	2.3
企业支付的车辆税	0.2	0.2	0.2	0.2
其他	3.6	4.0	4.1	4.3
自我评估所得税	4.8	4.8	4.7	5.1
资本利得税	1.0	0.9	0.9	1.3
收入所得税（PAYE IT）	31.5	31.1	30.5	30.2
其他所得税	-0.4	-0.2	0.3	0.1
企业所得税	9.9	9.3	8.8	9.1
石油所得税	0.5	0.4	0.3	0.0
杂项税	0.4	0.4	0.4	0.3
电视牌照税	0.7	0.7	0.7	0.7
家庭支付的车辆税	1.2	1.2	1.2	1.1
银行税	0.4	0.4	0.5	0.6
其他	1.3	1.3	1.6	1.4

注：收入数据来自后附表 PSA6D 及计算得出。

资料来源：Office for National Statistics, Public Sector Finances, April 2015, issued on 22 May 2015, 英国财政部网站。

（二）政府经常性预算盈余/赤字、净借款及现金需求

2013～2014财年，英国政府经常性预算赤字712亿英镑，加上净投资304亿英镑，净借款达到1 016亿英镑，再考虑其他交易如资产出售的所得，因此净现金需求767亿英镑，经常性预算赤字、净借款和净现金需求占GDP的比重分别为4.0%、5.7%和4.3%，虽然都超过3%，但是与之前财年相比有大幅下降（见表1-11）。①

表1-11　　　　英国政府经常性预算盈余/赤字、净借款及
现金需求状况（2013～2014财年）　　　单位：百万英镑

		金　额	占GDP比重（%）
经常性收入	1	627 605	
经常性支出	2	672 339	
经常性预算赤字	3 = 2 - 1 + 折旧	71 197	4.0
净投资	4	30 413	
净借款	5 = 3 + 4	101 610	5.7
净现金需求	6 = 5 + 相关交易	76 718	4.3

注：（1）数据来自后附表PSA10及计算得出。

（2）经常性预算赤字=经常性支出-经常性收入+折旧，净借款=经常性赤字+净投资，净现金需求=净借款+与净现金需求相关的交易。

资料来源：Office for National Statistics，Public Sector Finances，April 2015，issued on 22 May 2015，英国财政部网站。

（三）政府债务

全球金融危机以来，英国政府债务不断积累，债务负担逐渐增加，总量上看，从2010～2011财年的1.2万亿英镑增加到2014～2015财年的1.6万亿英镑，从债务占GDP比重看，从2010～2011财年的69.9%增加到2014～2015财年的86.6%，进一步背离60%的欧盟目标（见表1-12）。

英国政府净债务的状况也是如此，净债务不断积累，债务负担逐渐增加，总量上看，从2010～2011财年的1.1万亿英镑增加到2014～2015财年的1.4万亿英镑，从债务占GDP比重看，从2010～2011财年的63.4%增加到2014～2015财年的78.3%（见表1-12）。

---

① 根据《各国财政运行》（2011），财政赤字在2009～2010财年达到近年历史峰值11.2%，之后由于经济的缓慢复苏以及财政整顿措施的实施，财政赤字逐年下降，至2012～2013财年降至6.2%，但由于周期性因素以及经济复苏乏力，预计2013～2014财年会有小幅反弹。

如果再看英国公共部门的总债务，其除政府债务外还包括国有非金融企业和国有银行的相应债务，大约为政府债务的两倍。[①] 英国公共部门的净债务，超过政府净债务，但不到政府净债务的 2 倍。由此可见，英国债务风险进一步加大。

表 1 – 12 英国政府债务水平（2010～2011 财年至 2014～2015 财年）

（期末，名义价值） 单位：百万英镑

年 份	2010～2011	2011～2012	2012～2013	2013～2014	2014～2015
政府总债务	1 212 111	1 345 202	1 420 611	1 521 156	1 598 500
其中：中央政府	1 196 643	1 329 736	1 403 501	1 504 820	1 580 169
地方政府	70 977	81 604	84 705	85 458	87 686
政府净债务	1 098 805	1 200 755	1 280 116	1 363 380	1 444 398
占 GDP 比重（%）					
政府总债务	69.9	81.7	83.9	85.8	86.6
政府净债务	63.4	72.9	75.6	76.9	78.3

注：数据来自后附表 PSA8C 和 PSA8A 及计算得出。

资料来源：Office for National Statistics，Public Sector Finances，April 2015，issued on 22 May 2015，英国财政部网站。

四、政府预算管理

（一）预算层级

英国预算管理体制体现了中央集权较高的特点。从预算级次看，分中央预算和地方预算两级，中央政府预算为中央级预算，各地区和大伦敦市及以下各级政府预算为地方预算。中央政府与地方政府的事权划分比较明确，英国财政根据各级政府的事权划分收支范围，实行严格的分税制。英国的税收立法权完全属于中央，只有中央政府有权决定开征税收。中央预算收入主要有个人所得税、公司所得税、资本利得税、遗产税、印花税、增值税、各种消费税、关税、社会保障收入等。地方预算收入主要是营业税、市政税、中央预算补助收入和地方自筹收入。其中营业税税率由中央政府确定，税收收入全部上交中央政府再做统一分配。中央预算支出主要担负国防、外交、高等教育、社会保障、国民健康和医疗、中央政府债务还本付息以及对地方的补助。

---

① Office for National Statistics，Public Sector Finances，April 2015，issued on 22 May 2015，英国财政部网站，表 PSA8C 和 PSA8D。

地方政府的预算支出主要用于中小学教育、地方治安、消防、公路维护、住房建筑、预防灾害、地区规划、对个人的社会服务和少量投资等。从中央预算支出所担负的任务看，中央预算支出通常占整个财政收入的80%左右，而地方预算收支缺口过大，对中央预算补助的依赖性严重。由于财力大部分集中在中央政府，中央可以对地方的预算实行严格的控制。

（二）预算程序

英国实行跨年度财政预算，财年从当年4月1日开始，至次年3月31日止。财政大臣在每年的"预算日"（一般在3、4月份）向议会提出预算报告，报告须经议会批准后实施。

英国中央政府的预算程序有两个特点：一是"两次预算"——冬季的初预算和春季的正式预算；二是"两步审批"——先通过《收入法案》，后通过《拨款法案》。预算编制时间长，准备工作充分，编制时间为8个月，预算草案审议时间为6个月，冬季初预算须开展全国性讨论，公众和社会舆论直接参与。预算内容非常详细，全国360个预算部门和数百个的政府指派但独立的部门涉及类级科目有1 000多条，款级科目和项级科目的数量更大。每个部门预算十分详细，多达几百页，预算文本不仅有图表，而且还有详细的文字说明和分析。

1. 预算的编制

英国预算编制由财政部负责，按照严格程序进行。首先编制支出预算。每年2月，财政部根据预算执行情况和对经济形势的分析，提出以后三年政府支出安排的原则，发送有关主管部门，各部门据此编制本部门以后三年支出计划，并在5、6月份将计划送财政部。6月份，财政部向内阁报告后三年政府支出计划，议定支出总额。从9月份起，财政部首席大臣分别与有关部门就支出计划交换意见，最后确定各部门支出总额。与此同时，中央政府还与地方政府协商后三年的支出总额。次年1月，财政部发布《公共支出白皮书》，公布后三年中央和地方政府支出的计划总额。随后，财政部向议会详细报告下一年度中央政府各部门具体的支出计划。议会对财政部提出的各项支出逐项审议批准以后，分别下达给中央各支出主管部门，同时授权财政部按支出的进度拨款。而收入预算，因为各项税收的税率、税收优惠等都由税法明确规定，只要根据对经济形势的预测，就可以计算出下一年度的收入。因此收入预算的编制相对较为简单，时间也比支出编制晚四、五个月。收入预算编制完成以后，财政部向议会提交《财政法案》，报告各项收入计划，由议会审议。议会通常在7月份表决《财政法案》，如获通过，即可生效。

2. 预算的审查与批准

对国家预算的审查主要由政府内阁进行，审查的内容是财政的指导方针和目标，其重点是支出的效益和有效性。批准国家预算以"内阁提出的提案由下议院讨论审查通过，上议院对下议院表示认可"的方式进行，主要权力在下议院。预算中既定支出部分是依法列支、并以"拨付资金决定"通知国库依有关的规定如数拨付的，因此，需要批准的是议定支出部分。对议定支出部分，下议院将提交的年度预算草案提交拨款委员会对支出项目进行审核，提出审核报告，经全体议会表决批准，再由财政和内务委员会对核定拨付的资金最后以"拨款法"形式加以具体化。至于预算收入和国债，由财政委员会审议，以"筹资法"予以规定。

（三）预算执行

1. 预算的执行

支出预算由财政部指导、监督各政府主管机关执行，财政部主计长负责按"拨款法"规定的项目和数额拨付款项；收入预算主要由关税和货物税局以及国内税务局负责执行；国库出纳业务由英格兰银行代理。预算执行管理，首先是保证不得突破一年支出计划的总额，其次是对现金限额范围的管理，再次是财年内允许拨转（一个部门可以在一个决议拨款中的两个款项之间进行拨转，但不能将一个决议拨款转到另一个决议拨款）。这种转拨须经议会批准。经常性支出的拨款必须在该决议拨款的年度使用。根据年终的"灵活性计划"，占中央政府现金限额的资本总数的5%的资本支出可以结转到下一个年度。

2. 预算的追加

追加预算需要先报财政部审核后，再报议会审批。在议会没有批准之前，包括首相在内，任何人都无权同意追加支出。由于追加支出涉及资金的再分配，因此议会像对待正式预算案一样对待追加预算，需要重新编制，故称为修正预算。

（四）预算监督

英国议会的公共账目委员会和国家审计署严格按照法律规程分工协作，对预算执行进行监督。各部门每年向议会提交公共支出报告，由财政部汇编成《公共支出白皮书》，于每年春天出版。国家审计署对国家决算报告进行全面的审查和估价，议会的审计委员会对财政大臣提交的决算报告进行审查，并做出报告，提交议会全体会议审议批准。

（五）预算采用权责发生制原则

英国1995年正式在政府部门引入资源会计和预算（RAB），它是一种以权责发生制为核算基础的中央政府会计与预算，即采用权责发生制基础进行政府预算的编制、预算执行的会计处理和政府财务报告的编制，以更全面、系统地反映公共部门运行的成本和资源耗费的成本。它按部门目标对支出进行分析，反映议会的控制，并侧重于产出，而不是投入。2000 年颁布的《政府资源与账户法案 2000》，确定了权责发生制在政府会计和预算中的地位。目前，政府各部门、主要的政府基金、地方政府均推行了资源会计与预算。事实证明，它使各部门可以集中关注其对外提供服务与其他形式产生的产出和成果，也使议会的控制得到进一步加强，监督和审查方可以更多关注重要事项，更为快捷地发现高质量的数据，对政府业务进行复杂的成本分析，为在不同的支出方案之间进行政策选择提供更充分信息。而且，对公共部门提供的服务与私人部门提供的服务可以进行更为直接的比较，有利于政府部门总体效益和管理效率的提高。总之，权责发生制的建立，对于确定合理的预算拨款规模，制定科学的绩效规划，调整未来绩效目标等提供了关键支撑。

五、施政方针与财政改革

（一）国家的优势和挑战

1. 拥有的优势

就业创新高。2014 年年底，英国就业创新高，就业人口达到 3 090 万人，比危机前的最高就业人口还多 1 百万，比现任政府履职时多了 1 850 万就业人口。

收入增加。2014 年第四季度与上年同期相比，总收入增长了 2.1%。

通货膨胀率低。2015 年 1 月，英国通货膨胀率为 0.3%，比 2014 年 12 月有所下降。低通货膨胀率主要原因是国际的因素，主要是由于油价的大幅下降和食品价格的下跌。

财政状况持续改善。政府在财政巩固方面已经取得重大进展。国际货币基金组织（IMF）的最新数据显示，在 2010 ~ 2013 年，英国结构性赤字下降超过一半，在 G7 国家中是赤字额下降最多的国家。

2. 存在的挑战

内部不利因素。赤字过高，生产率过低，经济还存在长期的结构性弱点，伦敦和英国其他地区经济运行状况的差距过大。

外部不利因素。英国经济面临来自主要贸易伙伴的外部风险。这包括不断拖延的希腊与欧元区的谈判，欧元区和日本面临的增长动力不足和通胀紧缩的压力，主要新兴市场国家的增长面临风险，以及俄罗斯和乌克兰的局势。其中希腊与欧元区谈判的拖延和争吵是英国经济的最大外部风险。尽管英国与希腊的直接经济和金融联系十分有限，但是希腊问题将英国暴露在了市场不稳定的风险之下。从 2014 年秋季报告以来，英国面临的外部风险有所增加，欧元区和乌克兰情况仍然不够稳定。

3. 前景展望

（1）经济前景展望。对 2015 年和 2016 年英国经济增长的预测分别被上调到 2.5% 和 2.3%，对 2017 年的预测是增长 2.3%，2019 年增长率增加到 2.4%（见表 1-13）。

对 2015 年失业率的预测是下调到 5.3%，预测 2016 年的失业率是 5.2%。

实际人均家庭可支配收入有望在 2020 年前每年都将强劲增长。2015 年家庭财富将比 2010 年增加大约 900 英镑。

预测 2015 年和 2016 年企业投资增长分别为 5.1%、7.5%。

表 1-13　　　　　　预算责任办公室对经济的预测（2013~2019 年）

年 份	2013	2014	预 测				
			2015	2016	2017	2018	2019
GDP 增长率（%）	1.7	2.6	2.5	2.3	2.3	2.3	2.4
CPI 通货膨胀率（%）	2.6	1.5	0.2	1.2	1.7	1.9	2.0
就业（百万人）	30.0	30.7	31.1	31.4	31.5	31.7	31.9
ILO 失业（%）	7.6	6.2	5.3	5.2	5.3	5.3	5.3

注：（1）预测数用斜体显示。

　　（2）ILO 为国际劳工组织。

资料来源：HM Treasury，Budget 2015，March 2015，P16.

（2）财政前景展望。赤字不断下降（见表 1-14）。赤字每年持续下降。

净借款不断降低并将实现盈余。截至 2018~2019 财年的公共部门净借款每年都低于 2014 年的秋季报告。公共部门净借款占 GDP 比重在 2009~2010 财年达到战后新高，为 10.2%，根据预测，该比重在 2014~2015 财年将下降一半，到 2015~2016 财年将进一步下降到 4.0%，预算责任办公室（OBR-Office for Budget Responsibility）预测，2015~2016 财年，政府每花 10 英镑中只有 1 英镑是借款，在 2018~2019 财年，将实现占 GDP0.2% 的盈余，盈余在 2019~2020 财年将进一步增加到 GDP 的 0.3%。

债务占 GDP 比重将下降。据预测，2014~2015 财年，公共部门净债务占 GDP 的 80.4%，这与 2014 年秋季报告中的预测相同。由于较低的赤字以及政府资产出售计划，目前的预测是，债务占 GDP 的比重从 2015~2016 财年开始将会下降，将实现 2010 年设定的债务目标。根据预测，2019~2020 财年，债务占 GDP 比重将下降到 71.6%。

表 1 -14   **预算责任办公室对财政状况的预测**

（2013～2014 财年至 2019～2020 财年）   单位：%

年 份	2013～2014	预 测					
		2014～2015	2015～2016	2016～2017	2017～2018	2018～2019	2019～2020
收入与支出							
公共部门经常性收入	36.1	35.8	35.5	36.1	36.2	36.2	36.3
管理支出汇总	41.7	40.7	39.6	38.1	36.8	36.0	36.0
赤字							
公共部门净借款	5.6	5.0	4.0	2.0	0.6	-0.2	-0.3
经常性预算赤字	4.1	3.3	2.4	0.5	-0.8	-1.7	-1.7
财政目标							
周期调整后的经常性预算赤字	2.6	2.5	2.1	0.4	-0.8	-1.7	-1.7
公共部门净债务	79.1	80.4	80.2	79.8	77.8	74.8	71.6
融资							
中央政府净现金需求	4.5	4.9	3.7	3.1	1.6	0.5	0.5
公共部门净现金需求	3.7	4.7	3.4	3.0	1.4	0.3	0.2
	单位：十亿英镑						
公共部门净借款	97.3	90.2	75.3	39.4	12.8	-5.2	-7.0
经常性预算赤字	71.6	59.8	45.7	10.2	-15.8	-35.2	-38.7
周期调整后的净借款	70.4	76.2	68.8	36.3	11.8	-5.4	-7.0
周期调整后的经常性预算赤字	44.6	45.8	39.3	7.1	-16.8	-35.3	-38.8
公共部门净债务	1 402	1 479	1 533	1 580	1 606	1 617	1 627

注：（1）预测数用斜体显示。

    （2）管理支出汇总（Total managed Expenditure）= 公共部门经常性支出 + 公共部门净投资 + 折旧。

    （3）公共部门净借款 = 管理支出汇总 - 公共部门经常性收入

    （4）经常性预算赤字 = 公共部门经常性支出 + 折旧 - 公共部门经常性收入

资料来源：HM Treasury，Budget 2015，March 2015，P112.

（二）施政方针、目标

政府将在长期实施坚决的行动来减少借款、创造全职就业（Full-time Employment）以及保障真实的经济复苏。政府的雄心是建造更强大的经济和更公平的社会，使英国到2030年成为世界上最繁荣的重要经济体。

政府长期经济计划是重建财政信誉，采用积极的货币政策支持经济发展。这需要依靠金融体系的长期改革以及广泛的结构性改革来活跃经济和提高劳动生产率。随着经济的复苏，经济增长率在各部门之间越发平衡，2014年GDP比2013年增长了2.6%，是2007年以来最高的年增长率。

（三）重点推进的财政改革

1. 支出政策

（1）对贫困人群的救助。政府的计划是支持想努力工作的人以及保障最脆弱的人群得到所需的关心和服务。最富裕的家庭继续对降低赤字做出最大的贡献，最大的贡献既指总量也指占收入比重。2015财年预算把政府支出的优先权放在对家庭的援助上面。

（2）增加人力资本投资。2015财年的预算对儿童、年轻人、新妈妈和退伍军人的精神健康服务进行投资，提高劳动力的素质，帮助有精神健康问题的他们能够重返工作岗位。通过支持毕业后的研究和培养训练来提高英国劳动力的技术水平，以及为把英国建成世界领先的科学和创新基地而进行投资。

（3）对基础设施和科技加大投资。2015财年预算中实施了一整套改革措施以实现真正的经济复苏，方式是在整个英国开展基础设施、住房和科技创新投资，并建立了一个北部发电站（a Northern Powerhouse）。

（4）设立管理支出目标。实现中立的财政预测，管理支出的实际值将在2018～2019财年不再增加，在2019～2020财年与GDP同比增长。

2. 税收政策

（1）降低公司所得税税率（Corporation Tax）。从2015年4月起，英国公司所得税税率将下调到20%，在2010年该税率还高达28%，这将使英国成为G20国家中实施最低公司所得税联合税率的国家。

（2）通过税收体系给英国商业巨大的支持。包括将燃料税（Fuel Duty）再冻结一年，大幅减少油和气的税收以提高北海的竞争力，而且从2015～2016财年开始将进一步加大对能源密集工业的支持。

（3）将对商业税率（Business Rates）进行综合评估，着手鼓励商业税率附加增长的实验计划，通过废除年度税收返还对税收管理体制进行彻底地简化，目的是支持商业的发展。

（4）采取进一步措施严厉打击逃税和漏税行为，方法是对逃漏税人员和支持以及提供逃漏税便利的人员给予更严厉的惩罚。

（5）降低对啤酒、苹果酒和烈性酒征收的酒税来支持零售和娱乐部门的发展。

（6）为支持就业，政府把减少中低收入者税收负担放在最重要的位置，对个人免税额，从2010年4月的6 475英镑到2015年4月开始提高到10 600英镑。在2016～2017财年和2017～2018财年将进一步分别提高到10 800英镑和11 000英镑。根据这个规定，标准的基本税率纳税人（Typical Basic Rate Taxpayer）将从中获益905英镑。

（7）鼓励私人储蓄，给予税收优惠。英国通过一项新的免税的"个人储蓄补贴"（Personal Savings Allowance），对基本税率纳税人储蓄收入在1 000英镑以内的免税，对高税率纳税人储蓄收入在500英镑以内的免税。增加"帮助购买"（ISAs-the Help to Buy）的灵活性，这样储蓄的人们能够在当期税收年度内享受税收优惠。引入新的一项"帮助购买"计划，来帮助为购买第一处房产进行储蓄的人们，对储蓄达到1.2万英镑的人们，政府最高给予3 000英镑的奖励。

（8）从2015年4月起提高银行税（the Bank Levy）以补偿金融危机时政府对银行的救助。

3. 其他收入政策

政府继续从银行业退出。政府将减持所持有的银行股权，将在明年出售纳税人持有的Lloyds银行集团的90亿英镑股份，还将出售被强制国有化的Northern Rock和Bradford & Bingley两家银行的130亿英镑的资产。

4. 赤字政策

（1）继续减少赤字。在下一国会期间将制定计划继续减少赤字，在2016～2017和2017～2018财年将实现300亿英镑的赤字削减。

（2）刺激政府储蓄，到2017～2018财年实现储蓄100亿英镑。

5. 财政制度与管理

（1）转移支付拨付进度改革。在英国，收入援助转移支付（RSG-the Revenue Support Grant）是中央政府拨付给地方政府的最主要的转移支付。截至2015财年（从2014年3月到2015年4月），超过一半的收入援助转移支付是在4月份拨付，余额在2月和3月拨付。这种拨付结构在2016年截止的财年（2015年3月到2016年4月）发生了变化，1/3的款项在4月拨付，其余款项在之后的每月平均拨付。这种变动解释了为什么2015年4月与去年4月相比，中央政府对地方政府的经常转移支付以及中央政府其他经常性支出发生了大幅下降。[1]

---

[1] Office for National Statistics, Public Sector Finances, April 2015, issued on 22 May 2015，英国财政部网站。

（2）改革政府土地和财产性资产的管理，对中央政府的固定资产采用一种新的商业管理模式。

6. 社会保障

从 2016 年 4 月起将养老金税收优惠的终生补贴限定在 100 万英镑，并从 2018 年开始根据通货膨胀率对其进行指数调整。

第二章
德 国

德国全称为德意志联邦共和国，位于欧洲中部，是欧洲邻国最多的国家。面积为357 020. 22 平方公里（1999 年 12 月），全国人口约 8 200 万人（2014 年）。德国分为联邦、州、地区三级，共有 16 个州，14 808 个地区。德国是高度发达的工业国家，经济实力居欧洲首位。德国是商品出口大国，工业产品的一半销往国外，主要出口产品有汽车、机械产品、电气、运输设备、化学品和钢铁。进口产品主要有机械、电器、运输设备、汽车、石油和服装。

一、政府治理体系

（一）国体与政体

德意志联邦共和国是一个中欧联邦议会共和制国家，外交、国防、货币、海关、航空、邮电属联邦管辖。国家政体为议会共和制。联邦总统为国家元首。议会由联邦议院和联邦参议院组成。联邦议院行使立法权，监督法律的执行，选举联邦总理，参与选举联邦总统和监督联邦政府的工作等。联邦议院选举通常每四年举行一次，在选举中获胜的政党或政党联盟将拥有组阁权。德国实行两票制选举制度。联邦宪法法院是德国宪法机构之一，是最高司法机构。主要负责解释《基本法》，监督《基本法》的执行，并对是否违宪作出裁定。共有 16 名法官，由联邦议院和联邦参议院各推选一半，由总统任命，任期 12 年。正、副院长由联邦议院和联邦参议院轮流推举。德国实行多党制，由获得议会多数席位的一个或多个政党单独或者联合执政，而 1949～1998年，德国历届政府均为联合政府。绿党和民社党的崛起使联邦议员出现五党并存的局面，尽管联盟党和社民党两大党的地位没有改变，但是他们与第三党结盟的选择范围由此扩大了。

德国实行三级选举制，即地方选举、州议会选举和联邦议会选举。按《基本法》第39条规定，联邦议院每四年选举一次，一般在秋季举行新的选举，最早在联邦议院任期满46个月之后，最迟满48个月之后进行。发生联邦议院被解散的情况时，新的选举应在解散后60日内进行。选举出新的联邦议院后，最迟不得超过选举后30日召集会议。

德国实行议会民主制，议会是国家的最高立法机关，议会采用两院制，由联邦参议院和联邦众议院组成。根据主权在民原则，联邦议院是唯一由选民直接选举产生的人民代表机构，是国家的最高权力机关。联邦议院拥有立法权、选举权（组建政府）、监督权以及其他职权，但这三项权利是联邦议院最主要的职权。

《基本法》第20条第3款规定，立法权必须服从宪法秩序。按77条第一款规定，联邦的立法机构是联邦议院和联邦参议院，但是，只有联邦议院才能通过联邦法。

德国实行责任内阁制，其原理是，公民把立法权和行政权交给议会，议会又把其中的行政权交给以联邦总理为首的内阁政府。而行政权主要由联邦政府、联邦总理和联邦总统来担负。

联邦政府的存在以联邦与联邦议院的信任为条件，对联邦总理提出"不信任案"是联邦议院最重要的权力之一。

德国的国家元首为总统，总统不是联邦政府成员，地位相当于立宪制国家的君主，只拥有形式上的权力，不直接领导内阁（政府），不负行政责任。

德国的首脑是总理，总理拥有组阁权，挑选各部部长和政府主要官员，提出对联邦总统有约束力的任免名单；决定联邦政府的内外方针政策，并对此项联邦议院负责；决定联邦政府的建制；战时直接取代国防部长，担任三军统帅，指挥联邦军队；必要时有权要求联邦议院提前召集联邦议院全体议会，提请联邦总统解散联邦议院，举行全国大选等大权。

（二）主要政党

以下前5位为当前具有执政竞争力的主要政党：德国曾存在或目前仍运作的重要政党有：德国社会民主党（SPD），基督教民主联盟（CDU），巴伐利亚基督教社会联盟（基社盟，CSU），联盟90/绿党（Bündnis 90/Die Grünen），德国自由民主党（FDP），左翼党（Die Linkspartei，已和劳动和社会公平党合并成左党），劳动和社会公平党（WASG，已和左翼党合并成左党），德国国家民主党（NPD），德国统一社会党（SED）（从前东德的执政党），德国共产党（KPD）（1990年重新成立的共产党），左党（Die Linke）。

（三）默克尔的连任与新政府组阁

在2013年9月德国进行新一届政府首脑大选。德国时任总理安吉拉·默克尔

（Angela Merkel）在 9 月 22 日大选中大胜，默克尔获得了第三次的连任，基民盟得票率是 1990 年德国统一以来最高的。

默克尔自本届连任以来至 2015 年又经过了两年的施政实践。从政党方面来看，默克尔所在的基民盟在近几年来一直保持 40% 的支持率，非常稳定，且在 1949 年联邦德国建立后，基民盟领导联邦政府的时间远远超过社民党，长时间执政有助于其连任。同时，默克尔个人魅力也是加分的一个重要因素。在欧债危机中，默克尔在德国民众眼中是一位执政能力非常强的领导人，不仅能积极配合欧洲层面的利益，甚至在一定意义上引领了欧盟的危机管理。

但是尽管成功连任更加稳固了默克尔"德国女王"乃至"欧洲女王"的地位，但她依然面临与党内和党外对手组建稳定联盟的艰难谈判。

在组阁过程中，默克尔的联合伙伴是社会民主党，为了换取社会民主党合作组建所谓"大联盟"，默克尔付出了昂贵代价，包括给予社会民主党更多内阁职位和进行政策让步。此举可令双方在国会两院都占优势，这样默克尔就不必担心在欧元救援或国内改革时遭遇阻挠。

德国的许多欧洲伙伴也希望看到基民盟与社会民主党组建"大联盟"，这种组合可帮助欧洲最强大经济体的政策持续性，迫使默克尔将更多精力集中于刺激经济增长和抑制欧元区失业率上升。（以上部分资料来自张雪梅编辑"德国大选"新闻报道）

自 2013 年 9 月本届政府行政以来默克尔政权经历了国内外政治与经济的跌宕起伏，尤其是在希腊由政府债务引起的欧债危机问题上，引发了德国政权的内部分歧，政府内阁发生了激烈的观点冲突，究其根本原因，即是在希腊退出欧盟所引发的后果上，总理默克尔与财政部长朔伊布勒的看法严重对立，财长认为，欧盟的让步已经够多了，如果希腊不能拿出合理的解决方案，那么让希腊退出欧盟更加符合整体欧洲的利益。虽然德国财政部并不具有同希腊谈判的直接授权，但就财长朔伊布勒在德国议会中的显著影响力而言，他的观点决定着希腊问题的走向及其解决方式。而总理默克尔是对希腊有条件地救援的积极观点的倡导者。在是否将希腊留在欧元区还是任由希腊退出欧盟这个问题上，默克尔选择的是前者。虽然并不能不计成本地救援希腊，但默克尔还是做好了高额填补希腊债务深洞的准备。

实际上，无论是总理还是财政部长，均不认为希腊目前的状况会有明显的改善，也不认为希腊目前的私有化进程会有何进展，因为希腊的财政部长瓦鲁法斯基在拜访德国财长时仍然表示：不能削减养老金，不能增加增值税，坚持希望德国对希腊债务减免，并且希望得到新一轮的大约 300 亿欧元的援助。

这一政府内部的重大分歧随着希腊危机解决方案初步协商结果的出台而有所缓解。经过几个月的拉锯战，2015 年 7 月国际贷款人与希腊政府展开第三轮救助计划的协商，国际贷款人要求希腊政府出台第三次改革措施，然后才能向这个濒临破产的国家提供贷款。而希腊政府拟定的两套改革措施也已在议会上获得通过，只有满足了上述条件，国际贷款人才会进一步协商为期三年、最高达 860 亿欧元（950 亿美元）的贷款计划，救援的最终目的依然是避免希腊退出欧元区。这一结果也使得近一年来的德国政府内部的分歧暂时平缓下来。

二、政府间财政关系

（一）中央与地方财政税收关系

德国是一个联邦制国家，共有 13 个联邦州和 3 个联邦直辖市（统称为 16 个联邦州）。联邦政府为德国的中央政府，各州政府在国家宪法和基本法的原则框架下实行自治管理。州政府与联邦政府并非上下从属关系，具有相对独立性，在各自管辖范围内其事权财权拥有高度的自主权。联邦政府对各州政府的事务以及财政资金的使用管理不能用行政命令的方式进行干预，出现问题与矛盾时可通过政府之间协商或通过联邦议会协调解决。联邦财政部与各州财政部也不存在上下级之间的垂直管理关系，各自对本级政府负责，在宪法和基本法的原则基础上编制本级政府的当年财政预算以及中长期财政滚动预算。州政府对本州内的地市级政府（统称为地方政府）有管辖权，地方政府原则上接受州政府的领导。地方政府有自己一级的财权与事权，有一定的自主管理权限，州财政部与地市财政局联系紧密，具有上下级工作机构的指导与接受指导的关系。

在联邦制国体下，合理的财力分配体制是各级政府依法行政、实现其管理职能的重要经济基础。而总体财力不足和区域经济发展不平衡、财力分布不均是德国政府长期以来面对的现实困难。德国是世界上最早实行分税制的国家，针对事权划分财权，对各级政府的支出范围作出明确的界定，在主要税种实行三级政府共享的基础上，对其他税种在三级政府间进行分配，形成各级政府的专享税。实行分税制以来，德国政府对共享税的分配比例进行过多次调整，除重型运输卡车税外（原为州享税，2009 年调整为联邦专享税），专享税中的其他税种没有进行过重新划分，由此可见，针对事权而设计的专享税的分配基本是合理的。

（二）公共事务责任权在三级政府间的分配

1. 联邦政府的事权与责任权：国家安全与防卫、外交事务与国际组织机构、基本社会保障、造币与货币发行管理、海关与边境管理、国家级科研项目开发、基础性科研项目资助、由联邦政府承担的交通运输基础设施建设与管理（包括铁路、水运、航空、邮电、高速公路、远程公路等）、跨区域综合经济协作与开发（包括资源性开发）、农业补贴及经济结构调整等政策性支出、国有企业与国有资产的经常性支出、联邦一级政府机构行政事务性支出等。

2. 联邦州政府的事权与责任权：社会保障（部分）、高等教育、专业中等教育、治安警务与司法管理、文化体育事业、卫生防疫与环境卫生、健康医疗体系建设、住房保障、科学研究与技术开发应用、州级公路建设与维护、区域经济结构与农业结构调整及改善、河湖海岸养护与管理、州级政府机构行政事务与管理、承担法定的联邦政府委托的基础经济建设项目（如能源开发利用、交通基础设施建设等）。

3. 地方政府的事权与责任权：本区域基础设施建设、区域内治安保护、社会救济与社会援助、幼儿园与小学教育、地市级公路建设、区域内公共交通网络建设与运营、公用事业建设与发展（包括供水、供电、供煤、能源利用、垃圾与污水处理等）、公共福利、文化设施、成人教育、社区服务、地市一级政府机构行政事务与管理、承担法定的联邦以及州政府委托的具体工作项目（如人口普查、突发事件处理等）。

（三）税收收入在三级政府间的分配

1. 共享税

共享税包括公司所得税（即法人税、公司税）、个人（工资收入）所得税、增值税（原营业税）、利息税和清偿债务及出售转让（财产等）税费。四类共享税的分配比例如下：

（1）公司所得税中的50%属联邦政府所得，50%属各联邦州所得，地方政府不分享公司所得税。

（2）个人所得税由三级政府共同分享，其中联邦政府享有42.5%，州政府享有42.5%，地方政府享有15%。

（3）增值税的分配比较特殊，有专有的分配制度与方式。按最终分配比例，联邦政府分得增值税的53.9%，州一级政府分得44.1%，地方政府分得2%。

（4）利息税与清偿债务及出售转让税费按联邦政府44%、州一级政府44%、地方政府12%的比例进行分配。

以上分配比例是当前具体实行的标准，一般情况下，联邦政府每隔3~5年会就各州与地方政府的税收能力与财力状况进行评估测算，并依据评估结论、各级政府的财政状况以及总体经济景气形势对分配比例做出调整。每年的税收分配具体方案都会在年初以文件的形式确定并公布出来，一经公布即成为具有法律效力的文件，如特殊情况下需要调整（包括微调）均需报经联邦议会讨论通过，方可调整。

2. 专享税

（1）联邦税：能源税、电税、烟草税、咖啡税、烧酒红酒税、保险税、大型运输卡车税、团结统一税。

（2）联邦州税：遗产赠与税、土地购置税、啤酒税、赌马彩票税、赌场税、消防保护税。

（3）地方税：营业许可税、工商税、土地税、娱乐税、狗税、第二居所税、自动赌博游戏机税、饮料税。

（4）欧盟税：增值税特别基金、海关税、糖税、BNE 特别基金。

由于各州人口与经济发展不平衡，州和地方所属的专享税是否开征、税率高低由各州或地方政府自行确定。因此在这方面各州之间存在一定的差异。

（四）三级政府财政支出与收入占财政收支总额的比例

管理权伴随着责任权。三级政府的事权划分越清晰，各级财政支出的范围也就越明确。但支出范围明确并不意味着各级政府之间各行其是，互不相干。依据德国《基本法》的相关原则，在有需要时，联邦体制下的三级政府在平等自治的基础上要共同承担一些经济建设与协调区域发展的任务，如水路陆路交通网络建设、环境保护措施实施、能源基础设施建设、基本公共服务范畴均等化建设、临时性或突发性事件的处理、应急政策的实施等。这些共同承担的任务根据相关规定和实际需要来确定各级政府承担的比例，一般来说，大型跨区域的经济建设项目联邦政府承担的比例要大一些，约为60%以上，剩余支出部分由直接受益的州和地方共同承担。另外一些共同承担的经济建设项目联邦和州各负担50%。

从近几年支出情况看，联邦政府的财政支出占全国财政支出总额的 37% ~39%，如包括联邦特别专项拨款则达到 45% ~47%。16 个州政府财政支出占总额的 37% ~38.5%，地方政府财政支出占总额的 23% ~24.5%。德国三级政府 2011 ~2014 年财政支出与收入状况一览（见表 2 −1、表 2 −2）。

表 2 −1　　　　　　　2011 ~2014 年各级政府公共财政支出状况一览

年　份	2011		2012		2013		2014	
	亿欧元	占比（%）	亿欧元	占比（%）	亿欧元	占比（%）	亿欧元	占比（%）
联邦政府财政支出	2 963	38.1	3 068	38.6	3 100	38.1	2 996	36.9
州政府财政支出	2 967	38.1	3 005	37.8	3 070	37.9	3 135	38.6
地方政府财政支出	1 853	23.8	1 870	23.5	1 925	23.8	1 985	24.5
三级政府支出总计	7 783	100	7 943	100	8 095	100	8 116	100
其中：公共财政支出总计	7 723	99.2	7 865	99.0	7 930	98.0	8 025	98.9

注：支出总计中不包括联邦财政特别专项拨款。

资料来源：德国联邦财政部信息中心。

表 2 - 2　　　　　　　2011～2014 年各级政府公共财政收入状况一览

年　份	2011		2012		2013		2014	
	亿欧元	占比(%)	亿欧元	占比(%)	亿欧元	占比(%)	亿欧元	占比(%)
联邦政府财政收入	2 789	37.2	2 843	37.0	2 849	36.3	2 892	36.1
州政府财政收入	2 864	38.2	2 940	38.3	3 030	38.6	3 100	38.6
地方政府财政收入	1 836	24.5	1 900	24.7	1 970	25.1	2 030	25.3
财政收入总计	7 489	100	7 683	100	7 849	100	8 025	100

注：收入总计中不包括联邦政府特别财产收入。

资料来源：德国联邦财政部信息中心。

三、财政收支运行状况

（一）支出水平及其变化

历年联邦财政的支出预算均是听取了各种不同的观点建议后再进行协调分配的。在正式预算法案发布之前，联邦各职能部均会与财政部进行实质性的磋商，对本部门应承担的支出责任争取相对较充足的财政资金。鉴于分配原则与经济景气状况、税收收入、缩减债务等多方面的因素限制，各职能部要求增加支出的要求大多难以满足。

1. 2014 年联邦财政原预算支出

2014 年的联邦级财政支出在 2013 年发布预算时为 2 954 亿欧元，决算报告的实际支出为 2 965 亿欧元。超出预算计划 12 亿欧元。总支出比 2013 年的 3 078 亿欧元减少 113 亿欧元，减少了 3.7%。2014 年财政赤字为 65 亿欧元，占总支出的 2.2%，比上年赤字占当年总支出的 7.2% 减少了 5%。联邦政府在欧盟新债务规则的约束下有效地压缩了 2014 年的财政支出，减少了政府新增债务，为降低累积债务率创造了条件。

2. 2015 年联邦财政预算支出

2015 年联邦财政预算支出总额为 2 995 亿欧元，比 2014 年的 2 954 亿欧元增加了 41 亿欧元，增加的比例为 1.4%，可以看出增加的幅度并不大。从近几年的情况看，2015 年联邦财政支出总额高于 2011 年和 2014 年，低于 2012 与 2013 年。由此可以看出，联邦财政支出预算的变化首先体现了联邦政府削减债务的迫切性与强制性，其次是在欧盟相关条约的前提下，支出规模的调整也是随着经济景气状况的变化而增减的，一般情况下，有收入的增长即可考虑支出的有序增加，但当年财政赤字必须控制在许可的范围内。按照2015年的预算支出与收入计划，联邦财政已达到零赤字，在不出意外的情况下，本年将实现收支平衡。2015年预计全国的BIP为27 376亿欧元，联邦支出预算占当年BIP的10.9%，略低于2014年的水平。2014年BIP（GDP）为26 439亿欧元，当年联邦财政支出占BIP（GDP）的比例为11.2%。

3. 2009～2018年联邦财政支出占BIP的比重

从表2-3中的计算数据可以看出，2009～2012年的联邦财政实际支出占BIP的比重保持在11.4%～12.3%之间，其中达到12%以上的是2009年和2010年两年，也是联邦政府为应对全球性经济危机而出台一系列促进经济复苏政策最多的两年，因此造成财政支出占BIP比重有较明显增长是预料之中的结果。2011年和2012年两年基于经济景气状况的好转，联邦财政支出占BIP的比重回落到12%以下。2013年由于洪涝灾害而追加了预算支出，支出占BIP的比重有所上升，达到12.1%。2014年支出的规模在新债务规则的约束下有了明显缩减，比2013年降低了4.7%，而从2015～2018年，联邦财政中期滚动计划中支出预算的变动呈上升趋势，总额在小步增加，但占BIP（GDP）的比重呈现了基本平稳的趋势，至2018年，联邦财政支出基本占BIP的11%，变化不大。这一态势的出现主要是受到联邦政府按照欧盟"削减各国主权债务至马约原则规定之内"要求的影响，"为确保不再举新债必须努力达到财政收支的平衡，而要增加支出必须有充足的收入做保障"，这是联邦财政部在做年度预算及滚动计划时所奉行的一项基本原则。

表2-3　　　2009～2018年联邦财政支出占当年BIP的比重一览表　单位：亿欧元

	实际数（BIP按不变价）						计划数（BIP按不变价）			
	2009年	2010年	2011年	2012年	2013年	2014年	2015年	2016年	2017年	2018年
BIP	23 745	24 962	25 926	26 442	25 708	26 439	27 376	28 345	29 411	30 323
BIP与前一年比±%	-4.0	+5.1	+3.7	+2.0	-2.8	+2.8	+3.5	+3.5	+3.8	+3.1
联邦财政支出总额	2 923	3 037	2 962	3 068	3 078	2 965	2 995	3 106	3 199	3 293
支出额与前一年比（±%）	+3.5	+4.0	-2.5	+3.6	+0.3	-3.6	+1.0	+3.7	+3.0	+2.9
支出占BIP比（%）	12.3	12.2	11.4	11.6	11.97	11.2	10.9	11.0	10.9	10.9

4. 支出结构及其变化（与往年相比）

从图2-1可以看出联邦财政的支出分为10大类，分为：（1）就业与社会保障；

（2）国防保卫；（3）联邦债务；（4）交通、建筑与城市发展；（5）教育与科研；（6）公共财政管理；（7）健康卫生事业；（8）家庭、老人、妇女和青年；（9）经济技术合作；（10）其他（特别及突发事项）。

表2-4所列出的十大类主要财政支出并不是完全对应图2-1所划分的支出类项，而是将第7类健康卫生事业支出和第8类家庭、老人、妇女和青年事业支出归纳到社会保障支出中，以便完整地划分出所有社会保障性质的支出。同时将环境保护和农业、食品及消费者保护两大项支出单独列出，以示其在社会经济发展中的重要性。

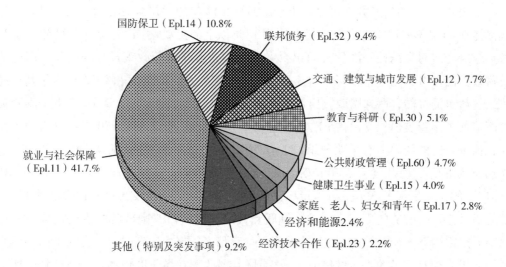

图2-1　2015年德国联邦财政支出分类示意图

资料来源：联邦德国财政部信息中心。

表2-4　　　　　　**联邦财政2013~2018年主要支出类别一览表**　　　　　单位：亿欧元

	2013年实际	2014年预算	2015年计划	2016年计划	2017年计划	2018年计划
社会保障支出	1 461.02	1 482.54	1 528.60	1 585.38	1 643.20	1 719.86
经济发展与能源支出	49.85	53.40	55.77	57.90	54.35	53.45
交通运输建设支出	217.60	218.91	222.00	226.19	231.63	228.14
科技文化与教育支出	184.29	191.68	203.21	212.36	228.70	227.65
环境保护支出	9.47	12.76	12.28	12.46	12.41	12.41
经济合作与发展支出	58.99	63.24	63.23	65.63	65.98	65.95
住宅与城市建筑支出	19.46	18.70	16.65	15.99	15.70	15.30
公共事项与债务利息及融资支出	482.31	403.54	355.03	385.52	403.10	429.84
国家安全与防御	277.4	278.3	270.5	274.5	276.7	278.0
农林业、食品与消费者保护	10.42	10.78	10.88	11.23	11.13	10.31

资料来源：德国联邦财政部2014~2018年中期滚动预算报告。

（1）社会保障支出。表 2 - 4 数据中显示出联邦财政最大的支出类项是社会保障，这也是联邦政府承担的最主要支出责任之一。2014 年该项支出为 1 482.54 亿欧元，比 2013 年的 1 461.02 亿欧元增加了 21.52 亿欧元，增加的幅度为 1.5%。2015 年社会保障支出计划为 1 528.6 亿欧元，比 2014 年增加 46.06 亿欧元，增加 3.1%。

劳动力市场支出（失业保险支出）。在本中期预算期限年度内，联邦财政对劳动就业及失业保险的补贴支出趋于稳定，每年的数额保持在 31 亿～32 亿欧元之间。2013 年支出 322.91 亿欧元，2014 年为 312.2 亿欧元，比 2013 年减少 10.7 亿欧元，减少 3.3%。2015 年预算支出 319.17 亿欧元，比 2014 年增加 6.97 亿欧元，增加了 2.2%。增加的支出主要用于失业者居住和取暖的补贴。2015 年预算 319 亿欧元中用于直接支付失业保险金（2）的为 192 亿欧元，这一计划数额是与实际登记失业人数相关联的，有关部门对登记失业人数的预测是联邦财政中期预算中该项支出的计算依据。由于近两年经济景气状况明显好转，复苏速度加快，从 2012 年开始就业形势的好转使失业登记人数逐年下降，目前趋于稳定。同时，政府针对结构性失业的补贴政策有所调整，人员救济补贴也相应减少。2013 年与 2015 年联邦政府对就业与劳动力市场的支出变化不大，说明失业登记人数处于非危机状态范围之内。争取就业最大化是联邦政府一直以来追求的执政目标之一，经过近十年的努力，德国的失业人口的确有了明显的下降（见图 2 - 2）。

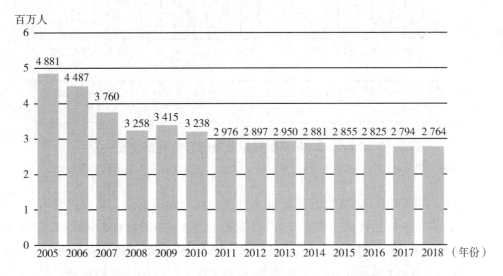

图 2 - 2　2005～2018 年平均登记失业人数状况示意图

注：2005～2014 年为实际登记失业人数，2015 年以后为分析预计人数。

资料来源：德国联邦财政部信息中心：《2014～2018 年联邦财政中期滚动预算报告》。

养老保险支出。社会保障支出中基本保持上升态势的是养老保险补贴项目，也是联邦财政社保中支出最大的项目。2013～2015 年该项支出分别为：811.04 亿欧元、829.60 亿欧元、848.61 亿欧元。变化情况：2014 年比 2013 年增加 18.56 亿欧元，增加 2.3%，2015 年比 2014 年增加 19.01 亿欧元，增加幅度为 2.3%。养老保险逐年增加是一个必然趋势，社会人口老龄化日益突出，退养人口绝对数量的增加是刚性的。此外，物价上涨、经济上行、结构调整、社会发展等也是形成养老保险金总量增长的因素。至本期滚动预算末的 2018 年，养老保险计划支出 940 亿欧元，比 2014 年实际养老保险支出增加 111 亿欧元，四年间增加的幅度达到 13.4%（见图 2-3）。

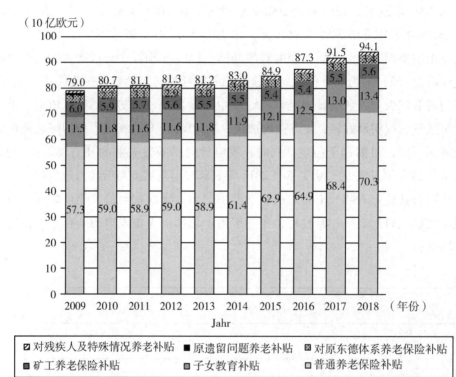

图 2-3 2009~2018 年联邦财政对养老金补贴支出一览

资料来源：德国联邦财政部信息中心；《2014~2018 年联邦财政中期滚动预算报告》。

法定医疗保险支出。法定医疗保险支出额度在社会保障支出大类中位列第三，联邦财政 2013 年对法定医疗保险的支出为 115 亿欧元，但在 2014 年减少到 105 亿欧元，减少了 10 亿欧元，减少幅度为 8.7%，2015 年预算增加到 115 亿欧元，比 2014 年又增加 10 亿欧元，增加了 9.5%。2013 年与 2015 年该项支出与 2012 年以前相比较有明显的下降，主要源于联邦财政在前两年对医疗保险支付体系的调整合并给予的补助（包括一次性补贴专项）投入较大，2011 年达到 150 亿欧元以上，加之 2012 年的 140 亿欧元，两年共投入 290 亿欧元，使医疗保险基金的运转得到强有力的支持，目前法定医疗保险的收支负差较前两年有所缩减，因此联邦财政对其的专项补助补贴也相应减少。从中期预算的数据看，从 2016 年开始，对法定医疗保险的支出又将上升到 140 亿欧元以上，2016年为140亿欧元，2017年和2018年都将达到145亿欧元，这一支出的上升仍然与法定医疗保险体制的调整改革有关。

（2）联邦级政府公共事务及债务利息支出。除社会保障支出外，其他类项中支出最高的是联邦公共事务及债务利息、金融融资支出。2013年该类支出达到482.31亿欧元，2014年支出403.54亿欧元，比2013年减少78.77亿欧元，减少了16.3%。2015年该项支出为355.03亿欧元，比2014年减少48.51亿欧元，减少幅度为12%。减少支出的项目主要有两个方面，一是利息支出，二是欧盟稳定机制基金支出。随着全球经济逐步走出危机低谷，欧盟总的经济状况向好的趋势转化。但因希腊等国在经济危机后期爆发了政府债务危机，使得欧元区国家的经济发展再次受到冲击。为抑制欧债危机的发展与蔓延，欧盟委员会在原马斯特里特条约的基础上提出进一步严格执行政府赤字与债务的规定，形成了新的债务规则，有效地约束了欧元区成员国的政府举债行为。德国在这方面起到了表率作用，近几年来联邦政府强力压缩财政赤字，至2015年联邦财政预算终于达到了收支平衡，当年赤字为零，债务率也有明显下降。中短期债务的减少也导致利息支出的降低。另外，按欧盟相关条约规定，2015年以后德国已没有对稳定机制基金（ESM）继续投入的计划，因此在2015～2018年的中期预算年度内已没有该项支出。图2-4是2005～2018年联邦级财政债务利息支出一览表。

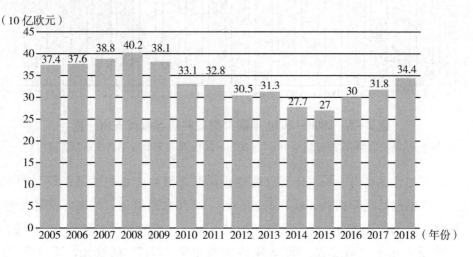

图2-4 2005～2018年联邦财政利息支出负担一览

资料来源：德国联邦财政部信息中心：《2014～2018年联邦财政中期滚动预算报告》。

（3）科学研究与教育文化事业支出。该类支出包括科学研究、高等院校、专业进修促进、科学技术培训促进、职业教育以及其他技能教育形式的进修学习等项目。2013年这类支出为184.29亿欧元，2014年为191.68亿欧元，比2013年增加7.39亿欧元，增加幅度为4%。2015年预算支出203.21亿欧元，比2014年增加11.53亿欧元，增加幅度达到5.7%。联邦政府一向重视对科研与教育的投入，按支出责任划分的范围承担相应的支出，其中对科学研究领域的支出占该类支出的45%以上，并且一直呈上升趋势，2013年对科研领域的支出为88.9亿欧元，2014年为93.01亿欧元，比2013年增加了4.11亿欧元，增加了4.6%，2015年预算支出97亿欧元，比2014年增加约4亿欧元，增加幅度为4.3%。按基本法的规定，联邦财政对高校的发展承担部分支出责任，其支出主要用于高校设施建设和由高校承担的大型科研课题费用，2013～2015年联邦财政对高校支出分别为33.98亿欧元、34.22亿欧元、33.67亿欧元，至2015年，除因项目完成时限等原因在各年度支出上略有浮动外，该项支出总体呈稳定并上升趋势。2015年以后本项支出增长趋势明显，虽不是直线增长，但总体是在上升。图2-5是教育与研究支出大类中的专用于高校和科学研究支出的示意图。

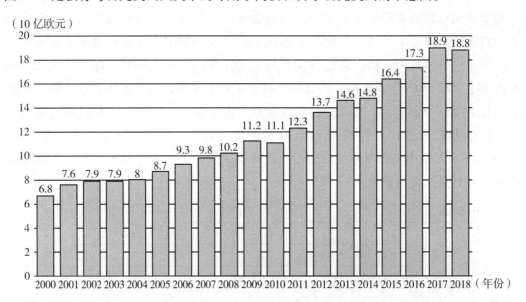

图2-5 2000～2018年联邦财政科研与教育支出一览

资料来源：德国联邦财政部信息中心：《2014～2018年联邦财政中期滚动预算报告》。

（4）交通建设支出。基本交通设施建设是联邦财政应承担的规模较大的支出责任之一。其中包括联邦铁路、联邦高速公路、联邦水路航运、与联邦交通相连的地方交通设施改造和其他交通设施投资。2013～2018年联邦财政每年均有210亿～230亿欧元的投入用于交通建设。2013年该类支出为217.76亿欧元，2014年支出为218.91亿欧元，比2013年略有增加。2015年预算支出222亿欧元，比2014年增加3.1亿欧元，增加了1.4%。2016～2018年该类支出的中期预算保持在226亿～230亿欧元之间。交通建设基础设施项目中，轨道交通（联邦铁路）是其中支出的最大项，2013年为101.28亿欧元，2014年支出101.49亿欧元，2015年预算支出104.64亿欧元，均占该类支出的46%以上。除新建设施外，交通设施的改造与维护也是支出的重要项目。

（5）国家安全与防御支出。国家安全与防御支出主要用于军队防御外来侵犯和消除威胁国家安全的各种因素。德国基本法规定，该类支出责任全部由联邦财政承担。其支出规模较大，但较为稳定，2013～2018 年始终保持在 270 亿～280 亿欧元之间，变动不大。2013 年国家安全与防御支出为 277.41 亿欧元，2014 年为 276.99 亿欧元，2015 年预算支出 270.54 亿欧元，2015 年比 2014 年减少 6.45 亿欧元，减少了 2.3%。2016～2018 年三年间保持在 274 亿～277 亿欧元的水平，比 2015 年有所增加。

（6）促进经济发展支出。促进经济发展支出在联邦财政总支出中所占比重不大，只占 2% 左右。2013～2018 年每年支出（或预算计划支出）在 59 亿～65 亿欧元之间逐年增长，但增长幅度不大。支出的内容包括促进能源经济发展支出、中小企业发展和工业科研技术推广应用促进政策支出、区域经济发展促进政策支出、其他领域（部门）促进政策支出以及担保和鼓励出口措施促进政策支出五大项。其中能源促进政策支出和担保、鼓励出口措施促进政策支出在该类支出中所占比重较大，每年均达到 60% 以上。

（二）财政收入规模与结构

1. 收入总规模（水平及占 GDP 比重）及其变化（与往年相比）

德国联邦财政收入包括三部分：一是税收收入，一般占总收入的 80% 以上；二是非税收入，一般占到总收入的 5%～10% 左右；三是债务收入，即联邦政府为弥补当年预算赤字而安排的举债收入。欧债危机爆发以后，德国按照欧盟履行马约债务规则的要求，对中期滚动预算计划做了压缩赤字、降低债务总额的调整，在不发生特殊需求的情况下，2015 年以后联邦财政的债务收入将为 0，也就是说，2015 年以后的财政收支必须达到平衡或略有结余的状态，否则将不能完成降低累积债务总额的任务。2013 年联邦财政税收收入和非税收入共计 2 849 亿欧元，比 2012 年的 2 843 亿欧元增收 6 亿欧元，增收 0.002%，基本持平；2014 年预算税与非税收入为 2 892 亿欧元，比 2013 年增加 43 亿欧元，增加 1.5%。

从联邦财政收入占 BIP 的比例来看，每年度变化不大，一般在 10%～11% 之间，2014 年为 10.9%。但从年度变化上看，收入增减的幅度变化比较明显（见表 2 - 5），如 2009 年联邦财政收入降低 4.6%，原因在于当时经济危机的影响使税收减少，2009 年与 2008 年相比较降低了 4.6%。而 2011 年经济景气状况开始好转，国内生产总值比前一年增长了 3.7 个百分点，联邦财政收入也比前一年增长了 7.4%。2013 年由于自然灾害的原因国内生产受到较大影响，预计国内生产总值将比前一年下降 2.8 个百分点，联邦财政收入略有增长，占 BIP 的比重为 11.1%；2014 年预计全国的 BIP 将增长 2.8%，联邦财政收入将增长 1.5%，占 BIP 的比重为 10.9%，在正常范围之内。

表 2 −5　　　　　　2008～2017 年联邦财政收入（税与非税）
占当年 BIP 比重一览表　　　　　单位：亿欧元

	实际数（BIP 按不变价）					计划数（BIP 按不变价）			
	2010 年	2011 年	2012 年	2013 年	2014 年	2015 年	2016 年	2017 年	2018 年
BIP	24 962	25 926	26 442	25 708	26 439	27 376	28 345	29 411	30 323
BIP 与前一年比（±%）	+5.1	+3.7	+2.0	−2.8	+2.8	+3.5	+3.5	+3.8	+3.1
联邦财政收入总额	2 597	2 789	2 843	3 078	2 965	2 995	3 106	3 199	3 293
收入额与前一年比（±%）	+0.1	+7.4	+1.9	+8.2	−3.7	+1.0	+3.7	+3.0	+2.9
收入占 BIP 比（%）	10.4	10.8	10.8	11.97	11.2	10.9	11.0	10.9	10.9

资料来源：德国联邦财政部信息中心：《2013～2017 年联邦财政中期滚动预算报告》《2014～2018 年联邦财政中期滚动预算报告》。

2. 收入来源结构（包括税收收入、债务收入、非税收入等）及其变化（与往年相比）

图 2 −6 与图 2 −7 是 2014 年和 2015 年联邦财政预算总收入的结构示意图。联邦财政总收入分为七大类，从数量上看增值税收入排在首位，增值税作为共享税联邦分得其中的 53.4%，2012 年以后增值税收入占到总收入的 1/3 以上，而且保持持续上升趋势。其次是共享税中的工资收入税，联邦财政分得其中的 50%，2014 年和 2015 年分别达到总收入的 30.1% 和 32.1%，占到 1/4 以上，该税收入几年来同样保持着持续上升的态势。2014 年能源税在联邦总收入中所占比重达到 10.9%，2015 年略低于 2014 年

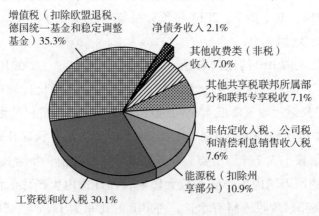

图 2 −6　2014 年联邦财政总收入结构示意图

资料来源：德国联邦财政部信息中心：《2013～2017 年联邦财政中期滚动预算报告》。

达到 10.7%，能源税的实际收入额约为 400 亿欧元，减除州属部分约 70 亿欧元，其余约 330 亿欧元的份额全部计入联邦财政收入。收入项目中波动较大的是其他类税收，由于政策调整或经济景气形式变化等原因会影响到这类收入的稳定性，进而会影响到其在总收入中的比重。

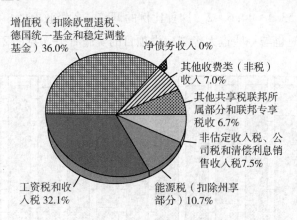

图 2 - 7　2015 年联邦财政总收入结构示意图

资料来源：德国联邦财政部信息中心：《2014～2018 年联邦财政中期滚动预算报告》。

2015 年最值得关注的是净债务收入在联邦财政总收入中显示为零（见表 2 - 6），表中可以看出，从 2011 年开始到 2014 年，联邦净债务收入所占的比重从 18.7% 下降到 2.1%，减少了 16.6 个百分点，下降的幅度达到 89%，而 2015 年则彻底消灭赤字，充分体现了联邦政府严格控制财政赤字、平衡财政收支、减少累积债务所取得的实际成果。

表 2 - 6　　　　2011～2015 年联邦财政总收入结构变化比较　　　　单位：%

收入分类	2011 年	2012 年	2013 年	2014 年	2015 年
增值税	31.2	33.8	34.9	35.3	36.0
工资税和收入税	20.6	22.2	27.4	30.1	32.1
能源税（扣除州享部分）	10.5	10.7	10.8	10.9	10.7
非估定收入税、公司税和清偿利息销售收入税	4.7	7.0	7.2	7.6	7.5
其他共享税联邦所属部分和联邦专享税收	5.1	8.0	5.7	7.1	6.7
其他收费类（非税）收入	9.2	11.0	7.8	7.0	7.0
净债务收入	18.7	7.3	6.2	2.1	0.0

资料来源：德国联邦财政部信息中心：《2011～2015 年联邦财政中期滚动预算报告》，《2012～2016 年联邦财政中期滚动预算报告》，《2013～2017 年联邦财政中期滚动预算报告》。

3. 共享税在各级政府以及欧盟之间的分配比例

德国是最早实行分税制的国家，其税收科目分为共享税和专享税。共享税是三级政府的重要财政收入来源，尤其是联邦和州两级政府，共享税的收入占了其总收入的60%以上。十几年来各级政府所占比重没有大的变动，但有不同程度的微小调整，例如增值税，2004年三级政府所占比重为49.5∶48.4∶2.1，2005年调整为53.0∶44.9∶2.1，2007年又调整为54.5∶43.5∶2.0，2009年以后联邦政府所占比例又降到54%以下，2015年调整为53.4∶44.6∶2。这种比例的调整与各级政府的事权及其支出责任存在直接的关系，同时也与一些重大经济建设项目的实施有关（见图2-8、图2-9）。

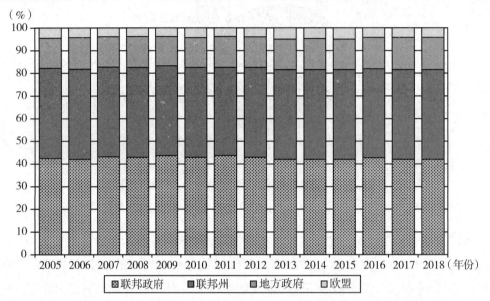

图2-8　2005~2018年共享税（不包括增值税）在各级政府之间的分配比例

资料来源：德国联邦财政部信息中心：《2014~2018年联邦财政中期滚动预算报告》。

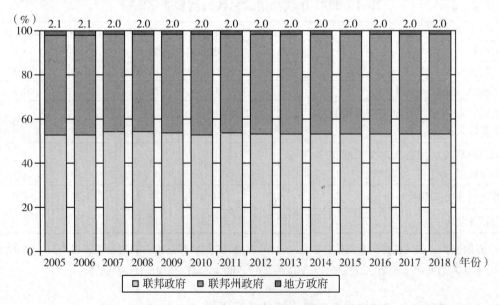

图2-9　2005~2018年共享税中的增值税在各级政府之间的分配比例

资料来源：德国联邦财政部信息中心：《2014~2018年联邦财政中期滚动预算报告》。

4. 2015～2018年德国全国税收最新预测结果

2015年5月5日～5月7日德国财政、金融、经济等领域的专家、学者会同联邦和联邦州两级政府财政部门的负责人召开会议，从各个层面对国内经济的发展状况进行深入的分析研究，在运用大量数据资料充分论证的基础上对2015～2019年的税收情况进行预测，得出了最新预测结论（见表2－7）。

表2－7　　　　　　　　　　第146次税收评估预测结果一览表

	2014年实际	2015年预计	2016年预计	2017年预计	2018年预计	2019年预计
联邦政府（亿欧元）	2 707	2 803	2 930	3 024	3 147	3 263
比上一年增长（%）	4.2	3.5	4.6	3.2	4.1	3.7
联邦州政府（亿欧元）	2 543	2 626	2 720	2 815	2 922	3 020
比上一年增长（%）	4.1	3.3	3.6	3.5	3.8	3.4
地方政府（亿欧元）	876	913	948	983	1 012	1 048
比上一年增长（%）	3.6	4.2	3.8	3.6	3.0	3.6
欧盟（亿欧元）	310	323	316	334	346	355
比上一年增长（%）	−0.4	4.2	−2.1	5.5	3.7	2.6
总计（亿欧元）	6 436	6 665	6 914	7 155	7 427	7 687
比上一年增长（%）	3.9	3.6	3.7	3.5	3.8	3.5

资料来源：德国联邦财政部信息中心：《第143次税收评估预测报告·2015年5月5日～7日萨尔布吕克》。

（三）2013～2014财年德国政府财政赤字债务情况

1. 财政赤字水平及其变化（与往年相比）

在欧盟委员会紧锣密鼓要求其成员国压缩当年财政赤字、削减累积债务、尽快回归到欧元区马约基本原则的轨道上来的大背景下，德国以自己的实际行动给欧元区各成员国做出了榜样，从2010年开始，德国政府通过联邦财政中期滚动预算计划对压缩年度赤字做出了相应安排，并且从力度上逐渐加大，以期尽快实现年度0赤字的目标。图2－10是2011～2016年联邦财政结构性赤字占当年BIP的比重，从图2－10中可以看出压缩年度赤字力度逐渐加大的态势，图中上边直线是2010年由联邦议会讨论通过的《2011～2015年联邦财政中期滚动预算计划》对压缩年度赤字作出的上限安排，下边曲线是2012年3月联邦议会通过的"财政预算法案调整方案"中，根据实际情况变化对压缩财政赤字作出上限的调整，而在2012年联邦财政决算中，当年实际赤字为225亿欧元，占当年BIP26 442亿欧元的0.85%，低于2012年年中调整后的上限。但

2013 年由于自然灾害等原因对 2012 年调整后的预算赤字上限又有所突破，预计将达到 0.98%，比调整后的 0.54% 高出了 0.44 个百分点。2014 年联邦财政的预算赤字原为 62 亿欧元，实际为 65 亿欧元，与 2014 年全国 BIP 26 439 亿欧元相比，赤字占 BIP 的比重为 0.25%，也低于 2012 年调整的上限水平。

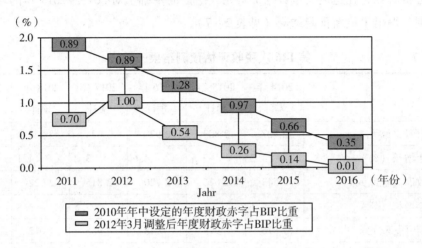

图 2 – 10　2011 ~ 2016 年联邦财政结构性赤字占当年 BIP 的比重

资料来源：德国联邦财政部信息中心。

在本中期滚动预算计划周期内（2014 ~ 2018 年），2015 ~ 2018 年的联邦财政预算赤字已经为 0，财政收支开始达到平衡并略有结余。从 2015 年的经济景气状况来分析，本年度达到这一目标已不存在障碍，而以后的几年能否都达到预期的目标，还要看德国整体经济的发展状况和欧盟以及国际经济形势变化等因素的影响，另外自然灾害的影响也不能排除在外。

图 2 – 11 是 2009 ~ 2018 年联邦财政收支及赤字变化情况，可以看出 2010 年财政收支缺口最大，导致当年赤字率也最高。2011 ~ 2013 年在新债务规则约束下，压缩了财政赤字，每年赤字均在 200 多亿欧元，到 2014 年，"债务刹车"的调整政策初见成效，当年赤字压缩到了 65 亿欧元，而 2015 年则达到了赤字为零。

2. 在"债务刹车"实施后，德国联邦政府累积债务增速趋缓

图 2 – 12 是 2000 ~ 2015 年联邦政府债务累积发展变化的情况。从图中可看出，根据 2011 年实施的"债务刹车"新规则，德国联邦政府新增累计债务的增速近两年已在下降，2014 ~ 2015 年的债务数据持平，没有增加。根据此图，联邦政府累计债务与其新增结构性赤字紧密相关。在 2004 ~ 2009 年，财政预算赤字占 GDP 的比重从 2% 降到了 0.5%，而 2010 年，为了应对金融和经济危机，联邦政府制定了经济刺激方案，使得这一指标又上升到了 1.9%，当年赤字的增加，直接影响到政府债务的累计水平。2010 年，联邦财政赤字高达 440 亿欧元以上，当年联邦政府累计债务达到了 10 230 亿欧元，占当年 GDP 24 950亿欧元的 41%。2012 年联邦财政赤字为 225 亿欧元，累计债务达到 10 540 亿欧元，

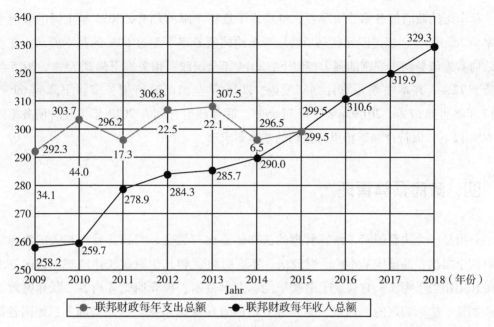

图 2 – 11　2009 ~ 2018 年联邦财政赤字发展变化状况一览

资料来源：德国联邦财政部信息中心。

占 GDP 26 664 亿欧元的 39.5%，2014 年，联邦财政赤字为 65 亿欧元，累计债务达到 10 740 亿欧元，占 GDP 28 345 亿欧元的 37.9%，2015 年联邦财政预算赤字为 0，累计债务 10 740 亿欧元，与 2014 年持平，占预计 GDP 29 411 亿欧元的 36.5%，由此可见，近五年来联邦政府债务率呈现了逐步下降的趋势。

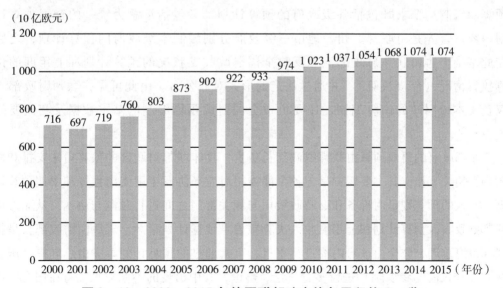

图 2 – 12　2000 ~ 2015 年德国联邦政府债务累积状况一览

资料来源：德国联邦财政部信息中心。

从全国的政府债务累计情况看，也呈现了逐年下降的趋势，2013年全国的政府债务率为78.4%，远超过欧元区马斯特里特条约的债务率不超过60%的基本要求。在联邦政府实施债务刹车规则的强力控制下，2014年全国政府债务率下降到75%，2015年下降到72%。在本中期预算计划年度内，2016年全国的政府债务率将下降到69%，2017年将达到67%，2018年要下降到65%。联邦政府计划在2020年将政府债务率降至60%以下，以符合马斯特里特条约的基本要求。

四、政府预算管理

德国是一个法制国家，预算管理的法律体系比较健全，与预算管理相关的法律主要有四个层次：即德国基本法、财政法、年度财政法和其他财政法律法规。德国基本法的作用相当于宪法，它规定了财政职能、支出范围、预算原则等内容。联邦财政法是根据基本法而制定的部门法，是预算管理的直接法律依据。在此基础上，德国各级政府的所有财政活动与行为，必须依法进行，每年度收支。

（一）财政预算的编制与审批

作为一个联邦制国家，联邦政府与各联邦州政府之间是平等的，不存在上下级的从属关系，各州在《基本法》规定的前提下有较充分的行政自主权，有权按本州的实际情况编制财政预算。预算的编制分为年度预算和中期预算，这两部分预算的编制均要求既包括各级政府的预算计划，又包括汇总为统一的全国预算计划内容。首先是由联邦、州、地市三级政府分别编制本级政府的预算计划，之后在此基础上再由联邦财政部汇总反映全国财政收支状况的预算计划和上年度的预算执行情况（年度决算），并通过法定的形式对外公布。由此可见，联邦财政部不仅负责本级财政的预算编制，还要负责全国财政预算编制的基本数据及其概要的汇总。

联邦政府的财政预算由联邦财政部长负责，具体联邦财政部的预算司来安排和协调预算相关工作，其主要职责是与各个部委相对应来协商年度支出预算和中期预算计划。收入的预算则是由税务和财政政策司与相关部门之间进行预测与协调，从而形成联邦财政收入预算计划和上年度收入决算报告。预算计划草案形成后由财政部长呈报联邦政府总理，并交由政府内阁进行审批，审批通过的预算计划草案由总理提交国会两院（众议院与参议院）进行多轮讨论、辩论，其中出现的不同意见，将在国会、内阁、总理和财政部长之间协商解决。经过审议的预算草案，其最终决定权属于立法机关——国会，最终审批权属于联邦议会（众议院）。

审批通过的财政预算草案由国会签署年度预算法案，一旦形成预算法案，其就具

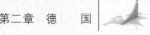

备了法律效力，在执行中原则上是刚性的，无论收入与支出，均应按预算法案实施。政府如要增加新的项目或增减收支预算，必须经过国会的审核批准，而国会提出增加支出或新增项目，相关法律也作出了须由联邦政府同意的规定条款。

（二）预算法案的执行与审计

年度预算报告是预算法案的重要文件，它对各大类预算收支特别是预算支出的增减均作了简明扼要的说明，对政策的变化进行了必要的阐述。在预算年度初期，联邦财政部会及时地给各职能部门发出关于预算执行中技术和管理细则的通告，其中包括现金管理和财务管理的规定，形成一系列预算执行的内部控制制度。在必要情况下，也可制订有时限的、有针对性的控制措施，以达到强制约束预算支出的目的。例如，近三年来联邦政府为响应欧盟关于各成员国务必采取稳定机制、实行"债务刹车"的决议，采取强有力措施，尽可能地减少赤字、降低债务累积率，因此在年度预算执行过程中严格控制超额支出。对必须的紧急追加支出，联邦财政部首先在预算框架内进行调整，以削减其他支出来弥补追加的支出，在确实无可调整的情况下，再由国会批准追加。从2013年编制"联邦财政中期预算"草案开始，联邦政府就提出了要在2015年达到"年度预算赤字为零"的财政计划，经过不懈的努力，2015年联邦财政按年度预算顺利完成了收支计划，当年财政赤字显示为"0"，达到了四十多年来的首次平衡。由此可见德国联邦财政的预算管理水平是比较高的。

（三）政府预算的审计

年度预算的审计包括内部审计和联邦审计署的外部审计。内部审计由财政部内设机构来完成，主要针对预算的执行进度、状况、违规事项、预算合理增减的实行等方面来进行。外部审计由联邦审计署负责实施，联邦审计署是完全独立的审计机构，根据联邦预算执行审计条例，联邦审计署对审计的部门、目标、时间、方式及范围有充分的自主决定权，并且可以依据各机关财务管理的状况来决定免于审计的单位。除了对联邦预算的执行情况进行审核外，联邦审计法院还以提供咨询建议的方式参与财政预算编制的全过程。联邦财政部每年终，会向议会提出年度财务报告，联邦审计署在依法对其审计后，于次年的8月底向议会、联邦政府提交审计报告，综合反映重要的审计结果和审计意见。除此之外，对于年度内例行审计中所发现的重大事项，联邦审计署也可随时向议会和政府提交专项的审计报告。

综上所述，德国联邦政府的预算管理具有法治化、制度化、刚性化、公开化、以及内外部监管日常化的特点。

五、施政方针与财政改革

（一）联邦财政部工作任务重点

1. 德国全国财政收支将在 2015 年达到平衡

欧债危机爆发以来，德国一直在按照欧盟关于减少政府债务和建立财政联盟的新规则对本国政府债务进行治理与整顿，竭尽全力压缩每个预算年度的赤字，同时降低各级政府的累计债务。从 2010 年开始，历时五年，终于在 2015 年的年度预算中实现了收支基本平衡，也就是说，2015 年德国全国的财政赤字为零。这一结果在 2013～2018 年的中期预算中已经体现出来（见表 2－8）。

表 2－8 　　　　2013～2018 年德国各级政府收入支出及赤字债务一览　　单位：亿欧元

项　目＼年　度	2013	2014	2015	2016	2017	2018
1. 支出						
联邦	3 078	2 960	2 990	3 100	3 200	3 290
联邦州	3 087	3 170	3 260	3 350	3 440	3 570
地市级	1 956	2 030	2 100	2 170	2 220	2 280
联邦专项	753	700	720	720	710	720
总计	7 863	7 870	8 030	8 250	8 460	8 670
2. 收入						
联邦	2 855	2 900	2 990	3 100	3 190	3 290
联邦州	3 068	3 150	3 270	3 370	3 460	3 600
地市级	1 973	2 050	2 130	2 180	2 240	2 320
联邦专项	831	710	710	690	700	710
总计	7 726	7 830	8 060	8 260	8 490	8 720
3. 收支差						
联邦	－223	－60	—	—	—	—
联邦州	－19	－20	10	20	20	30
地市级	17	20	20	20	10	30
联邦专项	78	10	－10	－20	－10	－10
总计	－136	－40	30	10	20	50
赤字占 BIP（GDP）（%）	0.2	0	0	0	0	0
累计债务占 BIP（%）	78.4	75	72	69	67	65

（1）据联邦财政部最近发布的中期预算数据，进入 2015 年后，德国三级政府预算

以及包括社会保险基金在内的联邦财政专项预算都已经没有赤字出现，从各级政府的层面看，联邦政府财政预算达到了收支平衡，州政府和地市级政府预算则略有盈余，只有联邦财政专项尚存在收支差额，差额的数额并不大，在10亿欧元以内。但由于州一级和地市级的财政预算有盈余，弥补了联邦政府专项预算的收支差额，所以从全国总体来衡量，财政收支已达到了平衡。按照欧盟马斯特里特条约的规定，欧元区成员国的预算年度赤字不得超过当年GDP的3%，目前德国联邦政府对年度预算发生赤字的最高限是不超过0.5%。而在调整的前几年这一限额被定为0.35%。

经过五年来的治理，各级政府累计债务余额也有了一定比例的下降，2014年全国累计政府债务由上年占BIP（GDP）的78.4%下降了3个百分点，达到75%。尽管本次治理取得了很明显的效果，但距离马约"政府累计债务余额不得超过当年GDP的60%"的标准还相差甚远，德国联邦政府从2013年开始预备用10年的时间将政府累计债务降至60%以下。因此减少政府债务余额仍然是德国现任政府的最重要任务之一。

（2）2015年5月29日，德国稳健（促进稳健发展）委员会召开第11次会议，参加会议的有联邦与州两级政府财政部长、该委员会附设的非独立顾问委员会委员以及地方政府的代表。参会各方就德国经济景气状况和政府财政收支平衡问题进行深入分析磋商，并对一些需要决策的具体问题提出解决的途径和措施。本次会议由联邦财政部部长朔伊布勒和黑森州财政部长赛弗尔共同主持，其主题仍然是加强财政预算管理、减少财政赤字和降低累计债务余额。同时强调偿债能力与按期偿债是政府举债的前提条件。

（3）德国的经济景气形势还处于恢复中，BIP的增长虽然缓慢但比较稳固。2014年，全国总体财政状况（包括三级政府和社保基金）相比较前几年而言有了明显的好转，全国总体的财政收支差额约占BIP（GDP）的0.7%，从结构上看，地方政府已达到收支平衡并略有结余，各州的总体状况要好于联邦财政，联邦财政还存在60亿欧元的赤字差额。德国稳健委员会期望2015年全国的财政收支能够顺利达到预计的平衡状态，并能保持一定程度的结构性盈余。同时期盼从2016年开始到2019年期间每年的赤字都能够保证在BIP（GDP）的0.5%以下。促稳委员会及其非独立的顾问委员会经过研究磋商确定，直至2019年每年的政府举债最高限仍然定在BIP（GDP）的0.5%，这一标准符合欧洲联盟首脑机构为解决欧债危机而提出的财政联盟协约的基本条件，其远低于马斯特里特条约规定的"当年财政收支赤字不得超过当年GDP的3%的标准。联邦财政部长朔伊布勒在会上说：在得到联邦政府进行全国的总体经济形势预测和最新一轮的税收预测结果之后，我们希望从现在开始直至2019年全国的财政收支能以盈余达到BIP（GDP）半个百分点的结果呈现。

联邦财政部长朔伊布勒在发言中肯定了联邦政府在降低债务累积率所取得的成效，特别是相关财政政策的确定与实施，对减少赤字降低累计债务发挥了关键性的作用。他希望各级财政能够把握机会，在财政预算与管理上要与联盟协约的各项规则相适应，将减少政府负债不仅作为当前阶段的重要任务，同时也要将其作为一个长期的行政方针贯彻执行下去。

2. 进一步调整理顺三级政府的财政关系，联邦财政通过转移支付继续支持各州与地方政府减轻公共支出负担

德国全国的政府累积债务总额中有不低于 45% 的部分属于州和地方政府债务。实施新的债务规则以后，政府举债受到强有力的控制，不仅在总量上有所限制，而且在举债前提条件上也有新的规定，目的是根据欧盟对欧元区提出的减轻债务负担的要求，减少州和地方政府的年度预算赤字，降低债务总额，努力达到马斯特里特条约规定的"本年赤字不超过 GDP 的 3%、累积债务不超过 GDP 的 60%"的基本要求。

鉴于区域经济发展不平衡的现状和特殊的历史背景，德国州与州政府间的财力平衡主要是通过横向转移支付来实现的，联邦财政每年用专项资金或定向基金对需要资助的州和地方政府给予纵向的补助和补贴。（原东德的 6 个新联邦州除参与横向转移支付和享有联邦政府的纵向补助补贴外还专有"团结统一税"补贴）联邦政府对州和地方政府的减负资金资助主要有三个方面。

（1）2015 年联邦财政部依据相关法律和立法规定对州和地方政府在养老、就业方面的支出给予定向补贴，调整各级政府在这两项支出中承担的比例，改革扣除结算方式，适当提高联邦财政的支出比例，从 2013 年开始至 2017 年，仅这两项调整，可为州和地方政府减轻 241 亿欧元的支出负担。此外，在联邦改革法案 2 中废除的高校基本建设、地市级交通道路建设、住房需求补贴和专业进修学习计划补助等方面的三级财政混合承担的专项支出，已调整为由"分拆平衡补偿基金"（Entflechtungmittel）来进行补偿，至 2019 年，各州获得这方面资金的总水平不变，每年将达到 26 亿欧元。

（2）在本届政府任期内，联邦对州和地方政府还有一些新增的减负政策，如对幼儿园的补贴、对日托托儿所的补贴、对中小学和高等院校办学条件的改善等原本由州和地方政府承担的事项，联邦财政将通过转移支付和其他渠道增加对上述项目的支出，以减轻州和地方政府的公共财政支出负担，其总额度可达到每年约 50 亿欧元。

（3）考虑到财力较弱的州下属的地市一级政府在基础建设方面的资金困难，联邦财政部决定将在 2015 年继续给予这类地区投资基础设施建设方面的补贴，依据公平与效率的原则，投资补贴的使用控制在一定的范围内。同时依据德国《基本法》的规定，投资补贴资金仅可用在联邦政府职能能够管辖的范围内。由于德国联邦体制的行政事权划分很清晰，一般情况下各州政府代表其下属的地方政府的行政权益，已明确由州政府管辖的事权，联邦政府不能直接干预，因此对地方政府的投资补贴资金也必须依法而行。

在联邦财政支持州和地方政府减负的同时，联邦议会和联邦政府也对各州提出了降低地方政府债务率的要求及建议。在 2015 年 5 月 29 日德国稳健（促进稳健发展）委员会召开的第 11 次会议上，委员们对以发行短期债券方式弥补财政资金不足的财力较弱的联邦州的偿债情况进行了审查，确认 2011 年获得了发行短债资助的五个州：柏林、不莱梅、萨尔兰、萨安和石勒苏益格均已按发债协议的规定履行了偿还债务的责任，认为这将有利于下一步发行短期债券资助政府行政的继续实施。保有偿债能力、按规定期限偿还债款已成为各州政府发行短期债券并顺利得到资金支付的先决条件。

本次会议强调，累计债务较高的州应针对减少债务进行财政收支平衡上的调整与改革，对改革调整方案所采取的相应措施及其作用影响要做出明确的报告，并在本中期预算期限内直至 2016 年的每年预算中清晰地反映出净债务收入（预算赤字）的变化情况。柏林、不莱梅、萨尔兰和石勒苏益格四个州已经向本次会议提交了调整改革报告，披露了近几年该州政府财政净债务收入（预算赤字）的变化情况。其中柏林和石勒苏益格两个州的累计债务状况自 2011 年以来有了较明显的改善，调整与改革的措施取得了一定成效，至 2020 年其完全可以依靠自己的财力达到"债务刹车"的目的。

3. 继续维护社会保障体系的稳定，有序推行保险制度的改革与完善

（1）失业保险。失业保险的法定缴费率为 3%，2015 年仍然保持这一缴费标准。尽管在联邦议会上对这一缴费率存在异议，但从当前劳动力市场的发展状况看，就业率维持在中上水平，远没有达到充分就业的目标，因此失业保险的缴费率将维持法定的标准。据联邦劳动局（BA）信息，2013 年联邦财政对失业保险的补贴总计达到 24 亿欧元。2014 年略有减低。联邦劳动局期待 2015～2018 年劳动力市场的就业状况会有一个较为明显的好转，如果失业人数能够逐年下降，失业保险基金达到盈余，届时将依据法律条款，无须政府补贴，并适当调整缴费率。

（2）养老保险。2015 年养老保险的缴费率仍然保持 2014 年实行的 18.9% 的水平不变。尽管 2012 年和 2013 年连续两年下调了养老保险缴费率，养老保险储备金在 2013 年年末仍然维持在 320 亿欧元。但是从长久情况看，养老保险支出在相当一段时期内始终是联邦财政支出中最大的一项，本年度预算中该项支出达到 849 亿欧元。2014 年，联邦议会经过辩论协商，从政策体系的连续性、稳定性、中期预算的可行性以及年度预算的实际支付能力等几方面进行综合平衡，通过了养老保险效率改革法案，确定了近期内相对合理的养老保险缴费率为 18.9%，并确定按这一缴费率制定下一中期预算期间的养老保险收入与支出。

（3）医疗保险。法定医疗保险的财务状况近几年一直呈现不断增长的趋势，2013 年联邦财政对健康基金和医疗账户的专项支出为 303 亿欧元，其中健康基金支出 136 亿欧元，医疗账户支出 167 亿欧元。2014 年基本保持在相同水平。依据法定医疗保险可持续发展的相关法规以及目前的实际状况，联邦政府确定调整医疗保险的一般缴费率，从 2015 年 1 月起由原来的 15.5% 下调到 14.6%，并规定健康基金的资金不能随意用来弥补医疗账户支出的缺口。将来的缴费标准是否提高取决于医疗账户的财务资金状况和医疗个人账户的发展情况。

4. 加强税收征收管理，确保达到财政收入预测目标

2015 年年度预算和 2014~2018 年中期预算期间的税收收入是在 2014 年 5 月税收预测专家委员会 144 次会议的预测结果的基础上编制的，2015 年第 146 次预测会议的预测结果又有少许调整变化。税收预算的结果的基础是 GDP 的整体发展态势。按照经济景气状况的预测，2014 年 GDP 的增长速度达到 1.8%，2015 年的增长率可达到 2.0%，以此为计算依据预测的税收收入增长率 2014 年达到 3.6%，2015 年达到 3.7%，2016~2018 年的增长率应达到 3.0%。（注：工资收入所得税按总工资计算）。而 2014 年的实际增长率仅为 1.4%。未达到预测的增长率，但全国的税收收入达到 6 436 亿欧元，比上年增长 3.9%，超过了预计的 3.6% 的增长率。鉴于目前税收向好的发展趋势，联邦财政部强调加强税收的征缴管理，实施有效的监督检查，以保证达到税收预测的增长率目标。

2014 年 145 次预测会议的预测结果在 2015 年 5 月的 146 次预测会议上被刷新（见表 2-7），2015 年全国税收预计达到 6 665 亿欧元，其中联邦财政为 2 803 亿欧元。2016 年预计达到 6 914 亿欧元，其中联邦财政为 2 930 亿欧元。2017 年预计达到 7 155 亿欧元，其中联邦财政为 3 024 亿欧元。2018 年预计达到 7 427 亿欧元，其中联邦财政为 3 147 亿欧元。

税收收入的增长首先依赖于共享税的增长，工资税和估定收入税的增长被预测为是刚性的，也是强有力的。随之其后的是增值税，在上两年增值税的增长并没有显示出强势，这主要与德国的经济景气状况有关。随着整体经济形式的恢复好转，2015 年增值税的增长率将有明显的提高。在各级专项税中，联邦专享税在近两年内变化不大，增减幅度都很轻微。根据最新预测结果，2015 年能源税和烟草税将有小幅度的增加，但由于 2017 年将取消核燃料税，因此在本中期预算期间内，联邦专享税不会有明显的增长。

（二）联邦政府重要财政政策导向

1. 教育与科研

教育与科学研究始终是德国社会经济优先发展的领域，公共财政对教育科研的支出每年必须保证一定幅度的增长。2015 年联邦财政对该领域的支出比前一年增加了 13 亿欧元，总额达到 153 亿欧元。

联邦财政为减轻州财政的支出负担，有效解决教育基本建设资金不足的问题，从 2015 年开始承担部分原本由州和地方政府承担的支出责任，主要用于扩大高等教育招生规模，增加就学名额、增建扩建学龄前儿童教育（幼儿园）的基础设施，为更多适龄儿童入园提供良好条件。2015 年这一支出达到 11.7 亿欧元，即为州级财政减轻 11.7 亿欧元的支出负担。在进修与职业技术教育方面，依据本届政府的相关法律规定，继续加强对进修教育的投资，在本届政府任期内其投入总额将达到 60 亿欧元。另有部分联邦财政提供的资金用于联合办学、提高教学质量方面，2015 年额度达到 21 亿欧元。

在本届政府执政期内，联邦财政对科学研究和技术开发在原支出总额的基础上追加 30 亿欧元的投入，主要用于重大科学领域的创新研究和高端领先技术的研发与运用以及现有生产技术的革新、原材料的更新发展等，增加这方面投入的目的在于增强德国国力和国际市场竞争力，推动社会经济的高效发展，为国民创造更多更宽泛的社会福利。

根据促进科学研究与技术创新的相关条约的规定，联邦财政部继续对一些重要科研机构和科技创新组织机构增加投资，2015 年投资增幅为 5%，从 2016 年开始每年投入的增长幅度为 3%。该项支出全部由联邦财政部独立承担。

2. 经济和能源政策

联邦经济和能源部 2015 年的财政预算总额为 71 亿欧元。比中期预算的同期预算总额增加了 11 亿欧元。增加的预算资金主要用于由联邦经济部接受承担的新工作任务及其组织机构的变动，也包括对所管辖的能源政策领域的追加投入。

（1）能源管辖权的调整转轨构成了联邦经济技术部的年度预算重点。这项支出将继续保持在高水平上。除此之外也会有其他项目支出的增长，比如咨询和通讯技术领域。在促进中小企业发展方面，支出的增长也较明显，联邦经济能源部特别加强了对企业专业技术的改良更新和企业设备的技术升级的支持力度，增加了对企业技术改造的资金投入。

（2）对促进产业、行业科学研究与技术开发方面的支出在联邦经济与能源部的预算总额中始终保持占比 40% 以上。对尖端领域的投入，如航空航天领域、创新能源及能源效率，以及其他领域的改革创新等，一直是该类支出的重点，专门针对中等企业或相关机构的改革创新中心（ZIM）2015 年获得 5.4 亿欧元预算资金，另有一些国际国内联合进行的科研开发协作项目，按协议由联邦经济与能源部承担资金总额的 1/4，2015 年该项预算额度为 3 亿欧元。

（3）支持地方政府改善区域经济结构是目前联邦经济与能源部工作重点之一。预算资金在这方面的投入也有所增长，2015 年比原中期预算中预计额度增加了 3 000 万欧元。同时对新联邦州（原东德的 6 个州）的经济调整发展也继续给予政策上的支持，增加对这些区域经济结构调整导向性的资金投入，以保障新联邦州的经济运行能够保持良性循环发展，逐步缩小与较发达地区的差距。

3. 交通与信息高速基础设施建设

联邦交通与信息高速基础设施建设部（BMVI）2015 年度预算总额为 231 亿欧元，其中 128 亿欧元（约占总额的 55%）用于投资支出，这是联邦政府连续多年来一直保持的最大额度的投资支出任务。投资的方向是保障国民经济发展的基础设施建设。

对传统的交通基础设施建设即公路、轨道交通、水路交通和联合交通基础设施的投资在中期预算计划中始终居于各类公共投资之首。2015 年在原计划 108 亿欧元的基础上又增加了 11 亿欧元，达到 119 亿欧元。投资总额中约有 10 亿欧元用于跨年度建设项目。另有 5 亿欧元优先用于联合协议的合作建设项目。追加的投资资金主要用于轨道交通的建设。

（三）税收体制改革与政策措施

1. 继续针对增值税诈骗进行改革并制定应对措施

联邦政府决定 2015 年继续实施严厉打击增值税诈骗的违法犯罪行为，遵照欧盟委员会的指令精神，在境内建立快速反应机制，对已有的措施方案继续完善，在实施方案上力求简化程序，提高效率，加强监管，用严谨的征管方式最大可能地阻止增值税诈骗行为的产生。在打击增值税诈骗的同时，联邦和各州财政部要密切关注并掌握增值税征收的实际情况，防止非正常状态的征收下滑，以确保增值税征收达到预计目标。

在关于增值税未来发展方向的一份研究报告中，欧盟委员会指出，目前关于打击增值税欺诈的规定，仅限于 2006 年修订的欧盟增值税指令，或是欧盟成员国在欧盟增值税指令基础上的个别调整措施，并且启动这些措施的过程往往需要 8 个月甚至更长的时间。因此，需要建立一个更加快速的反应机制。快速反应机制的适用范围。快速反应机制并不取代目前的系统，它仅限于某一会员国在特定经济部门中出现大量和突然欺诈时适用。

快速反应机制的形式。指令草案列出了以下两种形式的快速反应机制：一是在逆向征收机制下，接收方免征增值税；二是欧盟理事会在欧盟委员会建议的基础上一致决定采用任何其他措施。

快速反应机制的启动。按照检查程序，在有充分合理理由或紧迫性的情况下，欧盟委员会将被允许迅速采取措施。一旦成员国提交了相关的材料，欧盟委员会必须在一个月内作出决定。

快速反应机制的授权期限。一个快速反应机制授权期限为 1 年。

2. 继续推动金融交易税在德国的引入与实施

在税收体制改革方面，推动金融交易税引入与实施是联邦财政部在 2015 年需要完成的又一项重要工作任务。引入金融交易税的动议始于 2011 年，自 2013 年欧盟正式推出金融交易税以来，这项决定引起了欧盟成员国的激烈辩论与意见分歧。但德国一直坚定地支持引入金融交易税的观点，支持欧盟的建议。几年来一直在致力于推动金融交易税的实施，2015 年这项工作仍然成为税制体系改革的重点之一。

欧盟在 2013 年 2 月正式通过金融交易税计划，但还有待于各成员国的批准。根据该计划，股票与债券交易将被征收 0.1% 的税率，而衍生品交易则将被收取 0.01% 的税率。金融交易税将强加于金融公司之间的所有金融工具交易，只要交易有一方在欧盟内。然而这项计划因遭到欧盟国家财政部长的最高法律顾问机构的质疑而搁浅，该机构认为，这项税收的开征超越国家管辖权，违反欧盟条约，并对非参与国构成歧视。

德国财长朔伊布勒表示，"德国将继续推动金融交易税。如果金融交易税无法在整个欧盟内推行，那至少会在欧元区实施。"在欧盟，一些赞同征收金融交易税的国家在努力寻求实施金融交易税的可能性，但如果面临的障碍太大，德国与法国商议将推动该交易税只在欧元区内实施。2013 年德国财政部曾发表声明：必须尽快清除引入金融交易税方面的司法顾虑与障碍，希望金融部门为金融危机的成本适度付出。总理默克尔也表示，各国金融业有义务缴纳金融交易税，因为这是对其所占用的社会资源的合理补偿。

3. 能源税与电税的改革与调整

鉴于欧盟委员会对可再生能源补贴法提出的改革建议和委员会批准同意的在一定范围内实施限制能源补贴改革法案的决议，联邦政府决定在 2015 年制定并实行针对能源税与电税的相应调整措施，以保证能源税与电税在征收方面符合欧盟的决议精神，同时也保障国内企业不至于受到负面的影响。该项改革首先要从立法开始。

目前，欧盟各成员国已经意识到补贴刺激下可再生能源增长的不可持续性，尽管还有激烈的争论，但削减可再生能源补贴已成大方向。2013 年 5 月欧盟执行委员会即提出可能会停止对再生能源提供昂贵且具有很大争议的补贴。认为市场的最终目标是对所有民众提供可靠并能负担得起的能源，符合必须成本——效益的基本原则，而对可再生能源（太阳能、风能等）的长期高额补贴不符合这一原则。目前再生能源的投资成本已经下降，因此欧盟委员会认为各成员国政府可以也应该减少对再生能源的支持。

德国一直是进行推动生态能源改革的先行者，从 20 世纪 90 年代末经立法开始实施对可再生能源的补贴，支持了对太阳能、风能的开发和利用的发展。2008 年全球性经济危机爆发之后，对再生能源高额的补贴给政府支出造成了巨大压力，成为了政府债务的组成部分。因此总理默克尔在本届连任之前就曾承诺，如获连任，每年将削减 240 亿欧元的可再生能源补贴。尽管欧盟的决议尚没有正式执行，但各成员国补贴政策的调整势在必行，德国也不例外。

第三章
法 国

法兰西共和国（简称法国）是世界主要发达国家之一，也是西欧面积最大的国家，有 543 965 平方公里的土地，拥有 6 661 万人口（截至 2014 年年底），行政区划分为大区、省和市镇三级。国内生产总值位居世界第五。其国民拥有较高的生活水平和社会保障制度。法国是联合国安全理事会五大常任理事国之一，也是欧盟创始国。2014 年，法国外贸进出口总额排名世界第五，其中出口总额位列世界第六，进口总额位居世界第四。2014 年，法国整体的经济增长率为 0.4%，低于欧盟 1.4% 的经济增长率。这是法国 2010 年以来增长率首次低于欧盟平均水平。

一、政府治理体系

（一）政党和政治

法国实行半总统制。它是介于总统制和议会制之间的一种国家政权形式。其主要特点有：一是总统由普选产生，任期 7 年，可连选连任。总统是国家权力的核心。宪法规定，总统通过自己的仲裁，保证公共权力机构的正常活动和国家的稳定；总统是国家独立、领土完整和遵守共同体协定与条约的保证人。总统除拥有任命高级文武官员、签署法令、军事权和外交权等一般权力外，还拥有任免总理和组织政府、解散国民议会、举行公民投票、宣布紧急状态等权力；二是政府是中央最高行政机关，对议会负责，其权力和地位比以前大大提高。除拥有决定和指导国家政策、掌管行政机构和武装力量、推行内外政策等权力外，还享有警察权和行政处置权、条例制订权和命令发布权。总理由总统任命，领导政府的活动，对国防负责，并确保法律的执行。实际上总理须听命于总统，起辅佐总统的作用。政府成员由总理提请总统任免。三是议会由国民议会和参议院组成，其地位和作用较第四共和国时有所下降，原拥有的立法权、预算表决权和监督权三大传统权力受到总统和政府的限制。如议会的立法内容和范围缩小，弹劾权受到严格的规定。议会无权干涉总统选举和总理的任命。

法国实行中央集权制。地方政府原来有省、市镇两级，20 世纪 80 年代增设了大区这一级政府，变为大区、省和市镇三级。通过改革，取消了中央对地方的监护，加强了地方议会的自治权，从而改变了数百年来的高度中央集权，缓解了高度集权的弊端。

政党制度实行多党制。政党数目众多，不够稳定，政党的合并、分裂、新建和改组时有发生，政党之间经常组成或解散联盟。第五共和国成立后，政府通过对选举法的改革，使党派相对减少，并保持相对稳定。1944 年以来，历届政府都是由一党或多党联盟组成政府。

2014 年，法国传统的左右两大政治势力都发生分裂，左翼政府出现不和谐的声音，右翼大党出现内讧，两大主流政党民意指数均出现下降。总统奥朗德政绩平庸，自 2012 年 5 月当选总统以来，支持率持续走低。至 2014 年底，支持率降至 10%，创历史新低，几乎成为法兰西第五共和国史上最不受欢迎的总统。民众之所以对奥朗德不满，主要原因在于他执政以来未能带领法国走出经济危机。奥朗德在竞选阶段，曾承诺振兴法国经济、提高就业率，然而执政两年多，这些问题无一得到有效解决，法国经济依然低迷，失业率不降反升，不断刷新历史纪录。特别是国家为削减赤字采取了增税措施，给大多数人的生活带来了负面影响。奥朗德曾于执政一年之际发表讲话，为自己的平庸政绩辩解，认为危机不是他当政之后才有的，而是右翼政党执政十多年遗留下来的历史问题，不可能在短短一年内就全部解决；同时提出，他的政策是长期性的，日久方见成效，要假以时日与耐心。

（二）政府架构

法国政府的组建是以宪法为基础。1958 年，通过公民投票，法兰西第五共和国成立。与 1946 年宪法相比，1958 年的宪法在国家治理方式上设置了更多的限制，力求建立更稳定的政府。法国政府是法国最高国家行政机关。法国政府不由议会产生。1962 年，国家机构改革后，共和国总统可以直接通过普选的方式选举。

法国政府共有四级政府组成，分别是中央政府和三级地方政府（大区、省、市镇）。行政首脑为总统和总理，还有国务部长、部长和国务秘书等成员。总理由总统任免，政府其他成员由总统根据总理建议任免。

根据法国宪法，法国议会实行两院制，分为国民议会和参议院。议会以投票的方式通过相关法律、监督政府行为、评估公共政策，对政府行使监督职能。法国的政府向国民议会负责，总统在与总理和两院议长磋商后有权解散国民议会。总统在任命国家机关相关负责人时需要得到国民议会批准。国民议会有权通过对政府的不信任案，或不赞成政府的施政纲领或者公共政策，并进一步有权弹劾总理。在此情况下，总理必须向总统提出辞职。参议院不能被解散。参议院保证共和国的各个地方单位的代表性。

法国是典型的实行大部制的国家，政府下属共有 20 多个部委其中有一些超级大部，规模最大的部叫做法国生态、能源、可持续发展和海洋部，此外还有法国农业、食品、渔业、农村事务及土地整治部，中小企业、贸易、手工业和自由职业部，卫生青年体育与社团生活部，就业、社会和谐和住房部，经济、财政和工业部，国家教育、高等教育和研究部，交通、装备、旅游和海上事务部等。主管财政的政府机构全称叫做法国经济、财政和工业部。由原法国财政部和经济与工业部合并而成。合并后财政部和经济与工业部成为其下属的两个正部级机构。财政部在所有经济和财政政策方面起着举足轻重的作用。总的职责是预测、管理和监督全国的经济和财政。具体任务是：负责管理国家的收入、支出和国库，监督国家机构的财政收支，向地方行政单位提供资金并检查它们的开支，保护从事财政经济活动的官员，对国有企业进行监督，为经济综合平衡发展创造有利条件。财政部的主要司局机构包括：预算司、税收总局、国库司、会计司、对外经济关系司、海关总署、全国统计与经济研究所等。

二、政府间财政关系

（一）中央与地方各级政府间的事权划分

法国政府分为中央、大区、省和市镇四级，相应地，财政体制也由四级组成。本章中，若无特殊说明，大区、省和市镇均列入地方政府，它们的财政共同构成地方财政。法国是一个中央集权国家，国家的政治、军事、经济大权都集中在中央政府，地方政府的自主权十分有限。但是，法国各级政府的职能和事权划分比较明确，各行其是，运作基本有序。财政上高度集权，中央财政居于主体地位，财政立法权也集中在中央。

政府的经济管理职能主要包括：运用宏观政策手段调节社会总需求和总供给；制定国民经济长期发展目标和战略，对经济结构和地区布局进行引导和不同程度的调整；提供基础设施、生态保护及其他公共产品与服务；建立和制定法律和法规，规范市场运行秩序；运用税收、福利政策和行政手段对国民收入进行再分配和调节；有效管理国有资产等。

法国的财政管理体系是由其行政结构决定的。法国的行政结构分为中央、大区、省和市镇四级。与行政结构相适应，法国的财政体系由中央财政（国家财政）和包括大区、省、市镇财政的地方财政组成。每一级财政，在其预算允许的范围内行使其权力。中央财政的主要任务是：职能方面的任务，即负责社会安全、国防、外交等部委工作的正常运行；社会方面的任务，注意社会公平分配，提供社会福利补贴等；经济方面的任务，包括促进农业发展和外贸发展，直接进行投资或通过补贴引导社会投资（主要针对国家重大的，但短期内没有多少收益的建设项目，如航空、铁路等），支持地区经济发展。此外中央财政还负责预测经济发展趋势，制定国家财政和税收政策；管理全国的税收、海关工作等。

根据法国地方自治法规定，各地区的重大事务按照中央政府的命令执行，地方议会不得讨论政治性问题，其主要权力和责任范围只限于表决预算案和负责税收事务。此外，就是制定市政规划，成立保健事业，管理地方公路，安排区内的国土整治，如农业开发、河道整治、落后地区的发展、支持中小企业技术开发、发展文化娱乐、处理空气污染等所谓的"公用事业"和"慈善事业"。从地方各级政府的职能分工来看，大区政府主要负责经济结构布局的调整和职业培训，制定地区发展的五年计划，提出有关基础设施等战略性项目的规划，经与中央政府有关部门进行谈判，以法律的形式确定下来。省级政府负责社会保险和社会问题。提供社会保险是省级政府职能的主要内容。省级政府设立一个专门机构补充社会保险，发放社会津贴。解决就业问题是省级政府所要解决的另一个社会问题。省级政府一方面在国家和地区的帮助下解决就业问题，另一方面间接地通过民间组织来帮助企业。首先是帮助投资者在该省设立企业，如为新的企业提供与其他企业横向联系的机会，在土地使用和招收员工方面提供方便，以及为企业寻找新的入股人；其次是为新企业在厂房建设方面提供一些补贴，降低其成本；再次是从技术上帮助企业，提供信息网络、高技术服务，帮助企业以合同形式与大学和科研机构建立联系。此外省级政府还负责初中教育，省级公路及部分社会福利。市镇政府只负责本市的市政规划和建设，并提供最基本的公共产品和服务。如负责安排居民的日常生活，即城建、水、电、电视天线网络，小学教育、文体设施、老年人安置等。有些市镇政府也可以给企业一些力所能及的帮助，向大区一级提议帮助企业，通过当地中介组织为企业提供有关信息等。

三级地方财政之间不存在隶属关系，其财政预算由各级议会决定，但国家对地方的三级财政都有事后的法律监督权。当中央政府或代表中央利益的大区专员和省长认为地方的项目或预算违法或不符合国家法律时，可通过行政法庭裁决，予以撤销。

1. 福利事务

社会福利相关事务是省级政府负责。但是实际操作中有许多都是由中央政府来进行决策，此外，中央政府还会支付省级政府一笔补贴，用以支付福利支出。但最近几年，省级政府总是抱怨这笔补贴远不够应付强制性开支。虽然法律规定强制性支出是指一个国家的最小开支，但省级政府通常过于慷慨。此外，市镇政府也有权利向市民提供福利开支。

2. 教育事务

教育事务是四级政府共同的事务。最基本的分工原则是：地方政府负责学校基础设施建设，中央政府负责人员的招聘、监管和激励政策，并为教师发工资。具体来说，市镇一级政府负责初级教育阶段的校舍建设，大区政府负责高校建设。此外，最近几年，地方政府在艺术院校和学校附属机构（如校咖啡馆）建设方面也负有支出义务。法国在全国范围内实行统一的招聘和工资标准。但这并不意味着全国教育质量的同质性。

3. 交通事务

交通事务也是四级政府共同的事务。中央政府负责国道、隧道、铁路和港口。大区政府负责一些省级公路。20世纪90年代开始，大区政府开始参与铁路建设。省级政府主要负责省级公路建设和公交建设，也包括校车交通。通常情况下，城市交通也是省级政府的事务。市镇政府主要负责一些小的街道以及城市内部公共交通。

4. 环境事务

垃圾收集和处理以及水处理等环境事务是市镇政府的责任。通常情况下，许多市镇的政府会联合起来处理这些事务。并且，现在这些事务已经逐渐转交给一些私人企业来运营。

5. 文化和休闲事务

文化和休闲娱乐事务也是四级政府共同的事务。例如，公共剧院、博物馆和合唱大厅等。通常情况下，体育设施和公园的建设由市镇一级政府负责。

6. 公共安全事务

消防工作是省级政府的事务，但是森林火灾和洪水是中央政府的责任。市镇政府主要负责管理城市交通安全，并越来越多地参与到公共治安中。中央政府几乎不会插手公共治安事务。

（二）政府间税权与税收的划分

在税权方面，税收立法权由中央统一行使，征税权和税额分配权都由中央政府行使，地方政府在法律规定的权限内对本级政府的税种享有征收权及适当的税率调整权、税收减免权。在中央授权范围内，地方政府可以开征某些税种。"税收是地方政府财政自治的基础，法国的市镇、省和大区都享有一定的税收权力。在法国，即使议会独享税收主权，但与其他国家相比，法国的地方政府实际上享有税收自主权。""市镇、省和大区议会虽然不能决定本地区地方税的计税依据，但是，它们有权直接决定本地区地方税的税率，只要不超过议会规定税率的2倍或2.5倍即可。"

在税种划分上，中央与地方实行彻底的分税制，税源划分清楚。中央税及其收入由中央政府掌握，地方税及其收入由地方政府掌握，没有共享税。在征收管理上，分设中央、地方两套征收机构，分别征收本级政府的税收。属于中央税的税种有：个人所得税、公司所得税、增值税、消费税、印花税、交易税、遗产税和关税等。属于地方税的税种有：建筑地产税、非建筑地产税、房地产税、专利税、国家转移的工资税、财产转移税、娱乐税、电力税、海外领地海洋税等。

法国的共享税与德国和拉美等国家的共享税不同。其他国家都是对税收收入进行分享，而法国则是对税基进行分享。以财产税为例，例如有 100 欧元的财产，市镇议会定的税率为10%，省级议会定为5%，大区政府定为1%。那么，市镇政府收到财产税收入 10 欧元，省级政府 5 欧元，大区政府 1 欧元。纳税人不会去研究这 16 欧元到底被哪级政府收走，所以增加了各级政府增税的动机，因为这样可以让别级政府替他背黑锅。而且，各级政府也不愿意减税，因为他们担心自己减税，别级政府反而增加了税率。

地方税收的征收不是地方政府自己来完成的，而是由中央政府来代替他们行使。法国中央财政部评估税基，地方政府决定税率。中央政府将税收征收来以后再转交给地方政府，并征收至少 4% 的服务费。这种税收征收和评估模式有以下几点好处：一是可以防止地方政府任意评估和征税，对纳税人起到保护作用。事实上，在一些比较小的市镇，由于征收地方税的成本问题，许多地方税已经不值得去征收。二是经济规模效应。三是在全国范围内统一税收评估标准，有统一的评估机构，标准化的评估办法。

总体来说，法国的地方政府在税收事务上有比较大的自由和权限。但是，这种自由也是有约束的。对于一些主要的税种，有一些关于最大税率的限制：他们不能超过国家平均税率的 2 倍或者2.5 倍。在实际操作中，中央政府会采取措施来在不减少地方政府税收收入的前提下减少纳税人的纳税负担。例如，为了促进经济发展，中央政府规定公司的营业税不得高于其附加价值的 4%。因此，如果一个企业的营业税实际额度为附加值的 5%，那么企业只需要缴纳 4%，剩下的 1% 由中央政府付给地方政府。因此，中央政府成了实际的纳税人。

（三）中央对地方财政的转移支付

法国的转移支付制度大体上始于 1975 年，20 世纪 70 年代以专项补助为主，80 年代随着分权化改革的推进，地方政府自主权逐步扩大，转移支付也由专项补助为主逐步转向以平衡补助（综合运行拨款）为主。后者的主要特征是：（1）用因素法确定补助数额，比较规范，避免各种讨价还价和人为因素的影响；（2）这种补助是一揽子性的，中央政府不具体规定其使用方向，各级地方政府自主使用。

法国是中央集权制国家，其中央预算收入所占的比重较大。法国中央预算收入除满足中央政府行使职能的需要外，其余大都用来对地方的转移支付。中央预算的转移支付，每年约占地方总收入的 30% 左右。2010 年地方财政收入为 2 270 亿欧元，中央对地方财政的转移支付金额达 972 亿欧元，占地方财政收入的 43%。（见表 3 - 1）法国政府一直努力通过财政转移支付来支持欠发达地区的经济发展，缩小地区发展差距。

除对经济欠发达地区在税赋方面给予优惠政策（如免除5年的行业税）外，还通过中央财政转移支付来资助困难地区。一是发放领土整治补助，用于帮助一些落后地区新建或扩建企业，增加就业岗位；二是国家就一些重点建设项目通过与地方签订"国家——地区计划"合同的方式来扶持地区的发展。国家根据每个地区的税收潜力、平均失业率和就业总量三项标准来确定国家资助额。总的原则是，对经济欠发达地区，国家投入多；对富裕地区国家投入少。

表3-1　　　　　　　　　　中央对地方转移支付的比重　　　　　　单位：亿欧元

年　份	地方收入	中央转移支付	占地方收入的比重（%）
2004	1 751	561	32
2005	1 841	568	31
2006	1 951	582	30
2007	2 052	601	29
2008	2 130	618	29
2009	2 234	669	30
2010	2 270	972	43

资料来源：法国国家统计和经济研究所数据（按2005年不变价格）。

法国中央财政对地方（包括大区、市镇三级）转移支付的主要形式有以下几种：

（1）综合运行拨款。这是目前法国转移支付的最主要形式。此项拨款由人口、公路长度、学生数、公用设施负担情况、贫富状况等60个因素决定。

（2）职能转移和分权综合拨款。20世纪80年代以来，法国实行了分权为核心的政治和经济体制改革，其主要内容是：①取消原来的中央政府对地方的一些审批制度，改为事后检查制度；②将原来由省长完成的行政职权改为由省议会议长完成；③允许地方政府拥有地方税税率的决定权和减免权；④将原来由中央政府承担的部分社会服务职能（如社会救济、公共交通建设和管理、国民教育和职业培训等）下拨给地方政府。在职能转移的同时，资金也作本应转移，这种转移是通过税收和预算两条渠道来进行的。一是将原属于中央的部分税种如房地产税、汽车税等改为地方税；二是设立一个综合运行拨款预算指标，以弥补社会救济、中央学校校舍维修等多项支出下放所增加的地方财政支出负担。

（3）减免税补助。地方各级政府为了保证其支出需要，必须加强对地方税种的征管。当中央政府认为有必要对一些地方税种实行减免政策时，由此造成的地方政府收入的减少便由中央财政进行补助。这里所说的减免税补助实际上是由中央财政代替纳税人支付某些地方税。

（4）贫富调节基金这是将一些比较富裕地区的税收直接转移给贫穷地区的一种做

法。其主要规定有：①如果一个市镇的税收收入超过全国平均数的 1.5 倍以上，则超过的部分用于转移给贫穷地区；②如果某公司到某地设厂，则该厂超过一定限额的税金由一个省级联合基金会征收，然后分配给该厂周围的地区。此类转移支付涉及全国800 多个机构，主要是发电、汽车制造、钢铁等行业。

三、财政收支运行状况

（一）基本情况

法国经济在 2014 年继续低迷。根据法兰西银行最近公布的数字，法国 2014 年经济增长率为 0.4%，低于法国政府 1% 的预期，近四年来首次低于欧元区平均水平。但国内居民生活水平并没有因此受到太大影响。不像欧洲其他一些国家，法国的银行系统也保持健康状态，没有出现资金供应的紧张局面。此外，法国的国民健康状况、社交方面以及环境质量都保持较高水平增长（见图 3 – 1）。

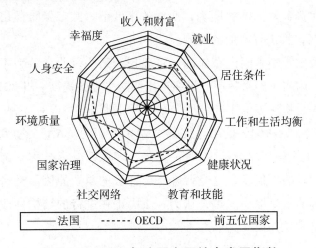

图 3 – 1 2014 年法国主要社会发展指数

2015 年 3 月 26 日，法国国家统计研究所发布了一份政府收支账户报告草案，根据该报告，法国 2014 年财政赤字占 GDP 的百分比为 4%，赤字额度为 848 亿欧元。而之前根据法国《2014 年公共财政计划法案》中预测，2014 年法国财政赤字额度会比该数字多出整整 90 亿欧元，赤字率预计也会达到 4.4%。节省的 90 亿欧元中，中央政府预算开支节省了 20 亿欧元，地方政府预算开支节省了 30 亿欧元，社保基金节省了 20 亿欧元，政府未来投资项目也节省了将近 10 亿欧元的开支，此外，政府应收款项也比预期要好，这主要得益于法国资产负债表记账方式的转变。

这一结果表明政府财政支出总体可控。财政支出名义增长率为 0.9%，同比下降 1个百分点，处于历史新低。这一成绩是法国政府各个部门紧缩开支的成果。同时反映了法国财政巩固措施的成就。但与 OECD 其他国家相比，法国财政支出占 GDP 的百分比为 57%，仍然属于较高行列。

2014 年，法国国内税负结束了 2009 年以来连年的攀升，维持了 2013 年的水平，达到 GDP 的 44.7%。与《公共财政计划法案》中的预测值保持一致。2014 年税收弹性系数为 0.6，比《公共财政计划法案》中预测的 0.7 减小了 0.1。但税负水平仍需降低，以增加劳动者劳动积极性，鼓励商业投资和储蓄，从而减小公共债务。否则法国的债务率不久将会达到 100%。

虽然如此，法国经济依旧不让人乐观。据法国劳工部统计，2014 年法国失业率为 10.2%，第三季度完全失业人数再创新高达 343.25 万人，广义失业人数（包括不充分就业人口在内）也创历史纪录达 543 万人（包括海外省）。25 岁以下人群失业环比增长 0.7%，同比增长 1.0%，25～49 岁人群环比增长 1.0%，同比增长 5.1%，50 岁以上人群环比增长 1.1%，同比大幅增长 11.2%。

此外，根据国际经济与合作组织发布的国别报告，法国政府的行政费用、财政供养人员和社保支出都比其他大多数 OECD 国家高出许多。地方政府机构臃肿，办事效率低下。转移支付资金目标不够明确，使用效率低下。医疗保险支出和退休金支出占 GDP 的比重过于高，且仍有增加的趋势。

商品市场的疲软影响了国内整体的经济表现。某些行业竞争力不足导致了商品价格和成本的攀升，阻碍了经济效率、潜在产出和购买力的提高。继 2012 年 1 月和 11 月标准普尔和穆迪先后将法国信用等级从"AAA"下调至"AA＋"和"AA1"，2013 年 11 月标准普尔再次下调法国的信用等级从"AA＋"调为"AA"之后，惠誉 2015 年 12 月 12 日又将法国主权信用评级从"AA＋"降至"AA"。惠誉称，偏高的赤字和债务水平削弱了法国财政的可信度，这是调降法国评级的重要原因。经济增长低迷也是法国信用评级遭调降的重要原因。惠誉认为，法国正在进行的结构性改革似乎并不足以拉动法国长期经济增长并提高竞争力。

表 3－2　　　　　　　　　　法国政府 2014 年主要经济指标　　　　　　　　单位：%

年　份	2011	2012	2013	2014
经济增长率	2.079	0.334	0.285	0.361
失业率	9.200	9.800	10.267	10.200
全国政府财政支出占 GDP 的百分比	55.919	56.688	57.127	57.499
全国政府财政收入占 GDP 的百分比	50.822	51.827	53.007	53.314
赤字率	－5.097	－4.861	－4.121	－4.185
债务率	84.952	89.228	92.417	95.140

资料来源：IMF 官网。

（二）法国中央政府财政支出及变化

通过表 3 - 3 的数据可以发现，法国中央政府最近四年的财政支出结构并没有特别大的变化，以 2013 年为例，法国中央政府财政支出占比最大的是经济事务支出，占整个中央政府财政支出的 43.98%，其次是教育支出，占 22.19%。公共秩序与安全占比虽然最少，为 0.21%，但在最近四年呈现出少许的上升趋势。而住房与社区服务以及医疗卫生支出占总支出的比重则呈现出轻微的下降趋势。

表 3 - 3　　　　　**2010 ~ 2013 年法国一般政府财政支出结构**　　　　　单位：%

年　份	2010	2011	2012	2013
创新、文化和宗教	3.93	3.74	3.77	3.7
教育	20.96	22.12	22.25	22.19
社会保障	8.96	8.85	9.08	9.35
一般公共服务	11.82	12.22	11.86	11.88
国防开支	0.26	0.25	0.24	0.24
公共秩序与安全	0.058	0.19	0.20	0.21
经济事务	44.30	43.77	43.96	43.98
环境保护	0.97	1.04	1.01	1.06
住房与社区服务	2.63	2.70	2.64	2.44
医疗卫生	6.10	5.12	4.99	4.95

资料来源：法国国家统计和经济研究所。

四、政府预算管理

（一）法国预算编制法律框架

1. 基本情况

法国具有一套复杂的中央政府预算法律框架体系。宪法在该国的预算执行中具有很强的权限。1958 年的宪法对于议会在改变预算支出结构方面的权限进行了极大的约束。议会无权增加预算开支上限，也无权对财政收入进行削减。此外，宪法还规定了中央政府预算的一些基本原则，其中还包括 1996 年以后被纳入的社会保障基金。

法国管理预算编制的主要法律是 2001 年颁布的《预算组织法》（LOLF），这部法律于 2006 年正式生效，法律条文中针对中央政府年度预算的内容、编制、实施和报告制度列出了基本原则。然而，法国的中央政府预算内支出仅仅占法国总财政支出的

37%。各种各样的预算外支出则占据了全国总财政支出的45%。这些预算外支出包括医疗、退休金、失业保险和家庭支持等方面。1996年，法国颁布了针对社保基金的《社会保障基金组织法》，规定社保基金的拨款需要经过议会的审核。剩下的19%为地方政府预算支出。地方政府预算支出的相关管理法案是《地方政府法典》。尽管有呼声认为应该有一部专门的地方政府公共财政法典，但是这个想法一直没有被付诸于实践（见表3－4）。

表3－4　　　　　　　　　　　　法国政府预算相关法律

颁布年份	名　　称
1958	《宪法》
2001	《预算组织法》
1996	《社会保障基金组织法》
1996	《社会保障法典》
1994	《财政审计法》
1994	《地方政府法典》
1962	《公共审计法令》
1922	《支出控制委员会法》

资料来源：作者根据相关资料整理而来。

除了宪法和两部组织法，法国还有一系列的法律法规对预算编制流程和程序进行了详细的规定，例如，1962年颁布的《公共审计法令》对预算和审计流程中主要参与者的责任都做出了明文规定。

法国是欧盟成员国之一，欧盟所有与宏观经济稳定相关的预算法规都对之有效。其中比较典型的是《马斯特里赫特条约》。按照《马约》规定，成员国总赤字不能超过该国GDP的3%，政府总债务余额不能超过该国GDP的60%。然而，这些量化的约束条件并没有被写进任何法国的法律条款中，严格意义上讲，这些规定在法国并不具有法律约束力。

2. 相关法律的改革

1958年《宪法》的改革是20世纪中期法国预算法律体系较大的一次变革，这次改革削弱了议会在预算制定方面的权力。在1958年之前，法国财政部长必须向议会提交一份预算草案，这份预算草案需要提前先经过议会预算委员会的修改。1958年《宪法》修订后，议会的这种特权被剥夺，议会委员会的数量也被限制，因为过多的委员会必定影响预算的形成。改革在预算编制和执行过程中赋予了政府部门很大的自主权利。但是改革的结果不尽如人意。因为大部分支出都是年复一年的滚动，所以议会很少对预算政策提出质疑。法律框架允许政府部门在没有议会允许的前提下安排资金的使用。这最终导致了政府部门提供的预算执行信息的不完整和不及时。

为了弥补这些缺陷，在议会的提议下，2001 年新《预算组织法》颁布，并于 2006 年正式生效。这部"财政领域的宪法"在预算管理方面实现了巨大的进步，与 1959 年的法律相比有 35 处改动。新《预算组织法》的主要改革目标如下：

（1）扩大议会对政府预算的决定权和监督权。加强议会对政府预算的监督。一是简化政府预算的结构，使其更具可读性，更易被理解。法国中央预算从过去的 848 章缩减到 158 个项目。更为简明的预算内容使议会的审批更具实质性。二是在原有四条预算原则外，增加预算编制真实性原则。在此之前，法国国家政府预算需要遵循年度性、统一性、全面性和专用性四大原则。真实性原则要求政府预算必须真实反映政府全部收入和支出。这一来自于企业会计的原则意味着政府所提供的财政信息必须具有透彻性、一致性和准确性。三是加强议会对政府预算执行的监督。新《预算组织法》规定法国审计法院必须协助议会进行政府预算执行中的监督。此外还加强了国家预算委员会的权力，赋予其现场检查和书面检查预算执行的特权；有关行政机关延迟提供所需信息时，预算委员会主席可以请求司法部门裁决并处以罚款；对于预算委员会提出的监督和评估，政府部门须在 2 个月内进行书面回复。[①]

重新定位政府决算。政府需要向议会提供预算执行结果的决算报告，供其审查和批准，所以决算报告是议会监督政府预算执行结果的重要依据。决算报告草案需要在下一年度预算执行之后，也就是每年的 6 月 1 日之前提交议会，跟随决算报告一起提交的还有每个项目年度绩效报告，其中包括每个项目的目标，执行结果，相关指标和成本，从而真实反映预算预测数和执行结果之间的差异。审计法院需要对政府提供的决算报告所包含的政府账户信息提供一份符合合规性、真实性和准确性的证明，作为议会审查决算报告的重要依据。

限制政府在预算执行中的自主权。根据 1959 年的预算法，为了使政府预算更好地满足客观要求，政府可以在预算执行过程中修改已确定的资金分配方案。新预算法没有完全制止政府这一权力，但进行了严格的数量限制。法律规定，除非紧急情况和处于国家利益的需要，未经议会批准，政府可以动用的预算后备资金的数额不得超过当年已批准的预算资金总额的 1%。政府在年度内制定的预算修改报告中所涉及的取消预算资金的使用额度不得超过已批复预算总额的 1.5%，资金在项目之间的划转数额不得超过 2%，资金的延期使用不得超过 3%。此外，从 2004 年 1 月 1 日开始，在没经议会批准的情况下，政府无权向社会公众征收额外的税费。

（2）以绩效为核心的政府预算管理。新预算法的实施使法国的政府预算管理从传统的"投入导向型"增量预算转向"结果导向型"的零基预算，具体来讲，新预算法

从三个方面加强了政府预算绩效管理。

重新界定政府预算的结构。新预算法放弃了根据费用的性质或者用途来组织政府预算的方法，而是根据政府事先确定的下一年度的各项工作任务，这些任务是议会讨论财政资金的分配和进行表决的基本单位。议会有权在工作任务预算额度内重新在项目之间分配预算资金，但是无权变更工作任务的预算额度。

变革政府会计制度。政府会计是用于核算和反映政府和政府单位财务收支活动及其受托责任的履行情况的会计体系。为了科学地分析政府的行为和掌握真实的政府资产负债状况，新预算法规定政府会计包括一般会计、预算会计及分析会计。政府一般会计适用于核算政府债务，采用企业会计的原则，即责权发生制，两者不同之处仅在于政府行为的特殊性，比如其税收收入。政府预算会计用于核算国会批准的年度预算收入和支出，仍然以收付实现制为原则。分析会计用于分析政府预算项目内各个细项的成本，同时强调政府的账户必须根据有关规定真实地反映政府的资产和财务状况。这种新的政府会计体系，一方面通过准确地计量政府行为，加强了政府账户的客观性，有利于掌握政府资产负债的真实情况，另一方面加强了政府会计的管理职能，使管理者比较客观地知悉其行为的成本和风险，有利于科学地决策和提高管理质量。值得一提的是法国的公共会计委员会在改编修订企业会计原则的基础上，提出了适用全部政府会计的 13 条会计原则，包括对实物不动产的评估方法等。

建立绩效考核体系。新预算法在加大行政管理者自主权的同时，通过年度绩效报告（含在政府决算报告中）和年度绩效草案（含在政府预算报告中），对其进行严格的年度绩效考评。年度绩效草案确定各个预算项目的目标，年度绩效报告说明各个预算项目实际执行的结果，为议会每年的预算审核提供参考，从而加强对政府提供的服务及其管理者的管理。为此，至关重要的环节是绩效考核指标和目标的确定，这个体系由三个层次构成：一是对宏观社会经济的影响，这是政府政策的最终结果，主要体现在对经济、社会、生态、文化和卫生环境的改善，例如，法国的高考通过率。二是政府服务的质量，在于评价公众对政府服务的满意度，比如减少公众司法咨询答复的时间。三是管理效益，对比为了实现目的预算资金的使用及其分配状况，分为适当、高估和低估三个层次。为了避免对结果的衡量局限于短期视野，基于多年的前瞻性考虑，这些与政府服务相关的结果指标适用于多年度。此外，新预算法实施的绩效考核体系还是一种新的有利于政府服务之间进行比较的管理工具。

（二）预算管理体系法律原则

法国教科书中将传统意义上的预算原则定义为以下几点：年度性、全面性、统一性、专用性和平衡性。

年度性是指议会对预算的表决必须每年进行，但每年表决的预算案仅涉及一个年度，有关征税的权力也仅限于当年。预算年度为公历年度，从 1 月 1 日到 12 月 31 日。

但是年度性原则在实际操作中经常得不到重视。1959 年的预算体系没有要求在中期框架下制定年度预算。直到 2001 年的新《预算组织法》的实施，才开始要求有未来四年的财政收支预测。

根据新预算法全面性和统一性的要求，必须有一本独立的预算报告，预算案既包括收入，也包括全部支出，不应存在任何预算外的情况。但是事实上法国的国家预算是由财政部来编制的，而社保基金预算是由卫生部来编制的，出现了两本预算，违背了全面性和统一性的要求。

专用性和平衡性两者相辅相成。虽然在 2001 年的新预算法里没有对"平衡性"这一概念作出准确的表述，但是要求预算报告中要以图表的形式呈现财政平衡的主要数据，并说明财政平衡的实现途径。此外，政府还要以报告的形式说明未来经济和预算政策的走向。

专用性，即在议会对某些专用支出项目进行表决后，这些支出只能用于专用的项目，不能挪作他用。专用性原则不仅适用于经议会表决的各个大的支出项目，同样也适用于大的支出项目下的各个小项。专用性原则存在一些例外，但非常有限，一种情况是，政府通过法律、法令，采取授权的方式，将某部所属的某项支出，转移支付到另外一个部门，条件是另一个部门必须用于同一性质的支出。另外的一种情况是，同一大项中的有关小项的支出，可以彼此调剂，但调剂的总额不能超过该项支出的 10%。从 2006 年开始，新预算法专用性的原则进行了较大的改革。预算的科目被分成了 47 个大任务，底下又细分为 158 个项目，取代了原来财政支出经济性分类的 848 章。这一改革要求预算编制应具有三个新的原则：透明性、准确性和责任性。透明性是在 2001 年新加到预算法中的原则，目的是为了增加预算信息的透明度，加强预算编制的全面性，完善预算绩效管理。此外，透明性原则是准确性原则和责任性原则的前提条件。

五、施政方针与财政改革

奥朗德总统执政伊始奉行刺激内需、推动增长这一社会党一贯奉行的理念，自今年年初以来，政府的经济政策就出现转向，出台了一系列经济振兴措施，一方面注资 400 亿欧元用于企业减税以鼓励生产，另一方面承诺控制公共开支。

2015 年 4 月，法国政府改组，以作风果断强硬、民意较高的前内政部长瓦尔斯出任总理，提出了其施政方案：减少行政和福利开支，将法国负债比例控制在欧盟规定范围；减轻企业税赋，减少劳动管理法规，简化手续和提高行政效率，提升工业竞争力，促进经济增长，增加财政造血能力。该方案民意支持率达到 60% 以上。反对该方案的声音主要来自左翼，中左派指责该方案为紧缩政策，会加剧经济萧条；极左派和工会指责该方案以牺牲雇员利益照顾资本家利益；右翼指责该方案出台时机已延误了，且实施周期要拖延到 2017 年下届总统选举，有太多政治算计，未顾及经济规律，且会受到现有体制的限制，效果有限。

近期法国经济部长马克隆又提出"促进经济活动和经济增长法案"，旨在"确保信心，简化有碍经济发展的规章，加强法国人特别是年轻人的创造和生产能力"。法国政府希望这一经济改革方案能给低迷的法国经济注入新的活力。《马克隆法案》主要由三部分组成，首先开放经济活动，修改法规管控行业执业条件，调整其经营环境（包括价格和劳工安置）；设置大客车非市区定期集体运输线路（低收入群体主要交通工具）；降低员工股票税率，鼓励员工对企业投资；促进城市翻修建设。第二，促进企业创新投资，为工业和创新计划申请提供便利并加快审批程序，减轻国家作为股东对企业的干预，加强企业自主权力，减轻企业负担。第三，促进就业增长，修改禁止周日工作法案以及晚间加班条款，企业有权在一年内的 12 个周日进行营业，而不是目前的 5 个，保护领薪雇员和商人的利益。

新法案一经提出即面临重重阻力，执政的社会党内出现了严厉批评意见，认为背离了社会党的理念；反对派则批评其举措缺乏力度，对扭转经济颓势根本无济于事；工会强烈反对；民意虽表示支持，但其中增加商店周日营业的条款虽有 62% 的法国人赞成，但 60% 的受访者自己并不愿意周日工作，而针对开放公证人、律师等特定行业的条款，业界人士立即表示发起集会抗议活动。

受到政府民意支持率一蹶不振、执政党内部意见分歧严重、利益集团阻挠、经济持续低迷等因素制约，法国政府经济改革余地不大，难有大的作为。具体改革内容如下：

（一）500 亿欧元公共支出削减计划

法国总理瓦尔斯于 2014 年 4 月提出了政府 500 亿欧元公共支出削减计划，以帮助法国国内结构性改革实现重大进展。该计划于 2014 年 4 月在国会通过。按照该计划，法国政府将在 2015～2017 年每年削减约占法国 2015 年 GDP0.5% 的财政支出，其中，中央政府支出将削减 190 亿欧元，地方政府支出将削减 110 亿欧元，医疗卫生和社会福利支出将分别削减 100 亿欧元和 100 亿欧元。

1. 中央政府支出

中央政府在 2015～2017 年将缩减开支 190 亿欧元，2015 年削减计划是 77 亿欧元。为实现该目标，2015 年法国中央政府内阁日常开支需要缩减 18 亿欧元。具体措施包括：冻结公务员工资，全局性削减开支，以及控制中央政府部门和办事机构的津贴。

2. 地方政府支出

地方政府每年需要削减 37 亿欧元公共开支，三年共削减 110 亿欧元。具体措施包括：削减政府部门的津贴；至 2017 年逐步取消地方政府《普通权限条款》，根据该条款，地方政府部门官员有权利在条款规定范围内为自己申请福利津贴；加强各省之间的互助。同时，伴随着法国国内事权下放改革的呼声越来越高，这两项改革协同发挥作用将促使地方政府支出更加理性。

3. 医疗卫生支出

受法国国家卫生战略计划的激励，医疗卫生支出每年将会下降2%，三年共计削减100亿欧元。具体措施包括：增加低成本常见药的供应，限制药品价格的提高，提高普通门诊医疗水平。

4. 其他社会福利支出

此外，其他社会福利支出将在三年共削减100亿欧元，其中2015年削减目标是60亿欧元。由于之前已经出台了一些社会福利削减措施，如失业保险、退休金和家庭补贴等方面，因此这一目标难度并不大。具体措施包括：冻结社保基金收益至2015年10月，降低社保基金运营成本，改革家庭政策，重新签订失业保险协定，对养老金协定进行补充。

（二）降低商业成本，提高竞争力

法国商业竞争力自2000年以来开始下滑。鉴于此，2015年法国政府将提高国内商业竞争力写入了改革议程。通过竞争力和就业税收抵扣优惠（CICE）和《责任与稳定公约》两项措施，预计到2017年劳动力征税方面将节省400亿欧元。目前，改革已经初见成效。出口市场份额自2013年以来保持稳定，法国劳动力成本增长率仅为0.4%，远远低于欧元区2.1%的增长率。2015年上半年，鉴于劳动力成本的降低，商业边际利润呈现出稳定的增长态势。2014年，在保持了三年的稳定后，法国对外投资额开始增长，增长率达到8%。法国对于外国投资者的吸引力与日俱增。

（三）改变官僚作风，提高商业效率

过于烦琐的行政审批程序或者不必要的商业标准会给商业运营造成额外的成本，并造成商业效率低下，并最终损害消费者的利益，不利于打造健康有序的商业环境。2014年1月，法国中央政府设立行政管理委员会。这个委员会是一个独立机构，由议会的一名议员和一名商业界的领导者共同负责。委员会每六个月都需要出台新的抵制官僚作风的措施，并同时发布报告对该项措施做出详细解读。目前，该委员会出台的措施已经为法国商业带来超过30亿欧元的收益，对法国商业环境的改善以及企业的健康运行发挥着举足轻重的作用。

（四）修订商品和服务市场的法律法规

开放商品和服务市场对于促进法国商业发展、提高商业竞争力发挥着至关重要的作用。2012年以来，法国中央政府出台过一系列的措施来优化商品和服务市场，增强各部门的竞争力。《增长、经济行为和公平经济机会法案》的出台将延续政府原来所作出的努力，旨在提高交通运输服务业、零售贸易和其他受管制行业的运营水平。此外，《21世纪公正法案》对该项改革做出了补充。该法案加强了商业法庭的专业性和道德要求，并对合同法重新加以规范，使法国的商业法律向着现代化的方向更进一步。同时，法国还开启了一项新的经济数字化行动，以增强法国经济的数字化和信息化。2015年6月，法国中央政府召开了一次经济会议，就中小企业、税收事项和劳动法等议题进行了商讨。

（五）投资与创新

投资对于法国经济短期内的复苏以及从中期来看增加经济的竞争力具有关键性作用。2015年4月8日，法国中央政府宣布了数项支持私人和公共投资的措施，以巩固法国经济的复苏态势。在此之前，法国已经出台了一系列措施，如高速互联网计划，未来投资项目的扩展，以及新工业法国行动等。新颁布的措施与这些现行措施相得益彰，协同发挥了巨大的作用。

（六）改革劳动力市场

在过去三十多年，法国一直面临着持续性的高失业率。因此，出台新的劳动力政策以扭转这一局面显得尤为迫切。政府最新的改革措施主要是从两方面入手，以为劳动者提供更多的工作保障，使他们的职业道路更加灵活，并增加雇佣双方的对话机会。首先是2013年6月14日出台的《劳动保障法案》，对短期工的规定进行了简化，对过于烦琐的程序进行了改革，赋予了劳动者新的权利，增加了法国劳动力市场的灵活性。目前，该措施的效果还有待观察。未来，法国政府将对该法案进行完善，例如，对《工作保护协议》进行松绑，以确保该法案能够达到预期的效果。法国总理最近刚刚下达命令，未来应该使集体谈判协议在法国劳动法框架下发挥更高的权限，特别是在公司这一层面。2016年，新《失业保险协议》的出台将会激励失业者重新走上工作岗位，为其提供职业道路保障，与2014年实施的改革措施一起为失业保险体系提供财政资金支持。

（七）创造公平的社会环境

政府改革议程的主要目的是保证经济持续稳定增长。这就要求有一个公正的社会环境，并要兼顾人口和环境带来的挑战。社会公平的重要方面之一就是教育公平，尤其是早期儿童教育。除了提供更多的受教育机会，政府还为两岁儿童提供了入园机会。此外中学的课程也做出了修改，降低了课程难度。此外还实施了一系列针对辍学者的措施，保证他们有第二次机会。

政府还对于清洁能源进行了改革，尤其是通过税收优惠、第三方出资以及免息贷款等方式加速房屋和其他建筑物节能方面的创新，并通过调整用电量和汽油表等措施对能源的消费进行控制。

　　这些一揽子改革措施可以帮助法国经济应对所有短期、中期和长期的挑战，实现持续有效的转型。

第四章
俄罗斯

俄罗斯联邦简称俄联邦或俄罗斯，位于欧亚大陆北部，由83个联邦主体组成，其中包括21个共和国、9个边疆区、46个州、2个联邦直辖市、1个自治州、4个民族自治区，总人口约1.44亿人（2014年）。作为联合国安全理事会五大常任理事国之一，俄罗斯是传统的军事强国。俄罗斯是传统贸易大国，主要为国际市场提供石油、天然气等能源原料。俄罗斯工业体系完整，重工业是其一直以来的优先发展方向，但在经济转型过程中，随着国有企业私有化进程的推进，其工业创新与生产能力明显减弱，出口商品结构趋于单一，燃料能源在大宗出口项目中一枝独秀，俄罗斯国民经济能源化倾向日益严重，过度依赖国际市场以及经济发展缺乏稳定性等风险日益突出。

一、政府治理体系

俄罗斯现行宪法规定，俄罗斯总统为国家元首，是俄罗斯武装力量的最高统帅，是俄罗斯联邦宪法、人民和公民权利与自由的保障。总统根据宪法规定程序采取措施，捍卫俄罗斯的主权、独立与国家完整，保障国家权力机关协调行使职能并相互协作，按照俄罗斯宪法和联邦法律决定国内外的大政方针。

俄罗斯联邦会议是俄罗斯的代表和立法常设机关。联邦会议由联邦委员会和国家杜马两院组成，前者称为上院，后者称为下院。联邦委员会和国家杜马分别举行会议，也可举行联席会议以听取总统咨文、宪法法院咨文和外国领导人讲话。俄罗斯宪法和俄罗斯政府法规定，俄罗斯政府是国家最高执行权力机关，在俄罗斯总统指导和总理主持下开展工作。

1993年俄罗斯联邦宪法明确规定，俄罗斯政党制度原则上是多党制。从苏联解体至今，俄罗斯多党政治经历了从混乱无序状态逐渐走向规范化和法制化的过程，目前形成了俄罗斯共产党、统一俄罗斯党、公正俄罗斯党、自由民主党等四大政党主导国家杜马的格局。

　　自1991年苏联解体至2008年期间，俄罗斯经济发展大体可以分为急剧下降和稳定复苏两个阶段，即1991～1998年连续7年的经济衰退和1999年以来连续10年的恢复性增长。[①] 1991年，俄罗斯国内生产总值为5 595.84亿美元，占全球国内生产总值的2.41%，经济总量位居美国、日本、德国、法国、意大利、英国、加拿大、西班牙之后名列第九，中国位居第十。之后排名一路下滑，1999年降至第二十位。2000年后，随着国内经济形势向好，俄罗斯在世界经济排名中的走势开始翻转，于2008年跃居第八位。

　　2009年俄罗斯受国际金融危机影响严重，GDP下降了7.8%，排名跌出世界前十。之后两年的俄罗斯经济逐步好转，2010年、2011年GDP增长率分别为4.5%、4.3%，实际GDP恢复到其2008年中期水平的同时，2011年的通胀率更是降至6.1%，为经济转型以来最低水平，财政也相应出现近1%的盈余。2012年俄罗斯总统大选后，各方原本一致看好的俄罗斯经济却在2012年下半年开始持续下滑，全年GDP增幅为3.4%。2013年俄罗斯经济受制造业持续走弱、资本外流规模扩大、外部需求减弱以及能源价格下跌等不利因素影响进一步恶化，GDP增长率仅为1.3%，增速下降明显。2014年，俄罗斯与乌克兰局势的持续紧张以及由此引发的经济制裁与反制裁，对俄罗斯融资成本、油气生产、进出口贸易等产生了严重影响，导致俄罗斯通货膨胀率高企与汇率持续贬值，经济遭受重创，2014年GDP增长率仅为0.64%，GDP排名位居世界第九[②]。

　　根据俄罗斯总统普京2014年12月3日签署通过的2015～2017年联邦预算法案，2015年俄国内生产总值（GDP）预计为77.498万亿卢布，政府财政赤字规模为4 307亿卢布，约占GDP的0.56%。由于国际油价持续下跌、美元汇率上升以及因制裁等因素引发的资本外逃，俄罗斯2015年第一季度GDP为10.7万亿卢布（以不变价格计算），2014年同期为10.96万亿卢布，2014年第四季度为10.9万亿卢布。2015年4月20日批准的联邦预算修订法案显示，2015年度GDP由77.498万亿卢布调整为73.119万亿卢布，通胀率由原计划的不超过5.5%调整为不超过12.2%，2015年俄联邦预算收入将减少2.54万亿卢布至12.54万亿卢布，支出减少0.298万亿卢布至15.215万亿卢布，预算赤字为2.675万亿卢布，为GDP的3.7%，赤字将主要动用储备基金进行弥补[③]。

---

① 程亦军：《当前俄罗斯经济的基本特征与发展前景》，载于《人民论坛·学术前沿》2013年第17期。
② 张琳、高凌云：《2013～2014年俄罗斯宏观经济形势分析与展望》，载于《中国市场》2015年5期。
③ 数据来自俄罗斯联邦财政部网站http://minfin.ru/ru/。

二、政府间财政关系

预算联邦制是俄罗斯联邦制国家结构形式在预算领域的具体体现，是俄罗斯处理预算间关系（即中央与地方政府间财政关系）的主要方法和基本原则。在联邦制多级预算管理体制下，通过集权与分权的有机结合，调整和改革中央与地方政府间的财政分配关系，合理划分各个级次预算间的事权与财权，扩大地方自治的财政基础，保障全国范围内基本公共服务的大致均等，同时鼓励各个地区开展竞争，努力扩大预算收入、提高支出绩效，向当地居民提供更好、更优质的公共服务。[1]

（一）支出责任划分

事权划分是财权划分的基础。俄罗斯联邦中央政府与地方政府支出责任的划分决定了各级政府应承担的财政责任和应享有的财政权益。俄罗斯政府间事权和财政支出划分为联邦预算支出，联邦与联邦主体、市政机构预算共同拨款支出，联邦主体预算支出以及地方预算支出等四个层次。

1. 俄罗斯联邦政府支出责任

俄罗斯宪法第71、72条对联邦专属管辖范围、联邦和联邦主体共同管辖范围进行了明确规定，根据联邦承担的职能和权限，联邦预算支出包括：国民经济支出、社会文化措施支出、科学支出、国防支出、行政管理及护法、安全支出、外交支出、国债支出、国家储备与后备支出、联邦对地区的财政援助支出等。联邦预算中还包括预算内专项基金支出，如生态基金、公路基金等。此外，还有需优先完成的全国性规划的费用，如消除切尔诺贝利核电站事故支出、国家宇航规划支出、发展北部少数民族地区经济和文化的国家规划支出等。联邦预算还以有偿使用方式对下级政府或企业提供资金。如联邦政府对地区预算的贷款，对某些部门、企业的贷款，为一些地区或企业获得贷款提供担保，甚至向外国政府提供贷款等。

2. 俄罗斯联邦主体政府支出责任

宪法规定"在俄罗斯联邦的管辖范围之外，以及俄罗斯联邦对俄罗斯联邦和俄罗斯联邦主体共同管辖对象拥有的权限范围之外，俄罗斯联邦主体享有充分的完全的国家权力"。俄罗斯联邦主体拥有独立管辖本地区经济与发展的全部权力，其财政职能一般包括：国民经济支出（即对住宅公用事业、农工综合体和交通运输业的支出）；社会文化领域支出（即对教育、干部培训、文化艺术、卫生、社会保障等的支出）；行政管理支出；基本建设投资支出（即主要用于住宅建设、公用事业及其他基础设施建设

---

① 郭连成、车丽娟：《俄罗斯预算联邦制的改革与发展》，载于《俄罗斯中亚东欧研究》2009年第3期。

的支出）和对地方预算的财政援助支出等。

3. 俄罗斯地方政府支出责任

宪法规定地方政府实行地方自治制度，有权自主决定财政资金的使用。为了保证地方自治制度的实施，除了划归地方政府支配的地方税体系外，相关法律还规定，当地方政府自有收入不能满足最低限度的预算支出时，地方政府有权得到上级预算的调节收入和财政援助，有权建立地方性预算外资金；必要时还可通过信用方式获得资金。俄罗斯的地方财政包括没有市区划分的市财政、区财政、区属市财政和村、镇财政。市、区财政的职能范围包括：国民经济支出、社会文化领域支出、地方自治机关经费支出、对儿童的补助和补偿支出、基本建设投资支出、其他支出等。村、镇财政的职能范围包括：地方自治机关经费支出、住宅与公用事业支出、体育支出、教育支出、文化支出、卫生支出、社会政策支出及其他支出。

（二）收入权限划分

《俄罗斯联邦税收体制基本法》和《税法典》对各级政府的收入范围和税收权限进行了明确划分，将全部税种划分为联邦税、地区税和地方税，以保障各级政府支出责任的实现。

1. 联邦政府税收权限及预算收入范围

联邦立法和执行权力机关在预算收入形成方面的权限有：（1）开征新的税种及其取消或修订；（2）向联邦执行权力机关建议设立新的非税收入种类、取消或改变现有非税收入种类；（3）修订联邦税税法；（4）在年度联邦预算法确定的税收贷款、延期和分期纳税限额内，根据俄罗斯联邦税法提供税收贷款、延期和分期纳税。

俄罗斯联邦预算收入包括联邦税收、非税收入以及无偿转移支付收入三部分。纳入联邦预算的税收收入包括企业利润税、增值税、消费税、矿物开采税、资源利用税、水税等，其中的企业利润税、消费税、矿物开采税等税种属于联邦与地方的共享税，占预算总收入的80%以上，是预算的主要收入来源。联邦预算非税收入包括国家财产经营所得以及由预算拨款的俄联邦国家政府机关提供的有偿服务所得、除关税外其他对外经济活动所得、俄联邦国有企业税后上缴的部分利润、俄罗斯银行上缴的利润和其他海关收费、颁发酒精烟草销售及流通许可证收费所得、对环境产生消极影响的收费所得、水资源利用收费所得等，非税收入约占联邦预算总收入的10%。此外，联邦收入还包括由联邦道路基金、生态基金、海关制度发展基金等形成的联邦预算专项基金收入，该基金收入按俄联邦税法确定的税率纳入联邦预算，按照联邦预算财年法确定的比例在联邦预算专项基金和地方预算专项基金间进行分配，约占联邦预算总收入的0.5%。除此之外，联邦政府还可以发行外债和内债作为收入以弥补财政赤字。

2. 地区政府税收权限及预算收入范围

联邦主体立法（代表）和执行权力机关在联邦主体预算收入形成中的权限有：（1）联邦主体立法（代表）机关在俄联邦税法提供的权限范围内，决定地区税种开征、税率及税收优惠政策；（2）在其职权范围内修订地区税税法；（3）在联邦主体预算法确定的税收贷款、延期和分期纳税限额内，根据俄联邦税法对地区税收提供税收贷款、延期和分期纳税优惠；（4）在联邦主体预算不存在拖欠联邦预算借款，并遵守预算法典所规定的联邦主体预算赤字限额和债务限额的情况下，对属于联邦主体预算收入的税收、包括纳入联邦主体预算的联邦税收，提供部分延期或分期纳税优惠。

《预算法典》规定，俄罗斯地区预算收入同样由税收收入和非税收入组成。纳入俄联邦主体预算收入的地区税收有：企业财产税、博彩税和交通税；纳入俄联邦主体预算收入的联邦税收（即联邦和地区共享税）有：企业利润税、消费税、矿物开采税、水税和资源利用税。个人所得税由联邦主体和地方政府共享。属于联邦主体的非税收入有：（1）俄联邦主体所有的财产经营所得，由俄联邦主体政府管理的预算单位提供的有偿服务所得；（2）对环境产生消极影响收费所得；（3）森林资源利用收费；（4）联邦主体政府颁发酒精、烟草销售、流通许可证收费所得。

3. 地方政府税收权限及预算收入范围。

地方自治机关在地方预算收入形成中的权限有：（1）在俄联邦税法提供的权限范围内，决定地方税种开征、税率及税收优惠政策；（2）在其职权范围内修订地方税税法；（3）在地方预算法确定的税收贷款、延期和分期纳税限额内，根据俄联邦税法对地方税收提供税收贷款、延期和分期纳税优惠；（4）在地方预算不存在拖欠其他级次预算借款，并遵守预算法典所规定的地方预算赤字限额和债务限额的情况下，对属于地方预算收入的税收、包括纳入地方预算的联邦税、地区税，提供部分延期或分期纳税优惠。

地方预算是俄罗斯地方政府的财政基础。其主要收入为自有收入和来自联邦和地区的税收收入分成。自有收入包括：（1）税费收入，主要有土地税、个人财产税、地方许可证收费；（2）地方所有财产经营所得、地方预算机构提供有偿服务所得；（3）义务医疗保险、预算外和专项基金收入。地方预算收入中还有地方政府履行部分国家职能得到的财政拨款、由地方政府执行联邦法律和联邦主体法律的财政拨款、因国家决定增加了地方预算支出或减少了地方预算收入产生的额外支出补贴，以及按联邦法律、联邦主体法律和地方自治法规纳入地方预算的其他税收收入和非税收入。[1]

（三）转移支付制度

针对地区间发展存在差异的问题，俄罗斯主要通过政府间转移支付实现国家对地

---

① 童伟：《俄罗斯政府预算制度》，经济科学出版社2013年版，第80~88页。

区的经济调节。统计资料显示，2012年俄罗斯83个地区中需要联邦预算转移支付的地区达到71个。《俄罗斯联邦预算法典》规定了政府间转移支付的方式与支付方法，将转移支付上升到国家法律加以规范。

《预算法典》第132条规定，俄罗斯各联邦主体预算在与联邦预算相互关系中享有平等地位，各联邦主体提供公共服务的财政耗费标准以及最低预算保障标准是联邦预算为联邦主体提供财政援助的基础。联邦预算提供给联邦主体的转移支付要在考虑各联邦主体社会经济、地理、气候等特点的基础上运用统一的方法确定。第一，以固定的计算方法评估各地方政府的财政收支能力并予以指标量化，作为联邦政府为地方政府提供财政补贴以平衡地方政府间预算保障水平的依据；第二，以固定的计算方法或根据国家的政策需要对特别的援助对象进行评估，以补助形式对地方专项支出进行拨款；第三，以预算借贷方式弥补地方政府的财政预算缺口。《预算法典》第133条规定了联邦预算对联邦主体预算财政援助的四种形式："提供补贴用以拉平联邦主体的最低预算保障水平；提供津贴和补助金用于某些专项支出的拨款；提供预算贷款；提供预算借款来弥补联邦主体预算执行中出现的临时性现金缺口。"表4-1列出了俄罗斯转移支付的主要类型。

表4-1 俄罗斯转移支付主要类型

类 型	定 义	调节方式
一般补助	无偿地、不需返还提供给其他级次预算，没有指定方向和限制条件，弥补经常性预算支出不足，拉平联邦主体间预算保障水平	联邦对联邦主体财政支持基金
特殊补贴	在联邦主体国家机关工作完成联邦或共同支出责任时，联邦预算对联邦主体预算的配套拨款	联邦社会支出共同拨款基金
专项补助	无偿地、不需返还提供给其他级次预算或法人，用于保障按法律规定转移给联邦主体和地方预算的联邦支出责任的完成	联邦补偿基金

俄联邦预算对联邦主体预算转移支付情况（见表4-2）。

表4-2 对联邦主体预算转移支付规模及结构情况 单位：亿卢布

指 标	2011年	2012年	2013年	2014年
联邦主体预算收入	76 442	80 645	81 651	89 057
转移支付收入	17 688	16 801	15 766	17 283
一般性转移支付	5 649	5 257	6 091	7 747
特殊转移支付	5 142	5 738	5 176	4 138
专项转移支付	3 383	2 865	2 767	3 122

资料来源：http://www.roskazna.ru/ispolnenie-byudzhetov/konsolidirovannyj-byudzhet/。

三、财政收支运行状况

（一）支出情况

1. 支出规模及其变化

俄罗斯国家预算支出统称为俄联邦汇总预算支出，主要包括联邦政府预算支出、国家预算外基金支出、联邦主体汇总预算支出和地区预算外基金支出四个部分，这也是构成俄联邦预算支出体系的主要框架。

2008 年国际金融危机之前，俄罗斯国家预算支出年平均增长幅度超过 27%。金融危机后预算支出增速开始放缓，2010 年降至 9.8%，其后随着国家宏观经济形势好转带来的预算收入大幅提高，预算支出增速开始回升，至 2012 年达到 15.9%，但与 2008 年前的状况相比仍处于较低水平。俄罗斯经济 2013 年下滑加剧，时至 2014 年，卢布陡跌、石油出口价格低和西方因乌克兰危机对俄罗斯的制裁使本已恶化的俄罗斯经济雪上加霜，国家预算支出增速持续低于 2010 年的增速水平。具体数据（见表 4 - 3）。

表 4 - 3　　　　　　　　俄罗斯国家预算支出规模及增长情况

年　份	财政支出（亿卢布）	增长速度（%）
2008	141 570	24. 4
2009	160 483	13. 4
2010	176 167	9. 8
2011	199 946	13. 5
2012	231 747	15. 9
2013	252 909	9. 1
2014	276 117	9. 2

资料来源：http：//www. roskazna. ru/ispolnenie - byudzhetov/konsolidirovannyj - byudzhet/。

为抵御 2008 年金融危机的不利影响，俄罗斯政府实施了扩大政府公共投资加强重点工程和基础设施项目建设、向企业提供财政税收优惠、提高居民收入水平促进消费需求、优化财政支出结构向民生领域倾斜以及支持科技创新推动经济结构调整等以政府干预为主的积极财政政策，[①] 使俄罗斯国家预算支出的增长速度大大超过同期 GDP

---

① 童伟：《俄罗斯政府预算制度》，经济科学出版社 2013 年版，第 106 ~ 108 页。

的增长幅度的同时，俄罗斯国家预算支出占GDP的比重也得到了显著提高，由2008年的34.3%上升到2009年的41.4%。2010～2011年，随着经济趋稳回升、财政状况好转，俄罗斯开始实施紧缩型财政政策以避免发生通货膨胀，由此俄罗斯国家预算支出的GDP占比下降至2010年的38%和2011年的35.7%。俄罗斯经济自2012年起再度出现下滑，为缓解西方制裁、油价下跌以及资本外流给经济带来的负面影响，增加财政支出再次成为政府支持企业发展、刺激内需的主要举措，国家预算支出占GDP比重逐步上升，由2012年的37.3%持续提高到2013年的38.2%和2014年的38.7%（见图4-1）。

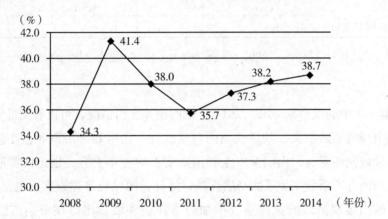

图4-1　2008～2014年俄罗斯国家预算支出占GDP比重

资料来源：俄联邦财政部网站，http://www.roskazna.ru/ispolnenie-byudzhetov/konsolidirovan-nyj-byudzhet/。

2. 支出结构及其变化

以功能划分，俄罗斯国家预算支出主要包含全国性问题、国防、国家安全和法律维护、国民经济、住房和公益事业、教育、环境保护、文化和电影、医疗、社会政策、体育文化和体育运动、大众传媒工具、国债还本付息及政府间转移支付等方面的内容。表4-4为2012～2014年按功能划分的国家预算支出结构。

表4-4　　　　　　　**按功能划分的俄罗斯国家预算支出结构**　　　　　单位：亿卢布

年　份	2012	2013	2014
支出	231 747	252 909	276 117
全国性问题	14 379	15 259	16 404
国防	18 141	21 055	24 807
国家安全和法律维护	19 292	21 593	21 929
国民经济	32 736	32 817	45 431
住房和公用事业	10 750	10 527	10 047
环境保护	431	470	702

年　份	2012	2013	2014
教育	25 584	28 888	30 373
文化和电影	3 402	3 770	4 100
医疗	22 835	23 180	25 327
社会政策	77 309	87 572	88 033
体育文化和体育运动	1 867	2 193	2 536
大众传媒工具	1 157	1 178	1 174
国债还本付息	3 863	4 407	5 254
政府间一般性转移支付	1		0.5

资料来源：俄联邦财政部网站，http：//www.roskazna.ru/ispolnenie－byudzhetov/konsolidirovannyj－byudzhet/。

　　纵观表4-4中的俄罗斯2012~2014年政府预算支出情况，可以看到近年来俄罗斯国家预算支出规模不断扩大，预算支出向包括教育、住房和公用事业、社会政策以及文化体育等领域倾斜明显；而国家安全和国防支出的逐年上升，也是俄罗斯应对乌克兰危机以及与西方国家紧张关系的必然反映；此外，国民经济建设支出也呈增加趋势，一定程度反映出俄罗斯政府试图通过增加经济建设领域支出以缓解当前经济困局的努力。

（二）收入情况

1. 收入总规模及其变化

　　俄联邦政府财政收入，即俄罗斯国家预算收入，主要包括联邦政府预算收入、国家预算外基金收入、联邦主体汇总预算收入和地区预算外基金收入四个部分，统称俄联邦汇总预算收入。

　　2008~2014年期间，俄罗斯国家预算收入呈现出先降后升的走势。具体数据见表4-5。

表4-5　　　　　　　　俄罗斯国家预算收入规模及增长情况

年　份	财政收入（亿卢布）	增长速度（%）
2008	161 691	21.0
2009	135 997	－15.9
2010	160 319	17.9
2011	208 554	30.1

年　份	财政收入（亿卢布）	增长速度（%）
2012	234 351	12. 4
2013	244 427	4. 3
2014	267 661	9. 5

资料来源：俄罗斯联邦财政部网站，http：//www. roskazna. ru/ispolnenie – byudzhetov/konsolid-irovannyj – byudzhet/。

随着政府预算收入增幅变化，俄罗斯国家预算收入的 GDP 占比也随之波动。2008 年，俄罗斯国家预算收入占 GDP 的比重为 39.2%，2009 年则降至 35%，2010 年继续降至近年低点 34.6%。由于 2011、2012 年俄罗斯预算收入增长持续加快，GDP 占比随之提升到 37.3% 和 37.7%。2013 年俄罗斯经济下滑明显，政府预算收入的 GDP 占比小幅降至 36.9%，至 2014 年，这一比重回升至 37.5%。俄罗斯国家预算收入占 GDP 比重见图 4 - 2。

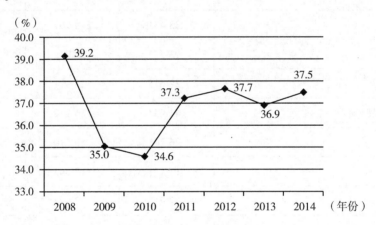

图 4 - 2　2008 ~ 2014 年俄罗斯国家预算收入占 GDP 比重

资料来源：俄罗斯联邦财政部网站，http：//www. roskazna. ru/ispolnenie – byudzhetov/konsolid-irovannyj – byudzhet/。

2. 收入来源结构及其变化

俄罗斯国家预算收入体系由税收收入和非税收入组成。税收收入约占到全部政府预算收入的 90%，是俄罗斯国家预算收入的主要来源，包括关税、增值税、企业利润税、自然资源使用税和个人所得税等税种。非税收入包括使用国家和地方政府财产所得收入，自然资源使用费收入，联邦、联邦主体及地方所属预算经费用款单位提供有偿服务所得收入，因实施民法、行政及刑事责任措施而获得的收入（罚款、没收、赔偿收入，以及给各级政府造成损失的赔款收入和其他强制性罚没收入等）。

2014 年，俄罗斯国家预算收入 267 661 亿卢布，其中，规模最大的收入来源为对外经济活动所得 54 637 亿卢布，① 约占全部预算收入的 20.4%。在俄罗斯国家预算收入中排名第二位的是社会保险费收入 50 357 亿卢布，约占同期预算收入的 18.8%。② 增值税和自然资源使用税收入分别为 31 894 亿卢布和 29 347 亿卢布，在预算收入中居于第三位和第四位，约占同期预算收入的 11.9% 和 11%。其后的个人所得税和企业利润税分别为 27 026 亿卢布和 23 753 亿卢布，预算收入占比重为 10.1% 和 8.9%，这也是自 2013 年起个人所得税收入连续两年超过企业利润税收入，真实反映了 2013 年以来在油价下跌、西方经济制裁、卢布大幅贬值以及资本外流等局面下，俄罗斯企业经营困顿、利润下降的实际情况。俄罗斯国家预算收入结构见表 4 - 6。

表 4 - 6　　　　　2012 ~ 2014 年俄罗斯国家预算收入结构　　　　单位：亿卢布

年 份	2012	2013	2014
预算收入	234 351	244 427	267 661
包括：			
税收与非税收入	233 431	243 297	266 319
企业利润税	23 557	20 719	23 753
个人所得税	22 615	24 991	27 026
强制社会保险缴费	41 037	46 942	50 357
增值税	26 701	28 210	31 894
消费税	17 131	17 343	18 230
总收入税	2 713	2 928	3 151
财产税	7 855	9 007	9 575
自然资源使用税	24 845	25 980	29 347
国家义务所得	1 094	1 110	1 137
税费及其他款项取消后重新计算所得	42	37	35
对外经济活动所得	49 627	50 110	54 637
使用国家或地方政府财产所得收入	8 366	6 930	7 972

① 关税收入是对外经济活动所得的主要来源。2014 年俄罗斯关税收入 46 376 亿卢布，占对外经济活动所得的 84.9%，是当年国家预算收入的 17.3%。

② 2002 年俄罗斯将预算外养老基金、社会保险基金和强制医疗保险基金合并为在全国范围内统一征收的统一社会税，由于无法满足社会保障需求，俄罗斯于 2010 年停征统一社会税，重新开征社会保险费。

续表

年　份	2012	2013	2014
自然资源使用费	1 329	2 794	2 615
有偿服务收入	1 676	1 785	1 892
出售国有和地方政府财产收入	2 863	2 447	2 586
行政管理收费	220	213	220
罚款和其他强制没收的收入	690	852	1 140
其他非税税收收入	1 070	901	752
无偿转拨收入	921	1 130	1 342
创收活动所得	− 0. 42		

资料来源：俄罗斯联邦财政部网站，http：//www. roskazna. ru/ispolnenie – byudzhetov/konsolid-irovannyj – byudzhet/。

3. 近年收支余额情况（见表4 – 7）

表4 – 7　　　　2001 ~ 2014 年联邦预算收入和支出占 GDP 比重

年　份	财政收入占 GDP 比重（%）	财政支出占 GDP 比重（%）	收支余额占 GDP 比重（%）
2001	29. 6	26. 7	2. 9
2002	32. 4	31. 3	1. 1
2003	31. 1	29. 7	1. 4
2004	31. 9	27. 4	4. 5
2005	39. 7	31. 6	8. 1
2006	39. 5	31. 1	8. 4
2007	40. 5	34. 5	6. 0
2008	39. 2	34. 3	4. 9
2009	35. 0	41. 4	− 6. 3
2010	34. 6	38. 0	− 3. 4
2011	37. 3	35. 7	1. 5
2012	37. 7	37. 3	0. 4
2013	36. 9	38. 2	− 1. 3
2014	37. 5	38. 7	− 1. 2

资料来源：俄罗斯联邦财政部网站，http：//minfin. ru/ru/perfomance/public_debt/subdbt/。

（三）债务情况

俄罗斯政府债务是指俄联邦对自然人和法人、外国政府、国际组织和其他国际法主体负有的还债义务，以及俄联邦提供国家担保而产生的债务。俄罗斯政府债务以构成联邦国库的联邦所有财产作为完全、无条件担保，联邦政府应利用一切权力实现联邦预算收入，以偿还政府债务并支付债务利息。俄罗斯债务形式包括：（1）俄罗斯政府作为借款人与信贷机构、外国政府、国际金融组织签订的信贷协定和合同；（2）以俄罗斯政府名义发行有价证券而形成的国家债务；（3）俄联邦政府从其他级次预算获得预算借款、预算贷款的合同和协定；（4）俄罗斯政府提供国家担保的合同；（5）俄罗斯政府签订的以前年度债务延期和重组协定。[①]

1. 债务水平及其变化

俄罗斯经济在独立后的相当长一段时期内处于持续动荡与衰退之中，国家财政状况欠佳与债务规模不断增大形成恶性循环，债务总额占 GDP 的比重一度超过 90%。1998 年东南亚金融危机的爆发，使财力空虚的俄罗斯政府陷入全面的财政危机之中，国民经济蒙受了巨大损失。俄罗斯政府此后开始严控政府债务规模，提前偿还外债，使国家债务占 GDP 的比重大大下降，同时设立预算稳定基金，将超额石油收入储备起来以提高国家财政实力以及抵御外部危机侵袭的能力。这一系列举措使政府债务占 GDP 的比重大大下降，也为俄罗斯平稳渡过 2008 年全球金融危机奠定了基础。2013 年年初，俄罗斯政府债务余额 65 673 万亿卢布，仅为 GDP 的 2.5%，远低于世界上绝大多数国家的平均债务水平。自 2014 年开始，由于乌克兰地缘政治引发的西方国家对俄罗斯的严厉经济制裁和石油价格大幅下挫，资金从俄罗斯大逃亡导致卢布价格节节下降，建立在强大的石油经济基座上的俄罗斯经济遭遇了前所未有的挑战。截至 2015 年 8 月初，俄罗斯政府债务余额达到 10.3 万亿卢布，其中内债余额 71 711 亿卢布，外债约为 31 293 亿卢布（513 亿美元，8 月 1 日 1 美元约合 61 卢布），约为 2015 年预期 GDP（73.119 万亿卢布）的 14%，俄罗斯经济危机四伏。

2. 债务融资来源及其变化

（1）俄罗斯内债情况。俄联邦内债主要包括俄联邦国家有价证券券面额本金、俄联邦获得的贷款本金、俄联邦从其他级次预算获得的预算借款和贷款本金以及俄联邦提供政府担保形成的债务。

近年来，俄罗斯以发行内债的方式减少外债的绝对规模和相对数量、利用包括国家担保在内的债务工具吸收国内富余货币资金作为政府债务发行及管理原则，达到了抑制通货膨胀、保障国家经济安全等目标，同时也导致近年来内债规模明显增加。截至 2015

---

① 童伟：《俄罗斯政府预算制度》，经济科学出版社 2013 年版，第 157 页。

年 8 月，俄罗斯政府内债余额 71 711 亿卢布，占同期债务余额的 69.6%，其中，国家有价债券形式的债务 55 818 亿卢布，政府担保形式的债务 15 893 亿卢布（见表 4 – 8）。

表 4 – 8　　　　　　　2009～2015 年 8 月俄罗斯政府内债规模　　　　　单位：亿卢布

年　份	内债总额	国家有价债券	政府担保
2009	20 947	18 434	2 514
2010	29 404	24 681	4 723
2011	41 906	35 532	6 373
2012	49 779	40 713	9 066
2013	57 222	44 324	12 899
2014	72 412	54 757	17 655
2015. 8	71 711	55 818	15 893

资料来源：俄联邦财政部，http：//minfin. ru/ru/perfomance/public_debt/internal/structure/。

俄罗斯政府内债中，由俄罗斯各级政府发行的有价债券占比很大，主要由联邦公债债券和国家储蓄债券组成。俄罗斯政府发行的有价债券规模及结构见表 4 – 9。

表 4 – 9　　　　　　　　俄罗斯政府有价债券规模及结构　　　　　　单位：亿卢布

	2011 年	2012 年	2013 年	2014 年	2015 年 3 月
联邦公债债券—固定利率	18 237	22 482	26 889	25 510	25 773
联邦公债债券—贴现债券	10 796	10 486	10 460	10 386	10 360
联邦公债债券—可变债券				10 000	10 772
国家储蓄债券—固定利率	4 212	5 456	4 756	5 756	4 706
国家储蓄债券—浮动利率	1 320	1 320	1 320	1 320	1 320
内部债券	900	900	900	900	900
总计	35 464*	40 643*	44 324	54 757	53 830

注：＊因部分种类债券额度较小而未列入统计。

资料来源：俄联邦财政部网站，http：//info. minfin. ru/debt_vnutr. php。

（2）俄罗斯外债情况。俄罗斯外债主要包括巴黎债权人俱乐部贷款、非巴黎债权人俱乐部贷款、商业贷款、国际金融组织贷款、欧洲债券、国内外币国债债券、俄罗斯中央银行贷款、政府外币担保等。从 2005 年开始，随着财政状况持续好转，连年的预算盈余大大增强了俄罗斯的债务偿还能力，俄罗斯加快了提前偿债的步伐。巴黎债权人俱乐部贷款在 2006 年年初为 252 亿美元，到 2015 年年初已经基本偿还完毕。2012～2014 年，欧洲债券在俄罗斯外债总额中所占的比重较大，国际金融组织贷款在外债总额中所占比重变化幅度不大。截至 2015 年 8 月，俄罗斯外债总额已降至 513 亿美元（见表 4 – 10）。

表 4 – 10　　　　　　　**2011～2015 年俄联邦外债规模及结构**　　　　　　单位：亿美元

	2011 年	2012 年	2013 年	2014 年	2015 年 8 月
外债总计	358	508	558	544	513
巴黎俱乐部成员国国家债务	5.5	3.3	1.6	0.5	—
非巴黎俱乐部成员国国家债务	14.5	11	10.3	8.9	8.4
前经互会成员国债务	10	10	9.5	8.7	8.6
苏联国家债务	0.6	0.2	0.2	—	—
国际金融组织债务	25	20	15.7	11.7	10.3
欧洲债券	292	349	407	393	365
国内外汇计价公债债券	0.2	0.05	0.05	0.05	0.05
国家外汇担保	10	114	114	121	120
其他应收款	—	—	—	0.2	0.2

资料来源：俄联邦财政部网站，http://www.minfin.ru/ru/perfomance/public_debt/external/structure/。

（3）俄罗斯政府债务由联邦国家债务、联邦主体债务和地方债务三级组成，分别委托对应层级的政府进行管理。俄联邦国家债务是俄联邦政府负有的各项还债义务，按期限构成分为短期（1 年以内）、中期（1～5 年）和长期（5～30 年）三种类型；联邦主体债务是俄联邦主体承担的各项债务总和，联邦主体债务完全、无条件地由构成联邦主体国库的联邦主体所有财产作担保；地方债务是俄罗斯各个地方政府债务的总和，地方债务完全、无条件地由构成地方国库的地方所有财产作担保。俄罗斯各级政府独立承担本级政府的债务，如果没有提供担保，俄联邦政府不承担联邦主体债务和地方债务责任；如果没有为另一方提供担保，联邦主体和地方政府不相互承担债务责任，也不承担联邦政府的债务责任（见表 4 – 11）。

表 4 – 11　　　　　　　　**联邦主体及地方债务规模结构**　　　　　　　　单位：亿卢布

债务类别	2011 年	2012 年	2013 年	2014 年	2015 年
联邦主体债务					
合计	11 718	13 514	17 375	20,895	21 283
有价债券	3 439	3 754	4 507	4,421	4 246
贷款本金	3 000	4 382	6 915	8,881	8 085
政府担保	1 085	1 115	1 242	1,113	1 264

续表

债务类别	2011 年	2012 年	2013 年	2014 年	2015 年
预算借款贷款本金	4 194	4 262	4 709	6 475	7 710
其他债务	1	1	1	6	4
地方债务					
合计	2 155	2 453	2 889	3 132	3 125
有价债券	72	86	107	89	78
贷款本金	972	1 215	1 541	1 834	1 704
政府担保	288	316	325	283	260
预算借款贷款本金	821	835	915	926	1 083
其他债务	2	1	1	1	1

资料来源：俄联邦财政部网站，http：//minfin.ru/ru/perfomance/public_debt/subdbt/。

3. 债务制度

俄联邦政府或联邦政府授权的联邦政府机关，拥有国家对外借债以及为吸引外国贷款（借债）而签订国家担保合同的权力，和以联邦的名义进行国内借债以及为其他借款人获得贷款（借款）提供国家担保的权力；联邦主体政府授权的机关可以以联邦主体的名义进行国内借债以及为其他借款人获得贷款（借款）提供政府担保；根据地方章程授权的地方自治机关可以以地方政府名义进行国内借债和为其他借款人获得贷款（借款）提供地方政府担保。

俄联邦政府内债和外债限额以及下年度联邦对外举债限额，由下一财年联邦预算法按债务担保形式分类批准。联邦主体和地方的债务最高限额在下一财年联邦主体预算法和地方预算法规中予以明确，同时注明了联邦主体和地方政府提供担保的限额。联邦主体和地方政府的债务限额不能超过其不含其他级次财政援助的预算收入额。《预算法典》同时还对各级政府借债限额、债务还本付息支出限额、国家和地方有价证券发行、政府担保等进行了详尽要求，并对俄联邦的国家借债实行统一的统计和登记制度，联邦主体和地方政府要在俄联邦财政部登记自己的借债。

4. 债务风险防范

俄罗斯的债务问题始自于苏联戈尔巴乔夫时期。苏联外债在戈尔巴乔夫上台前维持10亿~20亿美元的规模，而在其执政的1985~1991年期间，外债规模达到了近900亿美元。经济转轨以来，继承苏联债务的俄罗斯政府预算连年出现巨额赤字，持续向西方通过贷款举债以稳定财政，这不仅没能有效帮助俄罗斯弥补预算赤字和稳定物价，使其经济有所起色，外债负担的逐年加重却使俄罗斯的宏观经济基础变得更加脆弱，成为束缚其经济发展的不利因素。[1] 1998年，财力匮乏、外汇储备严重不足的俄罗斯受到始自东南亚的亚洲金融危机冲击，经济损失巨大，市场在政府宣布卢布贬值后发生崩溃，国内债务违约、暂停对外国债权人支付利息接踵而至，继而引发了全球金融混乱。2008年，由美国次贷危机引发的国际金融危机使经济好转不久的俄罗斯再受重创，经济发展速度与失业率，货币贬值与通货膨胀率，外汇储备锐减与财政赤字，分别呈现陡降骤增，在政治、经济、社会形势严峻之际，俄罗斯从稳定基金中支出2.955万亿卢布用以弥补财政赤字和实施反危机措施，超过全年财政支出的30%，约为当年反危机支出（3.66万亿卢布）的81%，预算稳定基金的反危机功效和稳定器作用凸显，使其没有重演十年前那场债务违约噩梦。

（1）俄罗斯预算稳定基金的设立背景。国际石油市场行情自1999年以来步入上升通道，以石油出口作为政府预算收入主要来源的俄罗斯凭此获取了大量"石油美元"，为着眼长远，合理利用石油资金，俄联邦财政部于2003年年底提出建立稳定基金机制并得到普京总统批准。2003年12月23日颁布的第184号联邦法律列入《俄罗斯预算法典》第13.1章，规定俄联邦于2004年1月1日建立稳定基金并作为联邦预算资金的组成部分，将国际石油价格走高时的"石油美元"储备起来，以备政府在国际油价下跌时使用，确保政府预算保持稳定。[2]

（2）俄罗斯预算稳定基金的资金来源。稳定基金由超额税收收入和财政年年初联邦预算资金的剩余以及稳定基金运营收益构成。超额税收收入作为稳定基金的主要来源，是指以乌拉尔原油每桶20美元（自2006年起，基准价格调整为每桶27美元）为基准价格，超过基准价格形成的税收收入。当实际原油价格高于基准价格时，按原油出口关税和矿产（石油）开采税将高于基准价格的那部分额外资金计提，确保国际市场行情越好，计入稳定基金的额度越大，从而保障预算在多变国际环境下的稳定性。俄罗斯现行税收体系中，对超额税收收入贡献较大的税种主要是石油开采税和石油出口关税。稳定基金的另一重要来源是联邦预算资金盈余。俄罗斯财政收入自2000年以来随着国际能源价格持续飙升得以快速提升，财政收入占GDP比重由2000年的29.4%上升到2008年的39.2%，提高了近10个百分点。加之俄罗斯长期实行紧缩型政策，财政支出增幅大大低于同期收入增幅，俄罗斯财政支出占GDP比重由2000年的26.7%上升到2008年的34.3%，仅提高不到8个百分点，这段时期的财政盈余为进一步充实预算稳定基金创造了有利条件。

（3）稳定基金的运营。稳定基金建立之初，恰逢国际油价上涨势头正猛，实际石油价格比预算计划高出很多，而自2004年起石油出口税又因税制改革提高了3倍，两种因素叠加致使稳定基金在设立之初的三年间实际规模远远超出了预期。为了确保基金保值

①　黄河：《俄罗斯债务问题——从国家风险评估角度进行分析》，载于《东欧中亚研究》1999年第4期。

②　郭晓琼：《俄罗斯联邦稳定基金的发展》，载于《俄罗斯中亚东欧市场》2008年第1期。

增值，俄罗斯政府于2006年4月21日确定了稳定基金管理程序，即政府授权财政部对稳定基金进行管理，而财政部则与中央银行签订合同委托中央银行对稳定基金进行运作。

（4）稳定基金的分拆及现状。随着基金规模的迅猛增长，为了更加有效地发挥稳定基金作用，俄罗斯在2008年2月将稳定基金分拆为储备基金和国家福利基金。储备基金用于补贴财政开支不足和偿还国家外债，国家福利基金则主要用于补贴养老金。截至2015年1月1日，俄罗斯的储备基金共计4.945万亿卢布（约合761亿美元），国家福利基金共计4.388万亿卢布（约合675亿美元）（见表4-12）。

表4-12　　　　　　　　　　俄罗斯预算稳定基金情况　　　　　　　单位：亿卢布

时　间	稳定基金	储备基金	国民财富基金
2004年1月1日	5 223		
2005年1月1日	13 878		
2006年1月1日	16 856		
2007年1月1日	17 441		
2008年1月1日	38 411	30 578	7 833
2009年1月1日	66 121	40 276	25 845
2010年1月1日	45 995	18 305	27 690
2011年1月1日	34 707	7 752	26 955
2012年1月1日	36 059	8 115	27 994
2013年1月1日	45 763	18 857	26 906
2014年1月1日	57 603	28 597	29 006
2015年1月1日	93 335	49 455	43 880
2015年8月1日	87 003	43 022	43 981

资料来源：俄罗斯联邦财政部网站，http://info.minfin.ru/fbp.php。

进入2015年，由于地缘政治紧张和西方维持对俄制裁，俄罗斯现阶段经济运行环境发生了很大变化，这对俄罗斯经济发展速度、通货膨胀指数和资本流出规模等产生了不良影响，同时也影响了2015年财政收入，俄罗斯经济运行面临着一系列困难。为了尽量减少主要出口产品价格下跌和外部因素对俄罗斯财政预算的不良影响，保证完成2015年政府承诺的涉及社会领域的各项任务，2015年2月11日，俄罗斯总理梅德韦杰夫签署命令动用5 000亿卢布（约合77亿美元）储备基金以保证财政预算相对平衡。

四、政府预算管理

（一）预算编制和审批

1. 联邦预算的分类

俄罗斯2000年1月出台的《俄联邦预算法典》明确了俄联邦预算体系。俄罗斯根据政权及行政管理体制设置预算体制，有一级国家政权，便设一级预算，实行分级管理。第一级是联邦预算，第二级为俄罗斯联邦主体预算，第三级是地方预算。同时，在联邦和联邦主体两级分别设立国家预算外基金预算、地区预算外基金预算，即社保基金预算。在统计和分析上，通常俄罗斯联邦预算指中央政府预算，俄罗斯联邦主体汇总预算指联邦主体预算和本主体内所有市政机构预算的总称，即所谓的"次国家预算"，俄罗斯全国汇总预算指联邦预算、联邦主体汇总预算的总称。

2. 各级预算的编制与审批

俄联邦预算由财政部会同相关部门编制。预算草案提交俄国家杜马（议会下院）审议通过后，提交联邦委员会（议会上院）审议，由俄联邦总统批准后以联邦法律形式执行。联邦主体预算由地方议会批准，以地方法律的形式确定。财政部负责编制汇总联邦预算和联邦主体综合预算。

俄联邦财政预算一般为 3 年期规划，主要内容包括：GDP 总额、通胀率、总支出及分项支出金额、内外债规模、预算赤字、上一年度联邦预算支出的修正金额等。如财政收入出现超收或短收，需对当年预算收入和支出进行相应修改。一般每年春秋两季对预算提出修改意见，报请国家杜马和联邦委员会审议通过即生效。

（二）预算监管体制及职能

俄罗斯国家杜马、联邦委员会、财政部和联邦审计署共同进行财政预算监督管理。

1. 预算批准

国家杜马和联邦委员会分别设有预算和税务委员会，负责审理联邦预算草案和上一年度联邦预算执行报告，以法律的形式批准联邦财政预算。

2. 预算执行

财政部所属的联邦财政预算监督署（署长由俄财政部副部长主管）是国家财政预算的监管主管部门，下设 89 个地方分局和 5 个跨地区分局，主要负责编制汇总联邦预算和联邦主体综合预算，监督管理联邦预算的执行、联邦预算资金的收入和使用情况。

财政部所属联邦国库署（署长由俄财政部副部长主管）定期发布联邦预算、地方预算、综合预算、预算外资金使用情况、及已拨付预算资金使用情况等监督报告，并根据年度工作计划发布专项调查报告。

联邦税务总局负责监督预算收入和预算外资金收入及时履行纳税义务的情况。

3. 预算审计

联邦审计署负责对联邦预算、联邦预算外资金进行财务审计；监督联邦预算收支项目的执行情况；监督预算资金在中央银行和其他金融机构运行的合法性和及时性。

（三）预算监督和管理

1. 监管范围

联邦财政预算监督署的监管范围包括预算内和预算外的各项政府收入以及预算资金的投资和使用情况。监督主体包括联邦会议、联邦审计院、财政部和国有财产管理委员会，采用计划、预测、评估以及实地检查等方式，监督核查联邦预算的执行、资金收入和使用、联邦预算外基金资金使用情况；监督核查联邦及联邦主体执行机构对资金和资产使用的合理性和有效性；警告并制止违反俄联邦财政预算法规的行为；监督联邦预算扶持项目、联邦预算资金、政府担保、预算贷款、预算投资的资金使用情况。

2. 工作程序

联邦财政预算监督署根据每年制订的年度监督计划，有计划有步骤地进行检查。此外，还可以根据检察院或地方检查机构提出的要求实施个案监管。联邦财政预算监督署通过组派工作小组到各部门和地方机构进行工作检查，视违规情况提出罚款、移交执法机关刑事处罚等不同程度的处罚意见；监督执行单位做出各级预算的整改方案，并将检查结果报上级主管部门。财政预算监督署对监管工作进行总结并提交年度工作报告。

五、施政方针与财政改革

（一）面临的问题和挑战

自1991年苏联解体，经过20余年的曲折发展，俄罗斯已经完成由计划经济向市场经济转型，按照市场经济原则构建形成了以宪法为基础、以规范各类经济活动专业法规为架构的完整法律体系，但是，进入全新发展时期的俄罗斯仍然面临着诸多挑战。

1. 经济复苏之路仍不平坦

俄罗斯过去20余年经济发展之路可谓一波三折，始终处于"下降—恢复—再下降—再恢复"这样一种不健康的发展状态，至今还没有真正走上持续稳定的增长轨道。经济不稳定仍然是俄罗斯面临的最主要风险。俄罗斯经济方面当前值得关注的问题主要有：国民经济能源原材料化倾向进一步加重；高油价对经济增长的刺激作用大大降低；现行财政政策偏于保守，不利于扩大投资。如果未来一个时期不能有效地扩大投资，同时尽快形成新的经济增长点，那么俄罗斯经济发展将出现新的停滞甚至衰退。

2. 经济结构调整仍是难题

美国发动制裁和经济战是催化苏联解体的主要外因，但起决定性作用的还是其自身特别是经济结构性问题等内在因素。俄罗斯当前面临的能源依赖及科技进步停滞等问题较苏联时期更为突出，对国民经济的影响也更为显著。全球冲突下俄罗斯国家地位面临挑战，动辄遭到西方国家制裁，其根源在于俄罗斯经济存在结构性问题等根本缺陷和致命弱点，如果不解决好能源依赖等结构性问题、根除"荷兰病"病灶，俄罗斯短期难以摆脱增长衰减的困局，长期更是无法避免受西方国家掣肘的宿命。

3. 社会风险加大

俄罗斯人口的萎缩、衰弱和老化将对经济增长产生进一步的限制。俄罗斯是世界上人口最稀疏的国家之一，人口增长率自1993年起至今都为负数，联合国预测俄罗斯人口到2015年将降至1.26亿人。人口减少导致劳动力供给不充分，俄罗斯15岁至64岁的劳动力人口增长率在2008年仅为0.13%。此外，由于转型后经济不稳定，一部分科技人员流向了美国、欧洲、日本等国家，以及科技人员的老化状况较为严重，导致了俄罗斯从事研究与发展的科技人员数量自转型以来呈逐年减少的趋势，这都是俄罗斯经济发展中不容忽视的问题。[1] 此外，俄罗斯政府在银行金融系统、教育、住房公用事业、劳动法、提高退休年龄及退休保障制度等一系列涉及民众福利及生活的重大改革上久拖不决，在解决社会公平、增加民众收入、提高医疗和教育水平、鼓励生育、保障居民住房等方面仍然欠账较多，这些都有可能产生新的社会不稳定因素。[2]

4. 外部压力日益增大

2014年2月爆发的乌克兰危机以及克里米亚脱乌入俄事件为以美国为首的西方国家集体制裁俄罗斯，进而达到打击、干扰俄罗斯稳定发展的目的提供最好的借口。正如普京在2014年12月发表国情咨文时所说，"就算俄罗斯没有并吞克里米亚，西方国家还是会找其他理由对俄罗斯实施经济制裁，以阻止俄罗斯重新强大起来。"乌克兰危机后，美国和欧盟的多轮制裁以及国际市场石油价格下跌，使俄罗斯经济遭遇了2000年普京执政以来的空前危机：卢布贬值，通货膨胀加剧，资金外流，结构调整乏力，经济增长堪忧。

（二）施政方针

2012年年初普京再次当选俄罗斯总统后，针对俄罗斯经济的脆弱性，积极调整治国方略，将"全力稳定经济形势，确保平稳增长；强化对能源领域控制，力求借助外

---

① 韩爽、徐坡岭：《俄罗斯实现持续经济增长面临的主要挑战》，载于《俄罗斯中亚东欧研究》2011年第5期。

② 薛福岐：《"中期稳定"战略与普京的新执政之路》，载于《当代世界》2012年第3期。

力促进俄经济转型和结构调整，稳步推进经济现代化"作为俄罗斯经济领域当前的首要任务。

面对日益复杂、瞬息万变的全球政治经济形势，普京将危机应对作为其重掌政权后经济政策的核心思想，强调俄政府的首要任务是稳定总体经济形势，及早应对可能发生的经济危机。2015 年 1 月底，俄政府通过了旨在应对危机的"2015 年社会稳定、经济持续发展保障计划"。根据这项计划，俄政府在 2015～2016 年间计划从国家财政预算中拨款 20 332 万亿卢布（约合 353 亿美元）以刺激经济增长、支持重点行业和维护社会稳定。俄罗斯总统普京在 2015 年 2 月 13 日的经济问题会议上说，应对危机计划是促进俄罗斯经济发展和维护社会稳定的重要措施，目前俄政府各部门应加强统筹合作以制定具体措施。

在促进经济增长方面，俄罗斯采取降低融资利率以提高市场流动性、加大经济特区基础设施建设投入等措施为经济"补血"的同时，还于 2012 年下半年出台"开发远东和跨贝加尔湖计划"、"发展符拉迪沃斯托克作为在亚太地区国际合作中心计划"等，全面启动远东经济发展进程，提升经济体造血功能，以借此带动整个国家经济增长。

俄罗斯在 2012 年终于成为世贸组织的正式成员，这为普京"借助外力"推动经济结构调整的长远布局提供了新的契机。基于对俄罗斯经济发展过度依赖国际能源市场、经济结构单一等"症结"的清醒认识和准确把握，普京认为必须在确保经济平稳发展的基础上推动渐进、稳步的经济现代化进程，实现俄罗斯的经济转型与多元化可持续发展。

此外，为了进一步提高企业活力和竞争力以提升企业经济效益，使其成为经济结构调整的主要推动力量和政府收入增加的"活水"，俄罗斯将私有化作为普京经济政策的一项重要内容，自 2012 年起开始扩大私有化规模，政府将出售总计价值 3 000 亿卢布（按当期汇率约 100 亿美元）国有股，涉及 300 家国有独资企业和 960 家国有股份公司，并计划在 2016 年前对涉及油气、电力等国家战略部门的 18 家巨型国有企业实施私有化。[①]

（三）财政改革

1. 财政运行中的主要问题

（1）财政收入高度依赖能源出口。国家财政收入对油气出口的依赖程度过高是俄罗斯财政运行中的一个主要问题。2014 年俄联邦财政收入约为 14.5 万亿卢布，占 GDP 的 20.3%。从收入的构成来看，其中石油和天然气相关收入约 7.4 万亿卢布，占财政收入的 51%（占 GDP 的比例为 10.4%），超过一半。事实上，全球原油价格的预测对

---

① 蒋莉：《普京新政评析》，载于《现代国际关系》2012 年第 12 期。

于俄罗斯编制联邦财政预算至关重要，俄官方往往会根据乐观、中性、悲观等基调预测多个油价价位，并据此制定出不同的经济预测和财政收支计划。2014年以来，石油收入的下降使得俄罗斯预算紧张，政府财政状况受到很大影响。

（2）危机处理措施对财政收入产生影响。由于油价下跌和欧美制裁，卢布在2014年下跌46%。而同期油价跌速快于卢布，以卢布计价的布伦特原油更是跌至2012年6月以来的最低水平。鉴于俄罗斯约50%的财政收入来自石油和天然气行业，俄罗斯经济陷入了这样一种困局：如果卢布随着油价一起下跌，那俄罗斯的金融稳定受到威胁。而如果卢布增强，政府财政状况将受到影响。只要油价长期在低位徘徊，俄罗斯可能没有什么太好的办法摆脱这种尴尬局面。石油收入的下降使得俄罗斯2015年财政赤字将达到GDP的3.7%，创下2010年以来最高占比。

（3）现行财政政策不利于扩大投资。俄罗斯经济急需增加投资，而本国民间投资热情缺乏，并且民众储蓄率不高，大多数企业也缺少积累。而俄罗斯的低负债政策对政府筹措资金造成了较大阻碍。俄罗斯在2013年年底的国家债务总额相当于同期国内生产总值的14.67%，与包括中国、美国、日本在内的其他世界主要经济体相比，债务杠杆的应用空间还很大。[①] 2014年8月，俄罗斯经济发展部长阿列克谢·乌柳卡耶夫发表文章称，俄坚守财政规定限制政府支出的做法显然牵绊了经济发展，应该适度放宽。

（4）税收稳定性及调节功能有待加强。俄罗斯财税政策在2008年国际金融危机之前和之后的发展变化取向是不同的。我国社科院俄罗斯问题专家郭连成认为，俄罗斯经济在金融危机发生前历经了9年的快速增长，使其在财税政策制定上过分注重税收的"国库收入"作用而忽略税收的经济调节功能，导致税收体制的调整与改革均以不减少财政收入为前提。在后金融危机时期，俄罗斯财税政策的主要目标调整为保证宏观经济和财政稳定、优化财政支出结构、缩减财政赤字等，决定了必须要维持税收政策和制度的连续性和稳定性，这在俄政府通过的2014～2016年税收政策基本方向草案中得以明确规定。2014年年底，俄罗斯总统普京在国情咨文中也提出了四年税率不变的计划，以协助俄罗斯企业渡过危机、走出困境。

2. 政策调整和改革措施

普京在2012年1月的总统竞选纲领和就此发表的署名文章中，明确提出在财政政策上要理顺俄罗斯国家财政收支平衡问题，国际金融危机后的首要任务是恢复因应对危机而弱化的财政收入支出长期对应关系。并在就任总统后进一步阐述了俄罗斯的财税政策目标：一是提升财政预算政策有效性。将目前存在的政府财政支出效率低下、决策周期过长等作为今后预算案着力解决的问题。二是调整税收政策。普京要求政府必须在2013年上半年开始征收奢侈税，包括对高档不动产、豪华汽车的消费征税采取原则性的决定。此外，为促进地区发展，普京认为应该向地方移交由小企业缴纳的部

---

① 程亦军：《后危机时期的俄罗斯经济形势》，载于《欧亚经济》2014年第6期。

分税种，取消对资产和土地的联邦税优惠，取消基础设施垄断公司的税收优惠。为支持外贝加尔和远东地区的发展，政府应该制定出包括对"绿地投资"在一定期限内免税的详细鼓励政策。① 普京在 2015 年 1 月 26 日表示，为保持宏观经济平稳发展，维护社会稳定，应使预算、通货膨胀、外债、国际储备等经济指标维持在"可接受水平"，政府应为此千方百计刺激经济增长，将吸引私人投资作为推动经济发展的重要举措。在目前俄经济形势不佳的情况下，政府还应优化财政支出结构，加大对一些关键领域的资金支持。

3. 制度和管理等方面改革

（1）社会保障基金纳入政府预算体系。俄罗斯在转型之后建立了预算外基金制度。预算外基金作为国家财政体系的一部分，主要承担的是社会保障任务，享有很大的独立权限。1998 年《预算法典》和 2000 年《税法典》第二部分颁布后，预算外基金制度发生重大变化：一是规定把联邦、联邦主体预算外基金纳入联邦预算体系，基金的形成、支出、管理均受法典约束；联邦基金预算的批准以及决算的编制和批准由联邦预算过程的有关法规进行调节；二是把社会保障基金的缴纳形式改为统一社会税，国家（联邦）预算外基金执行纳入联邦国库体系；三是取消了社会保障基金中的就业基金。

（2）个人所得税实行比例税率。个人所得税在苏联时期即已存在，但当时在预算中比重较低，1992 年俄罗斯重新规定了征收的有关规则，成为重要的直接税种。2000 年《俄罗斯联邦税法典》（第二部分）对其进行了较大修订，重点是对个人所得税采取了比例税率，即普遍适用税率设为 13%。这一税率比原来累进税制下的最低税率 12% 高了一个百分点，但由于当年同时降低了养老基金缴纳的 1 个百分点，因此实际上纳税人的税负并没有增加。俄罗斯个人所得税还设有 35% 和 30% 两档税率。

（3）建立联邦预算稳定基金。为尽量减少俄罗斯对国际市场行情的依赖和防范财政风险的发生，俄罗斯自 2004 年起设立联邦预算稳定基金。法律明确规定，联邦预算稳定基金是俄联邦预算资金的一部分，主要由石油价格超过基准价格的形成的超额税收收入提取形成，单独核算和管理，在石油价格低于基准价格的情况下用于保障联邦预算的稳定。

（4）制定和实行中期财政计划。俄罗斯于 2005 年改革预算编制方法，并编制了"2006~2008 年俄罗斯中期财政计划"，对未来三年的财政政策作出了中期规划。中期财政政策由税收政策、支出政策、国债政策和预算平衡政策四个部分组成。

---

① 郭连成：《俄罗斯财税政策及其影响》，载于《俄罗斯东欧中亚研究》2013 年第 5 期。

美国

第二篇
北美洲

美国位于北美洲中部，北与加拿大接壤，南靠墨西哥湾，西临太平洋，东濒大西洋。领土还包括北美洲西北部的阿拉斯加和太平洋中部的夏威夷群岛。面积 937. 2610 万平方公里（其中陆地面积 915. 8960 万平方公里，内陆水域面积约 20 万平方公里），如果加上五大湖中美国主权部分约 17 万平方公里，河口、港湾、内海等沿海水域面积约 10 万平方公里，面积为 963 万平方公里，如果只计陆地面积，美国排名第三。总人口约 3.1 亿人。美国从 1776 年 7 月建国至今约 200 多年的历史。自第二次世界大战后逐步发展成高度发达的工业化国家和世界第一经济强国，国内生产总值和对外贸易额均居世界首位。

一、政府治理体系

美国的政府治理体系表现为多元化和分权化的重要特征。首先是参与政府治理的主体多元化，美国参政议政的权力广布于社会各阶层当中。其次是政府治理在权力分配上的分权化。权力的安排不是等级式的，没有上下级的从属关系，更没有统治与被统治的关系。宪法以及依据宪法所制定的各项法律，保证了各权力主体之间是相互制衡、互为竞争的关系。美国的政治经济政策基本上都是辩论、争吵与妥协后的结果和安排。

（一）政党组织

政党制度是美国政治制度的重要组成部分。尽管美国宪法未提到政党，像其他现代国家一样，政党在政治中起着重要的作用。两党制在 19 世纪 30 年代初步形成，南北战争以后牢固地树立起来。内战结束以后，民主党和共和党两大资产阶级政党，主导着美国政治舞台，从未遇到强大的对手。虽然曾经出现过从两大党分裂出的第三党和许多其他政党（即所谓"小党"），但是它们或是昙花一现（如第三党）或虽能长期存在但影响有限（如小党），都不能成为同两大政党分庭抗礼的全国性政治力量。

政党组织的一个主要特征是权力分散，各级组织都享有很大程度的独立性。政党的正式组织结构是：基层选区、县市委员会、州委员会、全国代表大会和由全国代表大会选出的全国委员会。州和县市的党组织都加入全国民主党或全国共和党，但除了选派参加全国代表大会的代表以外，它们并不受全国委员会或其主席的指示或控制。州和县、市党组织在其日常事务上是自治的独立的单位，各自为政。上级党组织无权免除下级党组织选出的党的官员和党委委员的职务。全国性的党是各州的党的松散联盟，各州的党又是地方党的松散联盟。

政党的组织结构及其职能由各州的法律规定，有关公职选举的事项，如政党的公职候选人列入选票、公职候选人提名方法和竞选费等，也由州的法律规定。由于各州法律、政党规章及惯例的差异，各州的党的组织结构和职能也有一些不同。

（二）政治制度

美国被认为是典型的多元主义民主政体国家，也就是政治学家罗伯特·达尔所说的"polyarchy"。多元主义政体的本质特征是权力分散，或权力中心的多元化。权力多元化或分散化使得各种政治力量在决策过程中起作用，它们竞相对政府机构施加影响，反映各种利益，力图使政策的制定符合它们的需要。

首先是联邦政府立法（国会）、行政（执法）和司法（联邦法院）的横向分权制度。立法、行政、司法是美国政府最直接的政策制定者，这三个系统起着各自的作用，同时又相互制衡。国会制定和通过法律，但需要总统签署才有效；总统可以否决国会立法，国会则能够以2/3多数推翻总统的否决。而且，国会还可以对民选的总统和终身任职的联邦大法官提出弹劾。总统是最高的执政长官，又是国家元首和军队总司令。总统可以对外订立条约，任命重要外交官员和联邦法院法官，但都需要国会参议院批准。总统可以动用军队，但无权对外宣战。司法可以裁定包括国会在内的各级立法部门通过的法律、包括总统在内的各级行政当局的政策行为是否合乎美国宪法的条文和要义，有权判定违宪的法律和政策无效。总体上说，1929年大萧条及罗斯福新政以后，美国联邦政府的行政权力呈现了扩张的趋势。

其次是联邦与州之间的纵向分权制度。美国是先有各州后有联邦，宪法尊重了各州已有的权力。除宪法明确授予联邦政府的权力（如外交权、宣战权、管理州际贸易和对外贸易权、货币发行权等），以及明确禁止各州拥有的权力（如外交、铸币等）之外，其余权力皆由各州保留。

最后是社会力量的参与和制衡。影响美国社会经济政策制定的不只局限于政府机构，各种社会力量和社会机构也同样发挥着重要的作用，例如企业界、金融界、法律界、基金会、大学、新闻界文化机构以及民间组织（妇女、种族、民族团体）等。戴维·杜鲁门（David Truman）把最直接决策者和选民之间的利益团体称为"中间结构"，并把它们视为政府机构的一部分。这种中间结构，包括一大批利益集团、公司、工会、教会、各种专业性团体、新闻媒介、政党等，这些组织介于政府和人民之间，成为政府权力机构和人民联系的纽带。

（三）政府架构

本部分重点介绍美国的政府的组织架构及其不同政府的职能，先介绍联邦一级政府，再叙述州及地方层级的政府。与中国地方政府的概念不同，美国的地方政府不涵盖州府一级，主要包括郡、市、乡镇以及具有有限职能的政府，如学区政府和特殊功能区政府。

1. 联邦政府权力机构及其职能

美国联邦政府的权力机构包括立法、行政、司法机构。另外，还单独介绍独立的宏观经济调控机构——美联储，以及直接影响和操纵美国经济的平台——房地美和房利美。

（1）立法机构。国会是联邦最高立法机构，由参、众两院组成。两院议员由各州选民直接选举产生。众议员按各州的人口比例分配名额选出，共435名，任期2年。参议员每州2名，共100名，任期6年，每两年改选1/3。在总统选举年的两年之后进行的国会选举称为中期选举。参众议员均系专职，不得兼任其他职务。本届国会（第114届）于2015年1月6日开幕。参议院议长（副总统兼任）小约瑟夫·拜登（Joseph Robinette Biden Jr.），众议院议长约翰·博纳（John Boehner）。

美国是立法、司法、行政"三权分立"的联邦制国家，国会行使立法权，以总统为首的政府行使行政权，法院行使司法权。国会最主要的任务是立法，例如联邦预算法案、医保改革法案、枪支控制法案等。提案多数来自于执行机构，以及政党和利益集团。经过大量的讨论和辩论，通过一系列妥协和利益交换，最终达成一个占据多数的联盟的国家政策。此外国会还有监督、提议并修宪、对外宣战等权力。国会通过立法批准政府年度财政预算并进行拨款，批准其赋税、贸易、征兵等重要政策，批准总统与外国政府和国际机构缔结的条约和协定。提议和修改宪法。监督联邦政府内政、外交和人事等方面的工作。总统对大法官、法官、内阁成员等政府主要官员、驻外使节的任命须经国会批准。

（2）行政机构。美国联邦政府行政部门主要由总统和白宫、20个部、60多个独立的局组成。总统是国家元首、政府首脑兼武装部队总司令。美国总统也是世界上最有权力的职位之一，在立法方面，他可以否决国会通过的任何法案，即有立法否决权；可以在每年一度的国情咨文、预算咨文、经济咨文及各种专门问题的咨文中，向国会提出立法倡议，即立法倡议权；他还有权召集国会特别会议；在司法方面，总统提名任命联邦法官，包括最高法法院成员在内，但要获得参议院的认可；还可以对任何被判破坏联邦法律的人——被弹劾者除外——作完全或有条件的赦免；在行政方面，总统可以发布法令、条例和指示，可以任免公务官员，但高级官员（包括内阁部长、副部长、助理部长等）要得到参议院的批准；有权征召各州的国民警卫队为联邦服务；在战争或国家危急时，国会可以授予总统更大的权力，以处理国家经济和保护合众国的安全。有权宣布紧急状态，统率和指挥武装部队；在外交事务中，他负责合众国和外国之间的关系。有权代表美国同外国政府建立外交关系和缔结行政协定等。有权任命驻外大使，但缔结条约和任命大使均须经由参议院的批准。总统每届任期四年，连选可连任一次。在总统死亡、辞职或丧失能力的情况下，由副总统接替总统的职务。

政府内阁由各部部长和总统指定的其他成员组成。本届总统巴拉克·奥巴马（Barack Obama）于 2013 年 1 月 20 日宣誓就任。副总统小约瑟夫·拜登（Joseph Robinette Biden Jr.）。内阁有 15 名部长：国务卿约翰·克里（John Kerry），财政部长雅各布·卢（Jacob Lew），国防部长阿什顿·卡特（Ashton Carter），司法部长洛蕾塔·林奇（Loretta Lynch，女），内政部长萨利·朱厄尔（Sally Jewell，女），农业部长托马斯·维尔萨克（Thomas Vilsack），商务部长潘尼·普利兹克（Penny Pritzker，女），劳工部长托马斯·佩雷斯（Thomas Perez），卫生与公众服务部长西尔维亚·伯韦尔（Sylvia Burwell，女），住房与城市发展部长朱利安·卡斯特罗（Julien Castro），交通部长安东尼·福克斯（Anthony Foxx），能源部长欧内斯特·莫尼兹（Ernest Moniz），教育部长阿恩·邓肯（Arne Duncan），退伍军人事务部长罗伯特·麦克唐纳（Robert McDonald），国土安全部长杰伊·约翰逊（Jeh Johnson）。

总统许多重要的决策和规划来自于在白宫设立的若干重要的政策研究机构，如国家安全委员会、总统经济顾问委员会、管理和预算办公室、国家药品控制办公室、政策研究办公室、科学和技术政策办公室和美国贸易代表办公室等。

目前设有如下部门，它们是农业部、商务部、国防部、空军部、陆军部、海军部、国防局、教育部、能源部、医疗和社会服务部、住房和城市发展部、内务部、司法部、劳工部、国务院、交通部、财政部、退伍军人事务部和国土安全部等。此外，美国还有有 60 多个独立的机构，其中较重要的包括：中央情报局（Central Intelligence Agency）、远期商品交易委员会（Commodity Futures Trading）。

美国财政部创建于 1789 年，是美国历史最悠久的政府机构。财政部长在总统内阁官员中居第二位，也是国际货币基金组织、国际复兴开发银行、美洲国家开发银行、亚洲国家开发银行的美方首脑。

财政部主要职责是制定和拟定国内、国际金融、经济和税收政策，参与制定广泛的财政政策，管理国家债务。美国国会曾经通过了无数的法令，授予财政部各种新的职责。货币管理局（Office of the Comptroller of the Currency）成立于1863年，主要任务是管理全国的银行。货币管理局局长由总统任命，任期为5年。货币管理局有权检查银行，批准或拒绝成立、兼并新银行的申请，做出关闭某家银行的决定。1862年成立国内税收署（Internal Revenue Service）。美国国会第一次授权征收个人收入税和公司税是在1913年。目前，国内税收署的主要任务是负责实施国内税收法。社会保险税、个人所得税是联邦最重要的两个税种，其他收入主要来自于公司税和货物税。经济政策办公室（The Office of the Assistant Secretary for Economic Policy）负责协助政府高层制定经济政策，分析和评估国内、国际经济问题，以及金融市场的发展状况。此外，还专门负责根据每年的预算计划进行经济预测；国际事务办公室：设有亚洲、美洲、非洲、欧洲和中东等处室，帮助财政部长制定有关国际金融、经济、货币、贸易、投资、环境、和能源政策和计划。税收政策办公室：制定国内和国际税收政策，分析各种税收立法和计划的效果，预测经济趋势、准备官方估计的政府收入估计数字，针对国际和国际投资事务提出建议。美国关税署（United States Customs Service）：根据美国第一届国会第五项法令成立，1929年3月成为财政部内一个独立的机构。其主要职能是防止走私（包括毒品和非法药品）、征收关税和罚金等。金融管理服务局（Financial Management Service）：负责研究、制定、管理联邦金融体系，使政府的现金有效、安全地流动。金融管理局还负责核算财政部的货币资产和负债，追踪财政部的收入和支出情况。公共债务局（Bureau of the Public Debt）：成立于1940年6月30日，其主要职责是筹措联邦政府所需的款项，核算公共债务，发行和回购国库券，执行债务管理政策。

此外，美国财政部还设有其他诸多机构，如保密局（the U.S. Secret Service），负责保卫总统和其他高层政府官员，以及美国政府政权和其他资产；联邦法律实施和培训中心（the Federal Law Enforcement Training Center），负责向联邦政府各机构提供法律方面的培训；酒精、烟草核武器管理局（the Bureau of Alcohol, Tobacco, and Firearms）负责征收酒和烟草产品税，防止走私和非法出售烟草和酒精产品；外国资产控制办公室（the Office of Foreign Assets Control），控制着美国所冻结的国家的资产；金融机构办公室（The Office of the Assistant Secretary for Financial Institutions）负责监督、落实与金融机构相关的各种政策和规章的执行。

（3）司法机构。美国有联邦最高法院、联邦法院、州法院及一些特别法院。联邦最高法院由首席大法官和8名大法官组成，终身任职。现任首席大法官小约翰·罗伯茨（John Roberts Jr.）。与频频在媒体面前曝光，千方百计讨好选民的总统和议员相比，联邦最高法院的大法官们似乎不那么引人注目。实际上，法官受尊重的程度远在总统和国会议员之上。尽管就任大法官可能面临家底和私生活被翻个底朝天的危险，但出任大法官的职位是美国无数法律人士终生都梦寐以求的理想。

司法的权威主要体现在它的司法审查权以及对宪法的最终解释权。它可以裁定包括国会在内的各级立法部门通过的法律、包括总统在内的各级行政当局的政策行为是否合乎美国宪法的条文和要义，它有权判定违宪的法律和政策无效。正如托克维尔在《论美国的民主》所写的那样："联邦的安定、繁荣和生存本身，全系于七位联邦法官之手。没有他们，宪法只是一纸空文。行政权也依靠他们去抵制立法机构的侵犯，而立法权则依靠他们使自己不受行政权的进攻。联邦依靠他们使各州服从，而各州则依靠他们抵制联邦的过分要求。公共利益依靠他们去抵制私人利益，而私人利益则依靠他们去抵制公共利益。保守派依靠他们去抵制民主派的放纵，民主派则依靠他们去抵制保守派的顽固。他们的权利是巨大的，但这是受到舆论支持的权力。只要人民同意服从法律，他们就力大无穷；而如果人民忽视法律，他们就无能为力。"

联邦宪法赋予了美国司法的权力，而美国社会的进步与发展的实践，却给司法不断地注入新鲜血液，使美国的司法体系变成了今天这样一个丰富、强大而有力的体系。

（4）联邦储备银行系统。1791年，美国国会经过激烈辩论后通过了时任财政部长汉弥尔顿的建议，即仿照英格兰银行模式，建立了第一家美国的中央银行——合众国银行（Bank of the United States），该银行在运行了20年之后，于1811年到期。1816年，国会通过了建立第二合众国银行（Second Bank of the United States）的法案，同样授予它20年的经营特许状。为了把联邦银行挤走，马里兰州议会通过了一项税法，规定未经州议会核准特许的银行，必须每年向马里兰州缴纳营业税，由此引发了19世纪最精彩的一场司法大战。1819年2月22日至3月3日，美国联邦法院围绕联邦与州的关系、宪法的含义以及主权理论进行讨论。宪法之父杰佛逊提出的论据是"中央政府的权力是由各州委托的，后者才是唯一真正拥有主权的；中央政府权力的行使必须服从于唯一保有最高权力的州"。马里兰州不承认第二合众国银行是一个联邦的机构，而是一个以盈利为目的、外带一些政府服务功能的商业银行，州向联邦银行征税是维护州的主权。但联邦法院首席大法官马歇尔认为，各州的确拥有主权，但是当这一主权与联邦的主权发生碰撞时，州的主权必须服从于联邦主权。他提出了著名的对于宪法解释的"默许权力理论（Implied Powers Doctrine）"，为联邦政府建立第二合众国银行给出了合法的解释。马歇尔的论据是，宪法只是给出了联邦政府结构及其权力的总纲，宪法列举了联邦最重要的职责，但可以根据这些职责的本质推导出联邦政府的其他职责。宪法赋予了联邦政府在征税、举债、调节商业、建立军队、宣战等方面的权力，这些规则都符合国家的根本利益，国会应该拥有行使这些权力的具体手段，而建立第二合众国银行就是一项执行国家财政政策的基本和有效的工具。他还强调，宪法和联邦法律是最高法律，因而州不得向它的主权管辖不到的法人主体课税。经过9天的激烈辩论，马歇尔用他的智慧与雄辩为联邦政府打赢了这场官司，这一争论为美国建立中央银行打下了法理基础。

美国政府在1912年建立了永久性的中央银行——美国联邦储备银行系统。联邦储备系统的核心机构是联邦储备委员会（Federal Reserve Board，简称美联储。美联储是独立的宏观调控机构，它负责制定货币政策，包括规定存款准备率、批准贴现率、对12家联邦储备银行在不同地区的分支机构以及其他会员银行和持股公司进行管理与监督。其作用在于控制通货与信贷，运用公开市场业务、银行借款贴现率和金融机构法定准备金比率三大杠杆来调节美国经济。美联储由七名成员组成，其中主席和副主席各一位，委员五名，须由美国总统提名，经美国国会上院之参议院批准方可上任，任期为十四年，主席和副主席任期为四年，可连任。美联储在货币金融政策上有独立的决定权，直接向国会负责。实际上，美联储的政策对国际经济有着极大的影响。

（5）房地美和房利美。联邦国民抵押协会（Fannie Mae，房利美）与联邦住房贷款抵押公司（Freddie Mac，房地美），这两家带有政府性质的住房贷款抵押融资公司，是由国会立法设立的政府非营利性机构，目的在于为住房抵押贷款市场提供稳定而连续的支持，提高美国人住房抵押贷款的可获得性。

自1932年构建联邦住宅贷款银行系统以来，逐渐形成了以"两房"为主、私人抵押贷款机构为辅的住房抵押贷款二级市场，通过政府干预和市场化运作相结合的方式，为住房建设提供资金保障。"两房"两家机构承保或者购买的房地产贷款约占美国居民房地产市场的50%，次贷危机以来达到80%以上，拥有和担保的资产规模约5.5万亿美元。其债券投资者中，70%以上是养老基金、共同基金、商业银行和保险公司等美国国内投资者，其余是海外投资者。而海外的债券人主要是中国和欧洲的大银行。美国的住房政策是政府公共政策之一，而房地美和房利美也是联邦政府直接影响和操控美国经济的平台。

2. 州及地方政府组织及其职能

"宪法未授予合众国、也未禁止各州行使的权力，由各州各自保留，或由人民保留。"第十条修正案意味着每个独立的州都保有相当大的权力。每一个州都拥有设定他们所希望的政府职能的自主权，换句话说，各州可以自行建立（或取消）地方政府（联邦宪法中没有提到地方政府）。因此，不仅州以下政府的组织结构、职能、收入权在各个州都不相同（在很多时候，各州也不同），而且不同政府之间也没有上下级从属关系，不存在"谁统治谁，谁服从谁"，联邦政府、州政府、各地方政府之间是相互竞争的关系，根据宪法赋予的权限、在各自的职能范围内提供公共服务，只对民众负责，对纳税人负责。

根据美国人口普查委员会的调查，截至2002年6月30日有超过87 000个政府单元在这个国家中运转。除了联邦政府和五十个州政府，委员会还发现了地方政府的五种基本类型。郡、市、乡镇是最普遍的，这三种政府的主要功能是提供一系列的地方公共服务。另外两种是具有有限职能的地方政府，是学区政府和特殊功能区政府。

一般情况下，州被细分为多个郡，而且每个州的郡的数量差别也很大，从得克萨斯州的 254 个到一些州只有不到 20 个。郡县的居民人数差别也很大，得克萨斯州的一个郡县居民不到 100 人，而加利福尼亚州的洛杉矶郡则有超过 950 万的居民。市的数量同样在州之间差别很大。在伊利诺伊州、宾夕法尼亚州和得克萨斯州都有超过 100 个，而夏威夷和罗德岛只有一个和八个这种市。在 13 个最早的独立州里，郡和镇的历史特别有趣。在东北部州地区，郡被设置为州的行政管理单元。在这些州，镇成为一般意义地方政府的基本单元。在 18 世纪末期的南方诸州，郡不仅行使行政管理职能，而且被认为是严格意义上的地方政府。甚至在今天，南方州的地方公共服务依旧由郡来提供，而在东北州地区，市和镇扮演了这一基本的角色。郡、市和镇通常提供不同的公共服务，资金来源于税收、收费和政府间转移支付。

在大多数情况下，美国的中学和小学是由学区政府的专门性学校而非县级或市级的综合性学校提供的。学区是由当地选出的代表组成的独立委员会管理的。这些委员会也有权征收特定税种，同时接受上级政府的转移支付，也可以通过借债方式融资，特别需要说明的是，只有在为本辖区居民提供教育的情况下才能进行借债。然而，并不是所有的小学和中学教育都由独立学区提供。在一些地区，地方教育服务是由县或市级负责的。比如说，马里兰州和康涅狄格州没有独立学区，维吉尼亚州只有一个独立学区；在夏威夷，小学和中学教育直接由州政府提供。在其他一些州，一些学区是单独由州级以下政府提供的，而另一些地区的教育是由市级或县级提供的。

最后一类地方政府是特殊区政府。这些区在州法律的授权下提供单一或是有限的服务。它们也有充分的行政管理及财政自主权，能够使它们独立于其他地方政府而运作。但并不是所有的特区都有权征税，然而大部分区都有能力借债。这些特殊区政府所能提供的公共服务包括消防、供水、污水处理、排水和防洪以及诸如机场等资本密集型服务。由于州政府管辖着这些区，不同的州拥有的特殊区的数量是大不相同的。在 2002 年，伊利诺斯州有超过 3 100 个特殊区，加利福尼亚则有 2 800 多个特殊区。相比之下，有些州的特殊区则相对较少，阿拉斯加州有 14 个，夏威夷有 15 个，路易斯安那有 45 个。

表 5-1 显示了 1962 年、1992 年和 2002 年各种不同类型政府的数量。县级政府的数量从 1992～2002 年略有减少，这主要是因为马萨诸塞州在 20 世纪 90 年代末废除了一些县级政府，并且转移了对州政府执行的一些职责。自治市政府的数量在过去的 40 年里有所增加，镇政府的数量减少了。在 1962～1992 年这 30 年间州以下政府数量减少的主要原因是学区政府数量的减少。许多规模小的学区，尤其是在农村地区的学区，都联合成了规模更大的学区。这一趋势在过去的几十年里保持继续。同时，特殊区域政府的数量快速增加，现大约已占到州以下政府总数的 40%。

表 5-1　　　　　1962 年、1992 年和 2002 年美国州以下政府数量表

年份 政府类型	1962	1992	2002
县级政府	3 043	3 043	3 034
自治市政府	17 997	19 279	19 429
镇区政府ª	17 144	16 656	16 504
学区政府	34 678	14 422	13 506
特殊区域政府	18 323	31 555	35 052
政府总数	91 185	84 955	87 525

资料来源：人口统计局 2002 年。a：11 个州称为"镇政府"。

不过，美国本土的研究者意识到了这种体系的优势及劣势。其劣势是可能会给选民及纳税人带来困惑。一个个体可能是某县、某镇、某区、某校的居民，也可能是一个或多个特区的公民，仅仅是询问该向谁反映公共服务的相关问题就可能造成巨大的交易成本。州以下政府的数量太多也可能导致重复性的浪费以及巨大的合作成本。具体来说，因为公共服务的某些成本是固定的（特别是与上级政府有关的公共服务），州以下政府提供公共服务的成本可能会因为大量的小辖区而大幅增加。

当然这种体系也有它的优势。州以下政府的多样性与权力下放的改革一直是同步的。因为存在众多小的行政辖区，而辖区内的个体对公共服务的需求也具有一定的同质性，因此，辖区内的每个个体的需求与一个大行政区划分情况下相比，更容易得到满足。另外，因为公民距离政府官员不会太远，因此，辖区内的个体如果对公共服务的质量或者数量有意见或者建议的话，他们表达意见的成本会相对较低。这些因素会增加地方政府在提供公共服务时的效率。

一些有收益的公共服务（例如机场）的规模和覆盖范围，通常会超过州或县的需求。这类服务的一种提供方式是通过借贷进行投资，这些借贷由该辖区的所有居民来偿还，人们一般认为这种提供方式更加公平，也更加有效。因此，有人认为，特区政府发行地方债的权力是导致特区政府迅速扩张（特别是过去的几十年）的主要原因。因为许多州政府对县及郡政府在税收、财政支出以及发行地方债（我们以后会谈到）问题上设定了限制，因此，这些州以下政府可能就会通过设立特区来规避州政府的这些限制。

最后需要说明的一点是，特区政府力图提供一类或有限的几类公共服务，从理论上讲就能够提高对公共服务的管理水平及生产效率。然而，需要再次强调的是，特区之间简单的相互模仿公共服务的提供反过来也可能使特区政府带来的这些效益化为乌有。

二、政府间财政关系

政府间财政关系是一个极其复杂的问题，理论上的基本依据源自公共产品的层次性和不同级次政府行为目标的差异性，现实中则要受各国政治体制结构、经济关系（经济发展水平、经济体制、经济结构等）、历史文化（创建国家、民族构成、宗教文化）乃至地理疆域等多种因素的影响。

（一）各级政府的支出责任

公共部门的财政管理的主要职能是宏观经济稳定、收入分配和资源配置。根据传统的财政联邦理论，经济稳定功能隶属于中央政府。这个功能的一个关键部分就是控制财政以实现收入与支出的最佳平衡以及对借款的合理谨慎运用。地方政府几乎没有承担经济稳定政策的动机，当然，也没有这个能力，因为他们常常缺乏必要的宏观经济工具来执行这样的政策。由此地方政府的经济稳定职能就会被限制。地方政府是否应该致力于通过财政政策管理地方经济或者是否应该有针对这些目标的政策工具（的话题），依然是一个备受争议的问题。

美国的州政府有独立于联邦政府的权力，宪法第十修正案重申，州政府保留所有未授权于联邦政府的权力。政府间的职能划分一般遵循从低原则，即由最接近服务对象的相应层级政府制定决策，因为他们更了解服务对象的情况和需求，除非有特别的必要，才需移交给高层级政府。

尽管州和地方政府负责的事权并未发生很大改变，但联邦政府的作用在过去几十年里得到加强，联邦政府对州和地方政府财源施加了越来越多的限制，并对许多公共服务的提供方式施加命令。结果是联邦收入大为增加，这些收入经常被用于鼓励州或者地方政府的特定行为、相对扩大联邦作用的法院判决和基于拓宽宪法条款司法解释的国会立法，如州际贸易条款。联邦政府对一些公共服务有专属的责任，包括国防（即使有州卫队的存在）、国际事务和邮政服务。司法、警察、环境保护、公园和经济管理等领域的公共服务由联邦、州和地方共同提供，但各层级政府各自所应承担的责任则有明确的划分。举例来说，就环境保护问题，联邦政府通常负责州之间的监管，州政府负责本土化的事务。州和地方政府对一些公共服务的提供也担负着几乎是专属的职责，包括消防、教育、图书馆、固体废物的管理、污水排放、供水和交通，但即使在这些"专属服务"领域，联邦政府也会发生作用和影响。地方政府雇用了美国1 820万非军事公共部门雇员中的5/8，州政府雇员占政府总雇员人数约1/4，联邦政府雇员数量为1/8。地方政府雇员绝大部分服务于教育部门，主要在小学和中学。表5－2列出了公共服务的水平及其一般情况下相应的分配。

表 5 - 2 各级政府的法定职责和公共服务的实际操作

法定职责（法律上）	公共服务	实际功能划分（事实上）
州/地方政府	高等教育	州/地方政府
州/地方政府	小学/初中教育	州/地方政府
联邦政府	国防	联邦政府
联邦/州/地方政府	警察	联邦/州/地方政府
州/地方政府	消防	地方政府
联邦/州/地方政府	监狱	联邦/州/地方政府
联邦/州/地方政府	卫生/医院	联邦/州/地方政府
州/地方政府	固体废物	地方政府
州/地方政府	污水排放	地方政府
州/地方政府	供水	地方政府
联邦政府	邮政服务	联邦政府
联邦/州/地方政府	公园和娱乐	联邦/州/地方政府
联邦/州/地方政府	公路	州/地方政府

  专属职责表示各级政府在该领域内承担 100%（见表 5 - 3）。就联邦政府而言，其专属职责包括国防、邮政服务和航天研究。各级政府共担的职能包括司法、警察、健康和医院、公园、自然资源和航空运输。许多卫生保健都通过私人部门提供，但公立医院和诊所也很普遍，且监管职责由各级政府分别承担。社会保险也是联邦和州政府共同责任。联邦政府负责社会保障养老金计划（Social Security）和医疗保障和医疗救助计划（Medicare and Medicaid）。州负责提供食品券、医疗救助和主要的福利计划及贫困家庭临时救助（Temporary Assistance for Needy Families，TANF）。然而，联邦政府为贫困家庭临时救助（通过整笔拨款）和食品券提供资金，为医疗救助提供 1/2 ~ 3/4 的资金支持（通过配套拨款）。州主要负担这些计划的管理，但服务提供必须遵从联邦规定的条件和标准。虽然各州可在一定程度上对医疗救助和 TANF 计划进行一些调整，但通常是为了寻求更加公平和效率目标而进行的制度创新与改革试验，并且需要得到联邦的批准。

表 5 - 3 按照政府层级和功能划分的支出表 单位：%

支出责任	联邦政府	州或省政府	地方政府	总计
国防	100.0	0	0	100
利息	65.7	13.8	20.5	100
一般行政事务	40.0	25.9	34.1	100
法律和秩序				100

续表

支出责任	联邦政府	州或省政府	地方政府	总计
经济服务				100
社会服务：				100
健　康	66.8	14.5	18.7	100
教　育	4.4	26.4	69.2	100
补　贴				100
总　计	45.7	24.4	29.9	100
地方公共服务	8.7	27.0	64.2	100

注：地方公共服务包括：小学和学前教育、中学教育、公共卫生、医院、城市公路、城市交通运输、饮用水和污水排放、废物收集、供电、防火、公共秩序和安全、警察。

总体来说，联邦政府在直接提供公共服务的总体作用比州和地方政府要小得多，但是联邦政府通常在公共服务的提供上发挥重要的影响作用。比如，联邦的法律条款、各种具有附加条款的联邦拨款、贷款以及成本分担机制，都会使联邦优先权的使用远远超出了仅仅是出资这一范畴。

州和地方政府专属责任包括城市供水、供电、供气及污水与垃圾处理，但联邦政府在这些领域具有监管的职能，比如美国环境保护署制定供水质量标准。虽然这些公共服务在某些情况下是由公共部门直接提供，但很多情况下是私人部门提供的。需要说明的是，即便在私人部门独立提供服务的情况下，州和地方政府仍然保留监管的职能。

在美国，教育（包括小学、中学、大学）是州和地方的主要职责。通常，小学和中学教育是地方政府的职责，高等教育是州政府的主要职责。和教育密切联系的是公共图书馆的提供，这一般是市政府的责任。公共福利服务的提供责任是由联邦、州和地方政府共同承担。在20世纪早期，扶贫被认为是地方政府的责任。然而，随着反贫困事业的发展，联邦政府逐渐被纳入。目前，许多公共福利项目被联邦的法规条例管辖，这些项目由一些被认为有能力的家庭和个人参加。然而，这些项目的主管部门和一部分花销都是州和地方政府的责任。一些州政府承担了全部的本该由州和地方共同分担的资助福利项目的责任，也有少数州，花销是在州和地方（通常是县）政府之间分开的。

健康方面的支出职责也是在州和地方政府之间分开的（一般联邦政府也会通过转移支付资助一部分）。大多数的州管理州一级的医院（尤其是和高等教育联系的那些医院），但有时市和县（以及一些区域级的特殊地方）也会提供医疗服务。

公共安全，包括消防服务以及各种各样的警力保护的提供职责，也是在地方和州政府之间分开的。消防通常由市和镇提供，在某些地方由特殊的消防保护地域提供。

警力服务包括州犯罪调查单位，高速公路警力和地方警力服务。虽然地方政府提供拘留所和监狱，但大型的设备和时间较长的判决都还是州政府的职责。

运输服务责任也是由各级政府之间共同承担的。例如，主要的高速公路（包括州之间的公路系统）是由联邦和州一级的政府共同承担，其中资本成本由两级政府共同承担，而维护成本则主要由地方政府负责。所有州以下的地方政府都可能提供非联邦级别的高速公路，道路。比如，一个地区可能包括州高速公路，县级道路，镇里的道路（主要在乡村），以及市一级的道路和街道。特殊的公共机构也可以提供收费的道路。机场一般是市或者县政府的职责，在一些情况下，也可能是一个特殊区域的职责。地方交通（公共汽车和高速交通）通常由市或者由特别的机构（在一些情况下，这些机构可能跨越州界）提供。

一般来说，州、城镇以及市提供公园和娱乐设施，其中，大一些的公园是由州来提供，社区公园一般是由市来提供。其他的自然资源提供，比如森林，一般来说是州政府的责任。

市城府、小镇以及一些特殊的地区一般是有责任提供一些地方的公共设施，比如下水道、固体垃圾处理以及水设施。在美国，虽然电力和天然气的供应大部分是由私人拥有的公司来提供的，但是一些地方政府也会参与这些设施的提供。

住房主要是由私人部门来提供。然而，一些住房也可以又公共部门来提供，并且由地方政府来担任主角（虽然财政资金大部分来自于联邦政府）。

表5－4可以看出，教育是州及地方政府支出中最大的一部分。大约1/4的州及地方政府的花费是在初等教育和中等教育中，而高等教育则占总支出的9.23%。公众福利支出占总支出的18%。地方政府是初等教育、中等教育、图书馆、警察、火警以及普通的地方设施，比如供水设施、污水处理设施、固体垃圾处理设施，以及他们会偶尔进行提供的电力和天然气设施的主要提供者。

表5－4　　州及州以下政府（含哥伦比亚特区）总支出（2000财年）　　单位：%

政府支出用途	州及州以下政府功能区域支出（总支出占比）	州以下支出（功能区域占比）
教育服务		
教育		
高等教育	9.23	16.14
中小学教育	24.80	99.11
图书馆	0.55	95.33
社会福利事业及收入维持		
公共福利	18.08	14.86
医疗	5.59	57.13

续表

政府支出用途	州及州以下政府功能区域支出（总支出占比）	州以下支出（功能区域占比）
保健	3.98	46.71
交通运输		
铁路	3.48	54.80
其他交通	1.36	87.80
公共治安		
警察部署	4.40	84.89
消防部署	1.79	100.00
改造	3.49	32.19
保护性视察和监管	0.71	36.57
环境和住宅供给		
自然资源	1.23	22.94
公园和康乐区	1.40	83.42
住房和社区发展	2.06	88.11
污水处理	1.39	96.93
固体废物管理	1.22	86.41
政府行政管理		
管理费用	6.33	57.75
水供给	2.77	99.01
电力供给	3.08	92.56
燃油供给	0.29	99.85
交通运输	2.47	76.77
酒水店	0.28	16.59

　　与其他国家相比，美国政府间的事权划分总体上是比较科学的，并且也是相当清晰和透明，但并不等于说就完全不存在横向和纵向的重叠与交叉问题。对民众来说，某些任务是由联邦、州、郡县还是市政府的执法部门负责，也不清晰。比如在环境保护领域，联邦和州府之间应当如何分工（或协作）就令人困惑，一直处于争论当中，实践显示联邦政府的责任在逐渐加强。再如，2005 年卡里特娜（Katrina）飓风的灾害救助责任被分配给州一级政府，但联邦、州和地方政府的官员都对此互相指责，美国大多数民众都认为联邦政府应当对许多地方应急事件承担责任。政府间公共服务职能的重叠设置不仅导致服务提供的低效率，也会导致潜在的高成本。那些分别缴纳联邦

和州所得税的民众对此很难理解，纳税人希望对公共服务的提供发表意见，但是他们不清楚应该联系哪级政府的哪个部门，这样就容易导致税收问责的混乱。

（二）各级政府的收入来源

宪法对联邦和州以下政府税收权限的限制相对较少，但对州府的税收权限有一个（也是唯一一个）明确的限制，就是州政府不能对其出境产品征税。防止州税收扭曲州际贸易的禁令来自休眠商业条款（Dormant Commerce Clause）。根据1819年最高法院的判决，一个政府不能对另一个政府征税。联邦对州和地方政府征税的限制将在下一部分详细讨论。州宪法中也包括一些针对州征税权力的限制，最重要的限制是州宪法不能做出违反国家宪法的规定。同样，州可以决定地方政府的征税权限，无论是通过州法令还是州宪法。例如，一些州在对物业税税收目的评估中对其年增长率进行了限定。

联邦政府占全国税收总收入和财政总收入的比重为1/2多一点。尽管每级政府都采用多种税源，但都有专享税源（Specialization）。联邦政府最重要的专享税种是个人所得税，占联邦税收收入的比重超过80%。联邦所得税收入也大约占美国所得税总收入的80%。此外，几乎所有的保险—信托收入都由联邦政府征收。

州政府的税收结构差异很大。有41个州征收所得税，45个州征收一般销售税。州是销售税和机动车牌照税收入的主要使用者，也是选择性销售税（相当于我国的消费税）收入的最主要使用者。俄勒冈2004年州税收收入的70%来自个人所得税，但有9个州的个人所得税收入几乎为零。田纳西和华盛顿州税收收入的60%以上来自销售税，但有5个州的销售税收入几乎为零。新罕布什尔则是既没有所得税也没有销售税。州和地方政府征收的使用费收入越多，这些政府承担的公共服务也越多。

州在筹集税收收入的能力和意愿上存在根本性的差异。人均收入最高的康涅狄格州比最低的密西西比高出88%。生活成本的差异在一定程度上解释了收入的差距（不是所有州都有可靠的生活成本指数），但各州实际收入的差别也十分明显。

州对其税源征税在各州间存在很大差异。平均来看，州政府2002年的税收收入占个人所得的10.4%（2002年是当前可获得的地方政府税收收入数据的最近年份），但是各州的数据差异很大，从纽约州的13.1%，到田纳西和新罕布什尔的8.4%。人均税收收入的差异更大，因为人均收入和人均税收收入占个人收入的比重之间存在正相关关系。举例来说，纽约州人均收入排第4位，田纳西排名第35位。纽约州人均征税4 684美元，比人均收入排名第41位的阿拉巴马高114%。

地方政府最重要的专享税种是财产税，占地方政府收入的比重接近3/4。需要特别指出的是，财产税收入是教育经费的主要来源，非教育类特别区（与学区相比）则很少征收财产税。财产税在地方政府筹资中的作用随着时间的推移已经慢慢被淡化了，一方面是州政府在教育经费的提供上发挥了更大的作用，另一方面则是因为一些州给了地方政府可替代的税收选择。有34个州同意地方政府征收地方销售税（Sales Taxes），有 13 个州允许地方政府征收地方所得税，这种地方所得税通常是工薪税而不是广义的所得税（译者注：指对综合收入征收的所得税）。在许多州，对财产税的严重依赖已经导致了大规模的公开论战，特别是当财产价格快速上涨的时候。例如，1994 年密歇根调低了地方财产税，收入的减少由州销售税增加 2 个百分点来弥补。新泽西、德克萨斯和其他一些州目前正在讨论利用其他税种来降低地方学校对财产税收入的依赖。

各州地方政府筹集收入的能力有很大差异。例如，人均收入排名第 3 位的新泽西，家庭收入最高的萨默塞特郡是 93 432 美元，最低的坎伯兰郡是 33 858 美元，几乎相差 2 倍。同样，地方政府所选择税种的征税力度也有很大的不同。例如，新泽西各郡财产税的税率大约相差 2.5 倍。在相对贫困的卡姆登郡，财产税的边际有效税率为 3.49%，而相对富裕的开普梅郡只有 1.37%。

相比于许多发展中国家，美国不同政府等级间税收收入的分享并不是十分的明显，或者说，联邦政府不与州和地方政府分享联邦税收，但州政府则是通过制定税收结构和税率与地方政府共享税收收入。

（三）政府间转移支付

美国的政府间转移支付既包括联邦政府对州政府和地方政府的转移支付，也包括州政府对地方政府的转移支付。如表 5 - 5 所示，2000 年美国联邦政府对州政府的转移支付几乎占其一般性财政收入的 1/4。虽然地方政府并没有很依赖联邦政府的转移支付，但是其超过 1/3 的一般性财政收入都是来自州政府的转移支付。（联邦政府对地方政府的低转移支付率是具有误导性的，因为一些转移支付资金只是经过州政府之手最后用于地方政府财政，为了统计方便，这部分资金是算在联邦政府对州政府的转移支付之中。）

表 5 - 5　　　　　　　2000 年政府间转移支付

（占州政府和地方政府财政收入的百分比）　　　　单位：%

	政　府		
	州以及地方	州	地　方
联邦政府	18.9	26.3	3.7
州政府			35.7

资料来源：美国统计局 2003b。

各州对联邦政府转移支付的依赖程度也大相径庭。例如，2000 年阿拉斯加州大部分财政收入来源于石油资源税，对联邦政府的转移支付（占总收入 16.3%）依赖相对较小，而大多数州，尤其是田纳西州 37.5% 的财政收入来源于联邦政府的转移支付。

同理，地方政府对联邦政府及州政府转移支付的依赖程度也有所差异。如表 5 - 6 所示，因为地方政府类型不同对转移支付的依赖程度也大不相同，提供教育的地区通常高度依赖于对教育的转移支付。佛蒙特州所有地方政府一半以上的财政收入来自州政府的转移支付，而夏威夷地方政府只有 10% 的财政收入来自州政府的转移支付。

表 5 - 6   1997 年地方政府收入的组成（表示为在总收入中所占的比例）   单位：%

收入项目	政府层级				
	县	市	镇	学区	特区
自有收入					
财产税	24.7	20.7	55.6	31.2	8.9
一般消费税	6.4	7.4	0	0	2
特别消费税	1.5	4.9	0	0	0
所得税	1.2	6.2	0	0	0
机动车税	0.4	0.2	0	0	0
所有其他税收	1.4	3.2	4.6	1.0	0.8
总计	35.5	42.5	60.2	32.3	11.6
使用者收费	18.6	19.1	10.7	2.8	56.0
其他自有收入	8.4	10.1	6.2	3.5	8.3
总计	62.6	71.8	77.1	38.5	75.9
政府间转移支付					
联邦	2.6	5.3	1.3	0.6	6.5
州	33.5	20.7	19.7	51.8	6.5
其他地方政府	1.5	2.3	2.0	9.0	11.1
总计	37.5	28.3	22.9	61.4	24.1

资料来源：美国人口普查局，2000a。

1. 联邦对州的转移支付

联邦政府现在设计了大约 660 个专项将资金转移支付给州以及州以下政府（美国统计局 2003 年数据），然而在任何一种方案下都不是完全按照一般性转移支付通用目标来支付的，也没有哪一种转移支付方案是仅仅为了平衡下级政府的财政能力。目前，转移支付给州政府主要有三种方式：没有配套资金的转移支付，有配套资金的开放式和封闭式转移支付。

最重要的转移支付包括为低收入家庭或个人提供的转移支付、教育转移支付以及交通转移支付。目前，联邦对州转移支付中数额最大的一项是对"医疗救助计划"提供的资金支持，它是为低收入家庭或个人提供医疗服务资金支持的。该方案在几个方面比较特别：第一，它通常被认为联邦政府的"授权"来选择哪些家庭或个人有资格接受援助。尽管医疗救助方案是由联邦以下（州）法令授权的，法案明确指出由每个州来组织和实施本辖区的方案。第二，医疗救助方案由来自联邦政府和及州政府资金的共同支持，联邦政府会通过转移支付的方式支持州政府完成方案。这是一种开放式的转移支付，当州政府支出增加时，联邦政府的转移支付也会随之增加。第三，联邦—州出资比例在各州之间有所不同，中产阶级数量少的州获得联邦政府更多的支持。像 2004 年，出资比例在高收入的州之间是 50∶50，而在像密西西比州（有很多贫困家庭的州）则是 77∶23（联邦政府出大头）。第四，由于每个州可以根据自身的需要来设计方案，有些州要求让州以下政府（主要是郡、县）承担一定的支出，例如，纽约州（州内 50% 的支出都是由州以下政府承担）要求郡县政府承担一半的医疗救助方案支出。

联邦政府转移支付给州及州以下政府最重要的一个特点就是对专项拨款的使用，这些拨款结合了无条件或一般性转移支付资金的分配方式（与无条件转移支付不同的是，一般性转移支付地方政府具有资金使用的自主权），有些项目则完全是以公式为基础进行分配的。如针对高速公路的修建和维护提供的转移支付（美国联邦政府负责高速公路修建和维护的融资，州和地方政府负责高速公路的运营。）因为不同的州在面积和人口方面差异极大，转移支付资金的分配公式极其复杂也就不足为奇了（繁复的政治上讨价还价的成果一般都极其复杂）。因此，现有的公式考虑到了以下因素：州境内高速公路的长度（相对于整个国家的总长度）、汽车行驶路程、高速公路上柴油的消耗量以及相对于州人口的道路长度。

2. 州对地方的转移支付

美国州政府向地方政府转移支付的分配方式大多以公式为基础。通常是一般转移支付（无特定目的）或专项转移支付（由特定部门支出），这些专项转移支付项目有的需要地方政府配套，有的则不需要。

对绝大多数州政府而言，州对地方政府的转移支付中，最引人注意的就是州政府的教育援助。平均而言，全国的学区主要依靠转移支付收入，这些转移支付也构成了州政府支出的重要组成部分。但是，需要注意的是，州政府在提供教育经费中的角色已经被挑战，挑战来自于许多州政府的另一组成部门——司法部。自 1973 年，许多州法院就承认，并不是所有地方政府都有相同的能力支持小学和初中教育，主要是因为地方教育经费主要来自于不动产税。在某些地区，居民拥有较低的不动产税基，这限制了该地区对教育的支出；然而在拥有较高不动产税基的地区，却可以负担更多教育支出，而无须考虑学生的数量。这造成的结果就是，在一个州境内以生均经费衡量的教育质量在地区间出现显著不公平。许多州法院发现，这种不公平是违宪的，因为宪法保护平等。2003 年，在 50 个州中，有 43 个州提起了涉及这个议题的诉讼；其中的 25 个州，法院判决州立法机关需采取措施保证州境内所有的学区都能收到足够的拨款。

一般情况下，州政府至少采用了五种转移支付的机制来为州以下政府的教育服务的成本来提供税收（Blanchard and Duncombe，1999）。第一种转移机制是以学生人数为单位向学区进行一种垂直拨款，这种拨款与地区的收入能力或者由于成本的差异和教育成本更高的学生（例如特殊教育项目的学生）所产生的需求没有联系。第二种机制叫基金项目，这一机制非常普遍，在1990年38个州都采用了它。州里决策出一个能使学生接受教育的最小花费金额和一个"公平的"财产税率。接受教育的必要花费与以一个公平的财产税率所征得的税的数额之间的缺口会由拨款来补上。第三种转移机制是一个百分比与能力均衡机制，这种机制在1990年被6个州采用。在这种机制下，州政府根据当地在教育上的花费的百分比制定一个税率，这与学区的纳税能力几乎相反。尽管从概念上来说这种拨款数额可以无限大，但是州政府通常设立一个地区能够接受的最大援助额。第四种机制是一种具备有保障的税基与税收收益的项目，在1990年仅被2个州采用。这种方法与百分比均衡项目很相似，州政府保证为了一个给定水平的税收效果地区将会获得一个确定数额的总税收（自征加转移）。因此，纳税能力较低但是在资源流动上产生重大效果的地区会比那些效果更差的地区得到更多的财政补贴。第五种机制在夏威夷和华盛顿实行，不涉及转移支付，因为州完全为当地的教育出资。

除了这些项目为学校的教育花费融资外，大多数州也为学区提供了大量的直接援助。例如，他们可能为学生的交通或者职业教育提供帮助。同样的，许多州为新设备的建设提供了拨款（有些符合要求，有些没有）。

总之，尽管很多州以下政府被给予了相当高水平的财政自治权，但是距离州以下政府全权负责当地公共服务所必需的资源的流动仍相当遥远。同时，现有的转移项目几乎不允许当地政府无视原则而按照他们想法任意花费。这是因为大多数转移项目既不要求与地方水平相适应的基金，也不包括地方财政能力或者纳税人产生的效果。

（四）州以下政府的借债

除几个特例外，州和地方政府都允许借债。实际上，在2000年州及地方政府总计负债在人均5 000美元以上。下面主要介绍州以下政府的债务工具和借款制度规定。

从法规上看，大部分州以下政府禁止增加现有的预算赤字。尽管如此，大多数州和地方政府被允许为投资市政基础设施（例如道路、供水和下水道系统或者说排污系统）进行长期的借债。同样，由于税收的现金流不能与经常性支出同时发生，州以下政府有时通过借债来满足短期的预算需要。

除了直接依靠银行或为了借款给地方政府而设立的专属机构，美国的州和地方政府主要通过发行债券直接参与资本市场运作。这些债券由金融机构、私人公司和个人购买。由于这些债券在市场上与公司和联邦政府发行的债务工具自由竞争，因此州政府和地方政府的利息必须要足够高才能吸引投资者。

美国的资本市场给予州以下政府相较于其他借款人的竞争优势，即联邦所得税并不对这些州以下政府发行的债券的持有者所获得的利息收入征收。因此，州政府和地方政府所要付的利息就低于其他债券发行人。

州政府和地方政府债券（通常称为市政债券，名称与发行债券的政府级别无关）可以是短期债券或是长期债券，长期债券的比重较大，有的期限可以长达 30 年，因此，二级市场十分活跃，可以供持有人出售他们的债券。短期票据（Notes）是要在一年之内付息还本的债券，它们主要是用来弥补财政上短期内预期到的现金流上的不足。

州和地方政府发行两种类型的债券——十足信用债券（Fall-faith and Credit Bonds）和无担保债券（Nonguaranteed Bonds）。对于前者，发行的政府承诺税收收入将会用于债券利息和本金的支付；短期借款主要是以十足信用债券的方式筹得。偿还无担保债券的资金来源则主要是基本工程项目的相关收入，因此这些债券又被称之为收益债券。由于收益债券的持有者所面临的风险大于十足信用债券的持有者，州政府和地方政府支付的利息率也就更高（尽管利息收入仍旧不由联邦政府征税）。

州以下政府借债的可能性有两种形式的限制。首先，法律规定。几乎所有的州都对地方政府所能发行的十足债券或票据总额进行了限制。这些限制主要与所在地的财产税税基有关，因为财产税是大多数地方政府主要的自主税收来源。同样，很多州的法律对由税基担保的债券数额进行了限制。其次，在一些州规定，任何长期债券的发行必须要由大多数选民（有时需要绝对多数选民）同意，这是因为债务是由具有投票权的纳税人来偿还的。另外，由于一些州和地方政府存在利用市政债券的免税性，从私人部门中借款后再重新贷给私人部门来牟取利润的情况，联邦政府在 1986 年制定了法律限制了市政债券的具体用途。

资本市场对州和地方政府发债也有限制。如果市场认为州以下政府部门发行的债券数量大的不合常理，导致债券偿付的可能性降低，那么借债的涨幅所需要偿付的利息就会升高，使得发债对于政府而言不再有利。然而，资本市场对于地方政府能否偿还债务存在明显的信息缺乏。针对这种信息不对称，产生了至少两类机构。一类机构是私营的债券评级机构，如标普、穆迪、惠誉。在市政债券发行之前，政府可以聘用这些机构来研究地方政府的财政经济的健康度和将被债券潜在购买者使用的债券评级。由于不好的经济或者财政状况导致的低评级会要求发债政府支付更高的利息。第二类是用于减少信息不对称的市场导向型的债券担保公司。债券担保有多种类型，私人企业可以发行市政债券保险（这种保险的保费由发行债券的政府承担）。投保债券的购买人被承诺，即使地方政府无法支付本金和利息，保险公司会进行支付。

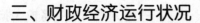

三、财政经济运行状况

（一）政府干预经济的思想变迁

美国政府干预经济的思想主要经历了大萧条时的凯恩斯主义（1929 年）、罗斯福新政、20 世纪 70 年代石油危机以及经济滞胀后的里根供给学派兴起等主要发展历程。

1. 凯恩斯主义的兴起（20 世经 30～50 年代）

20 世纪 30 年代的经济大危机之前，在英美等资本主义国家占据支配地位的经济理论是以马歇尔、庇古等为代表的新古典经济学。新古典经济学从瓦尔纳的"一般均衡理论"和马歇尔的"局部均衡理论"出发，把资本主义经济描绘成一部可以自行调节的"美妙"机器，认为自由竞争的市场机制完全能够保证全社会的经济资源（资本、土地、劳动力）得以充分利用和合理配置，保证社会的每个成员都得到最大的满足。

20 世纪初，爆发了第一次世界大战和俄国十月革命，资本主义世界的政治和经济矛盾不断地激化，陷入重重困境。1929 年资本主义世界爆发了一场规模空前的经济大危机，各国经济陷入长期萧条，失业问题日趋严重。到 1933 年，美国的失业率高达24.9%，英国的失业率也达到 21.3%，资本主义世界的失业者超过了 3 000 万。面对这场史无前例的经济危机，大量的失业和生产过剩，传统的资产阶级经济理论显得无能为力，这就是资产经济学家所说的"经济学的第一次危机"。

凯恩斯根据 20 世纪 30 年代大危机和大萧条的情况，于 1936 年发表了《就业，利息和货币通论》一书，在他看来，资本主义社会之所以存在失业和萧条，主要是由于"消费偏好"、"流动性偏好"等心理作用所造成的有效需求不足，危机的爆发则主要是由于对投资未来收益缺乏信心而引起的"资本边际效率"的"突然崩溃"。在此基础之上，凯恩斯得出的政策结论是：放弃自由放任的原则，实行国家对经济生活的干预和调节；政府应当担负起调节社会总需求的责任，运用财政政策和货币政策刺激消费，增加投资，以保证社会有足够的总需求，实行充分就业。

由于凯恩斯论证了资产阶级国家对经济生活实行干预的必要性，凯恩斯的理论就成了占据支配地位的"主流经济学"。1946 年美国通过了《就业法》，这一法律最先把凯恩斯主义的原则体现在国家对经济生活进行调节的实际行动中，企图借助国家干预经济生活的各种手段来实现充分就业、物价稳定、长期经济增长、国际收支平衡、收入均等化和资源最优配置这六大经济目标。

从 20 世纪 40 年代后半期到 20 世纪 60 年代中期，以凯恩斯主义为依据的各种经济政策，尤其是财政政策，在资本主义国家经济生活中的作用大大增强了，导致了美国大政府的兴起，财政支出占 GNP 的比重不断上升，从 1947 年的 18.5% 上升至 1969 年的 30% 以上。

2. 新古典综合学派的兴起（20世纪50～60年代末期）

随着资本主义世界各国经济相对持续稳定的增长，在理论方面经过一番改头换面的新古典经济学，开始逐渐深入经济增长、经济波动和经济周期危机理论等凯恩斯主义经济学的分析领域。凯恩斯主义与新古典经济学由对立转向共存和相互融合，在这一基础上产生了所谓的"新古典综合"。

20世纪50年代，新古典综合派主要根据汉森的理论，提出了补偿性的财政政策和货币政策。汉森认为："经济停滞不是自动调节的教条所能解决的，解决的办法是扩大民主政府的作用，担当起维持充分就业的作用。"补偿性财政政策和货币政策的实施，虽然防止了严重的预算赤字和通货膨胀，但由于艾森豪威尔总统执政时期，传统的预算平衡仍占据支配地位，经济增长的速度并不快，还出现过两次经济危机。从1953～1960年，由于艾森豪威尔总统采纳了新古典综合派经济学家的政策建议，美国的实际国民生产总值平均增长率约达2.5%，这一时期被人们称为"艾森豪威尔停滞"。

但是，在20世纪50年代后期西方资本主义各国出现了一种"需求拉动"无法解释的经济现象，一方面失业人数较以前有所增加，另一方面物价也温和地持续上涨。为了解释这一现象，力求使得资本主义经济既能保证充分就业，又能维持物价水平的稳定，新古典综合派并将"菲利普斯曲线"引入自己的基本理论框架之中。认为这一曲线有助于政府在制定经济政策时，在失业和通货膨胀之间作出选择，取得失业与通货膨胀之间的平衡。

为了克服"艾森豪威尔"停滞，进一步提高就业量和加快经济增长速度，托宾和奥肯在肯尼迪总统执政时期提出"潜在的国民生产总值"和"充分就业预算"两个新概念，并通过著名的"奥肯定律"阐述了充分就业经济政策的必要性。肯尼迪总统采纳了托宾与奥肯的经济政策建议，在1960年实行了削减个人所得税的政策，使得生产和就业得到了恢复和增长。

3. 自由主义思潮的兴起（20世纪70年代～21世纪）

20世纪60年代末期，特别是20世纪70年代之后，资本主义各国的通货膨胀率和失业率都在不断地增高，最终酿成了"停滞膨胀"的局面。这种高通货膨胀率与高失业率的并发症，使得菲利普斯曲线的位置大幅度地向右上方移动，资产阶级经济学家感到菲利普斯曲线已经不能成为资产阶级政府实行有效需求理论依据了，连曾最积极地炮制美国"菲利普斯曲线"的萨缪尔森也不得不改变腔调，向当时的福特总统建议：不要听顾问的那种话，说什么失业率提高到6%，并保持这样的失业率两年，就能使美国的通货膨胀率在20世纪70年代余下的年份中不超过3%或4%。

（1）货币学派。在这一背景下，货币主义在美国异军突起，主张采用控制货币数量的金融政策以消除通货膨胀，保证经济的正常发展，以此与凯恩斯学派抗衡。这一学派被称为货币学派或现代数量学派。反对国家过多地干预经济，鼓吹经济自由是货币学派的主基调。他们认为市场自发力量有使资本主义经济自然而然地趋向均衡的作用，第二次世界大战之后资本主义经济的大波动都是由于政府采用了旨在干预市场经济的错误的财政金融政策造成的。20 世纪 70 年代中期后，为了解决资本主义各国的新经济危机，货币主义开始在英美国家逐渐取代了后凯恩斯主流经济（新古典综合）的地位，成为资产阶级政府制定经济政策的理论依据。

（2）理性预期学派。由于货币学派的理论和经济政策在扭转停滞膨胀局面时并未发生神效。在这种背景之下，一些年轻的经济学家从货币学派中分离了出来，形成了一个新经济学流派—理性预期学派。他们主张：经济如果不反复遭受到政府的冲击，就会基本上是稳定的。在理性预期条件下，人们对政府的经济政策以及其实施后果早已充分预料到了，并做出了相应的预防措施和对策，使得政府的经济政策不能有任何效果。

（3）供给学派。在 20 世纪 70 年代后期，还兴起了另一个学派——供给学派。供给学派主张经济自由主义，反对凯恩斯的有效需求管理理论以及政策主张，注重供给，刺激储蓄，提高投资和工作的积极性，主张更多地让市场机制自行调节经济。1981 年开始，里根总统把供给学派理论作为美国官方经济学以来，提出了"经济复兴计划"，供给学派在美国颇为得势。

（4）公共选择学派。公共选择学派是在凯恩斯主义陷入困境时兴起的另一学派，他们认为西方经济社会所暴露出来的众多问题与其说是反映了市场经济的破产，不如说是反映了政治结构的彻底失败。因此正确的对策是进行政治制度和法规的改革，其目标是遏制不断膨胀的政府势力。我们所面临的并不是经济方面的挑战，而是制度和政治方面的挑战。

（5）新制度经济学派。新制度经济学派是同期发展起来的另一股学术势力。这一流派的代表人物是科斯和诺斯，侧重于从微观角度研究制度的构成、运行以及制度在经济生活中的作用。新制度经济学派的研究文献大量集中在对信息不对称条件下的不完全契约问题的研究上。

（6）新经济史学派。新经济史学派是区别于传统的经济史学，通过利用积极理论和计量方法来研究经济史。其中包括：罗斯托的经济成长理论、熊彼特的创新理论、希克斯的经济史理论。

4. 新凯恩斯主义的兴起（20 世纪 80 年代～21 世纪）

在 20 世纪 70 年代的滞涨中兴盛起来的经济自由主义思潮，使得传统的凯恩斯主义从正统经济学的地位上掉了下来，然而凯恩斯的追随者认为，不要国家干预经济是行不通的，因此，他们在 80 年代前后形成了一个主张政府干预经济的新学派——新凯恩斯主义。主要是在原凯恩斯主义学说中引入了被忽视的微观经济学基础，并吸纳了理性预期学派所强调的理性预期假设。从美国的政策来看，凯恩斯主义尽管一度衰落，但是并没有完全被经济自由主义所取代。

2008 年开始由美国次贷危机引发的一场全球性严重金融危机，使得自由主义经济思潮遭到了极大的打击。事实证明，自由的市场并不能发出合理配置经济资源的信号。为了把美国经济从危机深渊中拯救出来，奥巴马采取了非同寻常的政府经济干预措施，并取得了一定的效果。

（二）经济的三大法宝

结合历史的分析来看，美国成为超级大国和经济强国主要依靠宪法、美元、创新这三大法宝。

1. 精心设计的宪法

"人类社会是否真正有能力通过深思熟虑和成熟抉择来建立一个优良的政府，还是命中注定只能永远依靠暴力和偶然建立的政治法则生存"，美国的几十位先贤对这个重要命题给予了精彩的回答。结合了欧洲启蒙思想学说与美国的国情，精心设计了《美利坚合众国宪法》。联邦宪法的基本原则和联邦整体的运作模式，让美国人民至今受益。联邦制和三权分立的原则，保障了资产阶级的民主制度，防止了专制主义和独裁。中央集权与地方分权的结合，在维护国家主权的同时又充分调动了地方的积极性和创造性。多元化的治理体系使政府、市场、各社会组织和各利益团体等各种力量，都能在法制基础上进行有效的协调。美国宪法不仅使美国在其后的 200 多年中由小变大、由弱变强，成为"世界上最吸引人的帝国（汉密尔顿，1987）"，也对一些国家，如日本、德国、韩国等国家宪法的制定产生了深远地影响。

2. 独特的金融体系

美元从诞生起就一直对世界货币体系发挥着重要作用。随着第一次世界大战后美元成为强势货币，再到第二次世界大战后布林顿森林体系，建立了以美元和黄金挂钩的固定汇率制度，美元作为储备货币和国际清偿手段替代了黄金，促进了国际贸易和跨国投资，更重要的是，美元在国际货币体系中的这种优势地位给美国带来了巨大的经济利益。布雷顿森林体系下的美元作为世界货币也对全球经济产生了深远的影响，用一句通俗的话来比喻美元的霸主地位，就是"美元生病，全世界吃药"。虽然布林顿森林体系已经崩溃，但美元地位犹存，依然是国际储备货币和清算货币。针对美元的政策行动都会引起其他国家经济和货币产生重大影响，换句话说，只有美元才有自己独立的货币政策。美国既是全球经济的发动机，也是世界经济的火车头，其发展直接辐射到世界各国和地区。

3. 强大的创新能力

美国是一个充满创新生命力的国家，在创新领域的成就是其他国家无法比拟的。世界经济论坛（World Economic Forum，WEF）发布的《全球竞争力报告 2009～2010 年》中，美国始终保持着国际竞争力的领导者地位。从"科技创新与成熟度"因素的排名来看，美国居全球第一位，其中"创新"子因素名列第一，是全球创新能力最强的国家。全球70%以上的诺贝尔奖得主来自于美国的大学。在全球顶尖的20所大学中，按科学贡献度计算，美国占了17所（清华大学排名大约在600名左右），从麻省理工到加州理工，培养了全世界最好的工程师和最顶尖的科学家。全球10大科技顶尖公司，美国占了8家。英特尔向全世界提供芯片，微软公司和甲骨文公司占据了软件业的基础市场（从百度到腾讯到中国各个政府部门，都使用甲骨文提供的数据库软件和技术）。美国拥有全球最顶尖的实验室，在军工、航空航天、医学技术、信息科学等领域，美国以压倒性的技术优势雄踞世界之首。虽然近几年联邦预算面临连年紧缩的压力，但美国的创新能力仍然把其他国家远远甩在身后。

（三）当前财政经济运行状况

美国2007年爆发了"次贷危机"，并于2008年迅速升级演变成大萧条以来最严重的国际金融危机。自2008年11月以来，美联储实施三轮量化宽松政策，同时进行"扭曲操作"，主要内容包括大规模购买美长期国债和抵押贷款支持债券，维持0%～0.25%的超低利率政策。截至2014年8月，美联储资产负债表突破4.4万亿美元。2013年12月开始，美联储开始实施渐进式的量化宽松退出机制，通过连续8次削减购债规模，于2014年10月正式终止量化宽松资产购买计划。

奥巴马政府应对危机的一系列改革措施已在2014年看到了成果。复苏法案（Recovery Act）成功地拉动了经济增长并创造了更多的就业；汽车工业从崩溃的边缘被解救出来；可支付医疗法案（Affordable Care Act）让医疗保险覆盖了大多数的美国人，该法案将使3 200万无医保者获保，使美医保覆盖率提高至95%，并在10年内为美财政节省近1 400亿美元，减缓了医疗费用的增长；多德弗兰克华尔街改革（Dodd - Frank Wall Street Reform）为防止未来可能发生的危机提供了保障。美国人民的决心和快速恢复的能力拉动了经济全速前进。2014年，美国全年经济增长2.4%，在发达经济体中表现最佳。就业形势持续向好，与欧洲、日本和其他的发达经济体相比，美国成功地恢复了就业，经济总体保持温和增长态势。失业率从2015年1月的5.7%降至11月的5%，为2008年4月以来的最低水平。持续走低的失业率加上徘徊不前的物价指数，让美国民众特别是中下层民众的腰包更鼓，对经济的信心不断提高。密歇根大学消费者信心指数升至92.6，而该指数的全年月度平均值也达到2004年以来最高水平。2015年美国经济增速达到2%。美联储12月的加息举措，意味着美国为应对金融危机而实施7年之久的超宽松货币政策落下帷幕。

2016年是大选年，共和、民主两党终于就若干博弈已久的经济政策议题达成妥协。国会授权财政部可持续发债到2017年3月16日，这意味着在选出下一任美国总统之前，联邦政府都不再会出现债务违约。实施40年的原油出口禁令也被解除，美国大量新增的页岩油将拥有更加广阔的国际市场。同时，支持风电、太阳能等可再生能源发展的两项重要优惠税收政策也得到了延期，到2022年，在美国投资可再生能源将继续得到美国联邦政府的保驾护航。

在国际方面，美国主导的"跨太平洋战略经济伙伴协定"（TPP）在经历五年谈判拉锯后达成共识。TPP涉及美国、日本、澳大利亚等12个国家，经济规模占全球经济总量的40%，内容涉及投资、服务、电子商务、政府采购、知识产权、劳工、环境等多个方面。据美国政府估算，该贸易协定将消除美国1.8万种出口商品的关税，极大推动美国对外贸易和经济增长。

美联储加息会产生外溢效应，加剧全球资本流向美国，从而增加全球金融不稳的风险。德意志银行的报告显示，受美联储加息预期影响，2015年欧元区已经历前所未有的资本外流。此外，美国原油禁令解除也意味着全球原油供给将进一步增加，虽然短期内美国能够出口的原油很有限，但是考虑到过去一年半时间内国际油价已下挫2/3，目前全球原油市场依然供大于求，美国原油出口解禁无疑会加大国际油价下行压力，对全球油气产业发展造成新的冲击。

（四）政府赤字与债务规模

在经历了2007～2009年的萧条以及之后的缓慢复苏，美国联邦政府的长期预算状况急剧恶化。在2008～2012年间，金融混乱、经济发展活力下降，以及为应对上述状况采取的一系列政策，都大幅减少了联邦政府的财政收入并使财政支出大幅增加，于是，联邦政府的赤字也随之增加。在这5年间，联邦政府赤字总额达5.6万亿美元。由于大量的政府赤字，公众持有的政府债务激增。

2011年以来，民主、共和两党财政政策之争愈演愈烈。2013年3月，美国被迫启动自动减支机制，未来10年将削减1.2万亿美元联邦政府开支。2014年1月，国会参众两院通过了总额为1.1万亿美元的2014财年综合拨款法案。3月，奥巴马向国会提交了总额为3.9万亿美元的"2015财年联邦预算方案"。12月，国会通过"2015剩余财年联邦政府综合性拨款法案"。2015年2月，奥巴马向国会提交了总额为3.99万亿美元的2016财年预算案。5月，国会参众两院分别通过了共和党版本的2016财年预算案。

2012财年、2013财年、2014财年美联邦财政赤字分别为1.1万亿美元、5140亿美元和4080亿美元。根据2015年CBO的估计数据，若保持当前联邦有关税收和支出的法律基本不变，联邦预算赤字总额在2015财年将与2014年的赤字缺口大体相当，约为4860亿美元。不过，因为产出（GDP）预测将有所增加，导致财政赤字占GDP百分比会略有下降（为2.7%），略低于2014财年2.8%的水平。假设现行法律大致保持不变，预算赤字总额将在2016年下降至4550亿美元，占GDP的2.4%，随后的两年即2017年和2018年也大致稳定在这一水平。2025年赤字规模将达到1万亿美元，占GDP的3.8%。2016～2025年间的累计赤字总额有可能达到7.2万亿美元（见图5-1）。

总赤字或总盈余

根据CBO利用基线预测法作出的预测，赤字占GDP的比重将在2017年前略微下降，而后因为财政收入保持基本不变，而强制性支出和利息支出面临增长，赤字占GDP的比重将再次回升

占GDP的百分比

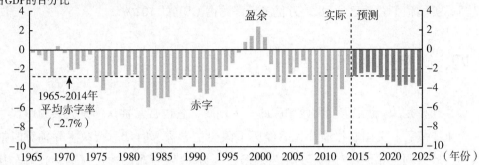

图 5 – 1　赤字占 GDP 比重的历史数据

资料来源：国会预算办公室。

在 2008 年年末，公众持有的政府债务占 GDP 的 39%，这与此前几十年的平均水平相当。此后，高额的赤字导致公众持有的债务规模急剧扩大，2014 年达到 74%。美国历史上，债务占 GDP 的比例只有一次超过 70%，即从 1944 年到 1950 年，当时联邦支出因"第二次世界大战"而急剧上升，使得这一比例在 1946 年达到峰值 106%（见图 5 – 2）。根据 CBO 对未来年份的估计，公众持有的债务占 GDP 的比重，在 2021 年将会超过当前水平。在 2016 ~ 2021 年间，占 GDP 比重为 73% ~ 74%。此后，庞大的赤字将会推动债务增长至 2025 年年末的 78%。到 2040 年，即使不考虑持续的债务增长会对经济产生的不利影响，公众持有的债务也将占 GDP 的 103%，和 1945 年（104%）

占GDP的百分比（%）

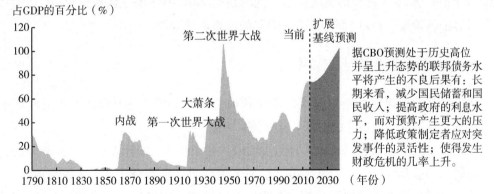

据CBO预测处于历史高位并呈上升态势的联邦债务水平将产生的不良后果有：长期来看，减少国民储蓄和国民收入；提高政府的利息水平，而对预算产生更大的压力；降低政策制定者应对突发事件的灵活性；使得发生财政危机的几率上升。

图 5 – 2　公众持有的联邦债务的历史数据

注：扩展基线预测主要反映了在维持现行制度不变的条件下，将 CBO 基线预测法下预算十年的趋势扩展至 25 年。扩展基线预测未将政策作用于宏观经济后宏观经济对政策的反馈纳入考虑。

资料来源：国会预算办公室。公众持有债务数据，详见国会预算办公室发布的公众持有债务的历史数据（2010 年 7 月），www.cbo.gov/publication/21728。

的水平与 1946 年（106%）的水平大体相当，是最近这几十年平均水平的 2.5 倍多。而如果考虑高债务带来的负面经济影响，2040 年债务占 GDP 比重的预测值将达历史高点 107%。并且，债务呈上升趋势，这终将变得不可持续。而实际情况是，截至 2015 年 7 月，美国债务总额已达 18.1 万亿美元，约占 GDP 的 102%。

四、政府预算管理

公共预算是 19 世纪政府财政制度的一大创新，它也常常被认为是公共财政民主化的一个重要基石。美国联邦预算先后经历了国会主导预算时期、行政主导预算时期和国会与行政共同主导预算时期等三个发展阶段。自 1974 年国会通过《国会预算与撤销支出授权控制法案》并成立了自己的预算机构，引入了预算决议以来，美国联邦政府的预算制度便进入了国会与总统共同作用的时代。

（一）预算周期

美国联邦政府的财年是从当年的 10 月 1 日到次年的 9 月 30 日，通常以结束年度命名。预算周期分为四个阶段：行政准备（Executive Preparation）、立法审议（Legislative Consideration）、预算实施（Execution）和审计评估（Audit and Evaluation）。各年度的预算周期实际上也是联系在一起的，因为预算审计评估的结果，可以为将来的预算提供重要的数据。由于这四个阶段是周而复始的，因此任何时候预算单位（an Operating Agency）都会处于不同预算年度的不同阶段中。假设现在是 2015 年的 4 月，那么这个政府机构正处于 2015 财年的实施阶段，同时还是 2016 财年的立法审议阶段，2017 财年的预算准备阶段，2014 财年及 2013 财年的预算审计阶段。

（二）预算管理部门及权限

美国联邦政府预算编制由总统预算局和国会共同完成，主要包括上年财政情况、本财年预算及以后至少四年的财政收支预测。

国会有一套审核监督联邦预算的庞大机构，主要包括：预算委员会、拨款委员会、总审计署、国会预算局等。预算委员会是一个国会常设委员会，对国会编制预算负全面责任，决定预算中的原则性问题。在收到总统的预算草案后，其主要任务是对预算中的收入、支出以及各种支出之间的比较进行综合考察，向国会提出预算建议，具体规定预算的支出、收入、盈余、赤字、公债等规模，然后提交拨款委员会。拨款委员会具体决定拨款的数额，并向参众两院提交建议和报告。总审计署隶属于国会，主要职能是审计联邦财政预算执行结果，审查联邦各部门和公共机构的内部财务状况及其合法性、合理性、经济效果等。国会预算局是由专家而不是国会议员组成的国会预算管理办事机构，是一个非党派的专业机构，职能是帮助国会客观公正并有效率地编制预算并审查行政机关提出的预算。

国会对总统预算草案进行审议，但享有无限修正权力。国会通过的预算决议是针对某个财年的总体财政政策，包括总收入、总支出、赤字或平衡目标。按照制度的要求，国会必须在每年的 4 月 15 日之前通过预算决议。近几年，国会常常做不到按期通过预算决议，拨款法案近几年内也没有按期颁布，当上述现象发生时，国会需要通过"继续决议"（Continuing Resolutions，CR）授权联邦政府继续运转。如果国会不通过CR，行政就要停摆。有的时候，国会在一个财年可能通过不止一个 CR，这给支出部门带来了很多不确定性因素，势必阻碍了财政经济的有效运行。

（三）预算管理程序（以 2016 财年为例）

2014 年 3 月，也就是 2016 财年开始前的 18 个月，总统预算局着手编制 2016 财年的财政预算，完成预算草案编制并提交总统；总统在综合考虑各方面意见后，将修改后的预算草案在 2015 年 2 月提交国会。

1. 总统方面

总统提出的预算包括政府经济政策，宏观经济预测，以及财政收支预测等，其中宏观经济预测以政府经济政策得以实施为前提（如："联邦政府 2016 财年预算"（Fiscal Year 2016 Budget of the U. S. Government）。

宏观经济预测包括国内生产总值、个人和公司收入、消费品价格指数、失业率和利率等，由总统经济顾问委员会、总统预算局和财政部联合提出。其中，总统经济顾问委员会负责提供 5 年的经济预测，每年进行两次：第一次预测在当年夏季，根据截至 6 月底的信息对宏观经济进行预测，并作为政府新财年预算中期调整的经济假设予以公布；第二次预测在当年年底，根据截至 11 月底的信息进行预测，并作为政府新财年后一财年预算的经济假设予以公布。总统预算局和财政部参与经济预测，但总统经济顾问委员会负责决定最终预测结果，由总统预算局公布。

收入预算由财政部税收政策司（Office of Tax Policy）完成，基于一定的宏观经济假设，编制联邦政府下一年度和未来几年的收入预测。支出预算由各预算单位分别提出，拟定下一年度及未来几年的支出预测，与总统预算办公室经过多轮沟通修改后确定。

2. 国会方面

国会在 2015 年 2 月收到总统提交的 2016 财年预算草案，国会预算委员会对草案进行分析，并于 2015 年 3 月向国会提出建议，如《国会对总统 2016 年度预算草案的分析报告》（An Analysis of the President's 2016 Budget）。同时，国会预算局会发布国会方面对于宏观经济的预测和看法，区别于总统在预算草案中的宏观经济预测，并就此与总统在预算制定方面讨价还价，如《美国预算修订版：2015～2025 年》（Updated budget projections：2015 – 2025）。

至此（2015 年 4 月），包括经济政策和支出预算的辩论主题已经在预算草案中公开，美国总统与国会、国会参众两院之间围绕 2016 财年预算的博弈正式拉开帷幕。若不能于 10 月 1 日前达成妥协、通过预算草案，则联邦政府有可能停摆。

（四）预算管理范围

国会只对自主性支出授权，其数额约占联邦总支出的 1/3，而包括法定支出和利息支出在内的其余 2/3，基因于现行立法而不能变更，国会也不要求这部分支出纳入年度预算，进行审议和拨付。但由于预算文件中包含了法定支出项目的信息，才使得支出与收入的总量得以清晰和明朗化。有关税式支出方面的信息，国会税收联合委员会和财政部都有提供的义务，但前者是在每一年度召开的研讨会上发布，后者只作为总统年度预算草案文本的一个附件。尽管税式支出的合格性很复杂，但在年度预算中，其规模不算支出、不算负收入、也没有总额限定。

此外，总统的预算草案不囊括全部政府，这意味着在各层级政府之间没有一个财政政策上的定期的协调机制。然而，一个十分重要的、且被广泛使用的政府文件，即"总统的经济报告"（Economic Report of the President），提供了州与地方政府的有关信息，包括现行的财政状况、财政中长期展望，以及对州、地两府的财政支出的经济周期性的预测。自 2007 年以来，GAO 发布了州政府（内容囊括地方政府）直到 2060 年的跨期财政展望报告，该报告中以 NIPA 作为预测的基础数据来源。

（五）预算执行和监督

如果没有国会授权，支出部门不得在不同的预算科目之间转移资金。在年度预算的执行过程中，总统如果需要可以向国会提出补充拨款的申请。在预算年度当中，美国总统有需要（立法机构已经完成了本年度的拨款程序，但基于公众的要求必须增加支出）可以向国会申请补充拨款。但在一般情况下，总统只能在特别急需用钱时（紧急得不能推迟到下一个拨款周期），国会才能批准补充拨款。预算授权额度的使用期限仅一年，但一些项目的拨款必须分几年进行，政府对有些项目具有无限的拨款责任，特别是基础设施项目或者类似的政府活动。原则上，国会批准的支出额度意味着它既是支出机构使用的上限也是下限，既不能超支也不能结余留用。根据《预算及截留控制法案 1974》的要求，总统不能削减或截留支出部门的财政资金，也没有应急储备资金，年度发生的额外支出需求应当向国会提出补充拨款申请。

五、施政方针与财政改革

巴拉克·奥巴马曾经讲到："我们是接受经济繁荣只为少数人享有但对大多数人来说

却遥不可及？还是，我们致力于创造出一个收入与努力相匹配的使效率不断增长的经济制度？"在过去六年里，美国见证了"中产阶级经济学"带来的好处，因此，总统奥巴马决心让这一理念继续发挥作用。2016 年总统预算支持的领域主要体现在三个方面，即教育与工作技能培训政策、主要针对工薪家庭的社会福利政策以及经济增长与就业政策。

（一）教育与技能培训

主要预算措施如下：增加早教机会、在小学和初中学生打好基础、增加高等教育的机会，此外还有教育和技能培训，使辛勤工作的人都有能力去竞争薪水更高的工作。预算为教育部项目提供了 707 亿美元，比 2015 年的法定水平增加了 36 亿美元。

1. 学前教育和幼儿园

给孩子们提供接受高质量可负担的学前教育的机会，让孩子在幼儿园时期就为将来获得成功和实现自身潜力做准备。有研究证明，在这一时期对孩子的帮助所获得的收益远超过付出的成本，学前教育对于低收入家庭的孩子来说尤其重要。

预算提案将所有适龄儿童都纳入高品质的学前教育计划。这个提案成立了一个联邦伙伴关系去为所有来自中低收入家庭的四岁的孩子提供高质量的学前教育，联邦政府也为中产阶级家庭的孩子提供部分资助，所有的经费将来自烟草税的提高。预算金额为 75 000 万美元，比 2015 年高出 5 亿美元。目前这笔学前教育拨款已经帮助了 18 个州在目标社区发展和扩展了学前教育计划。预算为身患残疾的孩子提供了 90 700 万美元，比 2015 年高出 11 500 万美元，为孩子们提供早期介入和学前教育服务。此外还有 15 000 万美元，主要通过创新公私合营方式来运行，用于对自闭症患儿进行早期诊断，并对他们可能出现的学习和发展障碍进行帮助。

2. 职业教育与高中

预算投入 12 500 万美元对美国的高中进行重新设计，主要是建立一个注重科学、技术、工程和数学为主题的高中，把深度教学和以学生为中心教学结合起来。对学校的拨款比 2015 年高出 5 000 万美元，达到了 55 600 万美元，这将有利于改善教学表现不好的学校，提高学校的高中毕业率。

各个州和学区都在扩展机会方面取得了重大的进步，这样可以使得所有的孩子符合严格的高校准备和职业准备标准，都可以在毕业后进入社会参与竞争。48 个州和哥伦比亚特区提高了学校里的学习标准，并且给老师的工作以支持。来年的目标就是增加家长、教师和社会的联合，共同帮助教学质量差的学校。各学区也在使学生可以使用高速的宽带网络方面取得了重大进展，宽带网络使个性化教学变得方便，并且能拓宽学生的视野。

3. 大学教育

高等教育的改革宗旨在于改善教学质量提高教学效果，从而确保美国在大学竞争中继续保持世界领先地位。其中最重要的两项举措是佩尔奖学金（Pell Grants）和两年社区大学免费。

（1）佩尔奖学金（Pell Grants）。在这届政府的执政期内，针对工薪和中产阶级家庭的佩尔奖学金最高奖励额度增长了1 000多美元，2015～2016年度奖金已经接近5 800美元，并与通货膨胀挂钩。还对学校提供大学机会奖学金（College Opportunity）和毕业奖金（Graduation Bonus）。

（2）社区大学免两年学费。预算将致力于保证所有美国人都拥有接受高等教育的机会，其政策目标是令两年制大学和高中一样普及。如果州政府放弃社区大学对学生收取学费和其他费用，并采取措施提高社区大学的质量，联邦政府则对州政府提供专项补助（需要州政府资金匹配）。另外，预算计划投入2亿美元在职业和技术教育项目（Career and Technical Education Program）中新设一个美国技术培训基金（American Technical Training Fund），该基金将新增或扩大职业训练项目，与雇主开展紧密合作以提供所需领域的快捷培训课程。

（二）经济增长与就业

通过投资于制造业、研发和清洁能源等领域，以促进经济增长和提高就业水平，为美国人民创造更多成功的机会。

1. 制造业

预算案提出500百万美元的投资基金，由小企业管理局管理，这将联邦以外的基金相配合，增加对技术密集型制造企业的首个商业生产设施投资。这些资金将帮助创业公司取得资金，这些资金可以提供从研发到投入商业生产全过程所需要的资金支持。一旦全面部署，该基金最终可以为总投资高达10亿美元的公私合作提高杠杆率，并在美国建立首个此种制造生产能力。

2. 研究和开发（R&D）

预算总共为R&D提供了146亿美元，比2015年增加了5.5%。主要用于支持以下几个领域：（1）能源部的基础研究（DOE）和国家科学基金会（NSF）。（2）美国国立卫生研究院（NIH）生物医学研究。（3）精密医学。（4）农业技术研发。（5）自然资源管理和环境。

3. 碳污染和应对气候变化

政府在过去六年中的努力取得了明显成效。在奥巴马上任时，美国温室"20个投资美国的未来"的气体排放量预计将继续增长下去，但是总统树立了一个雄心勃勃的目标：在2020年，排放量要降到2005年的17%以下。2013年，奥巴马总统启动一个雄心勃勃的气候行动计划，该计划建立在第一任期内的进步之上和大力削减碳污染，使国家能够应对气候影响，并在国际上领先。该计划通过削减基础碳污染和其他措施使国家有望实现2020年目标并建立一个强大的2025年新目标，计划包括清洁能源计划、历史标准重型发动机和车辆、新能源效率标准和在整个经济体范围内减少其他温室气体。

4. 绿色气候基金以引导全球减少碳污染

总统的气候行动计划也要求在国外的领导力。为支持这一目标，预算提供了 12.9 亿美元，明显高于 2015 年的实施水平，美国通过推进与主要和新兴经济体的重要多边及双边合作，以推进全球气候变化计划（Global Climate Change Initiative，GCCI）的目标。这些资金包括美国捐赠给新的绿色气候基金（Green Climate Fund，GCF）的 5 亿美元，用以帮助发展中国家利用公共和私人融资投资于减少碳污染并提高气候变化应变能力的事业中。为了减少气候变化的巨灾风险，绿色气候基金（Green Climate Fund，GCF）会帮助实现理性的、可持续的长期经济增长率，并维持对美国具有重大战略意义的脆弱地区的稳定与安全。这些投资会积极推广来自于气候投资基金的最佳实践及经验。美国希望绿色气候基金在气候融资方面将会成为一个杰出的、有效的及高效的渠道。更广泛地说，全球气候变化计划能够通过美国国务院让其获得全球领导力。国际开发署（the U. S. Agency for International Development，USAID）和财政部将致力于推广清洁高效的能源使用、减少砍伐森林和森林退化产生的排放并保护世界剩余的热带雨林、逐步减少能够导致全球变暖的化学物品使用以及支持最贫困和最脆弱地区应对恶劣天气事件的不利影响和气候变化。

5. 自然资源保护

预算案拨付 8 300 万美元，比 2015 年多出 1 300 万美元，为森林调查和分析项目输送包括在阿拉斯加内陆的初步调查与数据收集在内的全美 50 个州的景观尺度的调查数据，也为了福斯特陆地碳保护、保留土地与自然资源管理。

6. 加固农业安全网

在过去 15 年中，作物保险计划（the Crop Insurance program）从一个仅有最小参与度的小项目发展成为农业扶持的主要支柱之一。以纳税人数十亿美元的成本为代价换取的极度慷慨的福利几乎消除了农业的风险。预算案包括旨在保持项目作为一个保险计划的同时减少其扭曲作用的改革和农业安全网的一个重要组成部分。明确地说，预算案提议减少收获价格保护收入保险的溢价补贴，并紧缩避免种植农作物保险条例的相关规定，由此在 10 年内估计节省了 160 亿美元。

（三）社会福利政策

通过支持工薪家庭，为梦想达到中产阶级的人创造机会，即"如果你辛勤工作，守规则，你就有机会成功"。

1. 支持工薪家庭

（1）工薪家庭儿童保育。在未来 10 年，将投资 820 亿美元为所有中低收入工薪家庭提供儿童保育（三岁及以下）。此外，2.66 亿美元用于落实 2014 年通过的儿童保育与发展整体补助款法案（Child Care and Development Block Grant Act of 2014）。

（2）鼓励带薪休假计划。提供 20 亿美元鼓励州政府实施带薪休假措施（Paid Leave Partnership Initiative）。

（3）支持各州提高最低工资标准。从 2013 年 2 月总统在国情咨文中呼吁提高最低工资标准，将最低工资提高到 10.10 美元/小时，已经有 17 个州和哥伦比亚特区通过了增加最低工资的方案，约 700 万工人受益。

（4）放松对购房的贷款限制。随着国家房地产市场的好转，2015 年 1 月，FHA 减少了新借款人支付房款的比例 0.5 个百分点，这项举措是减少了新购房者每月 900 美元的支出并且刺激大约 250 000 购房者在未来三年内购买他们的首套房。

2. 加强退休保障

美国有 7800 万在职雇员没有建立退休储蓄计划，大约占劳动力市场的一半。国家需要做更多来帮助家庭储蓄，给他们更多选择来实现一个安全的退休保障。预算包括以下建议将会通过雇主来保证每个雇员都能找到一个简单的退休储蓄途径。这些建议会使数百万的美国人进行储蓄变得容易，通过主动招募没有以雇主为基础的退休计划的工人参与个人储蓄安排计划（IRAs），个人储蓄安排通过他们工作场所的工资保证金的贡献和为一些提供计划的小型企业，尤其是主动注册的，给予税收激励来实现。

（1）拓宽长期、兼职工作者的退休储蓄选择。当前法律下，对比 74% 的全职工人，只有 37% 的兼职工人有退休计划。部分是因为雇主为除了兼职工人外为全职工人提供退休计划。这个预算将会使为雇主每年工作超过 500 个小时，工作至少三年以上的工人能够合法的参与到雇主现有的计划中去。雇主不会被要求提供相匹配的贡献。这项建议大约会使 100 万人参与到退休计划范围内。

（2）鼓励州的退休储蓄行动。一些州已经开始探索选择为私人部门工作没有退休账户的工人自动创建退休账户，否则他们要有别的途径参与退休计划。然而，考虑到联邦法律下的潜在冲突，管理雇员福利计划减缓了这些努力。为了更好地支持州的努力，有劳动部（DOL）单独出资 6 500 万美元，并放弃权利允许有限的州来补充以州为基础的自动注册个人退休安排或者 401（k）类型的项目。

3. 提供机会公平

给未成年儿童提供的机会公平主要包括以下几个方面：

（1）促进阶层流动项目。对州和社区提供专项财政补助，主要用于改善教育，以及改善社区环境和服务能力，其目标是增加阶层流动机会和减少贫困。

（2）贫困社区帮助。通过联邦政府、地方社区和企业之间的合作，以支持贫困社区，主要包括提供工作机会，增加经济稳定，扩大教育机会，保障性住房和改善公共安全。预算案还包括区域税收优惠政策，如雇佣工人的税收抵免和区内投资资金的税收激励。

（3）贫困农村地区帮助。提供 2 000 万美金支持贫困农村地区的改善儿童贫困示范项目。5 000万美元用于社区设施补助等。

4. 残疾人社会保障和服务

为了解决社会残疾人保障保险信托基金（DI）的储备不断减少的问题，预算计划在老年人及遇难者家属保险（OASI）和DI信托之间重新分配现存的薪金税（Payroll Tax Collections）。为了解决不断增长的残疾人救助申请的等待时间，预算还将增加行政法仲裁员（Administrative Law Judges）的雇佣人数。SSA曾在2011年和2012年将等待时间减少至十年间最低的十二个月，但是因为资金的约束，等待时间再次回升。目前，超过100万人在等待出自一个行政法仲裁员之手的一份残疾人救助听证决定，2016年预算将为此追加更多资金用于解决此项问题。但是仅有资源是不够的，联邦政府正在建立一个工作小组，这个工作小组受美国行政会议、OPM及SSA、DOJ和预算管理办公室（OMB）领导，其职责在于监督聘任行政法仲裁员的程序以及倡议减少阻塞的途径，这些途径可能包括行政改革和立法改革。

5. 终结无家可归

美国于2010年设定了全国范围内减少无家可归的宏大目标，并取得了显著的成效。很多城市例如路易斯安那州的新奥尔良市、犹他州的盐湖城市、亚利桑那州的菲尼克斯市都全面解决了老兵的无家可归问题。在联邦、州和地方政府的持续关注下，无家可归的老兵总数从2010年起下降了33%（约25 000人）。除了住房和城市发展部（Department of Housing and Urban Development）的无家可归救助金许可证数量按照原定目标进行增长，2016年预算还新增67 000个租房选择性优惠券（Housing Choice Vouchers），以支持低收入家庭、大灾罹难者家属、领养儿童的家庭以及那些无家可归的老兵（见图5-3）。

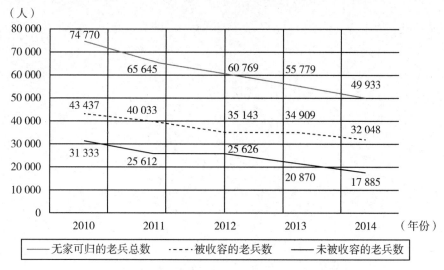

图5-3 老兵中的无家可归率持续下降

资料来源：住房和城市发展部（Department of Housing and Urban Development）。2014年国会年度无家可归评估报告，第一部分。

（四）华尔街改革

2008 年危机导致了数百万美国人失业，造成数万亿财富损失。随着 2010 年《道格－弗兰克华尔街改革与消费者保护法案》（*Dodd-Frank Wall Street Reform and Consumer Protection Act*）（《华尔街改革法案》）的颁布，政府实现了对国家金融系统的里程碑式的改革。

为维护美国人民和企业的金融稳定，预算将继续支持华尔街改革。证券交易委员会（Securities and Exchange Commission）的 17 亿美元预算和商品期货交易委员会（CFTC）的 3.22 亿美元预算，分别相对于 2015 财年执行数增长了 15% 和 29%。预算一贯支持商品期货交易委员会（CFTC）像其他金融监管机构一样，通过向使用者收费来筹集资金。政府将继续反对针对包括消费者金融保护局（Consumer Financial Protection Bureau）在内的其他金融监管机构筹资独立性的限制，并且将继续与其他尝试抵制华尔街改革的行动作斗争。

为了治愈金融危机造成的伤害，政府必须改革房地产金融体系并且放松对政府扶持企业（GSEs）的管理，这些企业在 2008 年 9 月被政府托管。2014 年在参议院通过一项法案，其中包括多项政府房地产金融改革，比如保证私人资本处于房地产金融体系的中心地位，通过诸如房地产信托和资本吸引基金（Housing Trust and Capital Magnet Funds）之类的项目支持保障性住房。

巴西

第三篇
南美洲

第六章
巴　西

　　巴西全称巴西联邦共和国，位于南美洲东南部，国土面积851.49万平方公里，约占南美洲总面积的46%，仅次于俄罗斯、加拿大、中国和美国，为世界第五大国。全国总人口约为2.028亿人（2016年1月），是世界第五大人口大国。巴西全国共分26个州和1个联邦区（巴西利亚联邦区），州下设市，共有5 564个市（2011年3月），首都巴西利亚。巴西与俄罗斯、印度、中国和南非并称"金砖五国"，是全球发展最快的新兴国家之一，经济实力位居拉美之首，是一个典型的出口导向型国家。

一、政府治理体系

（一）政党和政治

　　巴西是一个在代议制基础上，由州、市以及联邦特区不可分割的联合体组成的联邦共和国，其政党和政党制度具有明显的地方特色。巴西设立联邦最高法院管理国家司法，各州设州法院管理州司法。实行总统制，总统任期为4年，不得连选连任。政教分离，结党自由。自20世纪80年代中期以来，巴西实行独特的多党民主制。目前，巴西登记在册的政党有32个，其中劳工党是主要执政党，民主运动党是第一大党，社会党是主要反对党，以及由其他党派共同组成的执政联盟。巴西执行多级选举（联邦、州、市）、多种投票方式（众议院及州、市议会实行比例代表制；参议院实行相对多数制；总统、州长、市长为两轮多数制）、开放式候选人名单（选民可以按政党投票或者选票直接投给候选人）、选区划分以州为单位（选民需面对众多参选的候选人），以及频繁的政党联盟。

（二）政府职能机构

巴西联邦共和国的行政组织由联邦、州、联邦特区和市组成，并依据宪法的有关规定享有自治权。联邦首都在巴西利亚。1988 年 10 月 5 日巴西颁布的第八版宪法规定，国会为立法机关，由众议院和参议院组成。[①] 两院议长、副议长每 2 年改选一次，可连选连任。参议长兼任国会主席。参议院选举遵循联邦原则，各州平等，不考虑各州人口数量的巨大差距，一般每州 3 人，任期 8 年，每 4 年改选 1/3 或 2/3。众议院选举原则规定各州议席分配的上下限，每州不得低于 8 个席位或不得高于 70 个席位。经共和国总统批准后，国会有权规定联邦管辖范围内的所有事项，比如财政、外汇、货币事项，以及金融机构的组织和运营；货币、货币发行的限制以及债券或其他证券形式的联邦债务的数量。[②] 行政权由共和国总统在联邦部长的协助下行使。巴西联邦政府机构设置财政部、发展工业和贸易部、计划预算和管理部、外交部等 20 个部委。

二、政府间财政关系

（一）中央与地方的事权划分

巴西政府间财政关系经历了从"中央集权"到"地方分权"的漫长演化过程。早在 20 世纪 80 年代以前，巴西财政体制以中央集权为主；到 20 世纪 90 年代左右，巴西财政公共责任划分呈现出"逐级下放"的趋势。1988 年巴西新宪法颁布，标志着巴西成为典型的分权联邦制国家之一。巴西市级政府拥有特定政治地位，且各市政府拥有同样的法律地位和相应的选举权。根据巴西宪法第 18 节规定，市政府不是州政府的构成单位或成员，州政府作为联合体的中间政府，具有"共享利益，共担责任"的特征。巴西宪法明确规定了三级政府权责范围，其中，国防、外交事务、环境保护和劳工等领域由联邦政府独自承担，社会保障、能源和行业政策由联邦政府负主要责任，这是事务均具有显著的公共性、服务性；公共安全由州政府承担；住房和城镇化由市级政府承担；教育、医疗和环境卫生由三级政府共同承担（见表 6-1）。近年来，市政府在巴西联邦制中的地位越发重要。市政府在服务供给方面的作用更加凸显，尤其是社会服务供给方面。在实践中，市级政府可从事宪法未禁止的所有公共服务领域。[③] 根据巴西市级政府支出责任表 6-2 所示，除市内公共交通、土地使用是由市级政府单独完成

---

① 孙谦、韩大元：《美洲大洋洲十国宪法》，中国检察出版社，第 34~45 页。
② 详见：巴西宪法第四篇第一章第二节国会权力：Constitution of the Federative Republic of Brazil：http://www. wipo. int/wipolex/zh/text. jsp? file_id=218270。
③ 巴西宪法第 21~30 节，各级政府支出责任：Constitution of the Federative Republic of Brazil：http://www. wipo. int/wipolex/zh/text. jsp? file_id=218270。

外，其他多数服务领域由三级政府共同分担支出责任，学前教育和初级教育、预防保健和历史文物保护由市级政府负主要责任。

表 6 − 1　　　　　　　　　巴西各级财政支出责任划分

支出职能	政策管理	责任承担
国防	联邦政府	联邦政府
外交	联邦政府	联邦政府
货币及金融政策	联邦政府	联邦政府
社会保障	联邦政府	联邦、州政府
移民	联邦政府	联邦政府
铁路及机场	联邦政府	联邦、州政府
自然资源	联邦政府	联邦、州政府
环境保护	联邦、州政府	联邦、州政府
教育	联邦、州、市政府	联邦、州、市政府
卫生	联邦、州政府	联邦、州、市政府
社会救助	联邦、州政府	联邦、州、市政府
社会治安	联邦、州政府	联邦、州、市政府
公园及娱乐设施	市政府	市政府
国道公路	联邦政府	联邦政府
州际公路	联邦政府	联邦、州政府

资料来源：根据巴西国会、财政部网站有关资料整理。

表 6 − 2　　　　　　　　　巴西市政府支出责任表

政府级别	支出范围
联邦—州—市（共享）	医疗和社会福利； 残障服务； 历史、艺术和文化的保护； 环境和自然资源保护； 文化、教育和科学； 森林、动物和植物的保护； 农业和食品分配； 住房和卫生条件； 抗击贫困和社会边缘化； 矿物开采和水力发电； 交通安全； 小企业政策完善； 旅游和休闲；

续表

政府级别	支出范围
市政府负主导责任	学前教育和初级教育； 预防保健； 历史和文化保护
仅市政府负责	市内公共交通； 土地使用

资料来源：Souza 2001.

此外，巴西各级政府间建立了比较规范的财政转移支付制度，转移支付比例的确定，参考人口、地理、面积等因素，以各地产品劳动增加值为重要依据，充分考虑平衡区域间公共财政的保障能力。转移支付包括项目拨款，即联邦政府规定拨款的用途，州或市政府不得挪用；另有联邦政府拨款附加搭配规定，即要求州或市政府拿出一定比例的配套资金用于特定支出，作为获得拨款的前提条件。

（二）中央与地方的财权划分

在分权联邦制框架下，巴西各州可以在宪法允许范围内制定符合本州情况的地方法规，尤其是在经济方面，其可以征纳出口税、工业税、铁路税、邮电税和其他收入，可以制定财政支出结构和规模，雇用公务员，发行地方债等。[①] 州和市要单独编制预算、并对预算和财政实施监督，包括对从联邦接受的资金和给予市的资金的使用实施监督。以税收收入为例，税收立法权和征收权主要集中在联邦，联邦宪法明确规定了联邦、州和市三级政府的税收管理权、税收收入的归属和共享税分配比例（见表6－3、表6－4）。目前，巴西共有各种捐税58种，其中州税有44中，联邦政府主要征收工业产品税、金融交易税、个人所得税、公司所得税、特定行业和项目所得税、进口税、出口税等；州政府主要征收商品流通税、车辆税、遗产及馈赠税等；市政府主要征收社会服务税、城市房地产税、不动产转让税等。在税收的初次分配中，联邦政府与州政府、市政府税收所占比重分别是70%、25%、5%，通过转移支付等财政政策、体制调整后，三级税收所占比重分别是57%、26%、17%。此外，企业还要缴纳各种社会性开支。

巴西政府间转移支付是基于各级政府的财政自治。一般，巴西市级政府从联邦政府和州政府获得的转移支付是其直接税收收入的3倍和总收入的2倍。市政府年度财政支出的65%来自货币转移支付；联邦州政府收到转移支付相当于其财政收入的1/3，支出的1/4。

---

① Constitution of the Federative Republic of Brazil：http：//www.wipo.int/wipolex/zh/text.jsp？file_id=218270。

表 6 – 3 巴西税收分享机制 单位：%

管辖权限	税种	分享比例			
		联邦	地区发展基金	州	市
联邦政府	所得税	53	3	21.5	22.5
	工业产品税	43	3	31.5	22.5
	农村土地税	50	—		50
	金融交易税	—	—	30	70
州政府	遗产与馈赠税	—	—	100	
	州增值税			75	25
	机动车辆税	—	—	50	50

注：由州和市政府代扣代缴的所得税完全归地方所有。

资料来源：巴西财政部。

表 6 – 4 巴西税收体系和征管权限

税 种	征管权限
对外贸易税	
进口税（II）	联邦政府
出口税（IE）	联邦政府
财产和收入税	
所得税（IR）	联邦政府
农村土地财产税（ITR）	联邦政府
机动车辆税（IPVA）	州政府
遗产和赠与税（ITCD）	州政府
城市不动产税（IPTU）	市政府
不动产转让税（ITBI）	市政府
工业产品税（IPI）	联邦政府
金融交易税（IOF）	联邦政府
州增值税（ICMS）	州政府
服务税（ISS）	市政府

资料来源：巴西财政部联邦收入局：http：//www. receita. fazenda. gov. br/principal/Ingles/Sistema-TributarioBR/Taxes. htm。

三、财政收支运行状况

（一）联邦财政支出

1. 财政支出规模及其变化

2009～2014 年，巴西联邦政府支出总规模呈逐年递增趋势（见图 6 - 1）。① 截至 2014 年年末，巴西联邦政府总支出为 12 412.51 亿雷亚尔，比上年同期增长了 1 371.5 亿雷亚尔，年度增长率为 12.42%。

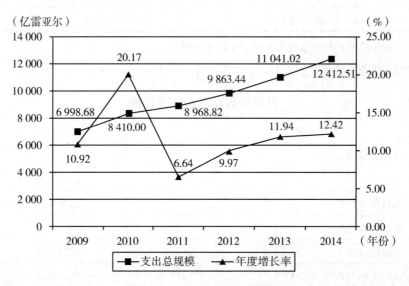

图 6 - 1 2009～2014 年巴西联邦政府支出总规模及年度增速变动趋势图

注：财政支出包括国库支出、社会保障支出和中央银行支出三项。

资料来源：巴西中央银行，http://www.bcb.gov.br/? INDICATORS。

从财政支出的增长幅度来看，2009～2011 年财政支出波动较大，2010 年度增幅达到了近年来最高水平 20.17%，比上一年高出 9.25 个百分点，比下一年高出 13.53 个百分点；2011 年至今，巴西联邦政府财政支出平均增长幅度为 23.21%。

2. 财政支出结构及其变化

从支出结构来看，巴西联邦政府财政支出由国库支出、中央银行支出和社会保障支出三大部分组成，其中国库支出所占份额最大，约占总支出规模的 6.89%，其次是社会保障支出，随着巴西老年人口抚养比率上升，社会保障类支出规模平稳上升；中

---

① 巴西财政支出分为"联邦政府支出"和"中央政府支出"，其中中央政府支出范围较广，包括国库支出、社会保障支出和中央银行支出，而联邦政府支出为中央政府支出扣除中央银行支出。本报告为与往年报告表述一致，统一使用"联邦政府支出"表示。

央银行支出增长波动较大，2014 年年末支出额为 33.67 亿雷亚尔，比上年减少了 7.46 亿雷亚尔（见图 6-2）。

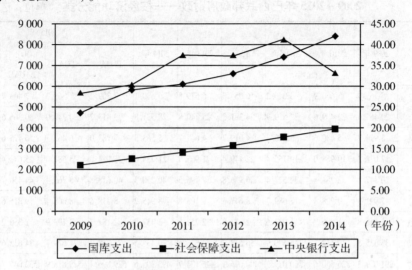

图 6-2　2009~2014 年巴西联邦政府财政支出构成变动趋势图

资料来源：巴西中央银行，http：//www.bcb.gov.br/？INDICATORS。

从联邦财政支出占 GDP 比重来看，2009~2014 年巴西财政支出变动幅度不大，但从 2011 年以后支出占比呈小幅上涨态势（见表 6-5）。2014 年巴西三大财政支出合计占 GDP 比重为 22.387%，其中国库支出占比为 15.9918%、社会保障支出占比为 7.4482%、中央银行支出占比为 0.0754%。

表 6-5　2009~2014 年巴西联邦政府财政支出占 GDP 比重变化情况　　单位：%

年　度	国库支出	社会保障支出	中央银行支出	合　计
2009	14.5743	6.9419	0.0887	21.6048
2010	15.4669	6.7600	0.0803	22.3072
2011	14.7640	6.7931	0.0910	21.6480
2012	15.1636	7.2082	0.0855	22.4573
2013	15.3357	7.3688	0.0849	22.7893
2014	15.9918	7.4482	0.0754	23.5154

资料来源：巴西中央银行，http：//www.bcb.gov.br/？INDICATORS。

按经济功能分类，巴西联邦政府财政支出可分为 28 类，其中特殊费用、社会保障、医疗、教育、劳工、社会救助、国防、司法、管理、交通运输、农业、公共安全、科学技术等领域是巴西财政的重点支出项目。2008~2015 年上述领域的财政投入保持持续增长态势，且占整个财政支出比重较高。截至 2014 年年底，前五项支出约占财政总支出的 91.58%。相对而言，巴西联邦政府在议会、国防、公共安全、外交关系、能源等领域财政投入年度增幅不大（见表6-6）。

表6-6　　　　2009~2015年巴西联邦政府财政——按经济功能分类　单位：亿雷亚尔

		2009年	2010年	2011年	2012年	2013年	2014年	2015年 PLOA	LOA	DOT. ATUAL	EMP
1	议会	5 163.9	5 660.9	6 046.2	6 054.3	6 579.8	6 680.1	7 309.2	7 365.3	7 403.4	6 596.9
2	司法	20 463.6	22 409.6	22 519.9	24 381.2	25 740.8	28 531.8	29 413.2	30 317.0	30 366.6	23 522.8
3	基本正义	4 994.7	5 480.6	5 810.3	4 019.7	4 647.7	5 563.3	5 783.0	6 462.1	6 475.6	3 775.4
4	管理	17 078.3	19 988.0	19 155.4	22 149.4	21 965.9	21 235.0	25 924.0	25 581.0	25 672.4	12 773.2
5	国防	26 147.1	32 281.8	32 327.4	36 976.8	37 796.5	40 250.1	40 618.8	43 365.4	44 450.7	24 660.6
6	公共安全	7 991.3	9 728.3	7 689.7	8 647.3	9 108.8	8 945.2	8 318.6	8 668.4	9 815.6	5 928.4
7	外交关系	1 548.8	1 896.7	1 923.6	2 313.9	2 257.8	2 437.0	2 182.3	2 193.9	2 350.2	1 412.0
8	社会救助	33 335.5	39 112.1	45 570.9	56 633.7	64 646.6	70 433.5	74 718.3	74 629.7	74 632.6	69 645.5
9	社会保障	291 079.1	326 550.6	360 039.9	400 075.1	446 134.7	495 305.6	529 896.4	529 878.9	532 046.7	514 184.5
10	医疗	58 149.0	61 873.7	72 241.4	79 917.1	85 304.3	94 065.3	101 007.8	112 790.5	112 993.0	64 529.1
11	劳工	29 300.9	31 449.1	36 449.4	42 502.4	66 150.4	71 639.5	68 527.2	68 440.2	68 464.3	57 939.1
12	教育	36 679.5	548 501.8	58 453.9	72 575.5	82 251.8	93 897.3	103 028.5	105 083.0	106 508.1	71 655.0
13	文化	1 119.6	1 385.1	1 414.1	1 904.7	2 408.5	1 835.8	2 510.0	2 770.6	2 794.4	668.4
14	公民权利	1 569.2	1 830.8	1 407.8	1 330.2	1 532.6	1 485.1	1 635.1	2 154.7	2 163.4	656.3
15	城市化	4 710.7	4 867.3	4 275.6	4 721.3	4 831.7	4 142.9	6 114.8	9 963.3	10 293.5	933.0
16	保障房	1 010.9	175.5	508.1	565.3	206.7	47.6	104.0	182.8	182.9	0
17	公共卫生	3 019.0	1 745.4	1 653.0	2 653.7	2 953.0	1 691.4	2 199.0	2 793.0	2 793.0	195.1
18	环境保护	3 697.5	3 713.0	3 751.3	5 529.9	6 595.3	6 792.1	6 563.7	6 816.9	6 858.8	1 922.4
19	科学与技术	6 190.0	7 544.8	7 000.0	7 810.0	10 739.8	8 337.2	210 121.6	10 407.3	10 458.5	3 115.0
20	农业	14 722.9	14 725.1	15 851.3	16 474.1	20 491.6	18 851.8	26 422.9	28 195.2	28 413.8	12 058.8
21	农业组织	4 844.7	4 269.7	4 239.1	5 836.2	7 558.8	4 292.2	5 294.1	5 544.6	5 864.5	1 204.4
22	产业发展	1 601.6	1 804.5	1 863.0	2 174.8	2 241.0	2 289.2	2 523.8	2 681.1	2 706.5	1 116.6
23	贸易与服务	4 035.5	3 843.6	3 707.0	3 961.2	4 994.6	4 747.5	4 294.1	5 686.9	5 787.4	3 070.5
24	通讯	534.3	970.8	845.8	1 096.3	1 434.4	1 516.6	1 502.8	1 510.1	1 531.7	898.5
25	能源	810.0	675.5	625.5	795.0	1 027.2	1 160.2	2 218.7	2 297.6	2 307.4	1 883.7
26	交通运输	16 505.4	20 628.3	19 169.5	22 413.9	20 903.1	21 123.9	25 191.8	26 036.1	25 741.7	7 523.7
27	娱乐休闲设施	982.2	1 036.3	1 152.8	1 257.6	2 317.3	2 417.1	2 536.2	3 253.7	3 373.7	5 416
28	特殊费用	819 086.1	830 802.5	941 138.8	1 005 023.3	987 582.1	1 288 620.9	1 725 756.4	1 715 396.6	1 711 336.0	1 412 331.0
	合计	1 416 371.4	1 504 951.2	1 676 831.3	1 839 795.7	1 930 402.9	2 308 335.5	2 821 717.3	2 840 466.3	2 843 786.0	2 304 741.0

注：PLOA：Projeto de Lei Orçamentária Anual；LOA：Lei Orçamentária Anual；DOT. ATUAL：Lei Orçamentária Anual com incorporação dos créditos adicionais；EMP：Valores Empenhados.

资料来源：Secretaria de Orçamento Federal - SOF, Brasil；http://www.orcamentofederal.gov.br/informacoes - orcamentarias/execucao - orcamentaria - 1/publico_cgcon_execucao_funcao300615.pdf .

从财政支出可控性来看，巴西政府财政支出严格受宪法及其执行条例约束，法定支出刚性强，联邦政府财政总支出中可支配支出平均约为22.88%。从表6-7可以看出，2009~2014年巴西联邦政府法定支出规模稳步上升，年均支出增长率为5.97%；与此同时，巴西联邦政府可支配支出比重不断提升，可支配支出年均增幅为10.36%，其中投资支出增长较快。截至2014年，联邦政府可支配支出为2 772亿雷亚尔，比上年同期增长了12.91%，占财政支出比重达26.67%，为近年来最高水平。

表6-7 **2009~2015年巴西联邦政府财政刚性**
支出和可支配性支出预算 单位：亿雷亚尔

	2009 年	2010 年	2011 年	2012 年	2013 年	2014 年	2015 年
法定刚性支出	5 692	6 342	7 171	7 883	8 586	8 623	8 544
可支配支出	1 479	1 713	1 912	2 309	2 455	2 772	2 949
合 计	7 171	8 055	9 083	10 192	11 041	10 395	11 493

注：数据为初级财政支出，2009~2014年数据为预算执行额，2015年数据为预算额。

资料来源：Ministério do Planejamento, Orçamento e Gestão, Projeto de Lei Orçamentária Anual – PLOA 2013 – 2015.

（二）联邦财政收入

1. 联邦财政收入总规模及变化

2009~2014年，巴西联邦财政收入总规模保持逐年增长态势，年均增长率为10.61%（见图6-3）。2014年巴西联邦财政总收入12 240.32亿雷亚尔，比上年同期增长了3.64%。受全球经济疲软和巴西经济增长停滞不前的影响，联邦财政收入增长幅度波动明显。期间，2010年财政收入年度达到峰值24.41%，2011年财政收入年度增幅急剧下滑到7.68%，比上年同期降了16.73%。2013年，巴西经济受世界杯的影响，旅游和体育收入增加，财政收入呈小幅上涨态势，年度增长率为11.19%，2014年年度增长率又急剧下降到3.64%。

巴西联邦财政收入由国库收入、社会保障收入和中央银行收入三部分组成，其中国库收入占财政收入比重高达72.16%。2009~2014年，国库收入和社会保障收入保持逐年稳定增长趋势，而中央银行收入在波动中小幅增加。截至2014年年底，联邦政府国库收入、社会保障收入和中央银行收入分别为8 832.77亿雷亚尔、3 375.03亿雷亚尔和32.52亿雷亚尔，分别比上年增长了1.39%、9.88%和16.38%（见图6-4）。

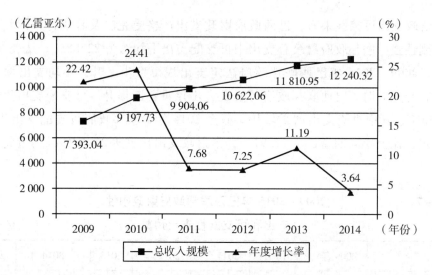

图 6 – 3 2009 ~ 2014 年巴西联邦政府财政收入总规模及年度增速变动趋势图
资料来源：巴西中央银行，http：//www.bcb.gov.br/? INDICATORS。

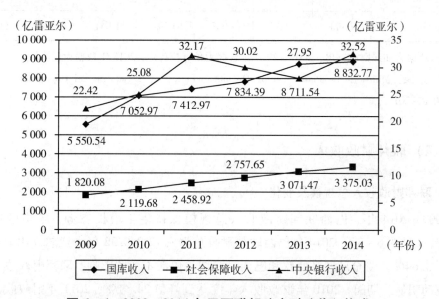

图 6 – 4 2009 ~ 2014 年巴西联邦政府财政收入构成
资料来源：巴西中央银行，http：//www.bcb.gov.br/? INDICATORS。

2. 联邦政府国库收入结构及变化

联邦政府国库总收入主要由税收收入、社会缴费收入和其他收入构成。2014 年，税收收入、社会缴费收入和其他收入依次为 4 283.56 亿雷亚尔、3 433.24 亿雷亚尔和 1 344.80 亿雷亚尔，分别比 2009 年增长 59.02%、65.92% 和 61.55%（见表 6 – 8）。为应对金融危机，巴西政府实施了削减税费的紧缩性财政政策，税收收入和社会缴费收入均受到了负面影响，2009 年分别比上年降低了 111.05 亿雷亚尔和 29.13 亿雷亚尔。2011 ~ 2014 年，三项收入均呈现快速上涨趋势。

表6-8 　　　　　**2009~2014年巴西国库收入来源结构及其变化** 　　　单位: 亿雷亚尔

	2009年	2010年	2011年	2012年	2013年	2014年
国库总收入	5 698.46	7 195.31	7 574.29	8 028.31	8 946.74	9 061.59
税收收入	2 581.70	2 964.55	3 558.93	3 726.66	4 074.33	4 283.56
社会缴费收入	2 125.14	2 498.30	2 856.60	3 045.05	3 462.09	3 433.24
其他收入	991.62	1 732.46	1 158.77	1 256.60	1 410.32	1 344.80
债务偿还	-147.37	-141.35	-158.58	-192.49	-234.68	-228.76
财政激励	-0.55	-0.99	-2.74	-1.42	-0.52	-0.06
国库净收入	5 550.54	7 052.97	7 412.97	7 834.39	8 711.54	8 832.77

资料来源: National Treasury Fiscal Balance, http://www.tesouro.fazenda.gov.br/plano-anual-de-financiamento。

　　从占国库收入比重变化来看,税收收入所占比重呈略有上升,而其他收入(包括国有企业股息收入、石油等资源勘探开发特许收入等)和社会缴费收入所占比重在波动中有所下降。2014年,税收收入占国库收入比重47.27%,比2009年所占比重为增加了1.96%。同年,社会缴费收入占国库收入比重37.89%,比上年同期下降了0.81%(见表6-9)。

表6-9 　　　　**2009~2014年巴西国库收入来源构成占国库收入比重** 　　　单位: %

	2009年	2010年	2011年	2012年	2013年	2014年
税收收入	45.31	41.20	46.99	46.42	45.54	47.27
社会缴费收入	37.29	34.72	37.71	37.93	38.70	37.89
其他收入	17.40	24.08	15.30	15.65	15.76	14.84
国库收入	100	100	100	100	100	100

资料来源: National Treasury Fiscal Balance, http://www.tesouro.fazenda.gov.br/plano-anual-de-financiamento。

3. 联邦税收收入及构成

　　联邦政府的税收收入主要包括所得税、工业产品税(类似增值税)、金融交易税和进口税。所得税对联邦政府国库收入贡献最大,约占到国库收入的32.31%。2014年年末,所得税、工业产品税、金融交易税和进出口关税分别为2 928.10亿雷亚尔、516.18亿雷亚尔、294.15亿雷亚尔和371.97亿雷亚尔,分别占税收收入的72.17%、12.05%、6.87%和8.68%(见表6-10)。2008~2014年,工业产品税和金融交易税占税收收入比重分别下降了1.30%和0.47%,而所得税和进出口关系占税收收入比重则略有提高,分别提高了2.09%和2.47%。

表 6 – 10　　　　　　2008～2014 年巴西联邦政府税收收入　　　　单位：亿雷亚尔

	2008 年	2009 年	2010 年	2011 年	2012 年	2013 年	2014 年
所得税	1 927.16	1 909.76	2 129.56	2 556.10	2 656.22	2 988.91	3 091.38
工业产品税（IPI）	366.95	277.31	372.94	412.29	426.56	429.23	516.18
金融交易税（IOF）	201.68	192.35	265.71	319.99	310.02	294.17	297.87
关税	171.01	159.04	211.19	267.63	310.88	369.74	368.39
土地流转税（ITR）	3.95	4.21	4.85	5.71	6.14	7.64	
联邦税（FT）	41.08	41.18	48.38	56.67	51.28	49.81	
其他税收	38.18	31.93	42.19	44.82	48.84	55.38	
合计		2 581.70	2 964.55	3 558.93	3 726.66	4 074.33	4 283.56

资料来源：巴西中央银行，http：//www.bcb.gov.br/? INDICATORS。

所得税由个人所得税、企业所得税和代扣所得税构成。2014 年，所得税收入 2 928.10 亿雷亚尔，其中，个人所得税 278.00 亿雷亚尔、企业所得税 1 258.84 亿雷亚尔、代扣所得税 1 554.55 亿雷亚尔（见表 6 – 11）。由劳动所得、资本利得和海外汇款等构成的代扣所得税收入占到了所得税总收入的比重在 47.03%。与 2009 年相比，2014 年个人所得税、公司所得税和代扣所得税分别增长了 87.33%、48.94% 和 68.54%。

表 6 – 11　　　　　　　2009～2014 年巴西联邦政府所得税收入　　　　单位：亿雷亚尔

	个人所得税	企业所得税			代扣代缴税					合计
		金融机构	其他企业	合计	劳动所得	资本利得	海外汇款	其他收入所得	合计	
2009 年	148.40	136.12	709.09	845.21	521.77	229.27	106.57	64.75	922.36	1 915.97
2010 年	172.54	131.18	759.83	891.01	598.24	241.85	112.99	65.40	1 018.47	2 082.01
2011 年	219.73	150.71	889.84	1 040.54	688.25	342.54	134.02	73.10	1 237.91	2 498.18
2012 年	243.10	201.35	887.05	1 088.40	751.06	329.80	147.43	81.68	1 309.97	2 641.46
2013 年	264.52	218.94	1 042.54	1 261.49	790.04	342.84	169.71	99.49	1 402.09	2 928.10
2014 年	278.00	192.26	1 066.58	1 258.84	869.00	398.28	186.54	100.73	1 554.55	3 091.38

资料来源：巴西中央银行，http：//www.bcb.gov.br/? INDICATORS。

工业产品税是联邦政府税收收入的第二大来源，其中烟草、饮料、汽车和产品进口等行业对工业产品税收入贡献较大。2014 年，工业产品税收入 508.28 亿雷亚尔，比 2008 年增长 28.79%（见表 6 – 12）。从工业产品税的行业来源看，2008～2014 年间烟草、饮料、车船和产品进口等行业税收年平均占工业产品税收入的 9.57%、6.63%、10.9% 和 29.75%。

表 6 – 12　　　　2008～2014 年巴西工业产品税按行业来源划分　单位：亿雷亚尔

	烟草	饮料	汽车	进口产品	其他	工业产品税合计
2008 年	32.11	24.38	59.98	104.02	174.17	394.66
2009 年	33.14	22.91	20.54	84.10	146.84	307.53
2010 年	37.05	24.19	56.72	113.21	168.73	399.91
2011 年	37.44	28.30	69.78	137.36	196.31	469.18
2012 年	40.77	31.47	41.26	159.65	186.12	459.27
2013 年	50.97	34.27	35.05	152.10	198.62	471.01
2014 年	56.54	33.43	45.62	151.87	220.82	508.28

资料来源：Federal Revenue Secretariat of Brazil.

4. 联邦政府非税收收入及变化

为扩大社会保障融资和资助社会事业发展，联邦政府开征了多项社会缴费项目。[①]第一大类，联邦政府开证了社会保障类缴费，包括社会保障缴费收入、社会保障体系融资税（Confins）、[②] 金融活动暂行特别费（CPMF）、法人盈利捐税（CSLL）、社会一体化计划缴款（PIS）、公务员援助计划税（Pasep）、公务员社会保障缴费（CPSS）等，这类社会缴费收入主要用于社会保障、社会救助、教育以及社会公益事业等。2009～2014 年，社会保障预算收入逐年增加，其中社会保障缴费和联邦社会援助缴费等随之不断上升，但其占巴西联邦政府社会保障收入的比重变化不大（见表 6 – 13）。2014 年，社会保障缴费收入和社会保障融资缴费（Cofins）分别为 3 363.63 亿雷亚尔和 2 193.75 亿雷亚尔，分别比 2008 年增长了 105.91% 和 85.23%（见表 6 – 13）。

表 6 – 13　　　　2008～2014 年巴西联邦政府社会保障收入来源构成　单位：亿雷亚尔

	2008 年	2009 年	2010 年	2011 年	2012 年	2013 年	2014 年
社会保障缴费收入（INSS）	1 633.55	1 820.41	2 120.14	2 460.31	2 739.88	2 981.29	3 363.63
社会保障体系融资税（Cofins）	1 184.31	1 170.84	1 409.39	1 649.82	1 750.08	1 975.45	2 193.75
金融活动暂行特别费（CPMF）	3.16	2.85	1.19	1.45	0.55	0.00	0.00

---

① "社会缴费"（Social Contribution）国内有学者译为"社会特别税"。巴西中央银行把一些"社会缴费"（Social Contribution）收入纳入税收收入口径，而巴西财政部把"社会缴费"收入进行单列，与税收收入相区别。本文统一将其译成为"社会缴费"。

② 社会保障融资缴款（CONFINS-Financiamento da Seguridade Social）税额根据公司营业额或实际利润金额计算，以营业额计税的企业，税率为 0.75%；以利润计税的企业，税率为 3%。

续表

	2008 年	2009 年	2010 年	2011 年	2012 年	2013 年	2014 年
法人盈利捐税（CS-LL）	416.64	434.24	457.80	586.94	558.34	616.87	670.49
社会一体化缴款和公务员援助计划税（PIS/Pasep）	303.27	309.90	405.94	429.02	464.86	505.20	561.67
公务员社会保障缴费（CPSS）	160.68	185.11	208.24	226.10	229.78	245.73	267.77
其他社保缴费	58.50	67.52	77.72	86.61	94.91	104.38	117.23
合　计	3 760.11	3 990.87	4 680.42	5 440.26	5 838.41	6 428.92	7 162.88

注：（1）Cofins：A Contribuição para o Financiamento da Seguridade Social；CPMF：Contribuição Provisória sobre Movimentação Financeira；CSLL：Contribuição Social sobre o Lucro Líquido；PIS：Programa de Integração Social；Pasep：Programa de Formação do Patrimônio do Servidor Público；CPSS：Contribuição do Plano de Seguridade Social Servidor Público.

（2）社会一体化税（PIS-Programa do Integração Social）实质是职工分红计划储备金）税额根据公司营业额或实际利润金额计算，以营业额计税的企业，税率为0.65%；以利润计税的企业，税率为1.65%。

资料来源：Federal Revenue Secretariat of Brazil.

　　第二大类：其他收入，包括其他社会缴费、服务期限保障基金税（FGTS）、燃油税等、[①] 教育津贴和其他。2008～2014 年期间，其他社会缴费收入总规模逐年扩大，约占巴西联邦政府收入的19.98%（见表6－14）。整体来看，除教育津贴外，其他社会缴费收入都呈逐年增加趋势。2014 年，其他社会缴费收入共1 454.66 亿雷亚尔，其中担保服务金、燃油费等收入和"S"系统等收入分别为1 193.85 亿雷亚尔和164.66 亿雷亚尔，分别占其他社会缴费收入的71.76%、11.32%和10.82%。此外，自2011 年以来巴西政府采取了一系列激励地方教育发展的政策措施，财政性教育经费不断增加，向社会收取的教育类收入下降明显。

表6－14　　　　　2008～2014 年巴西联邦政府其他类社会缴费收入　　　单位：亿雷亚尔

	2008 年	2009 年	2010 年	2011 年	2012 年	2013 年	2014 年
其他社会缴费合计	773.07	829.62	971.75	1141.53	1228.51	1379.57	1454.66
服务期限保障基金税（Fundo de Garantia do Tempo de Serviço，FGTS）	505.18	571.83	642.71	749.79	858.13	980.45	1 193.85

---

　　① 燃油费等（CIDE）主要政府对经济领域干预性税收。

	2008 年	2009 年	2010 年	2011 年	2012 年	2013 年	2014 年
教育社会缴费	68.44	60.60	89.73	104.58	48.62	29.68	34.86
燃油费等（CIDE）	87.76	95.89	110.49	131.15	147.75	165.61	164.66
"S"系统	78.26	85.24	98.87	116.63	135.19	153.32	157.33
其他	33.42	16.06	29.95	39.38	38.83	50.53	55.25

注：CIDE：Contribuições de Intervenção no Domínio Econômico.

资料来源：Federal Revenue Secretariat of Brazil.

（三）联邦政府债务

1. 巴西一般政府债务规模及变化

巴西一般政府债务存量规模较大，债务利息支出负担重。2012～2015 年，巴西一般政府债务总规模不断扩大，总债务额占 GDP 比重不断增加，债务总负担率有增无减。2014 年，联邦、州、市三级政府总债务规模为 32 524.49 亿雷亚尔，占 GDP 比重为 63.4%，比上年同期增加了 6.7%（见表 6－15）。[①] 与此同时，三级政府净债务额为 19 157.7 亿雷亚尔，占 GDP 比重为 37.4%，比上年同期增加了 3.1%；公共部门净债务额 18 831.5 亿雷亚尔，占 GDP 比重为 36.8%，比上年同期增加了 3.2%。另外，中央银行盈余 720.3 亿雷亚尔，占 GDP 比重为 1.4%，比上年增加了 0.1%，而且预算盈余有进一步增长的趋势。

表 6－15　　　　　　　　2013～2015 年巴西政府债务状况

	2013 年 12 月		2014 年 12 月		2015 年 2 月	
	债务额（亿雷亚尔）	占 GDP 比重（%）	债务额（亿雷亚尔）	占 GDP 比重（%）	债务额（亿雷亚尔）	占 GDP 比重（%）
公共部门净债务	16 263.3	33.6	18 831.5	36.8	18 770.6	36.3
一般政府净债务	16 601.9	34.3	19 157.7	37.4	19 272.9	37.3
一般政府总债务	27 480.0	56.7	32 524.5	63.5	33 868.8	65.5
内债	25 983.4	53.6	30 631.5	59.8	31 841.2	61.6
公债	19 901.3	41.1	21 410.8	41.8	21 678.5	41.9
银行回购	5 287.3	10.9	8 090.6	15.8	8 988.3	17.4
外债	1 496.6	3.1	1 892.9	3.7	2 027.6	3.9

---

① 巴西中央银行统计表 4－29，http://www.bcb.gov.br/? INDICATORS。

续表

	2013 年 12 月		2014 年 12 月		2015 年 2 月	
	债务额 （亿雷亚尔）	占 GDP 比重 （%）	债务额 （亿雷亚尔）	占 GDP 比重 （%）	债务额 （亿雷亚尔）	占 GDP 比重 （%）
联邦政府外债	900.6	1.9	1 069.6	2.1	1 126.0	2.2
州政府外债	526.2	1.1	741.7	1.4	813.5	1.6
市政府外债	69.8	0.1	81.6	0.2	88.2	0.2
中央银行净债务	-650.4	-1.3	-720.3	-1.4	-916.9	-1.8
国有企业净债务	311.8	0.6	394.0	0.8	414.6	0.8
GDP	48 448.2		51 230.6		51 688.1	

资料来源：巴西中央银行，http：//www.bcb.gov.br/? INDICATORS。

按照债务发行地域来看，巴西一般政府债务中内外债构成比有所下降，其中内债占债务总规模比重呈下降趋势，而外债占总债务的规模有所增加。截至 2014 年年末，巴西一般政府内债额为 30 631.54 雷亚尔，外债额 1 892.94 亿雷亚尔，两者分别占 GDP 的 59.8% 和 3.7%，内外债比为 16.18%，比上年降低了 1.18%，2015 年将进一步降低到 15.7%（见表 6 - 16）。

从中长期外债构成来看，私人部门外债水平将稳步增加，这与巴西资本市场外向型发展模式相匹配；非金融部门外债和公共部门外债水平相对稳定，年均变动率在 0.1% 左右。2014 年巴西政府总外债占 GDP 比重为 25.7%，比上年增长了 3.1%，其中中长期外债占 GDP 比重为 23.1%，短期外债占 GDP 比重为 2.5%，分别比上年增加了 3.1% 和 1%（见表 6 - 16）。

表 6 - 16 2010～2020 年巴西政府外债构成及占 GDP 比重　　　单位：%

	2010 年	2011 年	2012 年	2013 年	2014 年	2015 年	2016 年	2017 年	2018 年	2019 年	2020 年
总外债	16.4	16.3	19.6	21.4	25.7	28.8	29.5	30.0	30.5	31.0	31.5
中长期外债	13.7	14.7	18.2	20.0	23.1	26.8	27.3	27.7	28.0	28.3	28.6
非金融部门	3.9	3.1	3.7	3.7	4.1	4.4	4.4	4.3	4.4	4.4	4.5
公共部门	0.8	0.8	1.2	1.4	1.6	1.8	1.8	1.8	1.8	1.8	1.7
私人部门	9.1	10.8	13.3	14.9	17.8	20.6	21.2	21.6	21.9	22.1	22.3
短期外债	2.7	1.6	1.4	1.5	2.5	2.0	2.1	2.3	3.5	2.7	2.9

注：2016～2020 年各部门债务为预测值。

资料来源：国际货币基金组织——巴西报道；http：//www.imf.org/external/pubs/ft/scr/2015/cr15121.pdf。

2. 联邦政府赤字水平及变化

自 2000 年起，初级财政盈余成为巴西宏观调控的重要财政指标。2008～2014 年间，巴西联邦政府初级财政盈余呈倒"U"形，其中 2011 年初级财政盈余达到峰值 935.25 亿雷亚尔。2011 年之后，联邦政府初级财政盈余不断下降，到 2014 年首次出现赤字，赤字额为 172.43 亿雷亚尔。同期，国库盈余降到近年来最低水平，降为 395.70 亿雷亚尔；2012 年后，联邦政府加大了社会保障投资，社会保障赤字从 2012 年的 408.25 亿雷亚尔增加到了 2014 年的 566.98 亿雷亚尔，年平均增长率为 17.85%（见表 6-17）。

表 6-17　　　　　2008~2014 年巴西联邦政府财政运行状况（现值）　　单位：亿雷亚尔

	联邦政府初级预算盈余			央行盈余	初级财政盈余
	国库盈余	社保盈余	合计		
2008 年	1 223.61	-362.07	861.54	-4.72	714.38
2009 年	829.34	-428.68	400.66	-6.30	394.36
2010 年	1 221.83	-428.90	792.93	-5.20	787.73
2011 年	1 296.22	-355.46	940.76	-5.52	935.25
2012 年	1 174.40	-408.25	766.15	-7.52	882.63
2013 年	1 281.68	-498.56	783.12	-13.18	769.94
2014 年	395.70	-566.98	-171.28	-1.15	-172.43

注："+"表示财政盈余，"-"表示财政赤字。

资料来源：Treasury Secretariat（MOF），STN。

经过数十年的赤字运行，巴西联邦政府已经累积了巨额的债务规模，一方面债务利息支出与日俱增，另一方面随着部分债务最终偿还日的逼近，财政赤字消减难度不断加大。2009~2014 年，巴西联邦政府年均债务利息支出 1 717.0 亿雷亚尔，为同期年均初级财政盈余的 3.28 倍。2014 年，财政赤字上涨为 2 715.42 亿雷亚尔，比上年同期增长了 145.62%。同年 1~12 月份，联邦政府债务融资需求 2 942.16 亿雷亚尔，占 GDP 比重 5.73%，比上年同期增加了 2.81%（见表 6-18、表 6-19）。①

表 6-18　　　　　　　2009~2014 年巴西联邦政府融资需求　　　　单位：亿雷亚尔

	2009 年	2010 年	2012 年	2013 年	2014 年
初级财政盈余	424.43	787.23	860.86	752.91	-204.72
债务利息支出	1 498.06	1 245.09	1 472.68	1 858.46	2 510.70
财政赤字	1 073.63	457.85	611.82	1 105.55	2 715.42

注：初级财政收支融资需求不包括央行和社会保障税（INSS）。

资料来源：巴西财政部，Central Government Fiscal Balance。

————————

① 此处不包括巴西中央银行融资需求和公开市场操作收支。

表 6 – 19   **2012～2014 年巴西联邦政府融资**

需求及占 GDP 比重   单位：亿雷亚尔

	2012 年 12 月		2013 年 12 月		2014 年 12 月	
	绝对额	占 GDP(%)	绝对额	占 GDP(%)	绝对额	占 GDP(%)
初级财政收支融资需求	1 291.33	2.92	1 264.65	2.61	363.41	0.71
利息支出融资需求	2 010.58	4.00	2 178.66	4.50	2 738.60	5.33
联邦政府总融资需求	1 074.7	2.02	1 412.57	2.92	2 942.16	5.73

注：初级财政收支融资需求不包括央行和 INSS。

资料来源：巴西财政部，Central Government Fiscal Balance。

3. 联邦政府债务构成及变化

从公债持有人结构来看，巴西联邦政府债务主要由金融机构、非本国公民、互通基金、养老金、政府部门和证券机构持有。2015 年 5 月数据显示，巴西联邦政府存量债务额为 2 462.5 亿雷亚尔，其中金融机构持有 652.9 亿雷亚尔，占比为 26.5%；非居民持有 493.6 亿雷亚尔，占比为 20%；互通基金持有 488 亿雷亚尔，占比为 19.8%；养老金持有 468.6 亿雷亚尔，占比为 19% 等（见图 6 – 5）。

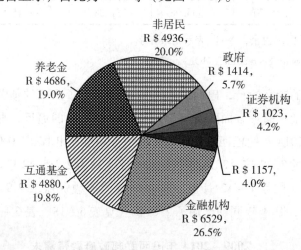

图 6 – 5   2015 年 5 月联邦政府公债——按持有人分类

资料来源：巴西财政部国库总局，https：//www.tesouro.fazenda.gov.br/a – divida – em – grandes – numeros。

（四）地方财政运行状况

1. 地方财政总收入及变化

地方政府财政收入主要来源于共享税、地方政府管辖税收和上级财政的转移支付（见表 6 – 20、表 6 – 21）。从地方政府税收收入规模来看，2008～2014 年州、市两级地方政府税收收入总规模均呈明显增长趋势，年度税收入规模稳定增长。2014 年，州政府总税收收入为 4 786.31 亿雷亚尔，比上年同期增长了 8.68%；市政府税收收入总规模为 1 125.68 亿雷亚尔，比上年同期增长了 11.54%，增长幅度明显高于州政府税收增长幅度。从税收收入来源来看，州政府管辖税收中增值税、机动车辆税、遗产赠与税和州养老金收入所占比重较大，合计占州政府税收收入的 93.82%；另外，社会服务税、城市不动产税、不动产转让税和市养老金收入是市政府的主要税收来源，合计占市政府税收总规模的 89.67%。

表 6 – 20　　　　　　2008 ～ 2014 年地方政府税收收入及其构成　　　单位：亿雷亚尔

	2008 年	2009 年	2010 年	2011 年	2012 年	2013 年	2014 年
州政府税收收入	2 656.01	2 765.33	3 217.72	3 574.18	3 963.39	4 404.01	4 786.31
增值税（ICMS）	2 212.13	2 278.30	2 681.17	2 974.19	3 273.69	3 645.25	3 988.70
机动车辆税（IPVA）	170.31	201.07	213.67	241.12	270.30	292.32	346.66
遗产赠与税（ITCD）	14.89	16.78	25.18	27.68	34.09	41.42	43.00
州养老金收入（Previdência estadual）	126.78	114.89	126.35	132.94	155.51	158.56	178.28
其他税收	131.90	154.29	171.35	198.25	229.80	266.45	296.00
市政府税收收入	536.88	588.67	697.28	808.01	908.90	1 009.20	1 125.68
社会服务税（ISS）	250.17	273.41	327.55	383.78	443.86	481.80	531.15
城市不动产税（IPTU）	135.45	151.87	174.43	196.99	215.40	243.16	279.41
不动产转让税（ITBI）	43.24	46.10	60.07	74.64	84.98	99.54	111.51
市级养老金收入（Previdência municipal）	38.82	43.72	51.24	58.02	63.37	76.74	82.65
其他税收	69.19	73.56	83.99	94.58	101.28	107.95	116.26

资料来源：Secretaria da Receita Federal do Brasil（RFB）。

州增值税是地方政府的主要收入来源，对地方经济发展的贡献率最大（见表 6 – 20、表 6 – 21）。2008 ～ 2014 年，州增值税收入规模保持稳定上升态势。2014 年，10 个主要州政府增值税收入合计 3 087.73 亿雷亚尔，占全国增值税收入的 79.74%，比上年同期降低了 0.85%。州增值税收入地区分布不均衡，造成地区间财力差距较大。位于巴西东南部、南部地区和中西部地区工业经济基础较好的 10 个州，区域经济相对发达，州增值税收入合计占全国州增值税收入的 80% 左右，其中圣保罗、里约热内卢州增值税收入占本国国内财政收入总额的 90% 以上。与此同时，巴西北部地区、东北部地区的部分州，如阿里克和阿马帕等地区州增值税收入占国内财政收入的 24% 左右。

表 6 – 21　　　　　　　　2014 年 1 月~2014 年 12 月巴西地方
政府资金收入来源　　　　　　　单位：亿雷亚尔

	州增值税 （ICMS）	联邦政府 转移支付	合计	州增值税占比 （％）	联邦政府转移 支付占比（％）
北部地区	244.32	262.53	506.85	48.20	51.80
阿克里	9.14	29.20	38.35	23.84	76.16
亚马孙	79.99	33.47	113.46	70.50	29.50
帕拉	90.67	78.52	169.19	53.59	46.41
朗多尼亚	30.91	27.75	58.66	52.69	47.31
罗赖马	6.05	22.07	28.13	21.51	78.49
阿马帕	8.61	28.15	36.76	23.43	76.57
托坎廷斯	18.95	43.36	62.31	30.41	69.59
东北部地区	623.68	676.88	1 300.57	47.95	52.05
马拉尼昂	47.16	87.21	134.37	35.10	64.90
皮奥伊	29.79	53.11	82.90	35.94	64.06
塞阿拉	94.56	94.21	188.77	50.09	49.91
北里奥格朗德	43.89	50.94	94.84	46.29	53.71
帕拉伊巴	43.92	61.14	105.06	41.80	58.20
伯南布哥	126.60	90.62	217.21	58.28	41.72
阿拉戈斯	29.28	49.94	79.22	36.96	63.04
塞尔希培	27.32	42.51	69.83	39.12	60.88
巴伊亚	181.17	147.21	328.38	55.17	44.83
东南地区	2 020.10	361.64	2 381.74	84.82	15.18
米纳斯吉拉斯	382.88	153.12	536.00	71.43	28.57
圣埃斯皮里图	89.99	29.46	119.45	75.34	24.66
里约热内卢	318.87	45.62	364.48	87.48	12.52
圣保罗	1 228.36	133.44	1 361.80	90.20	9.80
南部地区	627.34	208.95	836.29	75.01	24.99
巴拉那	214.55	83.27	297.82	72.04	27.96
圣卡塔琳娜	157.94	44.98	202.92	77.84	22.16
南里奥格朗德	254.85	80.70	335.55	75.95	24.05
中西部地区	356.89	121.83	478.72	74.55	25.45
巴西利亚联邦区	70.31	6.70	77.01	91.30	8.70
戈亚斯	132.53	53.69	186.22	71.17	28.83
马托格罗索	80.38	36.93	117.31	68.52	31.48

续表

	州增值税（ICMS）	联邦政府转移支付	合计	州增值税占比（%）	联邦政府转移支付占比（%）
南马托格罗索	73.67	24.51	98.18	75.04	24.96
小计	3 872.34	1 631.83	5 504.17	70.35	29.65
特许权使用费、基金和教育费		469.82	469.82	—	100.00
合计	3 872.34	2 101.65	5 973.99	64.82	35.18

资料来源：巴西中央银行，http：//www.bcb.gov.br/？INDICATORS。

2. 地方政府转移支付收入及变化

1988 年巴西宪法规定了政府之间的收入分享机制，进而形成了上级政府对下级政府的直接转移支付和间接转移支付，以达到促进地方政府间财政收支均衡的目的。其中，直接转移支付来自税款上缴下拨，间接转移支付以社会发展基金的形式存在（见图 6-6、表 6-22）。

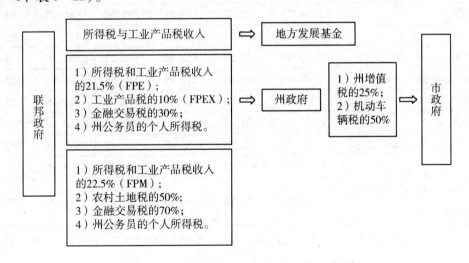

图 6-6 巴西宪法规定的主要转移支付

表 6-22   **巴西参与基金的分配比例**   单位：%

地 区	联邦和州参与基金	州参与基金
北部	25.37	8.53
东北部	52.46	35.27
东南部	8.48	31.18
南部	6.52	17.55
中西部	7.17	7.47

资料来源：巴西财政部网站。

巴西部分经济落后区域主要财政来源于联邦政府财政转移支付。2009～2014年间，联邦政府向州政府的转移支付金额稳定增长，仅2014年向帕拉伊巴、帕拉、马拉尼昂等10个州的转移支付金额就占联邦政府总转移支付额的77.94%，比上年增加了1.64%（见表6-23）。2014年，巴西联邦政府总转移支付金额为2101.25亿雷亚尔，比2009年同期增加了824.81亿雷亚尔，年均增长速度为8.66%。此外，联邦政府向地方政府提供的特别使用费、基金和教育费等合计额也保持相对稳定的增长趋势，2014年共提供了469.82亿雷亚尔。

表6-23　　　　2009～2014年巴西联邦政府向州政府转移支付　　　单位：亿雷亚尔

	2009年	2010年	2011年	2012年	2013年	2014年
帕拉伊巴	38.43	41.58	50.56	51.71	56.04	61.14
帕拉	50.26	54.99	65.39	68.38	71.82	78.52
巴拉那	55.05	58.56	69.48	70.34	75.29	83.27
马拉尼昂	55.22	59.97	72.55	74.03	79.81	87.21
伯南布哥	57.76	62.48	75.87	77.38	83.26	90.62
南里奥格朗德	53.44	57.43	68.55	67.64	71.72	80.70
塞阿拉	60.75	65.77	79.88	81.50	86.42	94.21
圣保罗	88.73	94.81	115.51	112.38	122.15	133.44
巴伊亚	93.25	100.24	122.60	123.73	133.78	147.21
米纳斯吉拉斯	97.93	105.84	127.48	130.86	136.93	153.12
其他	394.45	429.37	517.67	525.97	563.46	622.39
州合计	1 045.26	1 131.04	1 365.85	1 383.93	1 480.69	1 631.83
特许权使用费、基金和教育费	231.58	275.74	358.98	429.83	419.17	469.82
合计	1 276.84	1 406.78	1 724.83	1 813.77	1 899.86	2 101.65
上述10个州转移支付占全国比重（%）	81.80	81.86	80.40	79.19	76.30	77.94

注：上述转移支付包括"联邦区和州参与基金"、"出口补偿基金"、金融交易税和农村土地税等。

资料来源：巴西中央银行，http://www.bcb.gov.br/? INDICATORS。

3. 地方政府债务规模及变化

据统计，2007年以来巴西地方政府未发行新债务，但由于历史积累的债务存量较大，债务利息支出负担依然沉重。2014年，地方政府初级财政赤字为113.16亿雷亚尔。2012～2014年年末，地方政府公共部门净债务额稳定增长，占GDP比重维持在12%左右。2014年12月，州政府公共部门净债务额5 511.99亿雷亚，占GDP比重为10.74%；市政府公共部门净债务额为918.66亿雷亚尔，占GDP比重为1.79%（见表6-24）。另外，地方政府所辖的国有企业净债务额也在不断增加。2014年12月，州市两级国有企业合计净债务额为434.79亿雷亚尔，平均占GDP比重为0.84%。为偿还大规模的地方政府债务，地方政府债务融资需求也随之增长（见表6-25）。2014年，地方政府融资总需求为646.9亿雷亚尔，其中，州政府债务融资597.14亿雷亚尔，市政府债务融资49.82亿雷亚尔。2012~2014年，地方政府债务融资需求增长224%。

表6-24　　　　　　　　　　2012~2014年巴西地方政府公共部门净债务

	2012年12月		2013年12月		2014年12月	
	债务额（亿雷亚尔）	占GDP比重（%）	债务额（亿雷亚尔）	占GDP比重（%）	债务额（亿雷亚尔）	占GDP比重（%）
州政府	4 411.00	10.04	4 832.57	9.97	5 511.99	10.74
市政府	783.23	1.78	865.36	1.79	918.66	1.79
国有企业						
州国企	316.64	0.72	343.33	0.71	407.50	0.79
市国企	29.15	0.07	27.48	0.06	27.29	0.05

说明：地方政府包括州和市两级政府；符号表示财政盈余。

资料来源：巴西中央银行，http：//www.bcb.gov.br/？INDICATORS。

表6-25　　　　　　　　　2012~2014年地方政府融资需求　　　　　　　单位：亿雷亚尔

		2012年		2013年		2014年	
		绝对额	占GDP比重（%）	绝对额	占GDP比重（%）	绝对额	占GDP比重（%）
融资总需求	地方政府	199.67	0.48	439.77	0.91	646.95	1.26
	州政府	140.08	0.34	365.57	0.75	597.14	1.16
	市政府	59.60	0.14	74.20	0.15	49.82	0.10
	国有企业	4.78	0.01	30.18	0.06	76.79	0.15
	联邦国企	-3.45	-0.01	1.98	0.00	17.80	0.03
	州国企	11.21	0.03	29.87	0.06	59.18	0.12
	市国企	-2.98	-0.01	-1.67	0.00	-0.19	0.00
利息支出	地方政府	529.30	1.81	603.14	-0.66	569.05	1.11
	州政府	436.57	1.52	495.18	1.24	464.68	0.91
	市政府	92.73	0.29	107.96	1.02	104.37	0.20
	国有企业	31.90	0.07	26.96	0.22	34.05	0.07
	联邦国企	2.34	-0.01	-3.46	0.06	-2.28	0.00
	州国企	27.73	0.07	28.77	-0.01	33.78	0.07
	市国企	1.83	0.00	1.66	0.06	2.55	0.00

续表

		2012 年		2013 年		2014 年	
		绝对额	占 GDP 比重（%）	绝对额	占 GDP 比重（%）	绝对额	占 GDP 比重（%）
初级财政盈余	地方政府	-329.63	-0.80	-163.37	-0.34	77.90	0.15
	州政府	-296.49	-0.72	-129.61	-0.27	132.46	0.26
	市政府	-33.14	-0.08	-33.76	-0.07	-54.55	-0.11
	国有企业	-27.12	-0.07	3.22	0.01	42.74	0.08
	联邦国企	-5.79	-0.01	5.44	0.01	20.08	0.04
	州国企	-16.51	-0.04	1.10	0.00	25.41	0.05
	市国企	-4.82	-0.01	-3.33	-0.01	-2.75	-0.01

注："-"表示盈余，"+"表示赤字。

资料来源：巴西中央银行，http://www.bcb.gov.br/? INDICATORS。

2013～2015 年，地方政府银行债务规模不断增加（见表 6 - 26）。2015 年 2 月，州政府银行债务 888.51 亿雷亚尔，比 2014 年 12 月增长 3.55%；市政府银行债务规模变化不大，保持在 150 亿雷亚尔左右。从地方政府银行债务占 GDP 比重看，州政府银行债务占 GDP 比重由 2014 年 12 月份的 1.67%上升到了 2015 年 2 月份的 1.72%，市政府银行债务占 GDP 比重保稳定在 0.2%。从地方政府外债来看，州市两级外债规模变动趋势与地方政府银行债务变动趋势趋同。2015 年 2 月，州政府外债规模达到 813.46 亿雷亚尔，比 2014 年 12 月增加了 71.72 亿雷亚尔，市政府外债规模变动较小，基本维持在 80 亿雷亚尔左右。地方政府外债规模占 GDP 比重维持在 1.5%左右。

表 6 - 26　　　　　　　　　2013～2015 年地方政府银行债务和外债

	2013 年 12 月		2014 年 12 月		2015 年 2 月	
	债务额（亿雷亚尔）	占 GDP 比重（%）	债务额（亿雷亚尔）	占 GDP 比重（%）	债务额（亿雷亚尔）	占 GDP 比重（%）
州政府银行债务	553.95	1.14	858.01	1.67	888.51	1.72
市政府银行债务	116.92	0.24	147.88	0.29	156.72	0.30
州政府外债	526.23	1.09	741.74	1.45	813.46	1.57
市政府外债	69.78	0.14	81.56	0.16	88.15	0.17

说明：地方政府包括州和市两级政府。

资料来源：巴西中央银行，http://www.bcb.gov.br/? INDICATORS。

四、政府预算管理

（一）预算编制

巴西联邦财政预算的编制和执行分别由预算与计划管理部和财政部负责。其中，预算与计划管理部负责编制预算，其下设副部级的预算管理总局根据国家的长期计划、预算方针和预算目标，具体编制预算草案。预算编制中所需要的未来年度收入预测数及上年度预算执行情况，由财政部负责提供。巴西财政部负责预算执行，虽然在预算编制中财政部也要参与意见，与预算与管理计划部进行协商，但主要工作是预算执行和监督（预算部门职能详见巴西中期预算，此处不予赘述）。

巴西预算由多年期预算、预算方针和年度预算组成。法律规定，总统必须在就任的第二年提出4年期预算计划（总统任期是四年）。预算方针法案要对年度预算目标、优先发展方向等预算基本内容和主要项目作出安排。预算方针法案在6月底前获得通过后，政府根据这一法案编制年度预算。年度预算草案包括一般财政预算、社会保障预算、联邦国有企业投资预算等几大块，有财政目标、收入估算、支出安排三个基本部分。预算按部门编制，收入和支出预算都非常详细，支出预算要具体到每个项目的支出资金。年度预算草案在上一年的8月31日前提交国会，年底前获得通过。多年期预算的编制，可以使总统从整个任期通盘考虑财政安排，有助于财政政策的连贯性和跨年度项目的统筹安排。预算方针的先行编制和审议通过，将年度预算框架、重大决策和项目确定下来，也有利于年度预算的具体编制。

巴西预算改革后，支出预算分为一般预算和项目预算。一般预算包括公务员工资支出、政府运行、机动开支、修缮等行政支出，以及国债利息支出等；项目预算包括固定资产投资以及其他用于特定支出项目的支出。项目预算的编制有一套规范的要求，审查也非常严格，每一项目都要明确：该项目要解决什么问题、达到什么目标、实现上述目标需要完成那些具体的子项目。另外，在预算中还强调了区域性规划，即为达到共同的目标，将目标所涵盖的地区作为一个整体纳入预算，而不是单纯按行政区划来进行预算安排。在预算草案的编制过程中，各职能部门必须首先确定本部门支出的优先目标。通过这些改革，既增加了预算的透明度，又提高了工作效率和财政资金使用效益，既强化了预算的责任，又强化了部门的责任。[①]

（二）分级预算管理

巴西三级财政预算管理体制，联邦、州和市各级政府预算独立编制，上下层预算

[①] 刘小明：《巴西预算考察》，载于《预算管理与会计》2002年第4期。

的主要联系是上层政府对下层政府的拨款。

1. 联邦预算

如上所述，巴西联邦预算由多部门参与编制。巴西的中期预算框架包括一般财政预算账户、社会保障预算账户和联邦国有企业投资预算等几大块组成。在联邦预算中，收入的主要来源是税收，主体税种是所得税，其对联邦政府国库收入贡献最大，约占到国库收入的32%左右，占税收收入的50%左右。在支出结构上，巴西联邦政府财政支出由国库支出、中央银行支出和社会保障支出三大部分组成，其中国库支出为所占份额最大，占预算总支出规模的67%左右。按照支出经济功能分类，联邦财政主要用于特殊费用、社会保障、医疗、教育、劳工、社会救助、国防、司法、管理、交通运输、农业、公共安全、科学技术等领域，其中前五项支出约占财政总支出的90%以上。

2. 地方政府预算——参与式预算

1989年，工人党率先在巴西南部的南里约格朗德州（Rio Grande Do Sul）省会巴托阿雷格里市（Porto Alegre）进行公民广泛直接参与城市财政预算的改革，即由民众讨论决定"市"和"区"的教育和社会预算，自下而上地决定资源的分配及政府的施政方针，这一新的地方治理形式被称之为"参与式预算"（Part icipat ory Budget ing，PB）。参与式预算的基本内涵是鼓励公民参与预算决策过程，赋予公民确定各种社会政策的优先性、分配公共资源以及监督公共支出的机会，以促使社会资源的公平有效配置。① 巴托阿雷格里市是巴西第四大富裕的地区，人口在400万人以上（2014年），在参与式预算引入的前两年（1989年和1990年），不到1 000名公民参与，但是到1992年参与人数已经跃升到8 000人。1990年初期，巴西有12个城市采用参与式预算模式，目前在巴西已有5 560个市镇中有194个使用参与式预算，到2005年该种预算模式已经扩展到了世界上的300多个城市。

参与式预算主要有两种类型。一种是参与具体的公共项目预算，比如某条街道的铺设；另一种是参与主题性预算，关注宏观政策而不涉及具体的项目，比如增加医疗方面的支出。② 最初大多数的预算参与类型都是公共项目，随着时间的推移，参与类型逐渐扩大到一般性的社会政策。参与预算的绝大部分是中产阶级的下层，小部分来自中产阶级的中层和上层，富裕和贫穷的阶级都没有参与。公民社团组织也是主要参与者，该组织是以社区为基础的组织以及围绕一些特定议题而成立的非政府组织。通常，公民社会组织会和政府专家一起来设计发展规划。地方政府是参与式预算的推动者，其旨在通过提高公众了解基本的政治常识，以便有能力参与巴西的社会变革，最终使穷苦阶层获得更多的社会公共资源。

---

① Wampler, B., Participatory Budgeting in Brazil: Contestation, Cooperation, and Accountability. Pennsyl vania: The Pennsylvania State University Press, 2009.

② 王淑杰、孟金环：《巴西参与式预算管理的经验及启示》，载于《地方财政研究》2011年第9期。

（三）预算监督与审查

巴西对财政预算的监督大致分为四个层次[①]：一是议会监督。主要是制定财政法令法规，审议和通过预算。议会下设预算委员会，承担预算审查的主要工作。预算草案送达议会后，首先递交预算委员会，并分发委员会主要成员，部门预算草案分送各有关的参、众议员。在审查预算时，议会可以对预算案进行修改，修改以议案方式提出，所提议案涉及金额不得超过 200 万雷亚尔。另外，项目预算是议会审查的一个重点，审查内容详细、具体。在预算审查过程中，联邦审计法院有各种专家为预算委员会提供专业帮助和专业支持。预算审查的具体时间表是，每年的 8 月 31 日前政府预算草案提交议会，9 月 19 日以前各小组举行听证会；10 月 3 日，讨论结束；10 月 18 日个人、州、区域开始提案；11 月 13 日各小组通过小组审查报告；11 月 28 日行程总的审查报告并提交预算委员会；12 月 15 日前两院通过预算。

二是政府监督。联邦政府设立财政协调委员会，负责对预算编制和预算的编制草案进行协调，以形成总统预算提议议会。总统府下设经济政策委员会，对财政政策、预算方针、预算编制提出建议和咨询。

三是职能部门监督。财政部主要负责财政政策、会计工作、金融债券、国有资产管理和预算执行监督。为加强预算收支管理，提高效率，财政部于 1987 年建立财政管理同一系统（计算机网络），这一系统连接并涵盖预算编制、税收、国库、银行账户、预算单位等涉及预算收支的所有环节，用于预算收支的增减变动和监控。财政部下设的税务总局、国库总局和联邦监控总局具体负责预算执行和监督。联邦监控总局是 1994 年从国库总局分离出来的专门监督预算法律和预算执行的部门。

四是审计监督。巴西的审计监督有两套机构。一是政府内部监督局，负责审查政府部门及政府部门相关机构，其局长由总统直接任命；二是外部监督，主要是议会监督，通过审计法院来进行。审计法院建立于 1890 年，是议会的独立机构，以议会的名义审查所有政府部门、国有企业以及政府参与的单位，每年审计一次。除联邦审计法院外，在各州和 300 万人口以上的城市设立地方审计法院，州以及 300 万人口以下的城市由各地方审计法院设立派出机构。在审计中，对经济行为的合法性、经营效率和效益都要进行检查和评估。审计法院的审计一般是全程审计，全过程参与。另外，各政府部门每 2 个月向审计法院提交一次公共收支报告，由审计法院审计后作出判断，同时电视、报纸等媒介也要予以公告。每 4 个月要向审计法院报财务管理报告，年底要报决算报告。审计报告提交议会后，由预算委员会进行审议、裁定，最终由议会通过。

[①] 王祺扬：《美国、巴西财政预算管理的经验及借鉴》，载于《经济研究参考》2006 年第 80 期。

五、施政方针与财政改革

（一）财政运行中的主要问题

近年来，巴西经济增长急剧下降，宏观经济政策确定性差，财政收支改善难度大。具体如下：

第一，财政收入质量不高。尽管巴西初级财政盈余达到了调控目标范围，但财政收入质量有待提高，资源性财政特征仍然明显。PPP 投资项目在经济增长中的作用越来越大，以基础设特许权项目、城市交通项目和盐城勘探项目等为基础的"巴西加速增长计划"成效显现。从长远看，巴西政府还需扩大长期供应能力，降低生产成本，最终达到提高经济整体生产力的目的。

第二，财政支出质量有待提高。巴西当前财政政策调整的关键点不是公共债务的清偿能力问题，而是如何优化支出结构，确保经济增长质量，并提高经济竞争力。2013 年上半年以来，巴西进入了新一轮加息周期，导致债务利息支出增加。巴西财政支出刚性较强，政府自由决定的支出所占比重较低，财政政策调控的灵活性和有效性极其有限。

第三，财政政策工具相对有限。巴西的财政政策主要依赖税收政策，而公共投资则依赖国有银行以及国有企业。2013 年，国有企业投资预算 1 075 亿雷亚尔，如巴西国家石油公司、巴西国家电力公司等国有企业投资占公共投资比重较高。巴西的政策性贷款投入周期较长，可能会带来财政风险。近年来，巴西国有银行在需求管理、刺激内需方面发挥了重要作用，但也导致了公共债务增长以及潜在的财政负担。

第四，基础设施投资不足。目前，巴西公共投资占 GDP 的比重约为 2%，且进一步扩大公共投资支出难度较大。交通基础设施是政府投资的重点领域，为弥补政府投资的不足，联邦政府鼓励本国金融机构扩大贷款，并吸引私人资本或外资参与。

第五，财政、货币政策协调难度增大。为防止经济增长下滑，并控制输入性通货膨胀，巴西的财政、货币和汇率的宏观政策协调难度增大。2003 ~ 2014 年，巴西实施紧缩性的货币政策，对缓解通货膨胀压力至关重要。考虑到公共债务的可持续性，降低公共债务占 GDP 比重，有利于缓解货币政策压力，为财政政策留出更多空间。巴西必须确保初级财政盈余占 GDP 比重 3% 的调控目标，有助于控制公共债务的增长。

第六，公共隐性债务不可低估。巴西隐性财政风险产生的来源主要是公共部门对基础设施领域的投资以及国有银行承担了准财政政策职能。国有银行持有的政策性贷款资产一旦变成呆坏账，将会造成隐性债务增加。此外，政府对基础设施特许经营的合同承诺，也可能会增加隐性债务风险。

（二）财政改革措施

1. 财政支出的政策调整和改革措施

2011 年 1 月，巴西新总统迪尔玛·罗塞夫上台执政后，在保持政策连续性的同时，实施了结构性财政紧缩政策，主要削减日常行政经费与差旅费等行政性支出，控制公务员工资支出，加大对反贫困、医疗、教育等领域的财政投入。公共投资和社会支出，仍是巴西联邦政府财政支出保障重点，尤其是确保推动"加速增长计划"的实施。具体措施如下：

第一，调整支出结构，社会保障、医疗、卫生领域的财政投入持续增加。考虑到财政增收有限，向医疗、卫生领域的财政支出增加主要由削减行政支出、国防支出来实现。随着 2014 年世界杯和 2016 年奥运会的临近，加强贫民窟的管制、改善社会治安成为罗塞夫政府财政支出保障重点之一。

第二，削减行政性支出。2012 年，联邦政府削减了政府各部门的行政管理费用，但确保对贫困、经济住房、基础设施等领域的财政支出。2013 年，重点削减了国防预算，缩减的预算用于社会、教育等领域。

第三，加大社会支出力度。巴西将扩大社会支出政策与减少不平等、扩大内需政策相结合。巴西特别强调社会支出政策，重点集中在教育、医疗领域，加大反贫困力度，减少社会不平等，反贫困，尤其是向贫困家庭的现金转移支付，对内需有提振作用。

第四，扩大科技创的财政投入。科技支出增加较快，特别是政府自由支配的科技支出上升幅度较大。2013 年 3 月，巴西政府出台科技创新支持计划。根据这项计划，巴西政府提供 329 亿雷亚尔（约 170 亿美元）信贷，用于巴西企业提高技术创新能力，信贷资金优先投入的领域包括农牧业、能源、石油天然气、医疗卫生、航空航天与国防、信息技术等。

第五，加大公共投资力度，并出台相应激烈财税措施。考虑到全球经济增长放缓，为保持经济增长，巴西制定了多个发展规划，促进投资，包括物流体系规划、基础设施发展新政策框架、巴西计划等。[①] 巴西"加速增长计划"于 2007 年 1 月启动，分为 2007～2010 年、2011～2014 年两个阶段实施，优先发展基础设施、城市卫生、住房建设、公共交通、河流改造、能源等领域。在资金来源渠道上，除了联邦政府投资外，其他渠道包括州市政府的投资支出、国有企业、私有部门以及其他来信贷来源。截至 2013 年 12 月，巴西加速增长计划第二期（2011～2014 年）已累计完成投资 7 734 亿雷亚尔，占计划总投资额的 76.1%。

---

① Ministério do Planejamento, Orçamento e Gestão, Orçamentos da União exercício financeiro 2014：projeto de lei orçamentária, Impresso no Brasil/Printed in Brazil, Brasília – DF, 2013, p. 29.

为了鼓励投资，政府对资本商品实施了减税政策，并扩大信贷，通过国家经济社会发展银行，制定了投资计划的信贷政策（PSI），对机械设备等领域的信贷实施低利率政策。该政策从 2009 年开始实施，2011~2012 年投放信贷 480 多亿雷亚尔。[①] 作为刺激私人投资措施的一部分，2013 年，联邦政府调整了国家社会经济发展银行的信贷政策（PSI），包括延长信贷期限，调整信贷投放领域，主要是降低利率，提高贷款规模。

为弥补政府的财力不足，政府鼓励私人对基础设施投资的参与，通过特许经营招标，包括公路、港口和机场等。2012~2013 年，巴西出台了相应的投资鼓励措施，包括降低能源成本、税收成本，降低了多个行业的所得税；延长"基础设施发展特殊激励体系"、"港口现代化和扩张税收激励计划"和"油气勘探开发相关商品进出口的特殊关税政策"；扩大基础设施投资的融资机制，包括巴西担保基金（ABGF）；改善基础设施管理框架，特别是港口部门，并实施物流投资计划（PIL），物流系统优先发展的领域包括高速公路、铁路、港口、机场、能源、电力等。

为鼓励企业投资，联邦政府还出台了相应的配套财税措施。2012 年，巴西出台了"企业复兴计划"（Revitaliza）、"就业创造和收入增长能力建设计划"（Progeren）、出口融资计划（PROEX）。

2. 税收政策的调整和改革措施

为了提振经济，巴西采取了一系列税收减免政策，以提高国民经济的竞争力。2011~2012 年，巴西税收政策调整：（1）减免家电类耐用品的工业产品税（IPI）；（2）削减食品行业的社会整合计划和公共服务资产形成缴费（PIS/Pasep），（3）调整外币贷款的金融交易税率；（4）提高进口关税，包括资本货、钢铁、石化和制药等行业产品；（5）为刺激消费，下调消费贷款的金融交易税和汽车工业产品税（IPI）（见表 6-27）。

表 6-27　　　　　　　　巴西联邦政府采取的财税政策　　　　　单位：亿雷亚尔

时　间	财税政策内容	政策成本		
		2012 年	2013 年	2014 年
2011 年 11 月	削减家电类耐用品的工业产品税（IPI）	0.4		
	削减社会一体化和公共服务资产形成缴费（PIS/Pasep）	0.9		
	降低金融交易税（IOF）	1.7		

---

① Ministério do Planejamento, Orçamento e Gestão, Orçamentos da União exercício financeiro 2014：projeto de lei orçamentária, Impresso no Brasil / Printed in Brazil, Brasília – DF, 2013, p. 16.

续表

时 间	财税政策内容	政策成本		
		2012 年	2013 年	2014 年
2012 年 4 月	所得税减免	1.8	5.2	5.5
	调整、延长部分工业产品税（IPI）	0.5		
	实施港口投资税收优惠政策	0.2	0.2	0.3
	公立学校购置计算机、发展互联网、政府采购国货、出口信贷等	2.5	1.5	0.6
2012 年 5 月	削减汽车工业产品税	1.7		
	继续下调消费贷款金融交易税	2.1	3.6	3.6
	国家社会经济发展银行优惠信贷			
2012 年 6 月	取消燃油税	4.7	11.4	11.4
	调整工业产品税优惠政策	0.6		
	联邦政府购买资本货物计划	6.6		
2012 年 8 月	调整工业产品税优惠政策	1.8	3.3	
	资本货物加速折旧政策	0.6		
	下调国家经济社会发展银行贷款利率	na	na	na
2012 年 9 月	延长新兴产业的税收减免		4.9	5.4
2012 年 12 月	继续下调消费品行业所得税		1.9	3.2
	延长工业产品税减免政策		3.5	4.9
	对出口商的税收激励		2.2	2.7
	减免零售业所得税		1.3	2.1
	削减工人参与分享的公司利润税		1.7	1.9
2013 年 1 月	降低工业和居民能源消费成本		8.4	8.4
2013 年 3 月	削减基本消费品的社会保障融资缴费等费税		5.7	9.3
	延长汽车、卡车的工业产品税优惠政策		2.4	
2013 年 4 月	减免对基础设施贷款、资本货物并购的金融交易税		na	na
	削减 14 个新兴产业的所得税			5.4
	减免乙醇、油气等费税		1.1	2.2
2013 年 6 月	对低收入家庭购买家电类等耐用消费品的信贷优惠		na	na
合计		25.9	58.9	66.8
占 GDP（%）		0.6	1.2	1.3

资料来源：IMF，Brazil：Staff Report For the 2013 Article IV Consultation，Country Report No. 13/312，October 2013，pp. 11 – 12.

2013 年，与产业政策相配合，巴西延续了 2012 年的税收政策调整：（1）延长低额汽车工业产品税；（2）提高塑料、木柴和家具等产品的工业产品税；（3）为吸引外资和刺激国内消费，下调金融操作税；（4）免除乙醇业的部分社会保障税费；（5）改革对进口商品增值税（ICMS），从 2013 年对进口商品实行统一税率；（6）减免对基础设施贷款、资本货物并购的金融交易税；（7）削减 14 个新兴产业的所得税。

3. 物流系统投资计划（LIP）

物流系统投资计划（LIP）始建于 2012 年 8 月，是巴西联邦政府"投资增长计划"的一部分，旨在加强地方基础设施建设。该计划预计总投资 2 090 亿雷亚尔，分三个基本建设目标：一是现代大型网络基础社会的可用性；二是建成高效，有竞争力的物流链；三是降低关税。充分整合陆路、航空、水路和航空等物流链，达到降低关税的目的。

4. 与财政相关的其他制度改革

第一，土地改革。巴西环境保护部（Ministério do Desenvolvimento Agrário，MDA）与国家农业种植研究所（Instituto Nacional de Colonização Agrária）一同推出了，土地改革计划。该计划旨在推动经济发展、国土开发之间的可持续发展。国家农业种植研究所设想将推出"优先结算模式"和"金融支农计划"，实现土地可持续利用与国家基础设施建设、环境保护有机结合起来。该计划预计服务 287 百万家庭户，预计总投资金额 3.554 亿雷亚尔。

第二，基本医疗计划。2013 年，巴西联邦政府推出了"美好医生计划"（Programa Mais Médicos），该计划旨在扩大城市郊区及城市初级保健服务，并引导医生为偏远地区提供服务。由卫生部（Ministérios da Saúde，MS）和教育部（Ministérios da Educação，MEC）共同推出的"初级保健医疗教育联邦奖学金计划"。该计划旨在公共卫生体系内部，通过奖学金等形式激励医生向全国最贫困地区或缺乏专业医疗人员的地区提供初级保健医疗工作。该计划目前涉及 3 785 个直辖市，占巴西城市的 68%，约 1 800 地市会优先考虑。总体而言，该计划有 14 462 名医疗人员（巴西人和外国人）在全国范围内工作，惠及尚未获得基本医疗保健的 5 亿人。2015 年"美好医生计划"预计投资 31.6 亿雷亚尔。

第三，贫困削减计划。贫困削减计划（Plano Brasil Sem Miséria，BSM）创建于 2011 年，旨在满足巴西 1 600 万极端贫困人口的基本生活条件。提高极度贫困人口的社会保障和公共服务水平。家庭补贴计划（Programa Bolsa Família）是向家庭人均月收入低于 154 雷亚尔/月的，每月补贴 77 雷亚尔。2014 年月补贴金额 168.3 雷亚尔，足够用于改善儿童健康和教育条件。2015 年，该计划向 1 400 万家庭提供了约 271 亿雷亚尔的援助基金，专项用于福利支出，用以克服儿童极度贫困。消除饥饿和社会发展部

（Ministério do Desenvolvimento Social e Combate à Fome，MDS）投入 3.055 亿雷亚尔，援助 14 340 万家庭，另向 11 430 万农户家庭投入 6.168 亿雷亚尔等。2015 年教育部投入 25 亿雷亚尔用于基础教育发展指数，受益学校 6 000 万。劳工部（Ministério do Trabalho e Emprego，MTE）投入 0.425 亿雷亚尔用于改善劳动力就业市场等。

澳大
利亚

第四篇
大洋洲

第七章
澳大利亚

澳大利亚全称澳大利亚联邦，1931 年成为英联邦内的独立国家，主要由澳大利亚大陆、塔斯马尼亚岛等岛屿组成，面积近 770 万平方公里，人口 2 392 万人（2015 年11 月）。按行政区域，澳大利亚可划分为 6 个州和 2 个地区，即新南威尔士州（NSW）、维多利亚州（VIC）、昆士兰州（QLD）、南澳大利亚州（SA）、西澳大利亚州（WA）和塔斯马尼亚州（TAS）；2 个地区分别是北方领区（NT）和首都领区（ACT，首都堪培拉所在地）。澳大利亚资源丰富，是世界最大的烟煤、铝矾土、钻石等矿产出口国，其石油、天然气等储量也十分丰富。澳大利亚是一个后起的工业化国家，农牧业发达，农牧业和采矿业为澳传统产业。近年来，制造业和高科技产业发展迅速，服务业已成为国民经济主导产业。

一、政府治理体系

（一）政治

澳大利亚的政体为联邦制，设立一个联邦议会、六个州议会和两个代表理事会（首都领区和北方领区）。法定的国家元首为英国女王，总督作为女王的代表行使国家权力。但实际上，女王和总督都只是作为一个象征，联邦政府总理及其内阁拥有并执行大多数国家权力。最高的国家行政领导人是总理，最高立法机构是联邦议会（即国会）。

联邦议会成立于 1901 年，由女王（澳总督为其代表）和参众两院组成。议会实行普选。2013 年 9 月澳举行联邦大选，产生了新一届众议院。众院有 150 名议员，按人口比例选举产生，任期 3 年。现任众议长托尼·史密斯（Tony Smith，自由党）2015 年

8 月就职。参院有 76 名议员，6 个州每州 12 名，2 个地区各 2 名。州参议员任期 6 年，地区参议员任期 3 年。现任参议长斯蒂芬·帕里（Stephen Parry，自由党），2014 年 7 月就职。

澳大利亚的大小政党有数十个，主要有：

自由党（Liberal Party）。1944 年成立，其前身是 1931 年成立的澳大利亚联合党。自由党主要代表工商业主利益，曾多次执政。2013 年 9 月 7 日，托尼·阿博特领导的自由党—国家党联盟在澳联邦大选胜出并出任总理；2015 年 9 月，马尔科姆·特恩布尔成为自由党新的领袖并出任总理。

国家党（National Party）。1918 年成立，原称乡村党、国家乡村党，1982 年改用现名。其势力范围主要在农村地区，代表农场主利益，1996~2007 年与自由党联合执政，2013 年再度与自由党联合执政。该党领袖沃伦·特拉斯。

澳大利亚工党（Australian Labour Party）。1891 年成立，为澳最大政党，同工会关系密切，工会会员多为其集体党员。自 1940 年以来曾 11 次执政。2013 年 9 月 7 日，陆克文（Kevin Rudd）领导的工党在澳联邦大选中失利，结束了六年的执政期。现任领袖比尔·肖顿。

其他的政党还有国家党、民主党、绿党、进步联盟党和澳大利亚共产党等。

（二）政府

澳大利亚联邦政府由众议院多数党或政党联盟组成，该党领袖任总理，各部部长由总理任命。政府一般任期 3 年。2013 年 9 月，自由党—国家党联盟在联邦大选中以较大优势战胜原执政党工党组建了新的政府，自由党领袖托尼·阿博特出任总理；2015 年 9 月，前通讯部长马尔科姆·特恩布尔取代阿博特成为自由党领袖，并就任澳联邦总理。

本届政府的主要构成以及成员是：总理马尔科姆·特恩布尔，副总理兼基础设施与地区发展部长沃伦·特拉斯，总检察长乔治·布兰迪斯，国防部长马利斯·佩恩，外交部长朱莉·毕晓普，国库部长斯科特·莫里森，财政部长马赛厄斯·科尔曼，农业与水资源部长巴纳比·乔伊斯，工业、创新与科学部长克里斯托弗·派恩，移民与边境保护部长彼得·达顿，环境部长格雷格·亨特，卫生兼体育部长苏珊·利，通讯兼艺术部长米奇·法菲尔德，贸易与投资部长安德鲁·罗布等。

在司法方面，联邦高等法院是澳大利亚的最高司法机构，对其他各级法院具有上诉管辖权，并对涉及宪法解释的案件做出决定。它由 1 名首席大法官和 6 名大法官组成。现任首席大法官罗伯特·弗伦奇于 2008 年 9 月就职。联邦的司法部门与政府部门相互独立，包括联邦和州（领区）两个层级；各州设立最高法院、区法院和地方法院；首都领区和北方领区只设立最高法院和地方法院。

澳大利亚政府分为三个级次：联邦政府、州和领区政府，以及数百个地方政府

（市镇）。各级政府在其权力划分上体现了较多的分权特点。联邦政府和州政府的职权在宪法中分别予以了明确规定，而地方政府的职权则在州政府的权限之内。州可以自行立法，而联邦不能干预；但领区的立法权来源于联邦政府的授权，联邦政府可以废止领区的法律。按照各级政府的财政收入和支出分别占 GDP 的比例划分，联邦政府的收入、支出所占比例最大，其次为州和领区政府，地方政府所占比例最小。

在政府职能划分上，联邦政府负责制定法律及承担联邦公共事务，如外交、国防、移民、税收、社会保障和福利等方面；州政府的作用则主要在提供地区性社会公共服务方面，如中小学和职业教育、能源、卫生、交通、警察和司法体系、农业支持等；而地方政府侧重于本地区的社会服务，如社区服务、文化娱乐、道路交通、公共设施等。

与政府的分级管理相适应，澳大利亚在财政上实行典型的分税、分级财政管理制度，一级政府对应一级财政，并通过较为规范的财政转移支付制度来实现社会资源的均等分配，各级政府间事权和财权的划分非常明确。

二、政府间财政关系

在澳大利亚，虽然联邦政府预算中包括了所有各级政府的支出，但是各级政府之间并没有一个统一的财政目标框架的限定。然而在债务方面则是统一协调的，联邦政府和地方政府通过"联邦贷款委员会"，来共同协商和协调政府债务问题。近年来，"联邦贷款委员会"只是主要进行信息方面的交换，而非政策制定。[1]

联邦与各州及领地之间的财政关系由国库部直接负责。在澳大利亚，政府间财政关系是一个重要而敏感的问题。

（一）事权和支出责任

1. 联邦政府与州和地方政府的事权划分

澳大利亚宪法中明确规定了联邦政府与州政府之间的权力划分。宪法第 51 条规定了联邦政府的主要职责和权力大体可分为三类：第一类主要包括国防军事权，外交事务权和在国际事务中保证澳大利亚以一个统一整体发挥作用的权力；第二类是综合经济权力，主要包括国内贸易、全国性税收、货币、邮政、电讯、企业管理等；第三类是与社会福利和社会秩序有关的各种权力，主要包括基本的社会福利，有关少数民族法规的制定等。

宪法第 107 条规定了州政府的职权（地方政府职权归类于州政府职权范围之内），

---

① IMF：< Budget Institutions in G – 20 countries >

一是综合经济权力，主要包括为地方用途而课税，开展银行业务，促进州工商业发展、农、渔业、维持州内就业水平，组织州内基础设施建设如公路和公共运输等；二是与社会管理有关的权力主要包括中小学教育、卫生、社会治安、监督地方政府，环境保护、救济和教养、社区服务、修建住宅等等。

地方政府的职权范围则主要是限于本地的城市规划、社区服务、本地道路、公园和图书馆、垃圾处理和基础设施维护等。

2. 各级政府的支出责任

澳大利亚的财政支出与联邦、州（包括领区）和地方三级政府明确的事权划分相对应，联邦一级主要是行政、国防等本级支出，以及对州政府的一般性转移支付支出、和社会福利等专项转移支出，后两项支出在联邦的财政支出中占绝大部分，约占联邦支出的60%。

州政府的支出主要是卫生医疗、中小学教育、社会秩序和安全、交通和公共设施、农林渔业、环境等方面支出。在澳大利亚，中级以下的教育事务由州和地方政府负责，所以联邦政府通过对州政府的财政转移支付来实现这部分的教育管理职能。通过财政均等化的方式，联邦政府负担了全国大部分公共教育经费，目的是保证各级政府在公共教育方面的服务能达到同一水平。

与财政收入相对应，地方政府主要负责社区服务、城市规划、基础设施维护等本地化支出。

（二）各级政府的收入划分

澳大利亚财政收入包括税收收入和收费收入等，主要来源是税收收入。地方政府的财权很小。税收主要分联邦税和州税两种，地方政府财政收入的主要形式是地方性收费。联邦政府的税基大、税源广，而州政府的税权相对很小，联邦政府对州和地方政府的财政转移支付是这两级政府的主要收入。

澳大利亚实行彻底的分税制，税收高度集中在联邦政府。在三级政府征收的税收总额中，联邦政府约占80%，州政府占17%左右，地方政府约占3%。

澳大利亚财政收入的一个特点就是各级政府基本上不分享同一税基，并且没有附加税。在澳大利亚除土地税由三级政府共同征收之外，其他税种在三级政府间完全分开，联邦政府通过较为完善的财政转移支付制度实现财政收入分配的均等化。

联邦政府的收入。根据联邦宪法，联邦政府有完整的收入获得权、收入支配权和收入使用权，其财政收入主要有个人和公司所得税、商品和服务税（GST）、消费税以及国际贸易税（占公共部门总收入的60%多）、资本增值税、柴油烟酒税、关税等税收收入以及债务收入等。

州政府的收入主要有工资税和印花税两项，以及机动车辆税、博彩税、土地使用税等。在州政府的收入中，除海上石油和天然气之外，矿产资源方面的收入主要以使用权的形式征收，但其在各州的分布很不均匀，收入总量也很有限，只占公共部门总收入的1%左右。州政府的另一个收入来源是联邦政府的转移支付。转移支付占州政府收入的一半以上。

地方政府的财权非常有限，其收入来源主要是联邦政府和州政府的转移支付，以及本级的财产税和服务性收费，如水费、电费和土地使用费等。

从1901年澳大利亚联邦的建立至今，经过100多年的发展演变，目前澳大利亚各州的财政管理权限逐渐降低，联邦政府的财政集权程度越来越高，通过税收、转移支付等财政经济手段调控联邦各州协调发展的能力逐步增强。

（三）政府间的转移支付

1. 财政均衡化

财政均衡化是澳大利亚财政体制的一个显著特征。由于联邦政府掌握了大部分税收，因而州和领区政府在财政上依赖于联邦政府，这种关系集中体现在联邦政府的财政转移支付上，通过转移支付机制来实现社会资源的均等分配。

财政转移支付有明确的制度规定。澳大利亚的《政府转移支付法》明确界定了各级政府的收入权限，从法律上规范了政府间的财政转移支付。当联邦、州和地方政府财力与支出任务不匹配而出现纵向财政失衡时，联邦政府需要向州及地方政府进行纵向财政转移支付，转移支付的原则是横向财政均衡；即如果该州政府在收入征收方面达到了平均努力程度，在政府管理效率方面达到了平均水平，则该州政府有权利获得财政能力以提供平均公共服务水平，使公民由于纳税而享受到均等化的公共服务。

澳大利亚财政转移支付的目标主要是推动统一、有序的国内市场的形成，促进社会经济、文化等各项事业协调发展。在近几年的财政总收入中，联邦政府收入占七成以上，州约占二成，地方政府则不足一成；在财政总支出中，联邦政府支出约占总支出的70%，其中用于联邦本级的支出一般只有30%左右，其他40%则主要用于全国的社会保险以及对州和地方政府的转移支付。

联邦政府的转移支付对于地方政府来说十分重要。在州政府的资金来源中，联邦政府的转移支付占主要部分，占约一半以上。

2. 财政转移支付

联邦政府对地方政府的财政支出即政府间的转移支付，具有以下两种类型：

（1）一般性财政转移支付。一般性财政转移支付属于一种宽泛类别的支出，它无条件地提供给各州政府，不限定支出用途，州和地方政府可按各自的预算优先顺序自主支出。

一般性转移支付的原则是横向财政均衡，包括商品和服务税（GST）转移支付，约占转移支付总额的50%以上；以及政府预算平衡补助款、国家竞争政策款、特定收入补助款和支付给地方政府的地方政府财政补助款。

一般性财政转移支付包括联邦政府对州政府的转移支以及州政府对地方政府的转移支付。前者是澳大利亚财政转移支付体系中的主要组成部分，州政府对地方政府的转移支付所占部分很小。

联邦政府对各州政府的一般性转移支付金额，由联邦拨款委员会按照事权、财权相匹配的原则，按人均相关原则设计转移支付公式，公式中的基数和变量每5年计算一次，其具体确定方法向社会公开。

一般性财政转移支付的主要形式是销售税权利，其他还包括首都领区的市政服务支出补助、特许权使用费等。

第一，销售税权利。联邦政府根据横向财政均衡原则，以及联邦拨款委员会的意见向各州进行销售税权利的分配。根据联邦财政关系的"政府间协议"，联邦政府支付各州政府相当于他们销售税收入的部分。销售税权利即分配给各州的那部分销售税。这反映了在上一财年基础上经过调整的分配给各州的销售税权利。

第二，首都领区的市政服务支出。这项支出用于补偿堪培拉作为首都而发生的额外的市政成本开支，例如首都特别规划的供水和排污处理等附加成本开支等。

特许经营权。根据2006年海岸石油法案中有关西北大陆架石油和天然气的规定，西澳大利亚州海岸的石油和天然气特许经营权由联邦和西澳大利亚州共享，其中联邦政府占1/3，州政府占2/3份额。由于近海区域的管辖权归属联邦政府，所以上述特许经营权一并归联邦所有；类似的还有北方领地铀矿的特许经营权问题，根据法律，北方领地铀矿的所有权由联邦政府所有。根据1978年联邦和北部领区之间的谅解备忘录，特许经营权支出每半年支付一次，其特许经营权费率是净销售收入的1.25%。

雪水电力有限公司的税收补偿。雪水电力有限公司由联邦、新南威尔士州和维多利亚州共同所有，三方分别各自持有13%、58%和29%股份。雪水电力有限公司按照所占份额向联邦政府缴纳所得税，联邦政府以一般性转移支付的形式向这两州支付补偿。

（2）特定转移支付（SPPs）。联邦政府的特定转移支付覆盖了州政府的大部分功能领域和地方政府活动，包括卫生、教育、技能和劳动力训练、社区服务、住房、土著事务、基础设施和环境等。

为了保证州以及地方政府上述特定职能的实现，特定转移支付由联邦政府指定用途，用于特定的工程或项目补助。该项转移支付一般要达到联邦或全国的某些目标，并按照项目逐项签订协议，实行严格的绩效考核和评价。

通过特定转移支付，联邦政府将其部分管理权限转移给州及地方政府，各州和领区政府必须在所指定的范围内使用上述特定用途拨款。

特定转移支付每年通过联邦财政关系中的"政府间协议"中规定的增长因素进行

指数化，并按照澳大利亚权威统计发布的截至每年的 12 月 31 日的各州人口权数在各州进行分配。

在 2015～2016 财年，联邦政府通过三个"国家特定目的支出"为地方政府提供支持，即："技能和劳动力发展"、"残疾人服务"和"经济适用房"。各州政府需按照要求将钱用在所指定的方面。

向各州和领区的公立医院提供资金支持也是联邦政府的做法之一。从 2017 年 7 月 1 日起州公立医院的资金将实行 CPI 指数化并与人口的增长挂钩。联邦对各州的另一项支付方式是向学校的循环拨款。从 2018 年 1 月 1 日起，循环拨款的方式也将改为与 CPI 指数挂钩和新生变化津贴的方式。

在动态上，联邦政府的特定转移支付保持了一个增长的态势。根据澳大利亚 2015～2016 财年预算，联邦政府将支付给各州的特定转移支付总计 500 亿澳元，比 2014～2015 财年的 465 亿澳元增加了 34 亿澳元，估计约占 2015～2016 财年联邦政府总支出的 11.5%。同年的"国家特定目的支出"，连同"国家卫生改革"和"学生第一"资金预计将达到 364 亿澳元，比 2014～2015 财年的 343 亿澳元增加了 21 亿澳元。

以下是澳大利亚 2015～2016 财年预算中联邦政府向地方政府的财政转移支付情况，从动态上看总体是一个持续增长的态势（见表 7-1）。

表 7-1　　　　　　　　联邦政府向地方政府的财政支出　　　　　　单位：百万澳元

	新南威尔士州	维多利亚州	昆士兰州	西澳大利亚州	南澳大利亚州	塔斯马尼亚州	堪培拉首都领区	北部领区	总计
2014～2015 财年	31 266	22 853	21 229	8 106	8 109	2 956	1 918	4 227	101 708
特定转移支付	14 326	10 928	9 482	5 817	3 122	1 028	782	1 029	46 530
一般转移支付	16 942	11 925	11 764	2 289	4 986	1 928	1 136	3 199	55 178
2015～2016 财年	32 318	24 414	23 054	7 423	9 034	3 394	1 857	4 596	107 711
特定转移支付	14 973	11 659	10 064	5 479	3 516	1 159	786	3 335	49 962
一般转移支付	17 345	12 755	12 990	1 944	5 518	2 236	1 071	1 261	57 749
2016～2017 财年	34 859	24 760	26 344	7 269	9 877	3 524	1 961	4 505	115 180
特定转移支付	16 792	11 400	11 398	5 592	3 726	1 188	837	1 073	53 520
一般转移支付	18 067	13 360	14 946	1 677	6 151	2 336	1 124	3 432	61 660
2017～2018 财年	35 289	25 610	27 773	7 127	10 104	3 523	2 044	4 314	117 698
特定转移支付	16 219	11 475	11 290	5 761	3 539	1 072	825	962	52 549
一般转移支付	19 070	14 135	16 483	1 366	6 565	2 450	1 219	3 351	65 149
2018～2019 财年	36 836	26 819	27 955	7 412	10 541	3 595	2 091	4 207	120 965
特定转移支付	16 602	11 744	10 609	5 786	3 744	1 080	810	748	52 220
一般转移支付	20 235	15 075	17 346	1 626	6 797	2 516	1 282	3 459	68 745

资料来源：澳大利亚联邦政府 2015～2016 财年预算文件。

三、财政收支运行状况

（一）财政支出

根据澳大利亚的预算程序，预算于 5 月份的第二个星期二提交给国会。2015～2016 财年预算于 2015 年 5 月 12 日正式递交国会。表 7-2 是澳大利亚政府部门在 2014～2015 财年至 2018～2019 财年期间的预算收支和平衡情况。在 2015～2016 财年，预计财政赤字为 330 亿澳元。在接下来的财年里，预计赤字将依次递减。

在 2015～2016 财年的总收入预计为 4 054 亿澳元，比上一财年增长 5.5%，支出预计为 4 345 亿澳元，比上一财年增长 3.4%。

表 7-2　　　　　　政府部门财政收入、支出及平衡总量情况一览表　　单位：10 亿澳元

	实际结果		预　估		预　测	
	2013～2014 财年	2014～2015 财年	2015～2016 财年	2016～2017 财年	2017～2018 财年	2018～2019 财年
财政收入	373.9	384.1	405.4	433.4	466.2	501.3
占 GDP 比重（%）	23.6	23.9	24.5	24.8	25.4	25.9
财政支出	413.8	420.3	434.5	452.7	471.8	499.4
占 GDP 比重（%）	26.2	26.2	26.2	25.9	25.7	25.8
净营运平衡	-39.9	-36.2	-29.1	-19.2	-5.6	1.9
净资本投资	3.8	3.1	3.9	4.2	3.6	5.1
财政平衡	-43.7	-39.4	-33.0	-23.4	-9.2	-3.2
占 GDP 比重（%）	-2.8	-2.5	-2.0	-1.3	-0.5	-0.2

资料来源：澳大利亚 2015 年预算概览。

澳大利亚政府部门 2013～2014 财年的财政支出为 4 138 亿澳元；估计 2014～2015 财年为 4 203 亿澳元，比上一财年增长 1.58%；2015～2016 财年为 4 345 亿澳元，环比增长 3.4%。

在澳大利亚 2015～2016 财年预算中，该财年全国政府部门的财政总支出预计将增长 0.9%，到 2018～2019 财年将进一步增长至 3.3%，主要反映了全国残疾保险计划方案的实施情况。在 2015～2016 财年及以后的中期预算期间，总支出占 GDP 的比重预计将从 26.2% 下降至 25.8%（见表 7-3）。

表 7-3   政府部门财政支出占 GDP 比重及其变化

	修正数	预 测		推 测	
	2014~2015 财年	2015~2016 财年	2016~2017 财年	2017~2018 财年	2018~2019 财年
总支出（十亿澳元）	420.3	434.5	452.7	471.8	499.4
比上年实际增长（%）	-0.2	0.9	1.7	1.8	3.3
占 GDP 比重（%）	26.2	26.2	25.9	25.7	25.8

注：实际增长数以消费者价格指数计算而来。

资料来源：澳大利亚 2015~2016 年预算。

以下是 2014~2015 财年和 2015~2016 财年，以及以后几个财年的支出情况。

表 7-4 中，一般公共支出在 2015~2016 财年往后的整个中期预算中将保持相对稳定；国防方面，2015~2016 财年到 2016~2017 财年的下降主要反映了海外支持的年度变化，从 2015~2016 财年往后的国防支出预计名义增长 9.2%（实际增长 1.6%）；

教育，从 2015~2016 财年到 2018~2019 财年的增长主要反映了政府的"学生第一"学校教育政策，持续扩大高等教育，增加高等教育贷款等；

卫生，在整个中期预算期间提高医疗服务和医疗、医药的福利，对公立医院的服务、功能及附属功能提供支持。进一步提高医疗服务水平和预期，特别是对于年长者的服务；

社会保障和福利方面的渐进增长反映了全国残疾保险计划的实施，以支持特别是日益增长的老年人口在关怀照顾、不能自理以及居家养老等方面的需要和支付。这方面的增长将部分被减少其他社保福利支出所抵消，例如家庭税收福利和带薪产假等；

交通通信在 2015~2016 财年到 2018~2019 财年间的波动变化主要反映了此间铁路运输和公路运输项目的功能变化；

其他用途：此间的增长变化主要是由于不断增加的给予各州和领区政府的一般转移支付，这主要反映在消费税的让与上；以及增加的公共债务的利息成本和应急储备的保守偏向津贴部分。

表 7-4   按作用划分的澳大利亚政府部门财政总支出   单位：百万澳元

	预 估			预 测	
	2014~2015 财年	2015~2016 财年	2016~2017 财年	2017~2018 财年	2018~2019 财年
一般公共部门	25 169	22 162	22 936	22 224	22 543
国防	24 612	26 348	26 106	27 631	28 783
公共秩序及安全	4 580	4 885	4 851	4 735	4 806

续表

	预 估			预 测	
	2014～2015 财年	2015～2016 财年	2016～2017 财年	2017～2018 财年	2018～2019 财年
教育	31 202	31 854	33 133	34 055	35 115
卫生	67 037	69 381	71 634	74 076	76 987
社会保障和福利	149 107	154 000	159 654	170 719	186 869
住房和城建	4 940	5 329	5 242	5 041	4 553
文化娱乐	3 520	3 530	3 350	3 294	3 287
燃料能源	6 986	6 706	6 705	6 895	7 237
农林渔业	2 731	3 063	2 930	2 780	2 408
矿业、制造业和建筑业	3 218	3 142	3 129	3 082	3 092
交通通信	6 504	8 575	11 198	9 304	6 315
其他经济事务	10 680	9 792	8 918	8 850	8 950
其他用途	80 049	85 701	92 869	99 131	108. 483
总计支出	420 335	434 469	452 654	471 816	499 428

资料来源：澳大利亚2015～2016年预算，支出。

澳大利亚的政府支出很大程度上受到社会保障和福利、卫生以及教育支出的影响。在2015～2016财年的预算中，这些支出总共占据了58.7%的比例（见图7-1）。

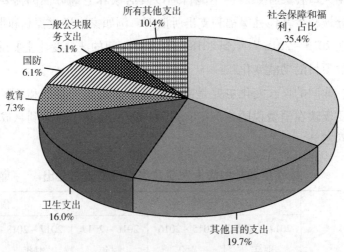

图7-1 2015～2016财年的政府财政支出构成

资料来源：澳大利亚2015～2016年预算。

（二）财政收入

2013~2014 财年的总收入为 3 739 亿澳元，预计 2014~2015 财年为 3 841 亿澳元，2015~2016 财年为 4 054 亿澳元，预计比上一财年的预计数增长 5.5%。澳大利亚政府财政收入的中期预算及其构成情况（见表 7–5）。

表 7–5　　　　　澳大利亚政府的财政收入及其构成　　　　单位：百万澳元

	预　　测			推　　测	
	2014~2015 财年	2015~2016 财年	2016~2017 财年	2017~2018 财年	2018~2019 财年
个人及其他预扣税	181 160	194 260	207 960	222 950	240 540
附加福利税	4 480	5 020	5 230	5 060	5 300
公司税	69 900	69 800	75 500	82 100	88 200
养老基金税	6 200	9 180	10 670	11 350	11 900
资源租赁税	1 700	1 420	1 450	1 370	1 380
所得税收入	263 440	279 680	300 810	322 830	347 320
商品和服务税	56 690	60 330	64 130	67 790	71 780
葡萄酒平衡税	820	840	870	910	960
豪华汽车税	510	450	410	420	430
销售税收入	58 020	61 620	65 410	69 120	73 170
燃料消费税	17 600	17 880	18 410	19 250	20 310
其他消费税	6 540	7 040	7 530	7 810	8 130
消费税收入	24 140	24 920	25 940	27 060	28 440
关税	9 750	9 480	9 830	10 050	10 450
农业税	492	472	480	488	494
其他税	3 275	3 902	4 147	4 242	4 331
其他间接税	3 767	4 374	4 627	4 730	4 825
税收收入	359 117	380 074	406 617	433 790	464 205
商品和服务	9 277	9 542	11 791	16 331	20 069
利息	3 653	4 083	4 680	5 159	6 184
股息和红利	4 796	3 143	3 561	3 912	3 310
其他	7 255	8 508	6 777	6 986	7 519
非税收收入	24 981	25 276	26 810	32 388	37 083
全部收入	384 098	405 350	433 427	466 178	501 288

资料来源：澳大利亚 2015~2016 年预算。

值得指出的是，自从上一个预算，即 2014~2015 财年预算至今，随着对名义 GDP

预期的大幅下调（在往后到 2017～2018 的四个财年间共计下调了约 1 720 亿澳元），税收收入也黯淡下调。不包括新政策，在 2015～2016 财年预算中，2015～2016 财年税收收入下调了 140 亿澳元；在往后至 2017～2018 的四个财年中总共下调了税收收入约 517 亿澳元。

税收收入的下调主要是由于铁矿石价格下降和工资水平的下降等等。税收收入占 GDP 的比重在 2015～2016 财年预计为 22.3%，略低于早前在 2014～2015 财年预算中估计的 22.5% 的水平。

（三）财政盈余/赤字

联邦政府对财政盈余的实现非常有信心。

2015 年 5 月 12 日澳大利亚国库部长在向国会披露 2015～2016 年度预算时说，2013～2014 财年的基础现金平衡为赤字 485 亿澳元，预计 2015～2016 财年将削减为 351 亿澳元，并在接下来的三年时间里将财政赤字减少到近 70 亿澳元。在此期间，随着经济的发展，政府的规模还将进一步缩小，毫无疑问我们要为合理化预算和削减赤字做出更多的努力。这要求我们一方面要调整预算以促进和保证经济繁荣，一方面要继续寻求明智的节俭方式。我们将更加谨慎地投资，因为纳税人的钱是来之不易的。尽管现在铁矿石的价格已经减半，我们仍对减少赤字返回结余持有坚定的信心和清晰的路径，并可以争取在 10 年内减少债务总额 1 100 亿澳元。

2015～2016 财年预算做出了减少赤字的中期预算，为通向盈余铺设了稳定和可靠的途径。按照预算，在中期预算的每一个财年财政平衡情况都会有所好转，预计基础现金赤字将从 2015～2016 财年的 351 亿澳元、占当年 GDP 比重的 2.1%，下降到 2018～2019 财年的 69 亿澳元、占当年 GDP 的 0.4%（见表 7－6）。

表 7－6　　　　　　　　　澳大利亚政府的财政平衡情况　　　　　　单位：10 亿澳元

	实际	预　测			推　测		总计
	2013～2014 财年	2014～2015 财年	2015～2016 财年	2016～2017 财年	2017～2018 财年	2018～2019 财年	
基础现金平衡	－48.5	－41.1	－35.1	－25.8	－14.4	－6.9	－82.3
占 GDP 比重（%）	－3.1	－2.6	－2.1	－1.5	－0.8	－0.4	
财政平衡	－43.7	－39.4	－33.0	－23.4	－9.2	－3.2	－68.9
占 GDP 比重（%）	－2.8	－2.5	－2.0	－1.3	－0.5	－0.2	

注：总计数字为 2015～2016 财年到 2018～2019 财年数字总和，基础现金平衡不包括净未来基金收益。

资料来源：澳大利亚 2015～2016 年预算。

应该注意的是，根据预算，基础现金的平衡情况有望在整个中期预算期间得到进一步的改善。仅就目前的预测表明，在 2019～2020 财年即可实现预算平衡；在这个中期预算期间末期，即便假设从 2020～2021 财年对纳税人实行税收优惠和减免，基础现金平衡也可以实现适度盈余。

政府承诺将不遗余力地致力于尽快地消除财政赤字和实现结余。2014～2015 财年的铁矿石价格跌落是致使政府税收减少的最大因素。从 2014～2015 财年至 2017～2018 财年，预计税收收入总共将减少 520 亿澳元，其中铁矿石价格下降的贡献就有 200 亿澳元，占了大约 38.5%；对工资的弱势预期也大幅降低了税收收入的预期。

政府的目标是在 2023～2024 财年实现财政结余占 GDP 的 1%。

控制财政赤字的措施主要有：

第一，通过调整政府支出和投资进一步发展经济：

1. 55 亿澳元的"工作机会和小企业计划"将在投资、雇用和增长方面给小企业更多支持，并帮助增加就业，特别是让失业的年轻人找到相对稳定的工作。

2. 45 亿澳元的"家庭计划"以提供更加简便、灵活和有效的儿童照料手段来促进和支持就业。

3. 促进国家的经济转型，改变资源依赖性的增长模式，国家地区发展基金将有针对性地解决特定的经济压力问题和区域性需求。

4. 在贸易和投资方面，近期签署的与中国、日本和韩国的自由贸易协定将有助于增强澳大利亚的整体经济。这些协议有助于提高澳大利亚在这些重要市场上的竞争地位，并为出口和投资开辟新机会。

上述政府中期财政措施将提高投资效率，提高劳动力和劳动生产率。

第二，保持强劲的财政纪律。

1. 强大的财政纪律在一个长期内可以降低政府开支，提高政府工作效率，从而为私有部门的投资和就业、增长释放出更多的资源。

2. 政府的财政策略致力于持续在中期预算期间减少支出和联邦政府债券的发行，这已经在 2014～2015 财年的年中计划中有所表现；预计在下一个中期预算中（从 2019～2010 财年到 2025～2026 财年）还将加大力度。

第三，强化政府的资产负债表。

一个强大的资产负债表为政府在金融危机或经济震荡时期有效地应对突发事件提供了余地和灵活性，政府将为此付出努力。

（四）联邦政府债务

至 2015～2016 财年末，联邦政府发行的债券余额约为 4 120 亿澳元，穿越整个中期预算期间，截至 2018～2019 财年预计将达到 5 180 亿澳元。

政府的活动和服务是通过税收和债务进行的：当国家的税收收入低于其活动支出

时，政府就通过发行联邦政府债券（CGS）的方式向投资人举债（见表7-7）。通常，历届政府都通过不断发行新的债务以维持主权债市场良好的流动性。政府将特别侧重于确保一个足够大的市场来保持流动性可以覆盖更长的收益曲线，并支持国债期货市场。

表7-7　　　　　　　　　　联邦政府债券发行情况　　　　　　　　单位：亿澳元

	2014~2015年	2015~2016年	2016~2017年	2017~2018年	2018~2019年
年末面值	3 670	4 120	4 740	4 970	5 180
占GDP（%）	22.9	24.9	27.2	27.0	26.7
年末市值	4 130	4 600	5 230	5 450	5 650
占GDP（%）	25.7	27.8	30.0	29.6	29.2

注：这里的市值数字可能与"澳大利亚政府部门资产负债表"上的总计数字有出入。

资料来源：澳大利亚金融管理办公室。

一个运作良好和具备充分流动性的联邦政府债券市场还可以为企业债券市场提供一个安全基准和低风险的投资工具，从而为企业债券市场发展提供支持。

"澳大利亚金融管理办公室"（AOFM）负责联邦债券的发行和管理。目前澳大利亚有三种联邦政府债券：

中长期国库券（Bonds）：中期或长期的政府债券，固定年利率，每6个月支付一次；

国债指数债券（TIBs）：中期或长期债券，其价值随消费者价格指数的变化而变化，固定利率，按季度支付利息；

短期国库券（Notes）：一般为期六个月的短期债券，其发行根据年内资金的流动剖面而定。

1. 联邦政府的净债务情况

净债务等于政府的负债总和，即存款总和、政府证券的市场价值、贷款以及其他借贷，减去资产总和，即现金和存款总和、政府的预付款和投资、贷款等。表7-8是联邦政府的净债务情况。

表7-8　　　　　　　　澳大利亚联邦政府的净债务情况　　　　　　　单位：亿澳元

	预　测			推　测	
	2014~2015年	2015~2016年	2016~2017年	2017~2018年	2018~2019年
负债总和	4 304	4 800	5 426	5 650	5 843
资产总和	1 802	1 942	2 292	2 413	2 589

	预 测			推 测	
	2014~2015年	2015~2016年	2016~2017年	2017~2018年	2018~2019年
净债务	2 502	2 858	3 134	3 237	3 254
占 GDP（%）	15.6	17.3	18.0	17.6	16.8
净利息支付	109	116	119	123	130
占 GDP（%）	0.7	0.7	0.7	0.7	0.7

资料来源：澳大利亚 2015~2016 年预算。

2. 债务构成和分析

表 7-9 是截至 2015 年 5 月联邦政府债券的发行情况和组成情况分析。

表 7-9　　　　　澳大利亚联邦政府债券发行构成情况　　　　单位：百万澳元

	2015 年 5 月发行总量	
	面值	市场价值
中长期国库券	325 886	359 263
国债指数债券	24 316	33 279
短期国库券	5 500	5 481
国债小计	355 702	398 024
其他股票和证券	2 536	4 930
联邦政府债券总计	358 238	402 954

资料来源：澳大利亚金融管理办公室。

由表可见在所有的联邦政府债券中，国库券所占比重最大，以面值计算，在 2015 年 5 月的发行量中占了 90.96%，国债指数债券其次，占 6.80%，依次往后是国 NOTE，占 1.53%，而其他股票和证券只占了 0.71%。

3. 联邦政府债券的持有情况

联邦政府债券并不局限于澳大利亚居民。截至 2014 年第四季度，有近 65.9% 为非澳大利亚居民所持有。持有情况（见图 7-2）。

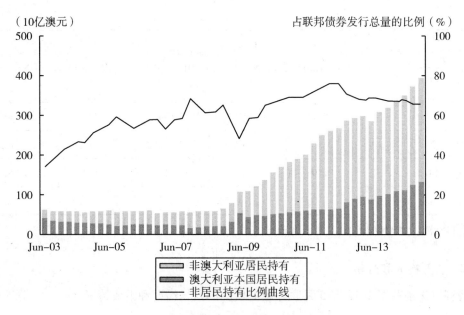

图 7 - 2　联邦政府债券的持有情况

资料来源：澳大利亚统计局，澳大利亚金融管理办公室。

由非居民持有的联邦政府债券自 2009 年以来显著上升，并保持在历史高水平上。这似乎反映了全球外汇储备增加并投资于主要国家货币的趋势，同时也说明了外国投资者对于澳大利亚主权债市场的信心。这也为政府债券的长期收益率近年来降低到了历史较低水平做出了贡献。

4. 联邦政府债券的收益率

2015～2016 财年预算中设定的国债市场收益率为债务的加权平均成本，在整个中期预算中约为 2.5%，比 2014～2015 财年的"年中财政和经济预景"文件提出的 2.9% 减少了 0.4 个百分点。图 7 - 3 显示了 2014～2015 财年预算、2014～2015 财年"年中财政和经济预景"、以及 2015～2016 财年预算中的债券收益率曲线的情况。

四、政府预算管理

在预算管理和改革方面，澳大利亚可谓世界各国的先锋。澳大利亚以权责发生制为基础的绩效预算改革可以追溯到 20 世纪 70 年代；中期预算制度框架的引入有效地控制了政府的财政支出，减少了财政赤字和政府债务规模，提高了财政资金的使用效益；并实现了财政盈余。在不断推进的预算改革进程中，澳大利亚的联邦预算管理架构及其预算改革也在实践中经过了反复的修正和改进，从而更加趋于合理和完善。

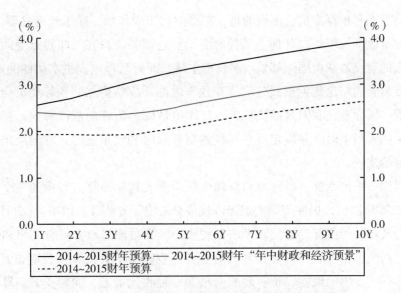

图 7-3　三个预算中的联邦政府债券收益率曲线

资料来源：澳大利亚金融管理办公室。

（一）预算体系

在澳大利亚的政府预算体系中，预算的参与者按照不同的职能可以划分为预算的监管者和执行者两大类。监管者负责整体财政目标的制定，包括政府整体的财政计划和支出目标的控制等，如支出审查委员会和国库部长及其各职能部门；预算支出的执行部门，包括各个独立预算机构是预算的执行者，他们更多的可能是追求预算的最大化，以任务为中心争取更多的预算资金。总理作为政府政策的协调人，既担负着预算监管的责任，同时又可能是庞大支出的倡导者。从国际比较的情况来看，澳大利亚预算体系中的监管者更为有力，因而更多地体现了联邦政府对于预算的控制和调节。

从联邦成立之初就建立的国库部，一直以来就肩负着制定预算政策，监管预算资金的职责，以提高预算资金的使用效率。在对预算支出执行部门和来自支出审查委员会的评估信息进行分析和比较的基础之上，国库部对新的预算项目提出建议，并检查预算过程和形成最终的预算文件。

（二）联邦预算管理框架

1. 预算管理的组织结构

与其他国家相比，澳大利亚联邦预算的组织架构包括内阁委员会、预算管理核心机构以及预算支出各部门（单位）。

内阁委员会——支出审查委员会（ERC）与战略重点和预算委员会是预算过程中两个常设的内阁委员会。支出审查委员会是一个常设机制，着重于支出约束和财政职责。与战略重点和预算委员会不同的是，它更侧重于操作性，除了政府总理、副总理、国库部长和财政部长以外，其他人员随时变动。总理一般只在战略重点等问题上主持会议，其余的会议通常由国库部长或副总理主持，而财政部则提供实质性的审议材料。支出审查委员会的结论作为正式建议提交预算内阁；战略重点和预算委员会由政府总理、副总理、国库部长和财政部长组成，其作用是设定预算的战略方向，制定议程以及财政目标的实现手段，并确定下一年度的财政战略和政策重点。它的决定作为预算中可以考虑的建议。

核心机构——国库部、财政部和总理内阁是澳大利亚预算过程中的三个独立的核心机构。1976 年以前，国库部即决定经济政策又决定开支政策，1976 年 12 月从国库部中拆分出财政部，国库部专管宏观经济和税收，以及联邦与地方政府（州和领地）的财政关系；财政部则专管预算支出和政府会计，职能与中央预算办公室相似，即在预算中协调各部门支出的编制，负责政府支出和非税收入报表，同时监督预算会计和财务框架。总理内阁支持总理作为政府首脑来管理政府决策，侧重于政府的政策目标，同时作为两个内阁委员会的秘书处，还承担着设定预算议程的职能。

支出部门和单位——每个部门都有相应的内阁大臣负责，如国库大臣领导国库部门，包括国库部、统计局、税务总署等十多家单位。在预算方面，部门仅是各支出单位的松散集合，各预算单位都直接向各自的内阁大臣报告。而财政部作为预算支出的管理者则与各部门的单位有着直接和实质性的联系。目前财政部所关注的重要支出单位有 50 个，占全部支出的 99%。各支出单位负责编制列入预算和预算文件的数据资料，并提供其他相关信息，如本单位新政策的有关情况和绩效信息等。

2. 中期滚动预算框架

严格、可靠的预测机制有助于遏制和消除各支出部门的支出扩张行为。1983 ~ 1984 财年，澳大利亚首次公布了未来三个财年的预算估计数，此后滚动的中期预算框架成为年度预算的基础。在现有政策不变、经济条件和价格以及成本不变的情况下，中期预算是暂定的政府未来支出。

与年度预算一样，中期预算同时以收付实现制和权责发生制为基础进行编制，每年的预算都包括当年预算数与之前预测数之间的调整，对其中的变化同时提供完整详细的陈述和数据说明，例如新政策的实施所导致的变化数据、经济因素或非经济因素引起的调整变化数据，以及其他变化数据等等。当本年度预算结束后，下一个年度的估计预算就成为以后预算的基础，同时整个中期预算向后滚动一年，以此类推。中期滚动预算处于不断的修正过程中，包括和反映了新的决策或其他变化所引起的改变，从而既有效控制了政府开支，又确保了预算的准确和全面。

3. 议会在预算管理中的职能

澳大利亚议会在预算过程中的作用相对有限。根据宪法的有关条款，政府掌握支出建议的主动权，因此议会不能建议任何新的支出，也不能重新分配资金。在预算的批准过程中，议会两院的作用也有区别，对参议院有更多的限制。宪法规定拨款法案只能在众议院提交。

每届议会都任命自己的审计联合委员会，由 16 名成员组成，6 名来自参议院，10 名来自众议院。其职责是保证政府使用公共资金的合法性、效率性和有效性，主要通过向议会提交澳大利亚审计署的各项报告来实现其工作任务；同时并向审计长提出议会关于审计重点的建议。

议会是主要通过审计署来实现其预算审查和政府问责职能的。澳大利亚审计署是一个向议会和公共部门提供审计审计服务的专业机构，审计长是议会的独立官员。《审计长法案1997》授权审计长进行预算单位和项目的财务审计和绩效审计，并将结果呈送议会。

（三）以绩效为中心加强预算管理

从 1999 年开始，澳大利亚采取了自然增长预算，建立了以产出和绩效为基础的监管框架。作为行政管理改革的核心内容之一，绩效预算管理以结果为导向，通过绩效目标的制定，把政府部门的战略目标和预算资金的分配与绩效紧密联系起来。

1. 部门预算

部门预算是澳大利亚预算体系中控制支出的一个显著特征。其最大的特点是，一旦各部门的支出限额由支出委员会确定下来，各部门的部长也就获得了在本部门的预算限额之内自由支配资源的权力。这也为按照优先秩序安排使用资源提供了灵活性。虽然政府并没有刻意追求以部门为基础的预算体系，但鉴于以往所形成的以部门为单位配置资源和进行预算的传统，澳大利亚最终选择了以部门为单位来编制预算。

部门预算赋予了部门管理自主权，以绩效目标为约束手段，强化部门的绩效责任。由于部门可以灵活选择实现绩效目标的途径和方法，进而可以实现政策（目标和结果）与管理（产出和激励）的有机融合。部门预算还大大减少了预算核心参与者的数量，同时又减少了内阁内部资源分配的冲突，既实现了监管者的预算监督，又使各部长掌握各自部门的资源调配权力，被认为是一个双赢的过程。

2. 项目预算

项目预算包括政府制定的该项目的产出目标、所需资源投入，以及项目管理等内容。项目预算要求各政府行为的合理配合以期取得最佳的政策效果，它提供了在追求成本效率的目标下下放资源配置权力的项目框架，其核心在于执行的灵活性以及根据目标来报告其绩效。项目预算盛行于 20 世纪 80 年代后期。

3. 绩效预算指标体系的完善

澳大利亚预算绩效指标体系主要由公平、效率和效果三个要素构成，表现为投入、产出、效率和效果四个方面。指标体系的设计从数量、成本、质量和时效四方面考虑，不仅关注了政府服务的最终效果，而且注意到为取得最佳效果所涉及到的政府能力类和过程类指标，如内部流程、创新和计划执行等。

4. 有效的绩效评价

一是按年度进行的综合绩效评价，即全国政府服务整体绩效评价，主要集中在教育、卫生、司法、住房等七个重点领域，由总理内阁专门设立的政府服务筹划委员会组织进行；二是部门绩效评价，各部门按季度提交绩效评价报告，主要包括本年度计划绩效指标与实际执行情况的比较、与以往年度的比较、对年度绩效计划的评价等。部门绩效评价的年度报告由财政部审核并报送议会审议通过。评价结果并反馈给部门，作为下一财年的战略目标和预算参考；三是绩效审计。根据澳大利亚《审计长法》，联邦审计署可以对政府任何机构、项目和企业进行绩效审计。其目的是强化公共部门的行政效率和社会责任，并强化公众的有效监督。

5. 预算监督和信息公开

澳大利亚十分重视政府信息公开，其部门预算、决算及绩效审计情况全部公开；预算过程及各级政府的预算报表也都在政府网站上公开备查。在制度上，议会、审计署、财政部以及反对党、社会公众等都可以对预算及其绩效情况进行监督。

五、施政方针与财政改革

（一）面临的问题和挑战

澳大利亚人口正在走向老龄化。2015 年的人口代际报告揭示了在未来 40 年中人口结构的老龄化变化趋势和增长的情况，显示 65 岁以上的老年人在总人口中所占比重将随着人口预期寿命的增加而增长。

与此相应的是，目前迫切需要提高劳动生产率和增加有效的劳动力资源。近期的数据资料和研究表明，这是保持经济增长和提高生活水平的唯一途径。因此预算工作必须跟随所面临的情况和问题而及时作出反应并不断修改，以满足和适应未来的任何机遇和挑战。

2015 年的财政中期预算提出了这一时期应对这一挑战的发展方式和途径就是聚焦改革，其方法主要有支持企业创新和加强对幼儿的家庭服务以释放更多的劳动力和提高劳动生产率。

（二）财政方针和目标

2015～2016 年度预算的重点是就业、增长和机会，以及重塑澳大利亚可持续的财政状况。

政府的中期财政策略是实现财政盈余，同时保持强有力的财政纪律，加强政府的资产负债表和通过支出调整来提高劳动生产率和增加劳动力参与数量。

根据预算，将于 2019～2020 财年实现财政顺差；净债务占 GDP 的比重预计将于 2016～2017 财年达到峰值，然后在整个中期预算余下的年度里保持下降。分析表明，实现上述目标目前还有很多工作要做，但达到财政盈余占 GDP 的 1% 的政府目标是可以做到的，其主要政策依据有以下三点：

第一，通过调整政府支出的质量，使政府支出更多地投向提高劳动生产率和增加就业。目前澳大利亚经济正处于资源投资热结束后的低迷时期，这无疑对财政政策产生重要影响。在这种情况下通过调整政府支出的方式来投资一个更加强大的经济。

计划将以 55 亿澳元的小企业计划将鼓励小企业投资，增加就业和增长，从而有利于减少澳大利亚的失业，特别是有利于年轻人进入长期就业模式。预算中有 45 亿澳元的家庭计划以更为简便、经济和灵活的方式从家庭支持的角度协助劳动力的长期参与。

随着国家经济从资源引导型改变的转型，本期财政政策反映了对新兴基础设施兴起的需要。澳大利亚北部的基础设施将有助于促进私营企业参与北部经济发展的需要；"国家地区发展基金"也准备致力于解决特定的经济压力和社会需求。在贸易和投资方面，近期签署的与中国、日本和韩国的自由贸易协定将进一步有助于澳大利亚在这些重要市场的竞争地位，为出口商和投资者提供新的机会，从而助力于澳大利亚的整体经济。在体制上，财政预算案的地位也得到了加强，使税收和福利制度的公平性得到进一步的加强。

上述各项政府定向财政支出计划都将很好地作用于提高劳动生产率和扩大生产力。

第二，通过加强财政纪律以减少政府的服务成本，减少政府支出占 GDP 的比重，通过稳步偿还债务以减少联邦政府证券的发行等等来更好地支持私人投资和推动经济增长。

至 2025～2026 财年，预计届时联邦政府债券（CGS）的面值将为 5 730 亿澳元，反映了一个较弱的现金平衡状态，以及其相应较高的公共债务利息支出。在 2023～2024 年度这一数字将达到 5 550 亿澳元，比早前在 2013～2014 财年的"年中财政经济展望"中预计的 6 670 亿澳元减少了 1 120 亿澳元（见图 7－4）。

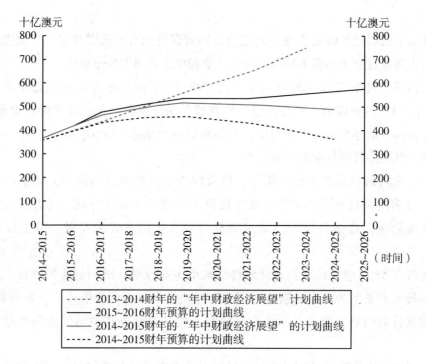

图 7 - 4　截至 2025 ~ 2026 财年计划发行的联邦政府债券面值余额

资料来源：澳大利亚金融管理办公室和国库部计划部门。

第三，通过改善政府的净资产质量来不断加强政府的资产负债表。前面说过，一个强大的资产负债表将为政府在应对金融危机和经济动荡时期提供灵活性。

到 2015 ~ 2016 财年，政府净资产预计为 - 2 614 亿澳元，占同期 GDP 的 - 15.8%，预计到本个财政中期预算末期净资产将为 - 2 828 亿澳元，占同期 GDP 的 - 14.6%。

净财务资产（Net Financial Worth）是反映中期财政策略的财政可持续发展的基本指标。它为更好地提供了政府的资产和负债情况，既完整地包括了未来基金资产，也包括了经过未来基金抵消的退休金负债。

在 2015 ~ 2016 财年，净财务资产预计为 - 3 835 亿澳元（占 GDP 的 - 23.2%），反映了较高的联邦政府债券发行和增长的退休金负债，这部分由政府所持有的高价值投资和未来基金所抵消。在这个财政计划中期，净财务资产占 GDP 的比重情况将有很大的改善，至 2025 ~ 2026 财年将提高至 - 1 500 亿澳元（见图 7 - 5）。

（三）当前重点推进的财政改革

2015 ~ 2016 年中期预算的优先重点主要是扩大就业和经济增长，以及进一步强化财政状况。其核心内容是就业计划，小企业计划和家庭计划，其他还包括改进税制，完善福利体系，通过基础设施投资促进增长，为新的贸易机会创造条件，加强外商投资框架，实现新的国家安全建设。在 2019 ~ 2020 年实现财政平衡并略有结余，净债务

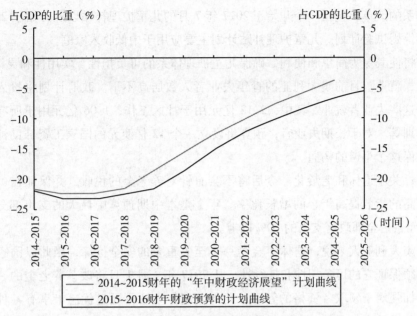

图7-5 2025~2026财年的政府净财务资产

注：图中横轴为财政年度，纵轴为占GDP的比重状况。

资料来源：国库部计划部门。

在2016~2017财年达到峰值后（占GDP的18%），在2025~2026财年下降至占当年GDP的7.1%。

第一，就业和小企业计划。小企业是澳大利亚经济的引擎，澳大利亚96%的企业是中小企业。因此可以说将来的经济增长来源于小企业的发展，所以财政改革的方向就是帮助小企业成长。

首先是针对小企业的减税措施，将企业的钱还给企业。从2015年7月1日开始，年营业额低于200万澳元的小企业税率从30%降至28.5%，这是近50年来最低的公司税率。对于许多非法人运行的小企业，也将给予每年5%，最高不超过1 000澳元的税收优惠；同时享受每年不高于2万澳元的免税额度。这一举措将惠及大约96%的澳大利亚企业，即200多万小企业，他们的年营业额不足200万澳元。上述税收优惠对于企业在现金流方面有很大的帮助。

为了创造更多的工作机会，对于新建企业的成本部分给予税收减免和优惠；并将进一步取消便携式电子工作设备（例如手机、笔记本电脑和平板电脑等）的附加福利税，以更好地适应当今数字时代的发展需要。

第二，支持农业发展。澳大利亚的许多土地属于干旱地带，所以必须未雨绸缪。为此将于2016年7月起对新的农业水利投资等实行税收减免，以及扩展政府的抗旱贷款计划和社区支持手段，对农业仓储资产给予三年加速折旧的税收补助，等等。

第三，家庭和儿童护理。家庭是国家的组成部分。本期财政中期预算计划用380亿澳元支持家庭计划，其中有70亿元用于儿童护理，另有追加的35亿澳元用于全国儿童护理体系的改革，包括一个开始于 2017 年 7 月的儿童护理补贴以及开始于 2016 年 1 月 1 日的保姆试验计划。儿童护理补贴计划主要应用于中低收入家庭。

改革将使其更为简单和便利，确保儿童护理体系的可负担性、实用性和灵活性。

第四，就业。目前澳大利亚的青年失业者人数居高不下。政府计划将投入 3.3 亿澳元帮助这些失业者就业。其中，2.12 亿元用于社区工作，1.06 亿元用于所有年龄段的职业培训等。对于长期失业者，预算将设立一个 12 亿澳元的国家工资补助池进行运作，并确保这个渠道的畅通。

第五，关于退休和老龄化。今后将不会有针对养老金的税收，并保证在可能的基础上以最高的指数提高年金的增长比率。年金是本中期预算中最大的支出部分，每年 440 亿澳元，占全部政府支出的 10% 以上。

对于澳大利亚人来说，退休年金是一个至关重要的安全保障，因此以国家的年龄结构，必须保证它的可负担性和持续性。从 2017 年 1 月 1 日将改革养老金的一些领取标准，并加强对于领取者资格的管理。此外，老年人还可通过优惠卡享有各种社会福利，如公共设施和交通补贴、医药补助和批量计费等。

目前政府正在大幅改善老年人的家庭护理服务。开始于 2017 年 2 月 1 日，有关资金将根据消费者的需要进行分配，使消费者对于服务有更大的选择余地，也可以使服务提供者有充分的竞争。

通过上述措施为正在到来的老龄化社会提供一个安全的社会环境和支撑。

第六，强化医疗卫生系统。在 2015～2016 财年预算中，政府将支出 16 亿澳元继续致力于新的药品福利计划，以支持新药品研发。创建于去年的未来医学研究基金，将成为世界上最大的医学研究基金。从 2015 财年开始以及今后的四年中，政府将陆续投入 4 亿澳元用于药品和医学应用开发。

未来医学研究基金预计将在 2019～2020 财年达到 200 亿澳元的资本金水平。

第七，国家安全。保证国家和国民的安全是政府的最高职责。在此方面今年的预算在去年承诺 10 亿澳元的基础上又额外追加了 12 亿澳元，以应对当今恐怖主义威胁的上升，对此必须建立最快的反应机制。此外政府还承诺一个 4.5 亿澳元的情报能力机制以确保有足够的设备和技能保证社区安全；海外军事行动方面将有 7.5 亿澳元用于打击恐怖主义。

第八，公平的环境。税收制度的核心就是公平。对于一些跨国公司逃税和避税的问题，今年出台了新的反避税法，以阻止这些跨国公司用复杂的手段避税和逃税。如果逃税避税行为成立，公司将被处以两倍应付税款的两倍，再外加利息。此外，目前海外企业在澳大利亚销售服务免税，而境内企业同样的经营却要纳税的情况也是不合理的，因此将对外国企业开证销售税，以为国内外的企业创造一个公平的竞争环境。

政府正在采取措施来增强公众对于国内税收的公平性和完整性的信心。严重的金融违规将国家的金融市场和税收基础置于重大的风险之中。政府将通过统一的国家协调解决方案，即执法部门和监管机构共同努力解决这一问题。

2015～2016 财年预算还修改了税收抵消区域办法，即对于搬迁到即定的偏远地区的人给与这项税收补偿等；通过引入新的收费制度加强对在澳大利亚的外国投资的管理，预计此项将带来 7.35 亿澳元的收入。

南非

第五篇

非洲

第八章
南非

南非共和国位于非洲大陆最南端，面积约122万平方公里，人口5 400万人。南非属于中等收入的发展中国家，也是非洲经济最发达的国家。自然资源十分丰富。金融、法律体系比较完善，通信、交通、能源等基础设施良好。矿业、制造业、农业和服务业均较发达，是经济四大支柱，深井采矿等技术居于世界领先地位。但国民经济各部门、地区发展不平衡，城乡、黑白二元经济特征明显。南非实行自由贸易制度，是世界贸易组织（WTO）的创始会员国。

一、政府治理体系

（一）政党、政府和政治

1994年4~5月，南非举行首次不分种族大选，以非国大为首的非国大、南非共产党、南非工会大会三方联盟以62.65%的多数获胜，曼德拉出任南非首任黑人总统。2014年5月7日，南非举行第五次大选，非国大以62.15%的得票率再次胜选，祖马连任总统，拉马福萨任副总统。

南非宪法规定实行行政、立法、司法三权分立制度，中央、省级和地方政府相互依存，各行其权。南非实行多党制，国民议会现有13个政党。议会实行两院制，分为国民议会和全国省级事务委员会（简称省务院），任期均为5年，本届议会由2014年5月举行的全国和9省议会选举产生。南非国民议会和省务院下设与政府各部门相对应的专门委员会、临时委员会和两院联合委员会。南非政府分为中央、省和地方三级。全国共划为9个省，设有278个地方政府，包括8个大都市、44个地区委员会和226个地方委员会。

（二）中央和省级政府机构设置

南非中央政府包括总统办公室及 34 个内阁部门，具体为农业、林业和渔业部，艺术、文化部，基础教育部，通信部，合作治理与传统事务部，惩教署，国防和军事退伍军人部，经济发展部，能源部，财政部，卫生部，高等教育与培训部，民政事务部，人类住区部，国际关系与合作部，司法及宪法发展部，劳动部，矿产资源部，总统为国家规划部，警方部，公共企业部，公共服务与管理部，公共工程部，农村发展和土地改革部，科学与技术部，社会发展部，运动与休闲部，国家安全部，旅游部，运输部，工业贸易部，水务和环境事务部，妇女、青年、儿童和残疾人士部，绩效监测和评估部。

省级政府的机构设置以豪登省为例，有省长办公室和 13 个厅局级机构，分别为农业和农村发展局，社区安全局，合作治理与传统事务局，经济发展局，教育局，电子政务厅，卫生局，人居局，基础设施发展局，道路和交通局，社会发展局，体育、艺术、文化和娱乐局，省财政厅。

（三）财政部及其职责

南非财政部的职能由南非宪法和南非财政管理法确定，负责协调宏观经济政策和提升国家财政政策框架，协调政府间财政关系，管理预算准备程序，对年度国家预算的实施行使控制权，包括任何调整预算，以及履行其他法律分配的职能。相关机构包括：（1）南非收入服务局（SARS），由南非收入服务法（1997）授权征税，提供海关服务，保护国家边界，促进贸易，宣传税法和海关法促进纳税意识，收入服务局需向财政部汇报。（2）南非公共投资公司（PIC）成立于 1911 年，根据公共投资公司法（2004）成为公司实体，是国有投资管理公司，是该国最大投资管理公司之一。其投资基金代表公共部门实体，最大的客户是政府雇员养老基金。（3）政府雇员养老基金（GEPF）根据政府雇员退休金法设立，处置和管理与政府雇员相关的退休金事务和计划。该机构是自筹资金的，有 120 万会员和 22.5 万领取退休金者，是南非最大的养老基金。（4）南非金融情报中心（FIC）根据南非金融情报中心法（2001）设立，职责是确定非法活动收益和打击洗钱。中心为警方、检察机关、收入部门和国家监察机构提供信息，监控可问责机构、监督机构等的合规并给予指导，财政部长对 FIC 负责。（5）金融服务委员会（FSB）根据国会的一些委托监管职能的法案，监管金融服务业控制权的行使，如长期保险、短期保险、养老基金、集体投资计划、金融服务提供商、交易所和金融市场的登记，为用户提供金融产品和服务的信息。

二、政府间财政关系

（一）事权与支出责任

从种族隔离时代沿袭下来的政府间财政框架，使得各省在经济禀赋和管理能力上差距极大。政府体系曾包括 9 个省和超过 1 000 个市，在 2000 年市减少到 284 个。省政府不征收宽税基税种（如公司所得税、个人所得、消费和贸易），绝大多数税收收入税基较窄，如对机动车牌照、博彩、酒、医疗费和旅游征收的费用。宪法规定，省政府还可征收个人所得税附加和燃料税附加。

南非地方政府①（特别是较大的市）有较大的征税权力。一些大都市支出的 98%来源于自有收入，但小的农村市可能支出全部依赖一般转移支付、专项转移支付和来自其他国家和机构的拨款。宏观经济和再分配以及国家层面的支出功能（司法、国防、惩教机构、国际事务和高等教育）是中央政府的主要职责，省政府负责小学和中学教育、医疗和社会福利、省内公路和地方经济发展，地方政府负责提供主要的市政基本服务，如住房、供水、供电和环境卫生。中央和省政府也可委派其他责任给市级政府，当市级政府被要求履行其他层级政府职能时，必须就谁支付费用达成明确的协议。

各级政府的实际分工有如下六类：

1. 中央：监狱、国防、司法和宪法发展、安全、水和森林、贸易和工业、交通、采矿和能源、国际事务、国内事务、酒的牌照、除国家博物馆外的其他博物馆。

2. 中央和省：社会保障和福利、教育。

3. 中央、省和地方：医疗、建筑的管理。

4. 省：农业、彩票之外的博彩业（包括赌场、赛马、赌博和下注）、机动车牌照、省的计划方案、省的娱乐和游乐设施、省的体育运动、省内公路和交通、兽医服务（不包括职业管理）。

5. 省和地方：管理当地自然生长的森林。

6. 地方：急救服务、除国家图书馆外的其他图书馆、空气污染、儿童保育措施、电力和煤气网络、消防服务、当地旅游、市机场、市计划方案、市医疗服务、市公共交通、建成区的降水管理体系、供水和环境卫生服务、海滩和博物馆设施、公共场所的广告牌和广告展示、殡葬墓地、市属公园和休闲娱乐场所、市内公路、道路照明、交通和停车、垃圾处理。

---

① 南非地方政府指市县一级。

（二）收入划分

南非三级政府获得收入的能力存在巨大的差距，南非 2014～2015 财年中央税收中个人所得税占总 35.9%，增值税 26.5%，公司所得税 18.9%，燃油税 4.9%，关税 4.1%，特殊消费税 3.3%，股息税 2.2%，其他税①4.2%。除转移支付外的省级自有收入主要有赌场税、赛马税、酒税、机动车牌照税以及非税收入，非税收入主要包括资本性资产的销售收入、非资本性商品的销售收入、罚没收入、利息收入、其他交易。地方政府的自有收入主要包括地区税、财产税、使用者付费（电费、水费和垃圾清运费）。

给省级和地方政府的转移支付分为一般性转移支付和专项转移支付。省一般转移支付的收入分配比率公式考虑六项因素：省学龄人口的权重、省内不享受医疗援助的人口的比率、省人口占总人口的比重、省贫困人口所占比重、省在经济活动中所占的比重、平均分配给各省的管理成本。地方政府一般转移支付比重公式考虑了市负担的基本公共服务、贫困家庭的数量、市的财政能力和以市贫困家庭数量为基础的政府管理成本的差异。公式考虑了国家的人口特征，保证中央以下政府获得完成宪法指定的职能所需的资金。专项转移支付则为达成特殊目标而设计，省级和市级必须在接受补贴时达到某些标准。

政府间收入分配是通过《政府间收入分配法案》作出的，该法案和国家预算一起提交，《政府间收入分配解释性备忘录》安排了省级和市级拨款，《省级预算和支出报告》详细介绍了省级预算趋势。南非 2015 年预算确定的政府间资金分配的比例是在提供债务服务费用和应急储备金之后，47.9% 的中央征收资金拨付给中央政府，43.1% 给省给政府，9% 给地方政府。

2015 年预算要求省级和市级政府必须将关注点转移到核心服务交付功能上，在不影响基本服务的情况下降低成本，并推进城市调动自有收入和借款，为基础设施投资提供资金。近年南非中央、省级和地方政府的开支模式有所改进，各层级的支出未用尽款项比例均呈下降趋势（见表 8－1）。

表 8－1　　2011～2012 财年至 2017～2018 财年中央筹集收入分配 单位：百万兰特

	2011～2012 财年	2012～2013 财年	2013～2014 财年	2014～2015 财年	2015～2016 财年	2016～2017 财年	2017～2018 财年
	决　算			修订估算	中期估算		
可用资金分配							
中央部门	389 376	420 015	453 171	491 368	522 992	553 778	586 087
其中：							

---

① 包括航空旅客税、资本利得税、预扣税、退休基金税、钻石出口税、安全转移税、技术发展税、赠与税、转让税、财产税、营业税、消费税、失业保险基金、国际石油污染税、矿物石油和资源使用费、利息预扣税、工资税、特许权使用费预扣税、印花税和印花费等。

续表

	2011~2012 财年	2012~2013 财年	2013~2014 财年	2014~2015 财年	2015~2016 财年	2016~2017 财年	2017~2018 财年
	决 算			修订估算	中期估算		
对省间接转移支付	700	2 315	2 693	4 116	3 458	3 596	3 967
对地方政府间接转移支付	2 660	4 548	5 523	8 536	10 395	10 634	10 916
省级	355 824	380 929	410 572	439 661	468 159	496 259	526 382
一般转移支付	289 628	310 741	336 495	359 922	382 673	405 265	428 893
专项转移支付	66 197	70 188	74 077	79 739	85 485	90 994	97 490
地方政府	68 251	76 430	82 836	89 076	99 753	103 936	110 017
一般转移支付	33 173	37 139	38 964	43 290	50 208	52 869	55 512
专项转移支付	26 505	30 251	34 258	35 595	38 887	39 844	42 720
大都市区的一般燃油费分享	8 573	9 040	9 613	10 190	10 659	11 224	11 785
非利息拨款	813 451	877 374	946 579	1 020 105	1 090 904	1 153 973	1 222 486
百分比增长（%）	10.0	7.9	7.9	7.8	6.9	5.8	5.9
债务服务费用	76 460	88 121	101 185	115 016	126 440	140 971	153 376
应急储备	—	—	—	—	5 000	15 000	45 000
主体预算收入	889 911	965 496	1 047 764	1 135 122	1 222 345	1 309 944	1 420 862
百分比增长（%）	11.7	8.5	8.5	8.3	7.7	7.2	8.5
百分比份额							
中央部门（%）	47.9	47.9	47.9	48.2	47.9	48.0	47.9
省级（%）	43.7	43.4	43.4	43.1	42.9	43.0	43.1
地方政府（%）	8.4	8.7	8.8	8.7	9.1	9.0	9.0

对省的转移支付 2016~2017 财年开支将减少 250 亿兰特。省级一般性转移支付占全部中期拨款的 81.8%。省级转移支付将增长更慢，豪登省因大量国内人口迁移，一般性转移支付增长最快，年均增长 7.1%；自由州因人口增长较慢，年均增长率最慢为 5.1%。各省的自有收入，2014~2015 财年占省级预算的 3%，省级创造的收入一半以上来自机动车牌照。

地方政府总体开支的 75% 为自有收入，25% 来自转移支付。但是，贫困和农村市镇严重依赖中央转移支付，因为他们跟大城市比税基低得多。政府将更高的人均转移支付对准贫困和农村市镇，同时和城市市政当局一起致力于杠杆化其自有资源来提高基础设施投资。在专项转移支付增长变慢和地下水和电力费用高于通货膨胀增长的情况下，中央政府鼓励市政当局回到基本，减少非核心项目的开支，转换交付基本服务的重点。

三、财政收支运行状况

（一）中央财政收入

由于经济增长弱，南非2014～2015财年的税收收入预计比2014年预算报告预测的少147亿兰特，比2014年中期预算预测的少46亿兰特。南非政府2015年用来增加收入的主要税收工具是个人所得税和燃油费，预算报告提议提高个人所得税税率，除了最低一档外，其他档提高1个百分点；并增加燃油费，每升合计增加80.5分；并针对改进小企业流转税制和支持更高的能源效率进行改革。

1. 预算收入和前景

2013～2014财年的收入主要由关税、个人所得税、企业所得税、增值税拉动，名义税收总额为9 000亿兰特，比上一财年增加862亿兰特，增长了10.6%。股利所得税收入连续第二年下降，矿产和石油特许权使用费收入大幅地上涨，反映了矿业罢工之后生产的恢复，以及某些出口大宗商品价格的提高。2014年预算报告预测2014～2015财年的名义总税收收入将增长10.5%，这一预测已被调低至8.8%，因为企业所得税和关税的估算急剧下降。

税收收入占GDP的百分比可望从2014～2015财年的25.2%上升到2015～2016财年的25.8%。2015年预算税收提案，预计2016年增加168亿兰特的收入，[①] 结合降低支出上限，应足以结束中期公共财政的结构性赤字（见表8-2）。

表8-2　　　　　**2011～2012财年至2017～2018财年预算收入**　　　单位：百万兰特

	2011～2012 财年	2012～2013 财年	2013～2014 财年	2014～2015 财年	2015～2016 财年	2016～2017 财年	2017～2018 财年
		结　果		修订		中期估算	
对所得和收益征税	426 584	457 314	507 759	556 700	620 890	678 652	744 473
其中：							
个人所得税	250 400	275 822	309 834	350 000	393 890	433 842	479 189
企业所得税	151 627	159 259	177 324	183 000	202 032	218 211	236 691
对工资和劳动力征税	10 173	11 378	12 476	13 200	14 690	16 140	17 800
对不动产征税	7 817	8 645	10 487	12 603	13 692	14 823	16 089
商品和服务国内税	263 950	296 921	324 548	355 718	389 427	422 378	458 883
其中：							
增值税	191 020	215 023	237 667	260 600	283 794	313 690	346 711

---

① 在考虑了财政拉动的减免之后，估计净增收83亿兰特。

	2011~2012	2012~2013	2013~2014	2014~2015	2015~2016	2016~2017	2017~2018
		结果		修订		中期估算	
对国际贸易和业务征税	34 121	39 549	44 732	40 779	42 576	47 207	52 466
税收收入	742 650	813 826	900 013	979 000	1 081 275	1 179 199	1 289 711
非税收入	24 402	28 468	30 626	27 006	19 038	23 302	21 143
其中:							
矿产和石油特许权使用费	5 612	5 015	6 439	5 636	6 221	6 730	7 301
减：SACU 缴费	−21 760	−42 151	−43 374	−51 738	−51 022	−36 513	−45 444
其他调整				—	—	—	
主体预算收入	745 291	800 142	887 265	954 269	1 049 291	1 165 988	1 265 409
省级，社会保障基金和选定公共实体	96 873	108 594	120 838	136 722	139 564	165 526	174 122
综合预算收入	842 165	908 737	1 008 103	1 090 991	1 188 855	1 331 514	1 439 531
占 GDP 比重							
税收收入（%）	24.1	24.5	24.9	25.2	25.8	26.0	26.2
预算收入（%）	24.2	24.0	24.6	24.6	25.0	25.7	25.7
GDP（10 亿兰特）	3 080.9	3 327.6	3 609.8	3 879.9	4 191.8	4 538.8	4 926.1
税收/GDP 乘数	1.13	1.20	1.25	1.17	1.30	1.09	1.10

注：（1）对所得和收益征税包括公司/股息税的附加税，逾期所得税的利息和小企业所得税大赦费。

（2）包括矿业特许权使用费、采矿租约、部门收入和资产销售。

（3）南部非洲关税同盟，数额由缴费和其他调整组成。

2. 收入趋势

南非税收收入的三个主要来源是个人所得税、企业所得税和增值税。1994 年开始的税收政策改革扩大了税基，政府引入了资本利得税并将福利性所得定为应税收入。在扩大税基的同时，政府一直为个人提供税收减免，抵消通货膨胀的冲击。南非税收服务的有效改进和雇主代扣代缴系统的扩张，提高了征税能力，留出了净减免空间。

企业所得税的基本税率从 1994 年的 40% 下降到了 2008 年的 28%。但由强劲的公司利润率和大宗商品高价格支撑，企业所得税作为应税收入的份额直到 2009 年的经济衰退之前一直大幅上升。随着全球金融危机的发生这一趋势逆转了，2009~2010 财年和 2010~2011 财年均为负名义增长率，分别为 −18% 和 −1%。因多变的大宗商品价格和工人骚乱，企业所得税收入已复苏但仍旧不稳定，2011~2012 财年到 2013~2014 财年之间名义增长率在 5%~14% 之间波动。总的来说，企业所得税的收入比增值税和个人所得税更不稳定。增值税税率保持不变仍为 14%，南非的增值税率仍相对低。

3. 税收提案

2015 年预算税收提案目的在于增加税收收入，限制企业所得税税基的侵蚀，增加对小企业的激励措施，以及促进更绿色的经济。主要税收提案包括：（1）对所有收入超过 18.19 万兰特的纳税人，提高个人所得税边际税率一个百分点，并且因财政拖累调整了税级和扣除；（2）提高一般燃油费每升 30.5 分，以及道路事故基金（RAF）燃油费每升 50 分（合计每升增加了 80.5 分）；（3）进一步防止税基侵蚀和利润转移；（4）为小企业提供更慷慨大方的流转税体制；（5）提高烟酒产品的消费税；（6）审查柴油退税计划；（7）加强能源效率节约激励措施；（8）提高电费；（9）调整转移税税率和税级。此外，碳税法案的草稿在 2015 年发布并征求公众意见。

（二）中央财政支出

南非 2015 年预算的政府开支计划，是依据国家发展计划（NDP）和中期战略框架（MTSF）制定的。政府提议 2015～2016 财年和 2016～2017 财年降低支出上限合计 250 亿兰特，大约占预测预算的 1%；政府为 2017～2018 财年设置了 450 亿兰特的未分配储备，用于财政和经济震荡时的缓冲器。2015～2017 年实际开支年均增长率将为 2.3%，现有资源将被转移到政策优先事项，同时维持基础设施和社会开支项目的更快速增长；费用遏制措施将被应用于所有开支项目来改进效率。南非政府支出将从 2014～2015 财年的 1.24 万亿兰特增加到 2017～2018 财年的 1.56 万亿兰特，每年增长 7.9%，至少 60% 的非利息支出用于改进社会服务和减轻贫困。

债务服务增长最快，年均增长 10.1%；地方发展和社会基础设施的拨款，中期支出框架期间增长率为 8.2%；成人教育和培训的开支是缓解技术瓶颈和扩展经济机会的关键，以每年 7.1% 强劲增长。表 8-3 包括中央和省级部门和公共团体的开支估算，以及中央级征收收入给市级的转移支付，未包括国有企业商业化运营的收入和市级征收收入。

表 8-3　　　　　2014～2015 财年至 2017～2018 财年

按功能性分类综合政府支出

单位：百万兰特

	2014～2015 财年	2015～2016 财年	2016～2017 财年	2017～2018 财年	占 MTEF 功能性拨款总额百分比（%）	年均 MTEF 增长（%）
	修订估算	中期估算				
功能组						
基础教育	189 454	203 468	216 036	227 816	16.7	6.3
医疗卫生	144 558	157 294	167 485	177 525	13.0	7.1
国防、公共秩序和安全	163 018	171 150	181 248	192 719	14.1	5.7

续表

	2014~2015 财年	2015~2016 财年	2016~2017 财年	2017~2018 财年	占MTEF 功能性拨款 总额百分比 （％）	年均 MTEF 增长 （％）
	修订估算	中期估算				
国防和国家安全	47 445	49 364	52 303	55 450	4.1	5.3
警察服务	78 237	82 724	87 305	93 235	6.8	6.0
法院和监狱	37 336	39 063	41 639	44 034	3.2	5.7
成人教育和培训	56 612	62 238	65 556	69 594	5.1	7.1
经济事务	189 430	206 164	219 526	225 549	16.8	6.0
产业开发、贸易和 创新	64 636	69 688	73 132	74 718	5.6	5.0
就业、劳工事务和 社会保障基金	56 439	64 138	70 111	72 945	5.3	8.9
经济基础设施和网 络规范	68 355	72 338	76 284	77 887	5.8	4.4
地方发展和社会基 础设施	176 612	199 570	210 235	223 813	16.3	8.2
房地产开发和社会 基础设施	157 649	179 224	189 170	201 581	14.7	8.5
农村发展和土地 改革	10 220	10 709	11 443	12 021	0.9	5.6
艺术、体育、娱乐 和文化	8 743	9 638	9 622	10 212	0.8	5.3
一般公共服务	64 743	64 385	66 750	69 824	5.2	2.6
行政和立法机构	12 375	12 335	12 827	13 507	1.0	3.0
一般公共管理和财 政事务	37 077	38 622	38 912	41 132	3.1	3.5
民政	7 778	6 349	7 483	7 281	0.5	-2.2
外事和援外	7 513	7 078	7 528	7 905	0.6	1.7
社会保障	143 926	155 297	165 997	176 523	12.8	7.0
按功能分配	1 128 354	1 219 566	1 292 833	1 363 364	100.0	6.5
债务服务费用	115 016	126 440	140 971	153 376		10.1
未分配储备	—	5 000	15 000	45 000		
综合支出	1 243 370	1 351 007	1 448 804	1 561 740		7.9

注：包括省级、公共实体和社会保障基金以自有收入提供资金的主体预算和开支。

费用遏制和调整优先次序措施限制了商品和服务开支的增长，主体开支的经济分类增加了，反映出国库再平衡和改进支出结构的一些进步。在中期支出框架的末期，很大比例的非利息支出将走向构建固定资产，主要趋势如下（见表8-4）。

表 8-4 2014～2015 财年至 2017～2018 财年

按经济分类综合政府支出

单位：百万兰特

	2014～2015 财年	2015～2016 财年	2016～2017 财年	2017～2018 财年	占 MTEF 百分比（%）	年均 MTEF 增长（%）
	修订估算	中期估算				
经济分类						
经常性付款	746 375	799 602	856 695	907 252	59.7	6.7
雇员薪酬	445 289	479 511	509 638	539 563	35.6	6.6
商品和服务	180 297	187 677	200 297	209 437	13.9	5.1
利息和租赁土地	120 788	132 413	146 761	158 251	10.2	9.4
其中：						
债务服务费用	115 016	126 440	140 971	153 376	9.8	10.1
转移支付和补贴	406 947	445 415	473 059	497 762	33.0	6.9
市政当局	96 564	107 235	111 464	118 037	7.8	6.9
部门机构和账户	26 587	30 289	31 333	33 369	2.2	7.9
高等教育机构	26 047	27 021	28 001	29 342	2.0	4.1
外国政府和国际组织	2 215	2 017	2 198	2 289	0.2	1.1
公共企业和私营企业	28 509	31 460	33 110	33 256	2.3	5.3
非营利机构	26 749	27 884	29 066	30 492	2.0	4.5
家庭	200 276	219 509	237 886	250 977	16.5	7.8
固定资产支付	86 302	97 498	103 704	111 361	7.3	8.9
建筑和其他固定资产	67 078	77 219	81 953	6 461	5.7	8.8
机器和设备	19 224	20 279	21 751	24 900	1.6	9.0
金融资产支付	3 746	3 492	345	365	0.1	-54.0
合计	1 243 370	1 346 007	1 433 804	1 516 740	100.0	6.8
未分配储备	—	5 000	15 000	45 000		
综合支出	1 243 370	1 351 007	1 448 804	1 561 740		7.9

注：包括省级、公共实体和社会保障基金以自有收入提供资金的主体预算和开支。

（1）雇员薪酬预计每年增长 6.6%。以公共部门工资谈判结果为准，与 2011～2012 财年的 36.5% 相比，2017～2018 财年薪酬预期占分配支出的 34.5%。（2）费用遏制和调整优先次序措施，将商品和服务拨款的增长限制在每年 5.1%，对关键项目如药品的拨款增长将快于通货膨胀。（3）对市级的转移支付每年增长 6.9%，支持为穷人提供免费基本服务。对家庭的转移支付，其中包括房屋补贴，每年增长 7.8%。（4）固定资产的支付每年增长 8.9%，使之成为除债务服务外增长最快的支出类别。

（三）财政盈余/赤字和债务状况

1. 南非政府财政盈余/赤字状况

南非政府承诺减少预算赤字并稳定债务以重建财政空间，尽管 GDP 增长疲弱，2014~2015 财年预计赤字占 GDP 的 3.9%，降低支出上限和提高税收将收窄赤字，到 2017~2018 财年预计降至占 GDP 的 2.5%，净债务到 2017~2018 财年预计稳定在 GDP 的 43.7%。政府正在引入额外措施来遏制费用和利用未被充分利用的资源，维持对贫困人口的服务交付和促进增长（见表 8-5）。

表 8-5　　　　　**2011~2012 财年至 2017~2018 财年综合财政框架表** 单位：10 亿兰特

	2011~2012 财年	2012~2013 财年	2013~2014 财年	2014~2015 财年	2015~2016 财年	2016~2017 财年	2017~2018 财年
	决　算			修订估算	中期估算		
收入	842.2	908.7	1 008.1	1 091.0	1 188.9	1 331.5	1 439.5
占 GDP 百分比（%）	27.3	27.3	27.9	28.1	28.4	29.3	29.2
非利息支出	870.6	951.3	1 036.1	1 122.6	1 218.6	1 302.0	1 403.5
占 GDP 百分比（%）	28.3	28.6	28.7	28.9	29.1	28.7	28.5
利息支出	81.7	93.3	109.3	120.8	132.4	146.8	158.3
占 GDP 百分比（%）	2.7	2.8	3.0	3.1	3.2	3.2	3.2
支出	952.3	1 044.6	1 145.3	1 243.4	1 351.0	1 448.8	1 561.7
占 GDP 百分比（%）	30.9	31.4	31.7	32.0	32.2	31.9	31.7
预算平衡	-110.1	-135.8	-137.2	-152.4	-162.2	-117.3	-122.2
占 GDP 百分比（%）	-3.6	-4.1	-3.8	-3.9	-3.9	-2.6	-2.5

2012 年南非政府就指出由于经济环境恶化，应重新考量支出和收入规划。尽管实施了支出上限，疲弱的经济增长产生了持续的大预算赤字，有必要实施财政政策的结构性转变以减少结构性预算赤字。财政政策在过去 7 年支持了经济，但反周期方法已达到极限。预算赤字很大程度上是结构性的，并不能通过收入的周期性上升被降低。因此南非2015 年预算提议，降低支出上限，提高个人所得税率和一般燃油费，加强预算编制和支出控制，控制人员经费以及国有企业融资不增加预算赤字等措施，以应对结构性赤字。

这些措施的设计短期不抑制经济增长，开支增长的减速在 2015~2016 财年不太明显，支出权重的整合将在 2016~2017 财年进行。失业保险基金（UIF）的贡献在 2015~2016

财年暂时减少，发展金融机构计划未来两年将贷款扩展33%来支持经济。从2017～2018财年起，实际支出增长将更紧密地对准长期平均实际GDP增长，这将支撑财政可持续性。

主体预算支出上限在2012年实施，仍是财政框架的最重要部分。在2003～2004财年到2009～2010财年之间，实际支出平均增长9%。2015～2016财年的实际开支增长预测为2.5%，2016～2017财年下降为0.7%。2012～2013财年开始，政府开始将资源从绩效不好的项目重新分配到关键一线服务，以改进支出结构和质量。2013年首次宣布的费用遏制措施已见效，非核心商品和服务开支下降，该措施将被加强。

综合预算包括主体预算以及省级、公共实体和社会保障基金来自自有收入的开支。主体预算框架总结了存入国家收入基金的，由收入和借款供资的开支。代表政府借款要求的主体预算赤字，2014～2015财年将为GDP的4.7%，外围年份下降到3.2%。主体预算财政基本收支赤字，是收入和非利息支出之间的差额，预计中期将收窄，2017～2018财年进入财政基本收支平衡（见表8-6）。

表8-6　　2011～2012财年至2017～2018财年主体预算框架表　单位：10亿兰特

	2011～2012财年	2012～2013财年	2013～2014财年	2014～2015财年	2015～2016财年	2016～2017财年	2017～2018财年
	决　算			修订估算	中期估算		
收入							
税收提案后的总税收收入	742.7	813.8	900.0	979.0	1 081.3	1 179.2	1 289.7
非税收入	19.2	16.2	18.9	18.1	17.0	17.9	18.6
SACU	-21.8	-42.2	-43.4	-51.7	-51.0	-36.5	-45.4
国家收入基金收益	5.2	12.3	11.7	8.9	2.0	5.4	2.5
主体预算收入	745.3	800.1	887.3	954.3	1 049.3	1 166.0	1 265.4
占GDP百分比（%）	24.2	24.0	24.6	24.6	25.0	25.7	25.7
支出							
中央部门	389.4	420.0	453.2	491.4	523.0	553.8	586.1
省级	355.8	380.9	410.6	439.7	468.2	496.3	526.4
地方政府	68.3	76.4	82.8	89.1	99.8	103.9	110.0
非利息拨款	813.5	877.4	946.6	1 020.1	1 090.9	1 154.0	1 222.5
债务服务费用	76.5	88.1	101.2	115.0	126.4	141.0	153.4
未分配储备	—	—	—	—	5.0	15.0	45.0
主体预算支出	889.9	965.5	1 047.8	1 135.1	1 222.3	1 309.9	1 420.9
占GDP百分比（%）	28.9	29.0	29.0	29.3	29.2	28.9	28.8
主体预算余额	-144.6	-165.4	-160.5	-180.9	-173.1	-144.0	-155.5
占GDP百分比（%）	-4.7	-5.0	-4.4	-4.7	-4.1	-3.2	-3.2
财政基本收支余额（%）	-2.2	-2.3	-1.6	-1.7	-1.1	-0.1	0.0

税收总额预计在 2017～2018 财年达到 1.29 万亿兰特，占 GDP 的 26.2%。由于低于预期的矿产和石油特许权使用费以及政府总现金余额的较低收益，非税收入预测仅略微提高，从 2014～2015 财年的 181 亿兰特，在外围年份达到 186 亿兰特。

对地方政府的转移支付增长快于对中央部门和省的转移支付增长，地方政府一般转移支付在中期支出框架期间（MTEF）平均增长 8.6%。债务服务费用增长最快，中期增长 10.1%。政府债务融资成本预测从 2014～2015 财年的 1 150 亿兰特增加至 2017～2018 财年的 1 534 亿兰特，占 GDP 的 3.1%。

南非财政中期三个主要风险是，低于预期的经济增长，将使征集收入减少，扩大财政基本收支差额并提升债务服务费用；显著高于 CPI 的公共部门工资率协议书；以及在超出目前估算的情况下，呼吁国库为公共实体提供直接支持和担保。风险中的任何一个成为现实，政府都需要考虑应急措施，可能包括进一步减少基本拨款或推迟新项目。政府正采取以下措施积极管理这些风险：缓解短期电力约束并对额外发电容量联机的延迟进行限定；减慢公共部门工资总额的增长；开发实施国有企业切合实际的转型规划（见表 8－7）。

表 8－7　　　　　2011～2012 财年至 2017～2018 财年综合预算平衡表 单位：10 亿兰特

	2011～2012 财年	2012～2013 财年	2013～2014 财年	2014～2015 财年	2015～2016 财年	2016～2017 财年	2017～2018 财年
主体预算	−144.6	−165.4	−160.5	−180.9	−173.1	−144.0	−155.5
社会保障基金	15.2	17.8	12.5	19.0	11.6	27.8	29.6
省级	6.7	6.7	4.1	2.9	0.2	0.6	1.7
公共实体	13.0	5.1	6.1	5.7	−0.3	−0.6	3.0
重建与发展基金	−0.5	−0.1	0.6	0.9	−0.6	−1.1	−1.1
综合预算余额	−110.1	−135.8	−137.2	−152.4	−162.2	−117.3	−122.2

2. 南非政府债务状况

南非政府净借款需求 2015～2016 财年预计为 1 731 亿兰特，2017～2018 财年下降到 1 555 亿兰特；南非的容量大而且流动性好的国内资本市场，以及国际借贷的可获得程度，继续为政府金融需求提供资源；2015 年期间，将发行三种新债券以扩展筹资选择，简化偿还期和减少短期再融资风险；净债务、准备金和或有债务预计在 2015～2016 财年占 GDP 的 58.1%，2017～2018 财年降到 57.3%。过去五年，南非政府扩大借款以应对困难的经济环境。净债务占 GDP 的比重从金融危机开始的 2008～2009 财年的 21.8% 增长到 2014～2015 财年的 40.8%。

财政调整目的在于保证债务可持续，2017～2018 财年净债务将稳定在 GDP 的 43.7%。2014～2015 财年的净借款需求为 1 809 亿兰特，预计 2015～2016 财年降至 1 731亿兰特。国内资本市场仍将是主要融资来源，将发行的三个新债券中的两个是固定利率，一个与通货膨胀挂钩。政府打算在证券投资组合中，逐步减少通货膨胀挂钩债券的权重。

（1）南非债务市场。可靠的财政和货币政策支持降低了公债利息。尽管全球范围因美国量化宽松方案结束，而期待更高的收益。从2014年4月起，南非政府公债利息下降了平均138个基点。短期利率很大程度上锚定于储备银行的回购（repo）利率，私有银行从中央银行以该利率借款。储备银行的回购利率在2014年7月因担忧通货膨胀升高而攀高，从5.5%到5.75%。之后储备银行保持回购利率不变，锚定短期利率。

2014年非居民购买了净470亿兰特的本币政府债券，合计持有量达到4489亿兰特。因债券总量的增长，非居民持有量占政府国内债券的份额稍有下降，从2013年12月的36.4%到2014年12月的36%。南非国家财政部准备引入政府债券的电子交易平台，以改进透明度和流动性，提高本币政府债券市场的活跃程度（见表8-8）。

表8-8　　　　　　　　2009~2014年国内政府债券所有权　　　　　　单位：%

占总额百分比	2009年	2010年	2011年	2012年	2013年	2014年
非居民	13.8	21.8	29.1	35.9	36.4	36.0
居民	86.2	78.2	70.9	64.1	63.6	64.0
退休基金	39.9	36.5	33.0	29.8	29.1	31.7
货币机构	18.3	17.7	16.3	17.0	14.6	14.7
保险公司	12.4	14.1	11.6	9.4	8.6	8.2
其他金融机构	13.2	8.1	8.0	5.8	8.2	8.7
其他	2.4	1.8	2.0	2.1	3.1	0.7

资料来源：全电子股票交易（STRATE）。

（2）中期债务战略。政府的中期债务战略考虑了债务规模、主体预算平衡、资金调度工具、现金流需求、投资者需求、国内市场开发，以及可选战略的风险和成本。借款偿付预计从过去四年平均260亿兰特增加到2016~2017财年的569亿兰特，其后的四年年均885亿兰特，因此战略目标是从2017~2018财年起减轻偿还借款的急剧增加，中期现金将用于先支付短期借款，以及市场条件允许情况下，将短期债券转换成长期债券。

南非审慎的财政和货币政策管理锁定了其作为国际借款者的可靠性。2014年的外币债券发行是南非债务计划的重大里程碑。第一个双重交易国际债券发行在美元和欧元资本市场深受欢迎，首发伊斯兰债券被四倍超额认购。中期南非政府打算从全球市场借款大约40亿美元，来维持主要货币的基准，以及完成57亿美元外币承诺的一部分。

（3）风险考量。借款战略考虑了为管理再融资而设计基准，通货膨胀和货币风险，以及 2015 年 1 月底的实际状况。基准是对指定的债务类别设立限制或目标范围（见表 8 - 9）。

表 8 - 9 战略组合风险基准

基准类型	限制范围	
	基准	2015 年 1 月
12 个月期短期债务（国库券）份额（%）	15	13.80
5 年期长期债务份额（%）	25	24.20
通货膨胀挂钩债券占国内债务总额百分比（%）	20～25	22.20
外债占政府债务总额百分比（%）	15	9.20
平均到期期限（固定利率债券＋国库券）（年）	10～14	10.72
平均到期期限（通货膨胀挂钩债券）（年）	14～17	14.91

政府借款计划的主要风险是南非的信用评级、全球资本流动的不稳定性和较高的借款需求。政府审慎的财政政策和债务管理战略，结合容量大且流动性好的国内资本市场，将继续支持投资，保证政府能够为借款需求融资并改进债务轨迹。

四、政府预算管理

（一）财政管理法（PFMA）

南非财政管理法（PFMA）第四章《国家预算》中规定：

1. 年度拨款

国会必须为政府每个财年的需要拨款。

2. 国家年度预算

（1）部长必须在新财年开始前，向国民大会提交年度预算，或者在特殊情况下，由部长决定在新财年开始后尽可能早的某个日期提交。

（2）年度预算必须符合规定的形式，至少必须包括：①对所有在此财年与预算相关、预期可以筹集到的收入进行估计；②对该财年每一项国会批准的预算及其每一主要分配的支出进行估计；③对利息和债务服务费及任何需要偿付的借款进行估计；④对该财年国会批准的每项预算及拨款的每一主要分配的资本性支出的估计，并预测这种支出对未来财年的财务影响。⑤对不纳入该财年收入基金的收入进行估计；⑥对该财年的所有针地收入基金的直接收费和持续拨款的估计。⑦对该财年的任何预期赤字融资提出建议；⑧指出将在该财年或下一财年增加公共债务的借款或任何形式的公共负债的迹象；⑨计划中的：A：前一财年的财政收入；B：前一财年国会批准每一项预算拨款及其每一主要分配的支出；C：前一财年的借入款项；⑩任何其他所可能规定的信息，包括任何多年预算信息。

（3）年度预算一经向国民大会提交，每个部门的会计官员必须向国会提交本部门国会批准预算中主要的可度量目标。财政部将协调所有提交预算，并将其合并为一个文件。

3. 多年度预算

（1）部长必须每年在国民大会上提交关于多年度预算预测的如下几项：①对多年度预期每年筹集的财政收入估计；②对多年度预期每年国会批准的预算发生的支出估计，同时要区分资本性支出和经常费用。

（2）部长提交的多年度预算预测中须包含部长的主要宏观经济预测。

4. 国会通过年度预算前的支出

（1）如果财年开始时与其相关年度的预算尚未通过，依据本条规定可以在该财年内从收入基金中提取资金支持政府工作，在预算得以通过之前作为收入基金的直接费用处理。

（2）在上述条款1的条件下从收入基金中支取的资金：①只允许用于前一年度预算或调整预算基金已拨款的服务；并且②不允许：A：在该财年的头四个月超过前一财年预算总拨款的45%；B：在之后的每个月中超过前一财年预算总拨款的10%；并且C：合计超过前一年度预算的总拨款。

（3）上述条款1中提供的资金不作为相关财年的基金追加拨款，任何依据此款提取的基金应被视为该财年年度预算基金拨款的组成部分。

5. 国家调整预算

（1）在确有必要时，部长可以向国民大会提交调整预算的方案。

（2）国家调整预算方案只能规定：①因重大而不可预测的经济和财政事件对年度预算设立的财政目标产生影响而需要作出的调整；②国家行政部门或承担某一任务的内阁成员领导下的委员会提议的不可预期和不能避免的支出；③依据第16条的任何支出；④部长在提交年度预算时已经声明的支出拨款；⑤依据第42条，在国会批准的预算之间和拨款内部的基金转让，或遵循职能转移的资金转让；⑥依据第43条，利用国会批准的预算的某项主要分配节余支付同一拨款下另一主要分配的超额支出。⑦来自前一财年的未支出滚存节余资金。

6. 政府预算报告的发布

（1）每月结束后30日内，财政部必须在中央《政府公报》上公告国家收入基金的实际收入和支出报告。

（2）报告必须对下述数量进行特别说明，并与相关财年的每一个相应预算数量进行比较：①相应时期的实际收入和直至此时期末该财年累计的实际收入；②此时期每项国会批准的预算的实际支出（区分资本性支出和经常费用）和直至此时期末该财年累计的实际支出；③此时期的实际借款和直至此时期末该财年累计的实际借款。

（3）财政部可以决定：①财政收入和支出报告的格式；②报告应该包括的其他任何细节。

7. 拨款资金的扣款

财政部

（1）如果某职能已经由某部门转移到其他部门或任何其他机构，可以扣拨该部门该项特殊职能拨款的任何剩余资金；

（2）必须指导这些剩余资金分配到其他部门或机构。

8. 未经授权的支出

（1）未经授权的支出不能成为收入基金的费用，除非当：①该项支出是某项国会批准的预算的超支部分并得到了国会批准作为收入基金的直接费用，其为批准预算拨款弥补超支部分的追加数额；②因其他原因使该项支出未被授权，国会授权该项支出为收入基金的直接费用。

（2）如果依照（1）-①国会未批准对超支部分给予追加数额，超支部分数额将在下一财年或以后财年的相应国会批准的预算中列为收入基金的费用。

（二）预算周期及相关文件

南非的财年为当年的 4 月 1 日至次年的 3 月 31 日，如 2014～2015 财年指的是 2014 年 4 月 1 日至 2015 年 3 月 31 日的时段。南非预算结构见图 8 - 1。

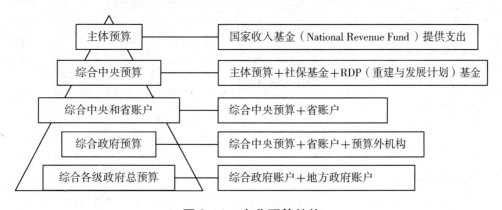

图 8 - 1　南非预算结构

南非预算透明度较高，据 2008 年财政预算国际调查机构的统计结果，南非的预算透明度排在英国之后，名列世界第二位，之后分别是法国、新西兰和美国。国际预算合作伙伴编制的 2015 年公开预算指数显示南非在 100 分中得到 86 分，远高于 45 分的全球平均水平，但较 2010 年 92 分的峰值仍有所下降。因此，南非有较为成熟完备的成套预算文件体系可查（见表8-10）。

表8-10　南非中央政府近期主要预算及相关文件名称和发布时间表

序号	英文全称	英文简称	中译名	发布日期	主要内容	发布机构
1	National Development Plan 2030	NDP	2030年国家发展计划	2011-11-11	国家长期规划	总统府
2	Medium-Term Strategic Framework 2014-2019	MTSF	2014-2019年中期战略框架	2014-08-07	国家中期规划	总统府
3	Medium Term Budget Policy Statement 2014	MTBPS	2014年中期预算政策报告	2014-10-22	中期预算	财政部
4	Adjusted Estimates of National Expenditure 2014	AENE	2014年国家支出调整估算	2014-10	配合中期预算的支出预测	财政部
5	Consolidated Financial Statements 2014	CFS	2014年综合财务报告	2014-10-30	2013~2014财年的政府财务报告，相当于决算	财政部
6	2014 Tax Statistics		2014年税收统计	2014-11	2013~2014财年税收情况	财政部和收入服务局
7	Budget Review 2015		2015年预算报告	2015-02-25	年度预算	财政部
8	Estimates of National Expenditure 2015	ENE	2015年国家支出估算	2015-02-25	配合年度预算的支出预测	财政部
9	2016 MTEF Guidelines		2016年中期支出框架指南	2015-06	准备2016年中期支出框架支出预测的技术指导手册	财政部
10	Medium Term Budget Policy Statement 2015	MTBPS	2014年中期预算政策报告	2015-10-21	中期预算	财政部
11	Adjusted Estimates of National Expenditure 2015	AENE	2015年国家支出调整估算	2015-10	配合中期预算的支出预测	财政部
12	Consolidated Financial Statements 2015	CFS	2015年综合财务报告	2015-10-28	2014~2015财年的政府财务报告，相当于决算	财政部
13	2015 Tax Statistics		2015年税收统计	2015-11	2014~2015财年税收情况	财政部和收入服务局
14	Budget Review 2016		2016年预算报告	2016-2-24	年度预算	财政部
15	Estimates of National Expenditure 2016	ENE	2016年国家支出估算	2016-2-24	配合年度预算的支出预测	财政部

资料来源：根据南非财政部网站（www. treasury. gov. za）发布文件整理。

五、施政方针和财政改革

(一) 施政方针

南非 2011 年 11 月 11 日发布了《国家发展计划 2030》 (NATIONAL DEVELOP-MENT PLAN - 2030),简称 NDP。2014 年 8 月 7 日发布了依据 NDP 制定的《2014～2019 年中期战略框架》 (Medium-Term Strategic Framework 2014～2019),简称 MTSF。南非近期和未来一段时间内的施政方针主要体现在这两个文件中。

NDP 的主要规划是到 2030 年,消除收入贫穷,将每人每月收入低于 419 兰特家庭的比例 (基于 2009 年价格),从 39% 降为 0;降低贫富不均,基尼系数从 0.69 降至 0.6。NDP 有 19 项主要任务和目标:

(1) 就业人数从 2010 年的 1 300 万人增至 2030 年的 2 400 万人。(2) 人均收入从 2010 年的 5 万兰特提升至 2030 年的 12 万兰特。(3) 底层 40% 人民收入占国民收入的份额从 6% 增至 10%。(4) 为基础设施、人力资源和规章制度建立竞争基础。(5) 确保技能、技术、专业和管理职位能够更好地反映国家的种族、性别和残疾构成。(6) 扩大历史弱势群体的财产所有权。(7) 提高教育质量,以使所有儿童至少享有两年学前教育,所有三年级学生能够读写。(8) 提供可负担有质量的卫生保健,同时提高健康和福利。(9) 建立有效、安全和可负担的公共交通。(10) 生产充足的能源,以有竞争力的价格支持工业,确保贫困家庭可获得,同时减少大约 1/3 单位能源碳排放。(11) 确保所有南非人在家中获得干净的自来水。(12) 以有竞争力的价格使高速宽带互联网广泛应用。(13) 实现粮食贸易顺差,其中 1/3 由小规模农场主或家庭生产。(14) 确保家庭食品和营养安全。(15) 确立覆盖所有就业人口的社会保险系统,对贫困人口和其他有需要的人群,如儿童和残疾人实行社会保障。(16) 实现发展的、有能力的和伦理国家,有尊严的对待公民。(17) 以独立公平的刑事司法体系确保所有人民生活安全。(18) 增强社会的凝聚力和团结,同时纠正过去的不平等现象。(19) 在非洲大陆发展、经济一体化和人权方面起到引领作用。

NDP 还确定了 10 项关键行动:(1) 订立社会契约以降低贫困和不平等,并提升就业和投资。(2) 通过扩大就业途径、加强社会工资、改进公共交通和提高农村收入等策略解决贫困问题及其影响。(3) 国家将采取措施使公共服务专业化,加强可问责性,加强协调和彻查腐败。(4) 通过调整降低雇佣年轻员工的风险,以促进劳动密集领域的私人投资、竞争力和出口。(5) 建立教育可问责链,明确从国家到教室的责任。(6) 分阶段引入国民健康保险,重点是升级公共卫生设施,培养更多卫生专业人士和减少私人医疗保健的相关费用。(7) 公共基础设施投资达到国内生产总值 (GDP) 的 10%,通过关税、公私合作伙伴关系 (PPP)、税收和贷款来筹资,重点是交通、能源和自来水。（8）实施干预措施以确保环境可持续性和复原力，以应对未来冲击。（9）新的城市空间规范和标准——城市密集化、改进交通、就近工作、升级棚户区和修补住房市场漏洞。（10）通过加强刑事司法和改进社区环境降低犯罪。

2014～2019年MTSF通过勾画政府功能拨款的14项成果指标，指导政策和资源的协调配置：（1）有质量的基础教育；（2）所有南非人长寿而健康的生活；（3）使所有南非人有安全保障并有安全感；（4）通过包容性增长实现体面就业；（5）支撑包容性增长路径的有技术有能力的劳动大军；（6）有效率、有竞争力并反应灵敏的经济基础设施网络；（7）充满活力、公平、可持续的农村社区有利于全体居民的食品安全；（8）可持续人类居住区和改善家居生活的质量；（9）反应灵敏、问责制的、快速高效的地方政府；（10）保护和提升环境资产和自然资源；（11）创造更好的南非，贡献于更好的非洲和更好的世界；（12）有效、高效和发展导向的公共服务；（13）全面、反应灵敏和可持续的社会保障系统；（14）有共同民族认同的多样化、有凝聚力的社会。

（二）财政经济改革

1. 国家社会面临的问题和挑战

南非属中等收入国家，但贫富悬殊。2/3的国民收入集中在占总人口20%的富人手中。艾滋病问题是目前南非面临的严重社会问题之一，艾滋病感染率为10.5%。NDP总结了南非面临的九大主要挑战：就业人口太少；黑人学校教育质量差；基础设施定位差、数量不够、维修不足；城市空间分割阻碍包容性发展；经济是不可持续的资源密集型；公共医疗卫生系统不能满足需求和保证质量；公共服务不均衡而且通常质量低；腐败水平高；南非仍然是一个分裂的社会。

经济方面的主要问题和挑战，一是投资低，经济主要靠消费拉动，南非政府正积极将经济由消费拉动型转向投资拉动型。基础设施投资不足主要表现在电力供应紧张，铁路和港口容量有限，自来水基础设施紧缺。私人投资基础设施的障碍主要是基础设施项目的政策法规缺乏确定性，某些公共机构信誉差，公共部门能力不足，项目规划不科学。而国内储蓄低也在宏观上制约投资。二是失业率高。三是竞争不足，尤其是交通和通讯业缺乏竞争。四是贸易赤字较大。

2. 南非经济改革的主要方向和措施

（1）减少基础设施的限制。南非积极的基础设施建设通过国家基础设施规划（NIP）和总统基础设施协调委员会（PICC）得到最高水平的支持，目标定为18个战略整合计划（SIPs），国有企业（SOEs）负责其中约45%的金额。

（2）扩大和改进基础教育和成人教育。技能缺乏是南非增长的主要约束，也是不平等的主要来源。基础和成人教育大约占综合政府开支总额的1/5，在所有主要支出类别中比例最高。但投资效果未达预期，需基础教育和高等教育合作来解决挑战，高等教育已投资于继续教育和培训（FET））学院，培养未进大学个人的技能，其他措施包括大学补助金、"全国学生资助计划"、国家技能基金等。

（3）扩大和改进就业，尤其是年轻人。2014年1月推出的就业税收激励（ETI）的新政策，将帮助首次求职者获得工作经验。政府2011年设立的就业基金也将通过公共部门、私营部门和非政府组织共同筹资的创新项目，帮助创造就业。

（4）改进竞争政策的有效性并减少加价，尤其在互联网产业。南非的特点是在许多领域竞争水平低，导致了加价高的环境，因而对增长造成了约束。为应对这些挑战，南非将继续建设国际标准的竞争主管机构。重点是改进竞争政策的有效性和机构的调查和行政执法能力，以及在重点领域的反竞争（如食品和农业加工、中间工业品、建筑和基础设施）。

（5）深化区域一体化和出口增长。南非经济相对开放，关税制度简单透明，南非将实施简化海关管理等措施以促进贸易。南非最近完成了对海关管理系统的彻底翻修，安装了1.7万亿的新型全电子系统。南非还将继续声援通过南部非洲关税同盟（SACU）、南部非洲发展共同体（SADC）和横跨东南部非洲的设想中的三方自由贸易区（T–FTA），来实现更广泛的区域一体化。

（6）2014年3月议会正式通过经济特区（SEZ）法案，经济特区投资奖励计划通过提供基础设施，鼓励对南非增加投资。南非政府计划尽快通过所有建立经济特区董事会所必须的规章，以建立经济特区。

3. 南非近年的财政改革

（1）预算改革。2010年建立独立的财政机构——议会预算办公室，为议会提供独立的对预算和财政政策的详细审查；2011年预算引入了定性的中长期财政政策指南，2012年预算引入了主体预算的非利息支出上限；预算报告包括了税式支出说明，并量化了当期财年的税收计划；改进中期预算，计划进行长期预测和资源配置规划。

（2）基础设施方面。提升私营部门投资，促进公私合作伙伴关系。通过公共和私营部门投资扩大能源供应；扩大煤炭出口的铁路运输能力。加强省级政府计划、管理和维护基础设施项目的能力，如供水、供电和邮政服务。加强地方政府公共领域能力建设，如通过一体化空间计划，重构南非城市环境。

（3）政府采购制度。在政府采购方面，国家价格参照机制在2015年4月1日全面运行。2015~2017年，首席采购官办公室将发布国家采购规范和标准，创立国家数据库便于对采购计划和投标的公共监控，创立供应商、服务供应商和承包商数据库，来简化合规性要求和减少小企业成本，设立正式程序来审议投诉，并把案例提交给适当的法律机构。全国性可协商合约的数量将显著扩大。一系列常见的商品和服务将考虑集中签约，包括航空旅行和酒店住宿、学校和诊所用的标准设备、信息和通信科技基础设施、专业性服务及租赁和住宿。

（4）转移支付。2015~2016财年开始，原由省级政府执行的三项功能：继续教育和培训、成人教育和培训和港口卫生功能，转移到中央政府。因此对省级专项转移支付进行了重构，包括调整优先次序、合并和圈护。地方政府层面，降低支出上限的情况下，只对专项转移支付做扣除，不减少一般性转移支付，对未用尽补贴和非基础设施补贴会做更大的扣除。

（5）设立戴维斯税收委员会。戴维斯税收委员会设立于2013年，为政府将来税收体系的精心设计提供建议。该委员会曾指出资本所得增税、个人所得税、燃油费以及增值税还有空间。该委员会对中小企业和改革微型企业流转税制的建议已吸收进预算，除税基侵蚀和利润转移的报告外，还将发布整个税收体系、增值税、不动产税、财富税和矿业税的报告。

（6）税收改革。南非2015年主要提高了个人所得税和燃油费；考虑民众的畏惧情绪，南非2016年预算没有提高个人所得税，而是继续提高了燃油费（0.30/升）和烟酒消费税（7%）；个人资本利得税从13.7%上调到16.4%，公司资本利得税从18.6%上调到22.4%；2016年3月1日起1 000万兰特以上的财产销售的转让税税率从11%上调至13%；2016年10月1日起开征轮胎税；2017年4月1日起引入糖税，以减少南非人过量的糖摄入。

第六篇
亚　洲

日本

韩国

印度

泰国

第九章
日本

日本位于东亚、由北海道、本州、四国、九州四大岛及 7 200 多个小岛组成，总面积 37.8 万平方千米。主体民族为和族，通用日语，总人口约 1.26 亿人。日本是一个高度发达的资本主义国家，其资源匮乏并极端依赖进口，发达的制造业是国民经济的主要支柱，科研、航天、制造业、教育水平居世界前列。此外，以动漫、游戏产业为首的文化产业和发达的旅游业也是其重要象征。日本在环境保护、资源利用等许多方面堪称典范，其国民普遍拥有良好的教育、较高的生活水平和国民素质，至今仍较好地保存着以茶道、花道、书道等为代表的日本传统文化。

一、政府治理体系

（一）政党、政府和政治

第二次世界大战结束后，在以 GHQ[①] 为主导的社会重建过程中，取消了天皇制度中天皇的政治实权，并在 1947 年 5 月 3 日开始实行《日本国宪法》。规定了立法权归国会（众参两院制）；司法权归法院（裁判所）；行政权归内阁（及中央省厅和地方公共团体）的三权分立体制。日本成为世界上唯一一个宪法没有赋予君主任何实际权力的君主制国家。

日本国会作为唯一的立法部门，是国家最高权力机构，由众议院和参议院组成。两院议员均由满 20 周岁以上的国民选举选出，参议院设议席 242 席，议员任期为 6 年，

---

① 联合国军最高司令官总司令部 General Headquarters 的简写，由于司令部隶属于最高司令官，因此亦被称作 SCAP（Supreme Commander for the Allied Powers 的简写）。中文翻译有时译为盟军总司令部，简称"盟总"。

每 3 年改选一半席位，相对稳定，众议院在权力上优于参议院，设议席 480 席，议员任期为 4 年，也有中途众议院解散的情况。[1]

日本通常国会在每年 1 月至 6 月召开，会期为 150 天。主要权限为提名内阁总理大臣、通过内阁不信任案、议决法律草案、决定预算、承认条约、对法官进行弹劾审判、及提议修改宪法等。

日本战败后，在 GHQ 占领时期中，根据 GHQ 的命令，日本的无产政党被宣布在运营、参政合法化的同时，各种保守政党也处在一个纷杂混乱的状态。1952 年 4 月 28 日，随着《日美安全保障条约》和《日美行政协定》的生效，日本恢复国家主权，在形式上结束了盟军占领史。[2]

1954 年，以病愈的鸠山一郎、河野一朗、岸信介等为主力的吉田抱有不满的政客在奔走下成立了保守党派大联合的新党：日本民主党。同年第一次鸠山内阁成立。1955 年 11 月 15 日，民主党和社会党正式合并为自由民主党，[3] 第 3 次鸠山内阁改组，诞生了长达 38 年的由单一政党执政的"1955 年体制"。

1993 年，"非自民八党派"联合政权在 8 月推选出以日本新党党首细川护熙为首相的新内阁，结束了"1955 年体制"。1996 年 1 月，桥本龙太郎在出任自民党总裁 4 个月夺回政权，并开始对自民、社民两党执政联盟的整顿，虽然自民党党首的桥本龙太郎出任首相，并且政权框架依然以自民党为核心，但此时的自民党已不再具有在国政选举中一家独大，囊获半数以上议席的政党求心力。日本政治也从此进入了"后自民党时代"。

2003 年之后，众议院 480 个席位中，自民党和民主党一直占据了其中近 400 个席位，其余席位由小型政党分占。2009 年，作为执政党的自民党尽在大选中获得众议院 480 席中的 119 席，民主党获得大胜，政权再次旁落至民主党党首鸠山由纪夫与社民党、国民新党的联合政权。2011 年东日本大震灾爆发，国难当头的日本政界宣布朝野政治休战，但数个月后灾后重建工作仍然未有进展，福岛核电站问题的应对也没有明确方案，日本国民对执政党的民主党的支持率降到历史最低点，由于应对不利，时任首相菅直人解散内阁，同年 9 月交权于民主党新党首野田佳彦。野田上任后提出增税 10 年以腾挪出总额 9 兆 2 000 亿日元的资金用于灾后重建和复兴事业，此举虽然主流媒体均表示支持[4]，但却遭受国民反对，内阁支持率不断下降。至坚定推进 TPP[5] 加盟事

---

① 1946 年 11 月日本公布宪法至今，共解散众议院 24 次。以吉田茂内阁解散众议院 4 次为最多。

② GHQ/SCAP 的占领虽然在名义上结束，但处于在日占领军中绝对主导地位的美国部队却以《日美安全保障条约》为基础，以"驻日美军"的名义继续留在了日本。

③ 自由民主党，简称自民党，英文表记为 Liberal Democratic Party。

④ 《产经新闻》2011 年 10 月 7 日。

⑤ 跨太平洋伙伴关系协议（Trans-Pacific Partnership Agreement，TPP）的前身是跨太平洋战略经济伙伴关系协定（Trans-Pacific Strategic Economic Partnership Agreement，P4），是由亚太经济合作会议成员国中的新西兰、新加坡、智利和文莱等四国发起，从 2002 年开始酝酿的一组多边关系的自由贸易协定，原名亚太自由贸易区，旨在促进亚太地区的贸易自由化。

宜时，再度引发民众不安，2011 年末支持率从 60% 掉落至 40%。① 而之后随着小泽一郎政治献金丑闻和野田对重启核电站运行的积极表态，引发日本国民对于野田内阁、后而上升至对民主党政权整体的信任危机。至 2012 年 11 月，野田政权的支持率跌破 20%，不支持率达到了 64%。同年，尚处于民主党政权下所进行的众议院大选，在国民对于民主党抱有强烈反感的大背景下，以日本维新会（Japan Restoration Association）② 为代表的"第三极政党"相继成立，其比例代表甚至超越了民主党一举占据了 480 议席中的 57 个议席。在自民和民主两大党派所占议席数逐渐减少的倾向中，议席流向了开始联合纵横渐成气候的新生第三极政党势力。

2012 年底再度登台的安倍晋三推行的"安倍经济学"等一系列政策也使其获得了 78% 的小泉纯一郎之后最高的支持率。更势如破竹的在 2013 年 7 月的参议院选举中一举获得 121 个参选议席中的 65 席，在参议院 242 个议席总数中占据了 115 个席位，终结与野党各执众参两院其中之一的"扭曲国会"时期，成功控制众参两院，获得近年来日本政界罕有的稳定政权运营环境。至此，虽然日本共产党的议席大增、次世代党的议席大减或多或少吸引了眼球，但由于其终属少数型政党，对整体政局的影响仍然薄弱，民主党和公明党的少数进步也远不在对整体政治效果产生影响的层级上。

另一方面，随着 2014 年 9 月日本维新会宣布解散，右翼政客代表石原慎太郎及其附庸政客团体脱离"日本维新会"后所成立主张宪法自主，强化军队建设，推行军国主义教育，和创设日本型的新式地方（洲）自治制度的政策纲领的新党"次世代党"。③ 而 2012 年 11 月成立的"日本未来党"也在旧自民党、民主党的影响力人物小泽一郎及其团体为核心的坚持下改名为"生活党"。但是，在 2013 年 7 月参议院选举中，生活党候选人全部落选，随后在 2014 年 12 月众议院选举中仅获得 2 席，不再符合"至少有 5 名国会议员"的政党必备条件。之后，为满足政党条件，参议员山本太郎加入，并将党名变更为"生活党与山本太郎与伙伴们"。④ 至此，可以看出，第三极政党势力已经淡出，政权的争夺再次返回到以自民、民主两大党在众参两院的选举中"抢椅子"为主体的轨道上。

在 2014 年 4 月消费税增至 8% 后经济复苏脚步却依然迟缓，依赖日本央行的金融缓和政策的经济运营也终究有其极限所在。安倍经济学（Abenomics）也改变了其原有

---

① 《产经新闻》2011 年 11 月 14 日。

② 日本维新会：由领导大阪维新会的大阪市市长桥下彻于 2012 年 9 月 12 日在大阪市召开的政治资金募集聚会上正式宣布成立的新党。新党将成为日本政坛第三势力的核心，并计划参加将来的众议院大选，进军国家政坛。2012 年 11 月 17 日，"日本维新会"代表、大阪市长桥下彻及"太阳党"共同代表石原慎太郎在大阪市召开记者会，正式宣布解散太阳党，将其并入日本维新会。石原慎太郎将出任党代表，桥下彻将出任代理代表。2014 年 9 月 22 日宣布解散。

③ 英文表记为 The Party for Future Generations 日文表记为"次世代の党"，现任党首为右翼政客平沼赳夫。

④ 英文表记为 The People's Life Party & Taro Yamamoto and Friends。日文表记为"生活の党と山本太郎となかまたち"，简称"生活党"。党首由小泽一郎和山本太郎共同担任。

的调子。宣布将第二次消费税增税从原定的2015年10月延期至2017年4月。从这个角度看来，即使将增税拖延至2017年10月的，也不能解决因为经济复苏见效迟缓而导致内阁支持率持续下降的难题，反而有可能耽误2018年众议院选举的时机。对一直致力于建设长期政权的安倍内阁而言，其所面对的不仅是经济复苏的愈见低缓，更是由于经济政策施行后见效缓慢而可能导致支持率下降而政权旁落的“对于将来的不安”。众、参两院选举中虽然得到了走势所趋的席位数上的胜利，但在没有战斗对象，或者说需要打败的大敌的情况下，即使胜利其获得的力量与资源也终有限。因此，虽然以压倒性的优势获胜于两院选举，但却并未对安倍的权利起到完整的、真正意义上的补充作用。加之安倍在稳定了政局后开始提出其所“夙愿”的修宪政治，日本未来政局的走向仍然不可说明朗与安定。

（二）国民经济、经济增长和宏观经济

在18世纪中叶的德川幕府中期，日本开始出现了主张由国益思想出发实行各藩自立化政策的一批经世家。他们积极主张对幕府和各藩对于产业的扶持、并通过参与和影响商品流通从而获得利润。并在林子平为首的经世家们的影响下逐步开始走出狭义国粹闭关论。开始着手“推进打开国门的海外贸易”和“开发占领海外殖民地”的新方向。现代经济理论中的“国富（National Wealth）”和“国益（National Interest）[①]”概念也开始出现。随着1897年，第一次侵华战争赔款的赔付，日本正式开始推行金本位制。而随着政商逐步转化为财阀的形态，资本家阶级和劳动阶级的分离也逐渐明显，城市逐渐转变为资本主义经济的基础地，至侵华战争爆发前，日本资本主义经济已经高度发达。至错误的发动侵略战争，日本的资本主义经济也遭受了毁灭性的打击。

1945年8月，随着日本天皇宣布日本无条件投降，战后史的帷幔也随之拉开。日本在GHQ的占领与扶持下开始了对已经潦倒的经济和社会的重建工作。GHQ先推行了农地改革政策，使得农村人口生活水平提高，同时开始着手解体财阀，将战前控制日本经济命脉的四大财阀解体，从而实现对中小企业的保护与扶持，紧接着通过对劳动人民工会（Iabour Union）的扶持，提高劳工的薪酬待遇、改善劳动环境，从而达到了对社会大环境的安定与控制。另一方面，由于日本本土在二战后期的空袭中早已千疮百孔，美国政府从陆军军费预算中成立了专项的“GARIOA资金”与“EROA资金”，[②]至1951年，先后提供了累计约18亿美元的资金援助。[③] 但是，随着日本政府错误的推行先发展紧缺的煤炭、冶金产业的“倾斜生产方式”，而发行了远超实际需求“复兴金融金库券”，日本陷入了一年物价膨胀200倍的恶性通货膨胀。随后美国指派底特律银

① 国益（National Interest）在此时期的日本被翻译为“贸易黑字”。

② GARIOA资金：Government Appropriation for Relief in Occupied Area。
EROA资金：Economic Rehabilitation in Occupied Area。

③ 其价值约合为现在的6 228亿元人民币。

行总裁约瑟夫（Joseph Morrell Dodge）赴日推行增税减支以期控制恶性通货膨胀，虽然控制住了通货膨胀的加剧，但日本的整体景气再次坠入开始持续走低，一度接近战后重建时的低谷。

讽刺的是，随着1950年朝鲜战争的打响，随着9月以美军为主的联合军登陆仁川，大规模的美军开始展开军事行动。而驻日美军基地则从修理兵器的钢铁，到士兵的补给等大规模物资都从日本当地购调。一时间日本本土产品近乎脱销，经济景气也一跃而起，成功恢复至战前的状态，史称"特需景气"。

"特需景气"不仅成功恢复了日本的经济与社会至战前水平，更为随之而来的高度经济增长期打下了基础。1955～1973年，日本经济以平均每年9.1%的惊人速度在1968年成功超越西德成为世界第二大经济强国（见表9-1）。

表9-1 日本高度经济增长期简表

时期	景气别称	成 绩	特 征
1955～1957年	神武景气	耐用品输出风潮 旧"三神器"风靡全球（冰箱、洗衣机、黑白电视）	由于积极引入国外先进技术，日本国内企业生产规模持续扩大
1958～1961年	岩户景气	日清公司推出方便面（1958年） 池田勇人内阁发表"国民所得倍增计划"（1960年）	
1963～1964年	奥林匹克景气	东名高速公路通车（1964年） 东海道新干线通车（1964年） 举办东京奥运会（1964年）	为举办东京奥运会，大力增建公共基础设施
1965～1970年	伊邪那岐景气	新"三神器"再次风靡全球（彩电、空调、汽车） 超越西德跃升为世界第二大经济强国，提前完成"国民所得倍增计划"（1968年） 举办大阪世界博览会（1970年）	造船、冶金、石油化工等重工业国际竞争能力增强，重工业出口规模持续扩大
1973年	第一次石油危机		高度经济增长期结束

1973年，随着围绕着巴勒斯坦问题，以色列与周边阿拉伯国家展开的第四次中东战争。石油输出国组织（OPEC）的阿拉伯国家为报复以色列及其支援国，于12月宣布收回石油标价权。美、日等非OPEC加盟国工业生产受到严重打击。美国的工业生产下降了14%，日本的工业生产下降了20%以上，日本经济增长开始减速，进入了经济稳定增长期。

由于石油资源不足，日本依赖于石油的塑料产业开始急剧收缩，1974年日本经济战后首次出现负增长，加之与石油相关之外的产品物价也开始上涨，日本经济陷入了停滞（Stagnation）状态。为努力摆脱不景气状态，日本企业各界展开了轰轰烈烈的"ME（Micro Electronics）革命"，企业纷纷裁员，同时于企业内开始普及计算机，以图削减人事费用。由于计算机及相关系统的大量普及，日本企业进入了办公室自动化（Office Automation）时代。

另一方面，为摆脱石油危机造成的影响，之前以重工业为主的日本本土产业也开始转型。如图9-1所示，将发展中心从之前被称作"重厚长大"的造船、冶金、化学等方向转换为"轻薄短小"的家电、汽车和电脑组装加工和制造业上。随着这些产业在松下、索尼、丰田、本田带动下迅速占领市场的利好环境下，日本逐步走出了第一次石油危机带来的不景气泥沼。

图9-1 日本经济稳定增长期的产业转型简图

1979年，虽然由于伊朗战争再度引发了世界范围的第二次石油危机，但日本却由于在第一次石油危机期间开始将主要产业转型至"轻薄短小"的对石油依赖程度相对较低的产业，因此并未受到如第一次般严重的打击。但是，日本的产业转型进程并未停止，鉴于汽车、彩电等行业的竞争日益加剧，加之各国本土产业开始优化，日本产品已无法维持绝对优势和市场占有率，于是日本将经济产业的重心再次逐步向音乐、电影及服务行业转化，日本经济开始"软化"，即相较于过去就业主要方向为工业和农业而言，80年代的日本就业趋势更多的开始向服务行业集中，同时期日本的服务业、相关娱乐产业在国际上的评价和影响也开始逐步接近之前的家电、汽车等知识密集型产业。

1985~1990年，由于美日德英法在纽约的广场饭店（Plaza Hotel）签订了"广场协议"（Plaza Accord）。5国开始积极出货囤积于本国央行的美元，同时兑换为本国的货币，其结果便是成功实现了对美元价格的控制性走低。

但是，虽然美元价格被操控性的走低，但是由于日本的出口持续走低，日元的升值速度远超越了美元走低的速度。日本政府和日本央行虽然在签订"广场协议"的时候为预防本国由于货币升值而带来的不景气将官方银行利率（the Official Bank Rate）调低至2.5%，但是由于外国商品及原材料随美元同步降低，在节约了生产制造成本的同时获得了相对客观的利益，日本并未出现政府和央行预计的不景气经济环境。加之此时期由于利率调低，获得利益变得相对简单，大批日本国民开始贷款购买土地、证券等资本。导致日本不动产和股市价格急剧攀升，这一时期也被称为"泡沫景气"。

1990年，日本政府意识到了"泡沫景气"的危机，与央行协调后将官方银行利率调至 6.0%，于是大量有贷款或准备贷款的日本企业开始出售自己所持有的不动产和股票以保证资金链衔接。股市和不动产大幅下跌，民众恐慌后开始纷纷跟风抛售手中的资本。带来了泡沫破灭的恶性连锁反应。中小企业破产数量急剧增加，银行坏账高企。由于经济一蹶不振，失业破产成风，1990~1996 年间，日本的夫妻离婚从 15 万 8 千起上升至 22 万 3 千起，自杀率更从 0.017% 上升至 0.026%。

1996 年桥本龙太郎内阁登台开始，推出了增加消费税，降低医疗保障等增加国民负担以期减少国际借款，同步倾斜政策以推进日本本土企业在东南亚发展中国家扩大生产规模以降低劳动成本，从而拉动日本整体经济的恢复。虽然一时间桥本内阁为日本社会所批诉，但日本经济确实在 1996~1998 年间实现了"泡沫景气"破碎后的首次反弹。但是，由于 1997 年泰国泰铢的货币危机引发波及整个亚洲的货币危机，日本企业的海外工厂也纷纷倒闭，桥本内阁的经济复兴计划宣告破产，北海道拓殖银行、三洋证券、山一证券等大型金融机构相继破产、再度引发全国范围的经济恐慌和社会动荡。日本经济遭受重创，失业率激增，1997~1998 年离婚案件增加 4 万起，自杀率也在组阁伊始时努力降低至的 0.018% 再度反弹回 0.026% 的危险比例。桥本内阁引咎辞职，而随之在 1998 年登台的小渊惠三内阁面对一蹶不振的日本经济，虽努力通过设置金融厅、颁布"金融再生法"等政策、以期整合金融体制运行正常化，但最终虽在一定程度上挟着市场自我调节而带动日本经济触底反弹，但刚制定出相关政策不久，小渊惠三便在 2000 年 3 月中风，随后 5 月 14 日猝然去世。森喜朗中途接任，但并无作为，在 2001 年大权交于小泉纯一郎，在其铁腕政策下，日本经济虽未继续恶化，但也未见好转，低迷的景气一直持续到 2012 年。在 1991~2012 年中，日本实际 GDP 年平均增长 0.9%。

2012 年新任首相野田佳彦三次重组内阁，以期顺利通过增加消费税议案，坚持推动增税而招致日本国民骂名的以野田为首的民主党在经历了"小泽派"集体退党导致党内分裂的苦果，并在内阁支持率持续下降至战后最低点之后，于总选举中受到国民强烈指责而无奈落选至主张将 CPI 控制在 2% 的安倍晋三领衔的自民党。

2013 年安倍晋三再度登台，由于有了民主党政权时期所构筑的消费税增税等相关政策基础，顺利推出了被称为"安倍经济学"的新政策。

安倍内阁通过"大胆的货币宽松政策"、"以更灵活的财政政策刺激经济再生"、和"唤醒民间投资的增长战略"三个方面的新政策，在前两个季度实现 4% 左右的实际 GDP 增长，但进入第四季度开始，个人消费增长出现停滞，出口转为负增长，安倍政权自上台以来持续的经济高速增长开始出现减速。一时间占据各大媒体醒目位置的"安倍经济学"确实在 2013~2014 年度为日本经济带来了一些亮点和变化，但这不完全是"安倍经济学"的作用。

通过图 9-2 可以看出，在经历了 2011 年的"短期经济衰退"后，同年 11 月已经出现了反弹势头。换言之，从某种意义上来讲，市场和经济形势的回流背景（东日本大地震所带来经济衰退走弱，赈灾重建的制造业加大，出口影响减弱）的变化在很大程度上对"安倍经济学"产生了增幅的效果，或者说，"安倍经济学"的推出选择了一个非常微妙的时间点。在实体经济和实际 GDP 的变化方面，从 2012 年第四季度到 2013 年第三季度，实现连续 4 个季度持续增长，并已经接近"雷曼冲击"之前的实际 GDP 最高值。2012 年第三季度，增幅从同年上半年的 4% 左右骤然减速至 1% 左右，日本官方表示这是在上半年增幅过度的 4% 之后正常的反向回弹，并不值得担忧。但是，从宏观经济学的景气循环（Businesscycle）角度来看，经历了 2011 年持续半年左右的"迷你衰退期"之后，在 11 月已经接近反弹的谷底。也就是说，在"安倍经济学"推行之前，日本经济已经处于衰退之后的复苏形势之中。从整体趋势的角度来说，除"安倍经济学"所产生的经济复苏效果之外，经济和市场的自我调整也占了相当大的比重。

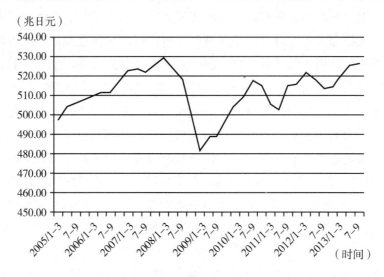

图 9 - 2　日本国家实际 GDP 的推移

资料来源：日本内阁府国民经济计算数据，"月例经济报告主要经济指标"2014 年 1 月。

姑且不论其他政治因素，"安倍经济学"对日本的金融缓和在某种意义上见效，虽时机所占的侥幸成分较大，但现实中也达到了大幅度日元贬值和抬高日经指数的效果。加上东京申奥成功，使得自 2011 年"3·11"大地震以来一直低迷的国民情绪出现转机和上扬，这是"安倍经济学"在上一年度中得到的最大成果。

2014 年 10 月 31 日，日本央行总裁黑田东彦在日本央行的政策决定会上宣布了日本央行金融政策委员会 5 人赞成 4 人反对而通过的，对于追加新一轮金融缓和政策的决定。决定中表示：为应对物价上浮速度钝化，日本央行决定再次扩大货币宽松政策的货币规模（Monetary Base）至 80 万亿日元。并对长期国债的买入总额再次追加 30 万亿日元，在年内达到 80 兆日元的规模，以刺激金融机构增加对企业放贷，同时为市场提供更多流动性。

作为"安倍经济学"中至关重要的"大胆的货币宽松政策"的后续，旨在刺激股市上扬、拉动出口、改善日本企业业绩。对于市场也确实起到了重要的效果，日经股市在宣布的当日上涨5%，日元汇率也再次贬值，至1美元兑换110日元以上。

对于长期国债利率上升所伴随而来的风险，推出新一轮宽松货币政策以强化金融形势的日本央行在同时宣布加强对长期国债的买入之后，长期国债的利率一直维持在0.5%左右的低位也是事实。而随着半个月后的11月8日，安倍宣布将原定于2015年10月的第二轮消费税上调延期至2017年4月。在接下来的一段时期内国债利率从0.512%下落至0.447%。加之消费税上调延期与否和日本的长期债务余额与名义GDP的比例并无太多直接关系，也就是说，第二轮消费税上调的延期并未带来在宣布之前部分分析机构所担忧的风险。反而从某种程度上为其争取了更多选民的支持。

在进一步扩大货币宽松政策之后，日本政府在2015年1月15日的内阁会议上确定了准备向国会提出的新年度预算案。宣布将在2015年对收支平衡的赤字控制在名义GDP的3.3%，以期达成对国家和地方财政赤字减半的目标。同时，由于税收增加，2月3日参议院本会议上通过了总额为3万1千亿日元的补正预算，旨在刺激个人消费和提高地方经济基础水平。

2014年末起安倍政权或直接或间接的推出的数条新一轮经济政策的效果确实在一定程度上对拉动日本经济的复苏起到了正面效果。加之东京奥运会在即，日本政府持续增加国内基础设施投资和石油价格持续走低的因素影响，日本经济和本土企业也呈现出逐步回复的趋势。但是由于90年代之后日元持续走高，日本汽车和电机产业大举在国外兴建生产基地，日元贬值对出口增加的拉动作用也不如2009年大幅增加公共支出应对2008年金融危机时的那样明显，加之世界其他国家生产力发展，本国生产水平提高，即使日元贬值，日本出口的产品也并不具有太大优势，对出口的直接增益不大，因此，总体看来，日本的经济虽然可以看出处于复苏过程之中，但其恢复速度却相当缓慢，能否达成黑田东彦在2012年12月上任之时所立志的，2年内将消费物价提升2%，摆脱通缩，走出"失去的20年"的泥沼，尚需要时间的验证。

二、政府间财政关系

（一）事权划分

日本政府1999年7月制定的《关于推进地方分权完善相关法律等的法律》（地方分权一揽子法）对战后的《地方自治法》进行了修订。修订后的地方自治法对中央政府与地方政府的作用、分工做出明确的规定。

《关于推进地方分权完善相关法律等的法律》最引人注目的首先是废除了原"机关委任事务"（即地方政府有义务代行中央政府或其他地方政府的管理或其他事务），并在总理府设立一个新的机构——"中央地方争讼处理委员会"（当中央政府工作报告与地方政府之间发生事务纠纷争讼时，"中央地方争讼处理委员会"将站在公平、中立的立场对争讼进行调查、调停等）；其次，重新审定了中央政府对地方政府以及都道府县对下级地方政府的总括性指挥监督权，并规定中央政府对地方政府的干预应被限定在法律或是法律基础上的政令所认可的范围内，并且法律允许范围的干预应限制在其基本形式的最小程度上，必须顾及地方政府的自主性和自立性；最后，废除了地方债审批制度，并制定地方政府对地方交付税计算提出质疑的制度，在地方税法方面，废除法定外普通税许可制度等，使中央与地方的关系从过去的上下、主从关系向对等、协作关系转换；此外，还对以往中央以法令硬性规定公务员编制和机构设置的"必置规制"进行了重新审定。

根据《地方分权一览法》，地方政府被视为一个自主并综合地执行地区行政事务的广泛性职能机构，而中央政府承担作为国家在国际社会中的有关事务，以及应该全国统一的国民活动事务，制定有关地方自治基本准则的政策。这样，中央政府与地方政府两者的作用分工得到了明确化。

（1）中央政府重点负责以下事务：

①关乎国家安危的事务。

②适合由全国统一决策的与国民的各项活动相关的事务。

③须在全国范围、从全国立场出发颁布实施的政策措施和项目等。

（2）地方公共团体以提高居民福利为基本职责，广泛承担自主地综合开展地区行政事务，可以说除中央政府的外交、安全保障、审判及检察等之外，地方政府囊括了几乎所有的国内事务。根据地方自治法，这些事务被分为两类：

①法定委托事务：法定委托事务是地方自治体根据法律或政令的规定处理的事务中，本应由中央政府负责，而且中央政府认为有必要确保地方自治体有效地予以处理而通过法律或政令加以规定的事务。具体包括护照的颁发、国道管理、中央指定统计相关事务等。自治事务是指除法定委托事务以外的由地方自治体自主实施的所有事务。

②自治事务：指的是除"法定委托事务"以外的地方政府行政事务，具体来说，就是历来的地方政府行政事务以及原"机关委任事务"中被归类为地方政府事务的内容。

法定委托事务与自治事务的差异是，与后者相比前者具有较强的国家干预的色彩。

（3）地方政府之间事权的划分。根据地方自治法，都道府县作为包括市町村在内的跨区域地方自治体，负责处理跨区域事务、与市町村相关的联络协调事务及协助市町村的事务。而市町村作为基础地方自治体，负责处理都道府县事权以外的所有事务。关于这一点，法律规定了"市町村优先原则"。

①地方行政事务尽可能先由市町村实施。

②都道府县负责处理广域（跨地区）的事务、与市町村相关的联络协调事务以及在规模和性质方面不适合由一般市町村处理的事务。

但是实际上，在中央政府、都道府县及市町村之间的事权划分过程中，各领域的事权并不是按层次分别划归不同层级的地方政府，而更多是不同层级的政府在同一领域各自承担不同的角色。在日本的地方自治制度中，关于事权划分采用的是"融合型"而不是"分离型"。

（4）各级政府具体事权。日本各级政府的事权范围均有相关法律做依据。

中央政府的事务包括关乎国家安危的事务（例如外交、防卫、安全等）；适合由全国统一决策的与国民的各项活动相关的事务（例如一级河流、国家公路）；须在全国范围、从全国立场出发颁布实施的政策措施和项目等（例如货币、养老金等）。

都道府县负责的事务包括跨区域事务（例如都道府县道、港湾、山水治理、保健所、职业培训、警察）；面向市町村的联络协调事务（例如有关合理地组织和运营市町村的建议、劝告和指导）；协助市町村的事务（例如高中、博物馆、医院）。

市町村负责的事务包括有关居民生活的基础事务（例如户籍、居民登记、地址标示）；有关确保居民安全、健康的事务（例如消防、垃圾处理、上水道、下水道）；有关居民福利的事务〔例如生活保护（城市区域）、护理保险、国民健康保险〕。

（二）财政收支划分

1. 中央政府与地方政府税收划分的原则

现行日本税收体系源于1949年的"夏普劝告"，其中央和地方的税源划分主要遵循三个原则：

第一，税源划分以事权划分为基础，"各级政府事务所需经费原则上由本级财政负担"；

第二，便于全国统一税率和征收的大宗税源归中央，征收工作复杂的小宗税源划归地方。例如土地房屋税，税额与当地的地价密切相关，不可能统一按面积征税，因而划归为最基层的市町村；

第三，涉及收入公平、宏观政策的税种划归中央，地方税以受益原则为依据，主要实行比例税率或轻度累进税率。例如，中央与地方都对个人和企业的所得征税，但中央的所得税、法人税的累进性强，地方的所得税（称作居民税）累进性弱。

2. 中央税与地方税

日本中央税以直接税为主，在直接税中，又以所得税（即个人所得税）和法人税为主，其中个人所得税占中央税收总额一度达到30%以上。1989年实行消费税制度以前，间接税以酒税、专卖交纳款、物品税、燃油税、关税和印花税为主，实行消费税制度后，消费税（包括消费让与税）所占比重迅速扩大，2015年占中央税收总额的17.8%（见表9-2）。

表 9-2　　　　　　　　　　日本中央与地方税目简表

国　税		
直接税	所得税	所得税、企业税、地方企业特别税、复兴特别所得税、地方法人税
	财产税	继承税、转让税、地价税
间接税	消费税	酒税、烟草税/烟草特别税、地方挥发油税、石油燃气税、航空燃油税、石油煤炭税、电源开发促进税、挥发油/地方道路税
其他	流通税	证券交易税、交易税、船舶吨位税、特别船舶吨位税、关税、印花税、汽车重量税、登记许可税、日本银行券发行税

都道县府			市町村		
普通税	法定普通税	都道县民税	普通税	法定普通税	市町村民税
		事业税			固定资产税
		地方消费税			汽车税
		不动产购置税			市町村烟税
		都道县烟税			汽车税
		高尔夫球场使用税			矿产税
		汽车购置税			特别土地保有税
		汽油交易税		法定外普通税	
		汽车税	目的税	普通目的税	入浴税
		矿区税			事业所税
		固定资产税			城市规划税
	法定外普通税				水利地益税
目的税	狩猎税			法定外目的税	

资料来源：根据日本财务省公开信息整理。

　　都道府县税以普通税（普通税是相对目的税而言的，前者为地方政府的一般性收入，后者为地方政府的专款专用性收入，类似我国政府的基金性收入）为主，占其税收总额的90%左右。普通税中，都道府县民税、事业税、地方消费税是最主要的税种。此外，比较重要的普通税还有：汽车税、不动产购置税、都道府县烟税等。

　　市町村税也是普通税为主，占税收总额的95%左右。在普通税中，市町村民税和固定资产税是最主要的税种。此外，市町村烟税、矿产税、特别土地保有税等也是比较重要的税种。

3. 中央政府与地方政府财政支出

　　第二次世界大战后，日本中央政府与地方政府的财政支出规模长期维持在7：3左右，近些年来随着分权改革的实施等，这一比例变为3∶2。地方政府各项支出规模以2011年决算数字为依据：一般行政费支出中占80%；司法警察消防费支出中占77%；国土保全费支出中占72%；灾害恢复支出中占51%；国土开发支出中占72%；农林水产费支出中占34%；工商费支出中占54%；学校教育支出中占86%；社会教育支出中占75%；民生费（不包括年金）支出中占73%；民生费中的年金支出占100%；卫生费支出中占97%；住宅费支出中占31%；公债费支出中占40%。

（三）转移支付制度

日本中央政府和地方政府税收收入分配比例是3∶2，而支出结构却与之相反，中央与地方支出比例约2∶3。中央政府为弥补地方政府财政支出缺口，主要有两种转移支付制度安排：一是不指定用途的一般性转移支付，即地方交付税制度；二是指定用途的专项转移支付制度，即国库支出金制度。

1. 地方交付税

（1）地方交付税的历史。日本的地方交付税制度起始于1940年开始建立的地方"财政收入平衡制度"，后经"财政平衡交付金制度"逐渐演变而来。

财政收入平衡制度以平衡地区间财政收入为目的，由返还税和分配税制度构成。返还税是指当时建立的以对人课税为中央税和对物课税为地方税的税制体系中，本应移交给地方的地租、房屋税和营业税移，这三种原属中央税的税收，由于中央征收更方便，并且为了掌握各地方财政收入情况，中央政府规定这三种税由中央征收，然后又全额返还给征收地的都道府县。分配税，就是把一部分中央税（所得税、法人税、入场税和娱乐饮食税的一定比例）按一定标准在都道府县和市町村中分配，其中1/2按各地地租、房屋税和营业税征收额的反比，另1/2按各地财政需要的正比进行分配。应该说，分配税制度即是后来地方交付税制度的基础。1947年，作为返还税的三税相继改作地方税，废除了返还税。分配税制度一直沿用到1949年。

1949年，日本战败，战后重建基本在美国人的指挥之下进行，税制改革是在美国人夏普教授的指导下进行的。夏普到日本作税制调查和改革指导时，对地方分配税提出尖锐批评。他认为，分配税总额由几种中央税的一定比例而定，不能反映地方财政需要，而且在比例的确定上中央的主观随意性大，往往导致地方财政的不稳定。在他的建议下，日本从1950年开始实行地方财政平衡交付金制度。这一制度与分配税的根本区别在于总额确定上，体现地方优先原则，地方财政平衡交付金总额不再依某些税源确定，而是根据各地实际不足的数额来定。但是，这一制度在执行过程中出现了许多问题，主要是：①在确定各地财源不足额时，地方往往故意夸大，中央则往往故意压低，双方经常争执不休；②因为中央不能按地方上报数支付平衡交付金，地方政府把财政运营中的问题全归结在交付金不足上，出现了财政运营不谨慎、不负责的倾向。因此，从这一制度实施时起，日本中央政府就有意改革它。1952 年美国占领军撤出日本，日本政府掌握了国内政治主导权，为这一改革创造了有利条件。于是在 1954 年废除了地方财政平衡交付金制度，开始实行地方交付税制度。

（2）地方交付税的特点。日本学术界认为，地方交付税从性质上来说是原本应该列入地方政府的税收收入。但是，考虑到统筹调整地方政府之间财政来源的不均衡性，为了确保所有地方政府都有相应的财源以维持一定的行政服务水平而将其作为中央税由中央政府代替地方政府进行征收，再根据一定的合理标准在地方政府间进行分配。在这一点上，可以说地方交付税是"中央政府代替地方自治体征收、由地方自治体共享的、固定的财政来源"。

由于地方交付税的用途由地方政府自行决定，中央政府不得对地方交付税的用途追加附加条件，或者限制其使用范围。因此，地方交付税是与地方税同样重要的地方可自主决定如何使用的一般财政来源。

（3）地方交付税的总额与种类。地方交付税的总额确定在《地方交付税法》中有着明确规定，目前地方交付税总额为"所得税、法人税和酒税收入的各 32%、消费税收入的 29.5% 以及烟税收入的 25%"。但实际上，制定地方财政计划时如果出现地方财政来源不足的情况，有关部门会采取借用交付税原资、结转交付税、特例增额或减额等措施，因而交付税总额与上述中央税的一定比例不完全一致。

地方交付税分为普通交付税和特别交付税。普通交付税按以客观标准计算的各地财政收入不足额进行分配，用于公平地填补地方政府的财政来源的不足，约占交付税总额的 94%；余下的 6% 作为特别交付税，用于赈灾或起因于该地区特殊事件的支出等，是靠普通交付税仍然不能解决财政来源不足时的填补手段。

（4）普通地方交付税的计算与分配。各地方的普通交付税分配额的计算相当复杂，具体测算方法及操作程序在《地方交付税法》中有着明确规定。总体来说，首先根据客观因素和行政服务水平要求计算出各地方的标准财政需求额，然后以各地地方税应征收税额加上地方让与税，作为各地的标准财政收入额。将标准财政需求额减去标准财政收入额则得出各地方的财源不足额，以普通交付税形式发放给该地方自治体。因此，对于标准财政收入额超过标准财政需求额的地方自治体（例如：东京都），则不发放普通交付税，这样的地方政府称为"不交付团体（政府）"。

标准财政需求额是为了合理地评价各地方自治体的财政需要，而按照土木费（道桥费）及教育费（小学校费）等各行政项目，通过一定的计算方法算出的金额。首先，在标准团体（都道府县为人口 170 万人、市町村为人口 10 万人的城市）中计算出用于保持一定行政水平所需的费用。然后，在此基础上，考虑人口、面积或地区特点等因素补充修正，确定各地方自治体的标准财政需求额。

标准财政收入额是根据最近的税收等估算出的各地方自治体的标准地方税收额的

一定比例（都道府县、市町村均为75%）。之所以未将地方税收入额的100%作为标准财政收入额，是因为这样做会使地方自治体失去增加地方税收的热情（如果地方税收增加的部分，又以减少普通交付税的形式来全额抵消，那么就失去了大费周章增加地方税收的意义），同时也是为各地方自治体留出没有反映在标准财政需求额上的地方独立项目所需财源。

当这样计算出的各地方自治体的财政来源不足额的合计与普通交付税的总额不一致时（经常出现交付税额小于地方财源不足额的情况），则需将对各地方自治体的财政来源不足额进行调整，按比例压缩各地的支付额，使财政来源不足额的合计与普通交付税的总额相一致。

日本中央政府直接对都道府县和市町村分配地方交付税（国库支出金的分配也同样）。关于地方交付税在都道府县与市町村间的分配比例没有规定，从实际情况看，一般都道府县和市町村各得一半。

由于地方交付税的目的是平衡各地财政收入，而且按规定中央财政不能从地方税收中提取资金，因而在设置中央税与地方税时有意压低地方税比重，使几乎所有地方都接受来自中央财政的支付。在日本全国47个都道府县中，目前只有东京都和大阪府（均不包括下属的市町村）未接受该资金支付。

2. 国库支出金

国库支出金是中央政府指定用途的向地方政府转移的财政资金。根据法律规定，国库支出金的目的是：（1）确保财政资金的有计划、有重点投入；（2）确保重要行政服务的全国平均水平；（3）奖励地方从事难度较大的服务项目；（4）满足救灾等特殊财政需要；（5）支付代理中央办理事务的费用。国库支出金的支付范围，涉及地方财政支出中的工资、差旅费、设备费、融资资金、工程承包费、补助等诸多方面。国库支出金一般分为国库负担金、国库补助金及国库委托金。

国库负担金是指基于中央与地方政府的共同责任，由作为一方责任人的中央政府向作为项目主体的地方政府支付的款项，主要以保证重要行政事务的全国平均水平为目的，用于地方一般行政，其中具有代表性的是与义务教育相关的国库负担金。国库补助金是中央为了推进特定政策，采取鼓励措施向地方自治体发放的款项，以提高资金使用效益为目的，主要用于地方公共投资。国库委托金是指考虑到方便性、效率性，而将其本应由中央负责的事务委托给地方政府时，由中央支付的相关款项，具有代表性的有国会议员的选举事务经费。

由于国库支出金是针对特定事务事业发放的特定财政来源，用途由中央指定，地方不得挪用，其使用一方面要受主管部门监督、指导，另一方面要受中央会计督察院的审计，一旦发现挪用，中央可以收回资金或进行其他处罚。

（四）债务制度

1. 国债制度

日本《财政法》第 4 条规定"国家的财政支出必须以公债和借款以外的收入作为来源"，原则上禁止发行赤字国债。但第 4 条同时规定可以发行用于筹集建设公路、桥梁等的公共事业费、出资金及贷款的等。

但事实上，日本政府巨额的国债中赤字国债的规模越来越大，比重越来越高。其原因中于日本政府可以政府通过每年制定限期为 1 年的《公债特例法》发行赤字国债。本来，所谓的特例法应该是偶尔为之的手段，但由于 20 世纪 70 年代以后，日本进入低速增长时期，特别 90 年代经济泡沫破灭后，这样的例外措施渐渐多了起来，目前已习以为常，甚至在 2009 年以后，发行的赤字国债规模常常高于税收收入规模。

日本的国债按按期限可分为 6 个月和 1 年的短期债、2 年和 5 年中期债、10 年的长期债、15 年、20 年和 30 年的超长期债、储蓄债以及通货膨胀指数债券。[1] 其中，短期债以贴现方式发行，即发行价格低于债券面值，不支付利息，到期时按照面值赎回；中期债、长期债、超长期债（除 15 年期浮动利率债券外），按固定利率附息债券，每半年附息一次；15 年期浮动利率债券和储蓄债按照一定的规则确定利率，通货膨胀指数债券的本金与 CPI 指数相关。

按融资目的可分为建设国债、赤字国债、偿债国债年金特例国债、复兴债以及财投债等。其中，建设国债是基于《财政法》第 4 条第 1 项规定用于公共基础工程建设、出资金、贷付金等方面；赤字国债（也称"特例国债"）则是基于《公债特例法》发行的、用于弥补当年一般预算财政赤字的国债；偿债国债用于偿还到期国债；年金特例国债也是基于《公债特例法》，于 2012 年和 2013 年发行的用于基础年金国库负担支出财源不足的国债；复兴债的法律基础也是《公债特例法》，是为 2011 年日本大地震灾后重建所需财源而发行的国债，发行年度为 2011～2015 年；财投债是为财政投融次特别会计筹集收入而发行的国债，由于财政投融资特别会计本质上属于政府政策性金融手段，财投债的还款来源于投资项目，与税收收入无关。

国债的发行方式主要有公开市场发行和向公共部门发行两种。

公开市场采取公开招标和承销团承销两种方式，前者最为常用。采用公开招标方式发行国债时，主要是价格招标和收益率招标。一般来说，15 年期浮动利率国债、30 年期固定利率国债和通货膨胀国债采用收益率招标，其余的国债采用价格招标。在发行 2 年期和 5 年期固定利率债券时，为使中小投资者能购买到该类国债，一般计划发

---

[1] 此外，还有一些其他类型的国债，例如 1988 年 8 月发行的 3 年期的固定利率国债，2000 年 9 月发行的 5 年期贴现国债，2001 年 1 月发行的 4 年期固定利率国债，2001 年 3 月发行的 6 年期固定利率，2002 年 11 月发行的 3 年期贴现国债。

行额的一定比例会采用非竞争性招标方式，限定每一个投资者在一定限额内进行认购，价格按竞争性招标的加权平均价格来确定。

承销团承销方式仅适用于 10 年期固定利率国债。每次发行 10 年期固定利率国债时，85% 的发行额通过竞争性价格招标和非竞争招标方式由承销团承销，剩余的 15% 由承销团按固定的比例进行认购，价格为竞争性价格招标确定的加权平均中标价格。如果承销团成员未能完成承销任务，那么他们将按照固定比例对剩余的国债进行认购。

向公共部门发行是指向邮政部门、日本银行、邮政储蓄、养老基金和财政投融资基金等的定向募集。从国债余额持有者比例看，向公共部分发行的国债是日本国债发行的主体。

日本国债由财务省负责，主要是决定发行国债的相关条款、还本付息，以及国债的认证和登记等。日本银行则受财务省委托对国债进行具体管理，包括发行时组织招投标和收取发行款项，到期时进行还本付息等。

2. 地方债制度

日本地方财政法第 5 条规定，地方自治体必须遵循将地方债以外的收入作为其支出的财政来源这一基本原则。但是，该条也规定对公营企业、投资款及贷款、地方债再融资、抗灾应急项目及公共设施完善等经费，允许地方政府发行地方债作为其财政来源。

在发行地方债时，原则上，都道府县应与总务大臣、市町村应与都道府县知事进行协商。以前，地方自治体在发行地方债时需要得到总务大臣或都道府县知事的审批，但是，根据地方分权一揽子法，2006 年 4 月以后，原来的许可审批制改为协商制。

所谓的协议制度是指地方政府（包括地方公营企业）发行债务时必须向总务大臣（都道府县政府发行地方债时）或都道府县知事（市町村等政府发行地方债时）提出发债申请，如果得到许可，可以自主发行地方债，但如果得不到许可，只要获得地方自治体议会的批准也可以发行地方债。

协议制度有可能出现获得许可和无法获得许可两种结果。获得许可前提下发行的地方债好处在于地方债的融资财源和偿债财源都纳入地方财政计划，享受中央政府的优惠政策；没有获得许可前提下发行的地方债必须依靠公开市场来融资。

3. 中央政府对地方政府债务的管理

日本是单一制国家，财政体制本质上是集权型体制，中央政府对地方政府的干预体现包括地方交付税、国库支出金以及地方债等各个方面。2006 年地方债管理制度转变为协议制以后，中央政府并未完全放弃对地方政府的债务管理，而是通过修改法律等手段更加细化了管理方法。

日本中央政府对地方政府债务的管理，主要通过制定财政健全化状况的监控指标考核体系等进行，这体现在对《地方财政重建特别措施法》修改后的《关于地方自治

体财政健全化的法律》这部法律之中。《地方财政重建特别措施法》出台于 20 世纪 50
年代，是应对当时地方财政危机的产物，后者于 2007 年 6 月公布（2009 年正式实施），
同时废止了前者，是完善前者的结果。

（1）《地方财政重建特别措施法》。《地方财政重建特别措施法》是应对 20 世纪 50
年代日本地方财政危机爆发的产物，现代日本地方财政始建于明治维新时期。由于明
治维新自上而下的改革特征，日本地方财政建立之初即带有明显的中央集权型财政体
制特征。第二次世界大战后，日本在美国占领下开始制度改革，导致地方财政负担增
加。当时又恰逢朝鲜战时特需的消失，日本经济急剧萎缩。1954 年，日本编制了紧缩
预算，中央政府和地方政府共计削减 1 万亿日元财政规模，地方财政遭受重大打击，
34 个都道府县（包括 2281 个地方政府）当年决算出现实际赤字。正是为了尽快处理这
些财政赤字，并防止更进一步的赤字扩大，日本政府出台了《地方财政重建特别措施
法》（以下简称《重建法》）。

《重建法》规定 1954 年年度实际收支为赤字的地方政府，若在 1956 年 5 月 31 日之
前依据该法律提出申请，可作为重建地方政府进行财政再建，届时，可获得中央政府
的财政支援，并可通过发行特定地方债等措施度过这一阶段的财政危机。这一时期进
入财政重建程序的地方政府共计 588 个。

但《地方财政重建特别措施法》有其缺陷，主要是控制指标单一且缺少预警功能。

《重建法》只有一个控制指标——实际赤字比率（实际收支赤字/标准财政规模）。
该法规定实际赤字比率超过 5%（都道府县）或 20%（市町村）的地方政府，发行地
方债将受到限制，该地方政府如果要发行地方债，则需要根据该法申请成为财政重建
地方政府。

是否申请转成重建政府由地方政府自行决定。如果申请成为重建地方政府，不允
许发行地方债的限制将解除，并可以享受中央政府的财政支援，但同时，该地方政府
必须在中央政府的管理下实施重建计划，财政上的自治权限将受到大幅度限制。2001
年，经过 10 年完成财政重建的原赤池町的职员在回顾重建时期的情况时说：重建时
期，即使是 1 日元的预算变更都必须与中央政府协商。①

自该法实施以来（不包括 1956 年年度之前），共有 288 个财政重建团体，其中属
于都道府县级别的只有青森县和和歌山县，从 1990～2000 年，福冈县赤池町是财政再
建团体，目前，只有北海道的夕张市一个财政重建团体。

《重建法》主要有四点不足：一是没有预警指标，不能早期发现问题；二是缺少早
期干预措施，一旦达到控制指标，即已陷入回天乏力的境地；三是只有实际赤字比率
一个指标，难以把握总体财政状况；四是对于不选择成为重建政府的地方政府，重建

---

① 中村和義「財政が破たんしたからこそ本当に必要な事業が見えてきた」『日経コンストラクション』
298 号。

促进对策只是限制发行地方债等，尚有局限性。

（2）《关于地方自治体财政健全化的法律》。20 世纪 90 年代以来，在小泉内阁推进的地方分权改革潮流中，日本进入了 21 世纪。2006 年 1 月，竹中总务相召集了地方分权 21 世纪展望恳谈会，恳谈会提出，面对日益严重的中央政府与地方政府财政困境，明治维新以来的地方政府过度依赖中央政府的财政体制不利于地方政府财政自律，要改变这种状况，修改《重建法》是题中应有之义。之后，修改《重建法》、明确地方政府财政责任、加强对地方政府财政状况的监控作为一个议题写入恳谈与研讨内容。

《重建法》的修改，原计划定为 3 年左右时间，但由于 2006 年 6 月北海道夕张市根据《重建法》提出申请要求成为重建地方政府，加快了该法的修改进程。[①]

2006 年 8 月，日本总务省设置了"新地方财政再生制度研究会"（会长为北海道大学宫胁淳教授），12 月该研究会提交了研究报告书，建议设计两个阶段（早期预警阶段和财政重建阶段）的指标控制标准；并在指标设计时将实际赤字比率的计算对象扩大到除一般会计之外的特别会计、公营企业、第三部门等，全面把握地方政府财政状况，消除潜在财政风险；并加强都道府县与中央政府的监控职能、强化外部监查制度等。以该报告书为基础，日本政府于 2007 年 6 月发布了《关于地方自治体财政健全化的法律》。

《关于地方自治体财政健全化的法律》规定，各地方政府需要定期公布实际赤字率、合并实际赤字率、实际公债费率以及将来负担率等 4 个健全化判断指标。

当这些指标超过健全化控制标准（第一阶段，即早期整改控制标准）时，该地方政府应经议会表决后，制定财政健全化计划，尽早采取健全化措施；当这些指标超过再建控制标准（第二阶段，即财政再建控制标准）时，该地方政府经议会表决后，应制订财政重建计划。

与《重建法》相比，《地方财政健全化法》扩展了监控指标，扩大了监控范围，将地方政府可能的潜在负债指标化，能更有效地预防地方政府财政危机。

（3）地方政府财政健全化指标及控制标准。《关于地方自治体财政健全化的法律》设计了实际赤字率、合并赤字率、实际债务率以及将来负担率 4 个评估地方财政健全性的判断控制指标。

实际赤字率是普通会计实质赤字额对标准财政规模之比。标准财政规模 = 标准税收收入额 + 普通地方交付税额 + 地方让与税等。其中，标准税收收入额 =（基准财政收入额 － 地方让与税等）×75%。

合并实际赤字率是实际赤字对标准财政规模之比。合并实际赤字额是普通会计与公营企业会计赤字额的加总。标准财政规模与实际赤字率计算口径相同。

---

① 2006 年 7 月，负债超过 500 亿日元（市税收入 9.4 亿日元）的北海道夕张市放弃自主重建财政计划，申请成为财政重建地方政府，成为 1992 年福冈县赤池町之后的又一起地方政府破产案，此案惊动日本各界，引发对地方政府财政危机如何有效控制的关注。

实际债务率是地方政府实际债务额与调整后的标准财政规模之比。具体地，实际债务额＝（地方债本息偿还金＋准本息偿还金①)—(特定财源＋与本息偿还金准本息偿还金. 相关的列入基准财政需要的金额)。调整后的标准财政规模＝标准财政规模－（与本息偿还金. 准本息偿还金相关的列入基准财政需要的金额)。

将来负担率是包括地方公营企业和第三部门法人机构在内地方政府将来需要负担的借款比率。具体地，将来负担率＝[将来负担额－（可拨基金额＋特定财源预计额＋与地方债目前数额等相关的金额)]/[标准财政规模－（与本息偿还金. 准本息偿还金相关的列入基准财政需要的金额)]。将来负担额包括①普通会计等中该年度的上年度末地方债的现有金额；②基于债务负担行为的预定支出金额（投资性经费相关的)；③用于公营企业会计等的地方债本金偿还、出自普通会计等的拨款预计金额；④用于偿还部分事务组合等的地方债本金、出自该团体预计负担的金额等；⑤退休金预计支付额（对所有职员期末要支付的金额）中，普通会计等预计负担的金额；⑥地方公共团体设立的一定的法人负债额、为该法人以外单位承担债务的情况下，考虑这些法人等的财务·经营状况，该债务中预计由普通会计等负担的金额等；⑦合并实际赤字额；⑧部分事务组合等相当于合并实际赤字额部分中预计由普通会计等负担的金额。

四大控制指标实际上是不同口径的两个指标，即赤字率和负债率。

实际赤字率与合并实际赤字率反映不同口径的赤字率。前者反映地方政府普通会计财政赤字状况；后者将赤字口径扩大至地方政府公营企业，凡该地方政府公营企业的赤字都要计入计算范围。

实际债务率和将来负担率是不同口径的负债率。前者反映地方政府普通会计负债情况；后者将债务口径扩大至地方公营企业②、第三部门③等所有与地方政府有关的部门，因为这些部门的债务是地方政府的隐性债务，一旦无力偿还，将累及地方政府，加大地方政府财政风险。

《关于地方自治体财政健全化的法律》以4个指标为基础，结合具体的控制数值标

---

① 准本息偿还金：实质上应视为一般会计债务的部分，包括（1）被认定为已充当偿还公营企业债券的财源、出自一般会计的公营企业拨款；（2）被认定为已用于偿还部分事务组合等发行的地方债的负担金·补助金；（3）基于债务负担行为的支出中相当于公债的部分等等。

② 日本地方政府通过企业活动的形式提供供水、公共运输、医疗、污水处理等地区居民生活及地方发展不可缺少的服务。开展这些业务的企业统称为"地方公营企业"。地方公营企业涉及的领域非常广泛，包括供水道、医院、工业用水道、交通、电力、煤气、下水道、护理服务、开发宅基地、建设停车场)、港湾完善等等。有些地方政府还根据其特有的地理条件，涉足滑雪场、酒店及其他观光设施等项目。

③ 所谓第三部门企业是一种不同于公有企业和民间企业的经济实体，属于公私合营性质。日本自20世纪60年代后期开始，为充分利用民间资金筹措能力及事业实施方面的技术和经验，地方政府建立了很多第三部门企业，承接大规模工程。近年来，地方政府业务中的公共设施管理被委托给第三部门企业来执行，同时，在例如度假村开发等许多工程建设上也出现第三部门企业，内容涉及多个领域。20世纪80年代中后期第三部门企业大量增加，其后，其增加执着一度停滞，并且还有一部分第三部门企业陷入了经营困境。

准，将地方政府财政运营状况划分为健全阶段、需要进行早期整改阶段和财政再建阶段。在健全阶段与财政再建（破产）阶段之间，加入了一个起预警作用的需要进行早期整改阶段。

在健全阶段的地方政府，如果 4 个指标中有一个超过早期健全化控制数值标准，就将进入需要进行早期整改阶段。而在早期整改阶段的地方政府，除将来负担比率以外的 3 个指标如果出现恶化，超过财政再建控制数值标准，就将进入财政再建阶段。地方政府的财务指标一旦超标，就需要向中央政府提出相应的早期健全化计划或者再建计划。

此外，实际赤字率和实际债务率两个指标还设置了地方债发行限制标准，地方政府这两个指标超标将被限制发行地方债。

各阶段具体的指标控制标准如表 9 - 3 所示。

表 9 - 3 　　　　　　　　　　地方政府健全化控制指标标准

	地方债发行限制标准	早期健全化标准	财政再建标准
实际赤字率	都道府县：2.5% 市町村（根据不同财政规模）：2.5% ~ 10%	都道府县：3.75% 市町村（根据不同财政规模）：11.25% ~ 15%	都道府县：5% 市町村：20%
合并实际赤字率	—	都道府县：8.75% 市町村（根据不同财政规模）：16.25% ~ 20%	都道府县：25% （2011年度调整为 20%，2012年度调整为 15%） 市町村：40% （2010 年度调整为 35%，2012 年度调整为 30%）
实际债务率	18%	25%	35%
将来负担率	—	都道府县和政令市：400% 市町村：350%	—

资料来源：日本财务省网站。

（4）超过指标控制标准后的早期整改与重建。日本各地方政府必须将其实际赤字率、合并实际赤字率、实际公债费率、将来负担率这四项指标控制在健全财政阶段标准范围内。只要有一项指标超过了健全标准，就必须相应地进入需要早期整改阶段或财政再建阶段。

进入需要早期整改阶段的地方政府要通过自主改进，努力谋求财政状况好转。按规定，进入需要早期整改阶段的地方政府必须：①制定财政整改计划并由议会通过；②每个年度向议会汇报实施情况并向社会公众公布；③自主的早期整改出现困难时，要接受总务大臣或知事提供的必要建议。另外，进入早期化整改阶段的地方政府，当其实际公债费比率超过18%时，在其发行地方债时必须取得总务大臣的同意（非早期整改地方政府发行地方债只需协议备案），实际上是限制其发行地方债。

进入财政再建阶段的地方政府必须在中央政府的干预下保证切实的再建：①必须制定财政再建计划并由议会通过；②与总务大臣协商财政再建计划并获得批准；③若再建计划未获批准则原则上限制其发生地方债；④再建计划获得批准之后，可在计划范围内发行特别地方债；⑤当其财政运营与再建计划不符时，应修改预算。

2008年10月，总务省根据公布新指标体系下的监控结果：共有43个地方政府财政运营出现问题。其中北海道的夕张市（事实上的财政破产）、北海道的赤平市和长野县的王滝村（濒临财政破产）按标准应成为财政再建政府；另外40个地方政府应进入早期整改阶段。2009年10月，总务省公布新一年数据：共有12个都道府县的22个地方政府出现在名单之中，其中1个财政再建地方政府，其余21个为需要早期整改阶段地方政府。由于2009年法律已进入实施阶段，因而，这22个地方政府必须进入整改与再建程序。

三、财政收支运行状况

（一）支出总规模

2015年3月13日，日本众议院通过了2015年度预算案，并在4月11日成立。一般会计预算支出规模在2013年度首次出现比上年支出规模削减3000亿日元的预算之后，重新回归增加轨道，2015财年比上年预算增加4000亿日元，达到96.3万亿日元，约占GDP的11.5%。

从20世纪90年代以来的财政支出趋势看，整个90年代，财政支出规模呈上升趋势；2000~2008年，财政支出总体规模基本维持不变；2008年金融危机之后，支出规模再度上扬。

20世纪90年代，日本泡沫经济破灭。日本政府从1992~2002年的10年间，实施了13次经济刺激计划，政策资金总规模合计约160万亿日元，其中财政政策规模占到一半以上，[①] 导致财政支出水平不断攀升。1990年，日本财政支出规模69.3万亿日元，2000年已上升为89.3万亿日元，增长了28%。财政支出占GDP的比重也从1990年的16.3%上升为2000年的18.8%。

2000~2008年期间，由于近十年的大规模支出计划并未奏效，且积累了大量财政

---

① 1992年8月，60万亿日元；1993年4月，13.2万亿日元；1994年2月，15.3万亿日元；1995年4月，7万亿日元；1995年9月，14.2万亿日元；1998年4月，23万亿日元；1999年11月，18万亿日元；2000年10月，11万亿日元；2001年10月，5.5万亿日元；2001年12月，4.1万亿日元；2002年12月，14.8万亿日元。

赤字与债务，财政支出规模没有进一步扩张，大致维持在 80 万亿~85 万亿日元之间。

2008 年全球经济危机爆发，日本经济遭受严重打击。为应对这场危机，日本政府分别于 2008 年 8 月、10 月，2009 年 4 月、12 月，2010 年 9 月、10 月以及 2013 年 1 月出台了 7 个经济刺激计划，政策资金总额约为 180 万亿日元，其中财政规模约为 48.3 万亿日元。[①] 财政支出规模也由 2008 年的 84.7 万亿日元攀升到 2009 年的 101 万亿日元的历史最高点，2011 年财政支出规模仍达 100 万亿日元。2012 年随着金融危机的平复，财政支出规模稍有下调，总额为 97.1 万亿日元，2013 年再次下调至 92.6 万亿日元，2014 年重新增加至 95.9 万亿日元，2015 年继续增加至 96.3 万亿日元。

（二）支出结构

2015 年度，日本中央政府一般会计预算中，国债支出占支出总额的 24.3%，经常性财政支出占 75.7%。具体地，国债支出 23.5 万亿日元，占支出总额的 24.3%，包括偿还债务本金 13.3 万亿日元和利息支出 10.1 万亿日元；地方交付税支出 15.5 万亿日元，占支出总额的 16.1%；社会保障支出 31.5 万亿日元，占支出总额的 32.7%；文教及科学振兴支出 5.4 万亿日元，占支出总额的 5.6%；公共事业支出 6.0 万亿日元，占支出总额的 6.2%；防卫支出 5.0 万亿日元，占支出总额的 5.2%；其他支出[②] 9.5 万亿日元，占支出总额的 9.9%。国债支出、地方交付税支出以及社会保障支出三项之和占支出总额的 73.1%，其他支出被挤压在不到 30% 的空间里。

经常性财政支出中，社会保障支出比重最高，为 32.7%；其次是向地方财政支出的地方交付税支出，占 16.1%。这两项支出合计占经常性支出总额的近一半。在其他各项支出中，防卫支出和公共事业支出比重较高。

20 世纪 90 年代以来，日本财政支出结构变化的特点是国债支出比重一直居高不下，同时，社会保障支出也随着老龄化过程的加剧不断增加，其他各项经常性财政支出比重不断下滑。

国债支出在财政支出总额中所占比重，1980 年为 12.7%，1990 年上升至 20.7%，2000 年达到 24%，之后一直维持在高位，2010 年一度下降至 22.4%，之后在 2011 年反弹至 23.3%，2012 年、2014 年、2015 年均为 24.3%；社会保障支出在财政支出总额中所占比重，1980 年为 18.8%，1990 年为 16.6%，之后由于少子高龄化社会程度加深的影响，逐渐攀升，2000 年为 19.7%，2010 年为 29.5%，2013 年为 31.4%，2015 年已高达 32.7%；地方交付税在财政支出总额中所占比重，1985 年为 22.9%，之后不

---

① 2008 年 8 月，1.8 万亿日元；2008 年 10 月，4.8 万亿日元；2009 年 4 月，15.4 万亿日元；2009 年 12 月，7.2 万亿日元；2010 年 9 月，0.9 万亿日元；2010 年 10 月，5.1 万亿日元；2013 年月，13.1 万亿日元。

② 其他支出包括：（1）粮食安全 1.04 万亿日元；（2）能源对策 0.90 万亿日元；（3）养恤金 0.39 万亿日元；（4）经济合作 0.51 万亿日元；（5）中小企业对策 0.19 万亿日元；（6）其他事项 6.14 万亿日元；（7）预备费 0.35 万亿日元。

断攀升，2003 年达到最高点 26.8%，之后开始回落，2012～2015 年分别为 24.1%、23.1%、22.2%、21.3%（见表 9-4）。

表 9-4　　　　　　　　　　一般会计经常性财政支出结构　　　　　　　　　单位：亿日元

年　度	2013 年			2014 年			2015 年		
	总额	构成比（%）	比上年增长（%）	总额	构成比（%）	比上年增长（%）	总额	构成比（%）	比上年增长（%）
社会保障支出	291 224	41.1	1.4	305 175	42.0	15.6	315 297	46.3	8.3
文教及科学振兴支出	53 681	7.6	-2.6	54 421	7.5	0.6	53 613	7.4	-0.1
养恤费	5 045	0.7	-21.6	4 443	0.6	-22.2	3 932	0.5	-22.1
地方交付税	163 927	23.3	-2.3	161 424	22.2	-2.0	155 357	21.3	-4.5
防卫支出	47 538	6.8	-0.4	48 848	6.7	3.6	49 801	6.8	4.8
公共事业支出	52 853	7.5	6.3	59 685	8.2	30.5	59 711	8.2	13.0
经济协力支出	5 150	0.7	-2.8	5 098	0.7	-2.3	5 064	0.7	-1.7
中小企业对策	1 811	0.3	-8.0	1 853	0.3	2.8	1 856	0.3	2.5
能源对策	8 496	1.2	-0.7	9 642	1.3	18.4	8 985	1.2	5.8
粮食安全供给支出	10 539	1.5	-9.0	10 507	1.4	-4.8	10 417	1.4	-1.2
其他支出	59 931	8.5	7.7	61 526	8.5	-1.6	61 379	8.4	2.4
预备费	3 500	0.5	0.0	3 500	0.5	0.0	3 500	0.5	0.0

资料来源：日本财务省《财政関係基礎データ》（平成 27 年 3 月）。

（三）中央政府财政收入状况

2015～2016 财年，日本一般预算收入总规模 96.3 万亿日元。其中，债务收入 36.9 万亿日元，占 38.3%；税收收入 54.5 万亿日元，占 56.6%。税收收入中，主要包括：所得税 16.4 万亿日元，占 17.1%；法人税 11.0 万亿日元，占 11.4%；消费税 17.1 万亿日元，占 17.8%；其他税收① 10.0 万亿日元，占 10.4%。

从税收收入占一般预算总收入的比重看，2013 年的 54.5% 与 2011 年的 38.9% 比已有较大改善，超过 50%。而这一比重在 90 年代初的 1985 年为 70.7%。二十年间，下滑 20 个以上百分点。税收收入占 GDP 的比重也从 1990 年的 13.4% 降低至 2015 年的 10.8%（见表 9-5）。

---

①　包括汽油税、酒税、遗产税、烟税、关税、石油煤炭税、汽车重量税、印花税等。

表 9 – 5		中央政府财政收入规模		单位：亿日元
年 份	税收收入	其他收入	债务收入	总收入
1985	381 988 (70.7)	34 857 (6.5)	123 080 (22.8)	539 926 (100)
1995	519 308 (64.5)	73 794 (9.2)	183 959 (22.8)	805 572 (100)
2005	490 654 (55.1)	86 658 (9.7)	312 690 (35.1)	890 003 (100)
2011	428 326 (38.9)	130 989 (11.9)	427 980 (38.9)	1 099 795 (100)
2013	496 529 (44.3)	156 327 (14.7)	408 510 (38.5)	1 060 447 (100)
2014	517 260 (52.2)	67 814 (6.8)	404 929 (40.9)	990 003 (100)
2015	545 250 (56.6)	49 540 (5.1)	368 630 (38.3)	963 420 (100)

注：（ ）内数字为构成比重，单位：%。

资料来源：日本财务省《財政関係基礎データ》（平成 27 年 3 月）。

税收收入在一般预算收入中的比重下滑，与 20 世纪 90 年代以来日本政府扩张性的财政政策密切相关。整个 90 年代，日本政府几乎每年都出台临时性减税政策以刺激经济复苏。

1994 年，日本进行了一次较大的税制改革。主要是提高消费税税率，从 1997 年 4 月 1 日起将消费税税率由 3% 提高到 5%。[①] 虽然这次税制改革是增税改革，但从 1995 年开始，日本政府又开始了减税——降低个人所得税税率。1999 年再次下调了个人所得税和法人税税率。个人所得税的适用范围由 200 万 ~ 600 万日元，扩大到 350 ~ 900 日元，最高税率由 50% 下调至 37%。法人税的税率也由 37% 下调至 30%。在增税减税同时进行的税制改革中，减税的力度明显大于增税，一般会计预算中，税收收入所占比重不断降低（见表 9 – 6）。

---

① 在提高的 2 个百分点中 1 个百分点作为地方消费税。

表 9 - 6   20 世纪 90 年代以来的主要减税情况

1994 年	特别减税（3.8 万亿日元） 所得税额 20% 扣除（上限 200 万日元）
1995 年	（1）制度减税（永久减税）（2.4 万亿日元） （2）特别减税（1.4 万亿日元）
1996 年	特别减税（1.4 万亿日元） 所得税额的 15%（上限 5 万日元）的扣除
1998 年	（1）特别减税（1.4 万亿日元） （2）二次特别减税（1.4 万亿日元）
1999 年	（1）定率减税（2.7 万亿日元） 所得税额的 20%（上限 25 万日元）扣除 （2）最高税率下调（0.3 万亿日元）
2003 年	研究开发、设备投资减税（1.4 万亿日元）
2006 年	税率结构调整（3.1 万亿日元） 调整前：课税所得 330 万日元以下税率为 10% 调整后：课税所得 195 万日元以下税率为 5%

资料来源：日本内阁府《年次经济财政报告》（平成 24 年度）。

从总量上看，一般预算收入中的税收收入在 1999 年已跌入阶段性谷底，为 47.2 万亿日元；进入 2000 年之后，日本经济开始缓慢恢复，景气指数好转，税收收入在惯性下跌一段后呈摇摆的上升态势，2007 年恢复至 51.0 万亿日元；之后，2008 年全球金融危机再次沉重打击了尚未从泡沫经济阴影中走出的日本经济，税收收入连续大幅下滑，跌入近二十年的谷底，只相当于 20 世纪 80 年代初的水平；2012 年以来逐步恢复，2014 年重新恢复至 50 万亿日元以上，为 51.7 万亿日元。

（四）债务情况

1. 政府债务总水平

20 世纪 90 年代以来，日本政府债务发行额与债务依存度随着财政收支缺口的扩大不断扩大。1990 年国债发行额为 7.3 万亿日元，并且全部是建设国债，到了 1999 年，国债发行额已达到 37.5 万亿日元，其中建设国债为 13.2 万亿日元，而赤字国债高达 24.3 万亿日元。2000～2005 年，国债发行额基本稳定在 35 万亿日元左右，2005～2007 年已有所下降，但在 2008 年全球金融危机影响下，国债发行额又创新高，2009 年国债发行额高达 53.5 万亿日元，2013 年国债发行预算为 42.8 万亿日元。从债务依存度看，1990 年是 10.6%，1999 年上升为 42.1%，2009 年高达 52.1%，之后有所回落，2015 年为 38.3%（见表 9 - 7）。

表 9 − 7　　　　　　　　　　债务发行额与债务依存度

年　份	债务发行额（万亿日元）	债务依存度（％）
1990	7.3	10.6
1995	21.2	28.0
2000	33.0	36.9
2005	31.3	36.6
2008	33.2	39.2
2009	53.5	52.0
2010	42.3	44.4
2011	42.8	42.5
2012	47.5	48.9
2013	40.9	40.8
2014	40.5	40.9
2015	36.9	38.3

资料来源：根据日本财务省网站资料整理。

同期，中央政府与地方政府长期债务亦逐步攀升。1993 年，为 333 万亿日元，占 GDP 的 61％；1998 年，为 553 万亿日元，占 GDP 的 110％，突破 100％大关；2003 年，上升为 692 万亿日元，占 GDP 的 140％；2008 年以后，逐年攀升，2013 年为 972 万亿日元，占 GDP 的 201％，突破 200％，2015 年预计为 205％。中央政府与地方政府长期债务余额中，中央政府债务为主，地方政府债务 2000 年以后，基本持平，约占 GDP 的 40％（见表 9 − 8）。

表 9 − 8　　　　　　　日本中央政府与地方政府长期债务余额　　　　单位：万亿日元

		1993 年	1998 年	2003 年	2008 年	2010 年	2011 年	2012 年	2013 年
中央	债务余额	242	390	493	573	663	694	731	777
	普通债务余额	193	295	457	546	637	670	705	750
	普通债务余额占 GDP 的比重（％）	39.9	58.7	93.6	110	134	142	148	154
地方	债务余额	91	163	198	197	200	200	201	201
	占 GDP 的比重（％）	19	32	40	40	42	42	42	41
中央+地方	债务余额	333	553	692	770	863	895	932	977
	占 GDP 的比重（％）	61	110	140	156	181	189	196	201

注：2013 年为预测数。

资料来源：日本财务省《日本の财政関係资料》（2013 年 10 月）。

另外，日本政府一般政府①债务余额为发达国家之最。根据 OECD 的统计，日本一般政府债务余额占 GDP 的比重 1995 年是 86.2%，低于意大利与加拿大；1997 年达到 100.5%，超过加拿大但低于意大利；1999 年上升为 127.0%，超过意大利，成为负债金额最多的发达国家。

2010 年，日本一般政府债务余额占 GDP 的比重突破 200%，2011 年至 2015 年，分别为 205.3%、214.3%、224.3%、230.0% 和 233.8%，已远远高于其他西方发达国家，比排名第二位的意大利高出 84 个百分点（见表 9-9）。

表 9-9　　　　　　　一般政府债务余额占 GDP 的比重　　　　　　单位：%

年　份	日本	美国	英国	德国	法国	意大利	加拿大
1995	86.2	70.6	51.6	55.7	62.7	122.5	101.6
1996	93.8	69.8	51.2	55.8	66.3	128.9	101.7
1997	100.5	67.3	52.0	60.3	68.8	130.3	96.3
1998	113.2	64.1	52.5	62.2	70.3	132.0	95.2
1999	127.0	60.4	47.4	61.5	66.8	125.8	91.4
2000	135.4	54.4	45.1	60.4	65.6	121.0	82.1
2001	143.7	54.4	40.4	59.7	64.3	120.2	82.7
2002	152.3	56.7	40.8	62.1	67.3	119.4	80.6
2003	158.0	60.1	41.2	65.3	71.4	116.8	76.6
2004	165.5	61.1	43.5	68.7	73.9	117.3	72.6
2005	175.3	61.3	46.1	71.1	75.7	119.9	71.6
2006	172.1	60.7	45.9	69.2	70.9	117.1	69.5
2007	167.1	61.8	46.9	65.3	69.9	112.5	65.0
2008	172.1	70.0	56.8	68.8	75.7	114.4	69.7
2009	189.3	83.9	71.0	77.4	84.5	123.6	82.8
2010	197.2	92.4	83.1	82.0	92.5	127	85.7
2011	205.3	102.2	99.9	86.4	100.0	119.8	83.4
2012	214.3	109.8	105.3	87.6	105.1	127.0	85.8
2013	224.3	113.0	110.4	86.2	108.2	129.6	85.5
2014	230.0	109.7	95.9	79.0	114.1	146.9	93.9
2015	233.8	110.1	97.6	75.8	117.4	149.2	94.3

资料来源：根据日本财务省网站。

---

① 即中央政府、地方政府债务再加上社会保障债务。日本政府一般不统计一般政府债务余额情况，用作国际比较时通常采用相关国际组织的统计数据。

2. 政府债务融资来源

2014 年 9 月末，日本政府债务余额 1 015 万亿日元。商业银行等金融机构持有 349 万亿日元，占 34.4%；日本银行持有 233 万亿日元，占 22.9%；生命保险与损害保险等保险机构持有 197 万亿日元，占 19.4%；公共年金持有 62 万亿日元，占 6.1%；年金基金持有 35 万亿日元，占 3.4%；一般政府（除公共年金）持有 1.8 万亿日元，占 1.7%；家庭持有 19 万亿日元，占 1.9%；海外持有 90 万亿日元，占 8.9%；其他资金来源占 1.0%。

商业银行、财政投融资资金、保险机构以及日本银行等，一直是政府债务融资的主要来源。商业银行持有 1997 年为 24.7%，1999 年上升为 31.7%，2009 年为 40.6%；财政投融资资金持有 1997 年为 12.3%，2002 年为 23.5%；① 保险机构持有 1997 年为 1.8%，2009 年为 18.4%；日本银行持有 1997 年为 18.6%，2006 年下降为 9.9%。

日本政府债务融资来源中，家庭持有与海外持有比重较低。家庭持有 2006 年之前一直在 4% 以下，2006～2009 年，在 4.5% 左右；海外持有 2006 年之前，基本在 5% 以下，近些年来有所提高，2015 年为 8.9%，是史上最高值。

3. 中央政府债务情况

日本财务省预计，2015 年年底，日本包括国债、短期证券、财投债、借入金等在内的中央政府债务将达到 1 167 万亿日元。其中，普通国债为 910 万亿日元；政府借款为 58 万亿日元，政府短期证券为 199 万亿日元。这一数据将再次刷新日本政府债务最高纪录。

普通国债余额 910 万亿日元，相当于日本 2015 年税收收入（按 2015 年 55 万亿日元计算）的 15 倍，相当于日本国民人均负债约 638 万日元，约相当于每个家庭（按 4 口之家计算）平均负债 2 350 万日元。与 1990 年普通国债余额 166 万亿日元相比，增加了 4.5 倍。

普通国债中的建设国债占 22.8% 左右；赤字国债约占 43.2%；财投债约占 8.4%；政府借入金一直稳定在 50 万亿～60 万亿日元，约占 5%；政府短期证券一直占 12% 左右，2015 年为 17.1%（见表 9－10）。

表 9－10　　　　　　　　　　　中央政府债务余额　　　　　　　　　单位：亿日元

	2005 年	2010 年	2011 年	2012 年	2013 年	2014 年	2015 年
合计	8 274 805 (100)	9 243 596 (100)	9 599 503 (100)	9 916 011 (100)	10 249 568 (100)	10 606 016 (100)	11 671 006 (100)

---

① 2002 年财政投融资体制改革，投融资资金大幅度萎缩。

续表

		2005 年	2010 年	2011 年	2012 年	2013 年	2014 年	2015 年
普通国债	总额	5 269 279 (63.7)	6 363 117 (68.8)	6 698 674 (69.8)	7 050 072 (71.1)	8 537 636 (72.6)	8 832 890 (73.4)	9 099 997 (69.2)
	建设国债	2 470 396 (29.9)	2 463 063 (26.6)	2 483 066 (25.9)	2 498 987 (25.2)	2 580 249 (25.2)	2 606 354 (24.6)	2 655 507 (22.8)
	赤字国债	2 530 506 (30.6)	3 649 883 (39.5)	3 861 857 (40.2)	4 180 546 (42.2)	4 481 511 (43.7)	4 801 955 (45.3)	5 039 862 (43.2)
	财投债	1 393 532 (16.8)	1 181 918 (12.8)	1 109 122 (11.6)	1 092 607 (11.0)	1 042 104 (10.2)	1 099 588 (9.5)	984 958 (8.4)
借入金	总额	592 737 (7.2)	550 058 (6.0)	537 410 (5.6)	548 593 (5.5)	555 047 (5.4)	593 343 (5.6)	580 095 (5.0)
	短期借入金	533 916 (6.5%)	353 142 (3.8)	355 142 (3.7)	376 142 (3.8)	390 465 (3.8)	436 386 (4.1)	43 485 (3.7)
政府短期证券		976 274 (11.8)	1 107 847 (12.0)	1 168 673 (12.2)	1 152 677 (11.6)	1 156 884 (11.3)	1 179 782 (11.1)	1 990 914 (17.1)

注：（ ）内为比重，单位：%。

资料来源：日本财务省国债《関連資料・データ》。

2015 年 3 月底，普通国债中短期国债 127 万亿日元，占 16.4%；中期国债 447 万亿日元，占 67.6%；长期国债（10 以上的国债）200 万亿日元，占 26.0%。普通国债平均残存期间 8 年 0 个月（见表 9 - 11）。

普通国债的加权平均利率，20 世纪 70 年代至 80 年代中期，一直在 7% 以上，最高为 1976 年的 7.64%；80 年代中期以后不断下降，1998 年下降至 4% 以下，2002 年下降至 2% 以下（见表 9 - 12）。

表 9 - 11　　　　　　　　　普通国债期限结构（2015 年 3 月末）

残存期间	普通国债余额（亿日元）	比重（%）
1 年以下	1 268 099	16.4
1 年以上 ~ 2 年以下	586 915	11.1
2 年以上 ~ 3 年以下	605 228	7.8
3 年以上 ~ 4 年以下	635 157	8.2
4 年以上 ~ 5 年以下	575 468	7.4

续表

残存期间	普通国债余额（亿日元）	比重（%）
5 年以上~6 年以下	383 519	5.0
6 年以上~7 年以下	329 451	4.3
7 年以上~8 年以下	351 831	4.5
8 年以上~9 年以下	400 258	5.2
9 年以上~10 年以下	323 371	4.2
10 年以上~20 年以下	1 368 459	17.7
20 年以上	643 073	8.3
合 计	7 740 831	100

资料来源：日本财务省国债《関連資料·データ》。

表 9-12　　　　　　　　　　　　普通国债加权平均利率

年 度	加权平均利率（%）
1975 年度末	7.43
1985 年度末	7.20
1990 年度末	6.10
1991 年度末	6.05
1992 年度末	5.81
1993 年度末	5.39
1994 年度末	5.10
1995 年度末	4.64
1996 年度末	4.33
1997 年度末	4.02
1998 年度末	3.51
1999 年度末	3.12
2000 年度末	2.67
2001 年度末	2.30
2002 年度末	1.97
2003 年度末	1.72
2004 年度末	1.54
2005 年度末	1.42
2006 年度末	1.43
2007 年度末	1.41

续表

年　度	加权平均利率（%）
2008 年度末	1.40
2009 年度末	1.36
2010 年度末	1.29

资料来源：日本财务省国债《関連資料·データ》。

4. 地方政府债务情况

日本地方政府债务包括地方债、交付税特别会计贷款、公营企业债等几部分。

从地方债发行看，2010 年地方政府预算 89 万亿日元，其中税收入仅为 34 万亿日元，占 41.5%；地方债发行 11 万亿日元，占 13.6%。

从地方债余额看，1991 年是 70 万亿日元，1997 年突破 100 万亿日元达 111 万亿日元，进入 2000 年以后逐年增长，最高峰的 2004 年，高达 141 万亿日元，2010 年回落到 135 万亿日元，2013 年度末预计将达到 201 万亿日元。从 1992~2012 年，地方债余额增加了 131 万亿日元，增加了 2.9 倍（见表 9-13）。

表 9-13　　　　　　　　日本地方政府债务余额　　　　　单位：万亿日元

年度	地方债务总额	地方债	交付税特别会计借款	公营企业债
2000	181	128	27	26
2001	188	131	29	28
2002	193	134	31	28
2003	198	138	32	28
2004	201	141	32	28
2005	201	140	34	28
2006	200	139	34	27
2007	199	138	34	27
2008	197	137	34	26
2009	198	138	34	25
2010	200	135	41	24
2013	201	145	33	22

资料来源：日本总务省网站资料整理。

5. 日本债务危机的原因分析

20 世纪 90 年代以来，日本债务余额持续攀升，其宏观经济背景主要是泡沫经济破灭后日本政府扩张性财政政策的实施以及近年来老龄化社会加深的影响。1991~2015

年，日本政府债务余额累计增加约 630 万亿日元。

　　从支出方面看，主要是在 90 年代以来公共事业支出增加导致的一般预算支出规模扩张以及近年来老龄化带来的社会保障支出增加。其中公共事业支出累计增加约 58 万亿日元，社会保障支出累计增加约 230 万亿日元，地方交付税支出增加约 81 万亿日元。

　　从收入方面看，主要是经济不景气及减税政策等导致税收收入减少。1991～2015 年税收收入累计减少约 146 万亿日元（见表 9－14、表 9－15）。

表 9－14　　　　　债务余额攀升的支出增加因素（1990 年为基期）　　单位：万亿日元

年　份＼项　目	公共事业支出	社会保障支出
1991	0.5	0.7
1992	2.7	1.3
1993	6.7	1.9
1994	6.3	2.1
1995	5.8	3.1
1996	5.4	3.6
1997	4.1	3.9
1998	6.1	4.2
1999	6.0	7.5
2000	5.0	6.2
2001	3.9	7.8
2002	2.2	8.2
2003	2.4	8.2
2004	1.3	8.8
2005	1.4	9.1
2006	0.8	9.1
2007	0.3	9.7
2008	0.1	11.1
2009	1.4	17.2
2010	－1.2	16.8
2011	－1.2	15.5
2012	－1.2	17.7
2013	1.0	17.8
2014	－0.5	19.1
2015	－1.0	20.0

资料来源：日本财务省《日本の财政関係资料》（2015 年 3 月）。

表 9 – 15　　　　债务余额攀升的收入减少因素（1990 年为基期）　　　　单位：万亿日元

项目 年份	经济减速与政策性 减税减少收入	其他收入增加
1991	0.1	1.1
1992	3.4	0.6
1993	3.5	0.4
1994	5.7	1.0
1995	4.9	0.6
1996	5.0	0.5
1997	4.1	0.3
1998	7.4	1.8
1999	9.1	1.3
2000	7.1	1.4
2001	9.0	2.0
2002	11.9	3.5
2003	12.3	0.4
2004	10.8	0.4
2005	8.5	0.6
2006	8.5	1.4
2007	6.8	2.2
2008	11.5	5.4
2009	15.0	8.9
2010	13.3	7.6
2011	12.3	4.9
2012	11.5	1.5
2013	9.4	2.0
2014	4.9	1.8
2015	3.0	2.0

资料来源：日本财务省《日本の財政関係資料》（2015 年 3 月）。

四、政府预算管理

（一）预算原则

根据日本《宪法》等法律规定，日本预算主要遵循以下原则：第一，公开性原则。预算的内容必须向全体国民（公民与住民）公开。第二，明了性原则。预算的内容必须清楚、明白、易懂。第三，事前审批原则。也就是说预算必须在执行之前经过国会的审议和批准。如果进入新预算年度（日本财年为每年 4 月 1 日至次年 3 月 31 日）后，预算仍未获得国会批准，则要编制临时预算提交国会审批，方可开支。第四，单年主义原则。即各年度预算相互独立的原则。第五，总额预算主义原则。这一原则要求预算中计入政府的全部收入和支出项目，不允许只计入收支相抵后的差额；另一方面，要求对收入和支出列示到能反映实际情况的科目为止比如在公共支出中要求列到具体项目。第六，报告原则。这一原则要求政府每年度至少一次向国会具体报告财政状况，公开发表预算、调整预算及决算资料。第七，严密性原则。预算应尽可能严密地编制，避免产生歧义等情况。

日本中央预算由财务省依据《宪法》、《财政法》等法律负责编制，由内阁提交国会审议通过。预算一经批准后即视为产生法律效力，不得任意更改，若遇特殊事态，需中途调整预算时，则要编制调整预算草案，经国会审议、批准。决算由财政部门编制，经隶属国会的会计检查院审议后提交国会，一般情况下国会对此不作审议，也无须表决通过。

（二）预算内容与管理

日本各级政府提交国会（地方议会）的预算，必须包括预算总则、收支预算、递延费、跨年度支出及政府债务负担行为等内容。在预算总则中，除概括说明与财政收支预算有关的事项外，还需说明公债发行额度、临时借款最高额度及其他与预算执行有关的事项。收支预算是预算的基本内容。递延费，是针对工程或其他的需几个年度才能完成任务的事业如军舰制造，在其开工年度确定支出总额和每年度的支出额，经国会（地方议会）审议批准后，在规定年度里不必经国会批准便可支出的经费。递延费是单年度主义的例外，只限于特殊情况，一般年限为 5 年以内。跨年度支出，是预算支出中，由于其性质上的理由或预算通过后的其他理由，可转入下年度使用的支出。政府债务负担行为是政府承担的债务行为。政府承担法律、条约等规定以外的债务时，要事先经国会审、决议。这主要是针对大型工程支出等，订货合同中的一部分支出要延到以后财年，需将其主要的理由及承担债务的限额等事项报国会审、决议。

在预算管理上，各级政府负责管理本级预算，中央政府对地方财政的预算管理主要通过编制《地方财政计划》，对地方财政运营进行引导。具体指导体现在转移支付资金的分配和地方债发行的监管上，而且主要由负责地方事务的总务省与财务省共同负责管理。

（三）预算分类

1. 中央预算分类

日本的中央预算分为一般会计预算、特别会计预算和政府关联机构预算三大类。

一般会计预算是总括性预算，是综合管理国家一般性财政收支的预算。其收入主要是税收，也包括公债等，支出主要是国防、教育、社会保障、公共事业等一般行政活动所需经费。在日本，通常情况下所指的预算就是一般会计预算。值得注意的是，日本的一般会计预算与理论上的经常预算有所区别。理论上的经常预算以税收等正常收入为财源，主要提供行政、社会保障及教育等非投资性支出经费。而日本的一般会计预算，在收入方面包括国债（包括建设国债和赤字公债）收入，在支出方面包括中央财政拨款投资支出和国债偿还。

特别会计预算是中央政府为了经营某些特定事业，或管理某些特殊的收入支出根据《财政法》第 13 条第 2 项规定设置的分类管理型事业预算。历史上，特别会计预算数目繁多，如 1979 年有 42 个，1982 年度有 38 个。最初特别会计预算大致分为五类：一是管理诸如邮政、造币、道路港湾修整、土地改良、治山治水等特殊事业收支的特别会计；二是管理贵重金属、外汇资金、粮食等特殊的物资和资金的特别会计；三是管理各种保险事业的特别会计；四是管理国家投融资贷款资金的特别会计；五是管理诸如地方交付税及让与税资金、国债整理基金等特殊资金或基金的特别会计。经过近年特别会计改革，缩减特别会计数目，目前日本特别会计只剩下三大类共计 18 个特别会计：一是经营特定事业的事业特别会计预算；二是管理中央政府外汇资金和财政投融资资金的资金特别会计预算；三是管理中央政府特殊资金往来的整理特别会计预算（见表 9-16）。

表 9-16　　　　　　　　　日本特别会计（2013 年）

分　类	数　量	会计名称
事业特别会计	12	1. 地震再保险 2. 劳动保险 3. 国有林事业债务管理 4. 年金 5. 农业互助再保险 6. 森林保险 7. 渔船再保险及渔业互助保险

分　类	数　量	会计名称
事业特别会计	12	8. 贸易再保险 9. 社会资本整备 10. 粮食安全 11. 特许 12. 汽车安全 13. 震灾复兴特别会计
资金特别会计	2	1. 外汇资金特别会计 2. 财政投融资资金特别会计
整理特别会计	3	1. 交付税与让与税分配资金特别会计 2. 国债整理特别会计 3. 能源对策特别会计

资料来源：日本财务省，《特别会计》。

政府关联机构预算是各政府关联机构的财务预算。政府关联机构是指依据特定法律设立的、中央政府提供全部资本金的法人，是经营事业、尤其是融资性业务的机构，将其与中央政府机构区分开来设置的目的是为了能灵活运用企业经营规则，以提高效率。但是，为了保证其公共必一，其预算与政府预算同样接受国会的监督。2006 年，日本府关联机构包括 6 个公库 2 个银行，之后随着行政改革的进展，2008 年 10 月以后，只包括冲绳振兴开发金融公库、日本政策金融公库、国际协力银行以及国际协力机构 4 个关联机构。

从资金运行的角度看，以上三种预算不是单纯并列，而且相互交叉的。一方面，有一般会计预算对特别会计预算及政府关联机构预算的资金转移，另一方面，也存在特别会计预算及政府关联机构对一般会计预算的利润上交。因此，在观察日本中央预算的总体规模时，不能单纯地将各种预算金融进行加总，而应从中扣除相互转移资金的重复计算部门。一般把扣除重复诸部分后预算总计称作纯计。

2. 地方预算分类

日本地方预算的分类与中央基本相同。根据《地方自治法》规定，地方预算区分为一般会计预算和特别会计预算。一般会计是地方政府一般性财政收支预算，通常讲地方预算，主要批一般会计预算。特别会计预算，有按国家法令规定必须设置的，也有各地方政府经本级议会批准设置的，因此各地方政府特别会计预算的设置不尽相同。公营企业预算是地方各级政府所有和经营的企业的预算。其他特别预算种类较多，如根据《国民健康保险法》规定设置的国民健康保险事业预算，根据《农业灾害补偿法》设置的农业共济事业预算等。

在地方财政统计分析及中央对地方财政的管理中，普通预算与公营事业预算的分类有着重要意义。公营事业预算包括地方特别会计预算中的公营企业预算、国民健康保险事业预算、收益事业预算、公益典当事业预算和农业共济事业预算；而普通会计预算包括一般会计预算和公营事业预算以外的其他特别会计预算。通常，简单地讲地方财政往往指普通会计预算，它与中央的一般会计预算是对称的，而且在进行财政分析比较及分配转移支付资金时，也以普通会计预算的收支为基础。不仅如此，每年中央政府在向国会提交本级预算的同时，还需提交全国地方普通会计预算的年度收支计划，与此有关的文件称作"地方财政计划"。由于地方财政计划不是各地方收支预算额的加总，而是从标准的地方财政收支水平的角度出发由中央政府测算的，其目的是引导地方财政的运营，与各地实际不一定一致，因此国会对地方财政计划不进行审、决议。但是，由于地方财政计划中关于各地方的财政收支预计额，是中央财政转移支付资金的基础，因而它对地方财政运营是有一定的影响。

（四）预算编制程序

日本宪法规定，内阁负责准备并向国会提交预算。具体的预算编制工作主要由财政部牵头并负责。预算编制的具体程序是：

1. 各省厅提交预算申请

日本的财年于每年的 4 月 1 日开始，预算编制则开始于前一年度的夏天。首先，内阁依据前一财年经济、财政运行状况对本年度经济增长进行预估，并在此基础上确定"预算申请指南"，中央各省（厅）在 8 月末之前依据该"预算申请指南"向财务省提交预算申请。"预算申请指南"分为经常性支出、投资性支出两个大类并分别规定数量上限，各省厅必须在"预算申请指南"规定的限额内提交自己的预算申请，这可以控制各省厅预算增长倾向。

2. 财务省进行预算申请审查并编制预算草案

财务省从 8 月开始，对各省厅提交的预算申请的每个预算项目进行审查，审查中通常会与各省厅就预算申请的细节问题协商。12 月底之前，内阁确定"预算编制的基本方针"（原则），对预算编制提出具体要求。财务省根据此原则，结合各省厅的预算申请编制预算草案。之后，财务省需与各省厅对预算草案再进行一次协商。协商之后，预算草案最终形成，一般在 12 月末会获得内阁批准。

3. 国会进行预算审议

内阁通常在 1 月中下旬向国会提交预算草案。根据日本宪法，众议院对预算草案有优先审议权。预算提交给国会后，财务大臣要分别在众议院和参议院进行预算演讲。在众参两院，预算草案分别由其预算委员会进行审议，在获得预算委员会批准之后，再由众参议院由全体议员投票通过。审议的时间顺序上，众议院在先，参议院在后，即众议院审议批准投票通过之后，才由参议院预算委员会开始审议。法律规定，预算草案审议过程允许公众旁听。通过的预算草案于 4 月份生效。当参议院的决议与众议院不同时，将会产生由两院人员组成的协商委员会。如果协商委员会也不能达成一致意见，或参议院在接到众议院通过的预算草案 30 天内仍没有达成最终意见时，众议院的决议将完全代表国会的意见。此外，在年度预算执行过程中，如果发生意外情况（当实施政府法定契约性义务不可或缺的基金不足时、出现突发事件使支出或负债无法弥补时、有其他需要修改预算的理由时），内阁可以向国会提交一份临时性补充预算，作为对正式预算的补充和调整。

五、施政方针与财政改革

（一）经济社会面临的问题与施政方针

2015 年安倍内阁执政进入第 3 年。安倍推出的意在恢复日本经济增长的"三只箭"政策也带来了一些好的变化，企业雇佣意向出现 22 年以来最好的情况，营利状况亦有好转，经常收益处于较高水平。在此背景下，实施了《景气循环向地方扩大的紧急经济对策》，使经济增长成果有效向地方区域扩大。2015 年，实现民需主导的可持续的经济增长仍是政府面临的重要课题，在日本银行推出金融宽松政策的同时，维持财政的可持续性更是必不可少。

总体来说，日本 2015 年的财政施政方针，是在经济增长目标下，在财政收支两方面采取措施，切实推进财政健全化进程。收入方面，为充实社会保障基金账户，2014 年已通过将消费税税率由 5% 提高至 8%，今后增加的税收将全部用于社会保障账户；支出方面，将严格执行对所有支出领域实行无条件削减原则（包括社会保障自然增加部分）。因此，2015 年度预算将缩减国债发行额至 2009 年度预算的 30 万亿日元左右的水平，将公债依存度控制在 38% 以下。另外，消费税税率暂缓之前定于 2015 年提高至 10% 的计划，推迟至 2017 年 4 月。

（二）财政收支政策

纵观日本新财年的国家预算，在支出总额 96.3 万亿日元中除去国债支出之外的经常性财政支出达到了 72.9 万亿日元，两者都达到了较之 2014 年更大的规模。在总体规模略有膨胀的背景下，新财年的预算显示，政府在支出结构调整上颇为用心，尽力压缩的不必要的支出，使支出结构更加合理。

1. 支出方面

（1）控制经常性财政支出总额。与 2014 年相比，虽然在支出总额上增加了 0.5 万亿日元（占总比0.5%），但却在地方交付税、教科文、能源耗用等支出上进行削减，经常性财政支出的增加总额也停留在0.3万亿日元（占总比0.3%）显示出日本政府为控制财政支出总额所做的努力（见表9-17）。

表9-17　　　　　2015财年一般会计预算收支结构的变化　　　单位：万亿日元

			2014年	2015年	增减
一般会计收支			95.9	96.3	0.5※
支出	经常性收支经费		72.6	72.9	0.3
		社会保障支出	30.5	31.5	1.0
		地方交付税交付金等	16.1	15.5	-0.6
		其他经常性收支经支出	25.9	25.8	-0.1
		文教及科学振兴支出	5.4	5.4	-0.1※
		养恤费	0.4	0.4	-0.1※
		国防支出	4.9	5.0	0.1
		公共事业	6.0	6.0	0.0
		经济协力支出	0.5	0.5	0.0
		中小企业对策	0.2	0.2	0.0
		能源对策	1.0	0.9	-0.1
		粮食安全供给支出	1.1	1.0	0.0※
		其他支出	6.2	6.1	0.0※
		预备费	0.4	0.4	0.0
	国债支出		23.3	23.5	0.2
收入	税收		50.0	54.4	4.5※
	其他收入		4.6	5.0	0.3※
	公债		41.3	36.9	-4.4
基础财政收支			18.0	13.4	4.6

注：※标注数值由于四舍五入数值有出入。

资料来源：日本财务省《平成27年度一般会计岁入岁出概算》。

（2）努力压缩社会保障支出。由于老年化进程加剧，新财年中社会保障相关的支出达到31.5亿日元的历史最高额，但为控制支出总额增加而抑制社会保障支出方面的努力也最令人关注。由于日本老龄化社会的逐渐加剧，年金、医疗等方面的支出也一直呈增加的趋势。按照《社会保障与税的一体化改革》计划，2015年度应比2014年度增加0.8万亿日元的社会保障支出规模，但是通过将护理保险费用的比例上调幅度减小、对日本全国健康保险协会的政府补助额度下调等政策，将增加额度控制在了0.4

万亿日元的规模。但是，伴随着2014年4月日本消费税由5%上调至8%，诊疗、护理等服务业以及相关医药医疗产品价格预计将会有共约0.6万亿日元的上涨，最终结果约比2014年度增加了约1万亿日元的支出总额。

（3）调整地方交付税总额。地方交付税本质上是一种共享税，是地方财政的重要财源之一。由于日本经济景气整体低迷，中央和和地方的税收在持续低迷的同时支出却在不断增加。作为原本补充地方财政收支不足的分配比例远低于实际所需，为应对地方财政不断扩大的收支不足问题，日本政府出台了"临时财政特例加算"和"其他框架加算"两项临时财源对策填补至地方交付税的总额。

表9-18　　　　　　2015年度地方交付税税源比例调整状况　　　　　单位：%

	所得税	法人税	消费税	酒税	烟草税	地方法人税
之前税率	32	34	22.3	32	25	100
调整后税率	33.1	33.1	22.3	50	0	100

资料来源：日本总务省《平成27年3月31日地方交付税法等の一部を改正する法律》概要、新旧对照条文。

如表9-18所示，日本政府在2015年度预算中，计划通过对地方交付税税源比例调整以及抑制地方支出增加等措施，缓解地方财政收支不足困境。但在采取了"临时财政特例加算"和"其他框架加算"等措施后，地方交付税总额仍减少了1.6万亿日元，但由于2014年消费税上调后税收增加，地方交付税总额增加了1万亿日元，因此，结果是在2015财年预算总额中，用于地方交付税交付金的总额只减少0.6万亿日元。

（4）增加了军费支出。2015年度预算最后一个引人注目的变化，是对军费预算支出的增加。自2012年起，日本已经连续三年提高军费支出预算，2015年度更是增加了1000亿日元，达到了5万550亿日元的规模，超过了维持了48年的军费占GDP之比为1%的比例。在预算案中，日本计划在冲绳县与那国岛、鹿儿岛县奄美大岛等地新建监控基地或自卫队警备部队营地，同时对海上自卫队人员进行大比例扩充。同时计划对"离岛防卫能力"进行强化，为此，日本将新购5架MV-22"鱼鹰"运输机、30辆水陆两栖战车、20架P-1反潜机、6架F-35战机等新式装备。

在对扩充军事人员和军备以致军费预算总额增加的原因之外，日本防卫大臣中谷元在在2015年1月19日的记者会上表示，由于购买新型F35A（单价约合1.5亿美元）和F35B（单价约合2.51亿美元）等先进作战装备的单体价格高昂，加之日元持续贬值，也是预算增加的一个原因。①

2. 税收方面

在税收方面，由于2014年"安倍经济学"大规模货币宽松政策对经济产生的刺激

---

① 日《Economic News》2015年1月19日电。

作用使得日本的经济成长率在一定程度上有所提高，再加上消费税上调至8%后直接增加税收收入1.7万亿日元，2015年度年度税收预算总额增加了4.5万亿日元，达到54.5万亿日元。

（三）财政健全化努力

总体来看，2015年度日本政府仍继续努力抑制持续增加的财政支出，同时努力扩大税收收入。由于2003~2007年度期间，只缩减了3万亿日元的基础财政收支规模，安倍政权对控制支出总额的魄力还是显得局促和尴尬（如图9-3）。

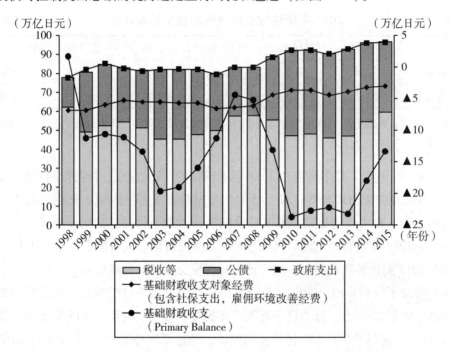

图9-3　90年代末之后的基础财政收支与税收等方面的推移

资料来源：日本财务省「財政統計」、「平成27年度一般会計歳入歳出概算」。2015年4月。

从未来趋势看，伴随着老龄化社会问题的持续加剧，健康、医疗等方面的社会保障项目上对财政的需求仍将持续增加，与2009年度相比，基础养老金的国库负担比例已经上升了一半，而3.11东日本大地震后的重建工作，也会相当长的一段时期内从人员安置、受灾地区重建等方面对财政继续提出需求。日本政府，或者说安倍政权如何在最大限度对社会保障性支出进行控制的同时，在中期预算框架的制定过程中对后半年的补充预算进行适应性的调整，是2015年度后半年值得关注的重点之一。

　　韩国位于朝鲜半岛南部，面积 100 032 平方公里，人口密度排名全球第三。韩国行政区划分为 1 个特别市、6 个广域市和 9 个道（均相当于我国的省建制）。韩国自然资源匮乏，市场规模较小，其经济对国际市场和资源的依赖程度较高，自 20 世纪六七十年代以来，韩国致力于发展大进大出的外向型经济，30 多年来经济始终保持着较高速增长，经济规模、社会财富、基础设施和人民生活水平不断提高。汽车、电子、信息通信、造船、钢铁等主导产业在全球占有一定的市场份额和影响力。韩国在机器人研制和应用、互联网、宽带、移动通信等科技领域处于世界领先水平。农林渔业由于成本过高，竞争力较差，是韩国政府重点保护的产业。此外，韩国经济的另一个重要特点是三星、现代、SK 等少数大企业集团创造的价值在国民经济中所占比重超过 60%，在国民经济中占据举足轻重的地位。

一、政府治理体系

（一）政党和政治

　　韩国的政体为民主共和制，具体为议会制总统共和制，又称半总统制，作为国家元首的总统掌握着全国最高行政权力；总统由选民直接选举产生，国会仅能从立法上对其实施影响，但不能利用不信任案迫使其辞职。但同时又具有议会制的两个特点：内阁由在议会中占多数的政党组成；政府向议会负责。地方自治体首长和议会议员的任期为 4 年，通过当地居民的直接选举，同时产生广域和基础自治团体的代表者。

　　韩国现行宪法是 1987 年 10 月全民投票通过的新宪法，1988 年 2 月 25 日起生效。新宪法规定，韩国实行三权分立、依法治国的体制。根据这部新宪法，总统是国家元首和全国武装力量司令，在政府系统和对外关系中代表整个国家，总统任期5年，不得连任。总统是内外政策的制定者，可向国会提出立法议案等；同时，总统也是国家最高行政长官，负责各项法律法规的实施。总统通过由15～30人组成并由其主持的国务会议行使行政职能。作为总统主要行政助手的国务总理由总统任命，但须经国会批准。国务总理有权参与制定重要的国家政策。总统无权解散国会，但国会可用启动弹劾程序的方式对总统进行制约，使其最终对国家宪法负责。韩国实行一院制。国会是国家立法机构，任期4年，国会议长任期2年。宪法赋予国会的职能除制定法律外，还包括批准国家预算、外交政策、对外宣战等国家事务，以及弹劾总统的权力。韩国法院共分三级：大法院、高等法院和地方法院。大法院是最高法庭，负责审理对下级法院和军事法庭作出的裁决表示不服的上诉案件。大法官由总统任命，国会批准。大法官的任期为6年，不得连任，年满70岁必须退位。

韩国实行多党制，主要政党有新国家党、民主统合党、进步正义党、统合进步党等，其中中间偏右的新国家党（大国家党2012年2月13日正式确定新党名为"新国家党"）和中间偏左的民主统合党是韩国两个最大的主流政党，左右着韩国的政坛。

现任总统朴槿惠与前任总统李明博同属大国家党，在参加2012年总统选举前是新国家党（即原大国家党）党魁，2012年朴槿惠代表大国家党参选总统成功，2013年2月25日零时，执政党新国家党候选人朴槿惠从历时5年任期的李明博手中接过韩国总统权力，正式宣誓就任韩国总统，任期5年，成为韩国乃至东亚首位女总统。新任总统朴槿惠是曾经统治韩国长达18年的朴正熙将军的长女。朴正熙政权执行的是政府主导型的市场经济政策，依靠集权主义的官僚体制，通过权力高度集中，摧毁一切不利于经济发展的障碍，大力扶持大型企业。整个国家就像个大公司，总统是总经理，政府是企业管理机构，各个企业只是生产车间或销售机构。这种高度集权、由政府推动的经济发展模式，虽然对韩国的经济起飞发挥了巨大作用，但其弊端也日益凸显，成为经济和社会进一步发展的障碍。而朴槿惠的执政理念不同于朴正熙。朴槿惠在就职演说中对未来5年提出了经济振兴、国民幸福、文化繁荣三大目标。主张为让创造性经济真正发展，必须实现经济民主化。在韩国战后经济的发展中，形成了大企业为主导的模式，这些通常由家族控制的大型企业垄断了国民经济的诸多领域，被认为妨碍了中小企业的发展和技术的创新，朴槿惠决心对它们加以约束，扶持中小企业的发展。从政治强人朴正熙到民选总统朴槿惠，说明韩国已经从权威政治的时代迈入民主巩固的时代。2014年7月14日，新国家党议员金武星14日在首尔蚕室室内体育馆举行的新国家党党员大会上成功当选新一任党首，任期为两年。金武星在当选党首之后发表演讲表示，将为朴槿惠政府成功执政付出自己的一切。而朴槿惠总统进入其执政第三年面临了就职以来的最大危机，据民调机构韩国盖洛普2015年1月30日公布的调查显示，朴槿惠的支持率仅为29%，是现任政府上台以来的最低值。朴槿惠的传统支持阶层也出现了明显的民心背离。现在只有60多岁以上的年龄层对朴槿惠的正面评价超过负面评价。为了挽救支持率持续下滑，青瓦台内阁和政府高层人事调整动作频频：通过总理提名人任命案，更换4位政府部长、青瓦台秘书室室长，提名新驻华、驻俄大使等。

（二）政府架构及财政主管部门

大韩民国政府自1948年成立以来，其政治体制与政府机构先后经历了大大小小的数十次变化，政府规模持续扩大，目前政府组织体系包括：17部3处17厅。未来创造科学部、海洋水产部、国土海洋部、产业通商资源部、外交部、法务部、国防部、安全行政部、文化部、食品医药品处、农水产食品部、企划财政部、保健福祉家庭部、环境部、劳动部、统一部、女性部。[①]

韩国的财政主管部门随着政府组织机构的变迁经历了复杂的演变。1948年，在摆脱日本殖民统治赢得独立三年之后，韩国政府成立，并设立了财政部和经济规划委员会。财政部负责制订税收、金融和货币政策，以及管理国有资产和汇率。另外，经济规划委员会于1961年获得授权，除履行其一般职责（比如管理政府预算和获得外国贷款）外，它还承担起设计"经济发展五年计划"的重任。1994年，为了以综合的方式有效而协调地履行政府在经济事务方面的职责，经济规划委员会和财政部合并为财政经济部（MOFE）。1998年，为应对金融危机，财政经济部的职责被拆分并转移到其他部委，以减轻财政经济部决策权过于集中的问题。其预算权移交给了国家预算管理局，金融监管权移交给了金融监督委员会，贸易谈判权移交给了外交通商部。1999年，规划和预算委员会和国家预算管理局合并为规划预算部（MPB）。2008年，财政经济部和规划预算部再次合并，成立了企划财政部（MOSF），以便统一履行财政政策职能和开展部际政策协调。另一方面，财政经济部在金融市场方面的金融政策权力被转移到金融服务委员会。现在的国家财政的主要主管部门正是企划财政部。部门首脑称企划财政部长官，同时兼任国务委员。相当于各国的财政部。下属机构：人事课、运营支援课、企划调整室、预算室、税制室、公共政策局、国际金融局、经济政策局、政策调整局、国库局、财政政策局、对外经济局、自由贸易协定国内对策本部。具体职能包括：有效分配资源和评估预算执行的有效性；规划和改革韩国的税收政策和制度；规划并管理财政经费政策、政府物业、政府核算以及国家债务；协调外汇交易和国际金融政策；加强国际合作，促进朝韩经济交流与合作；管理并监督公共机构的运作。企划财政部的下属机构包括：人事科、运营支援科、预算室、税制室、经济政策局、未来社会政策局、政策调整局、国库局、财政管理局、公共政策局、国际金融政策局、国际金融合作局、对外经济局，彩票委员会事务处，另外，外部还有四个机构：国税厅、关税厅、采购厅和统计厅。

---

① 2013年3月22日韩国《政府组织法》修订。

如图 10-1 所示，韩国行政机构中，2 院包括：监察院、国家信息院。17 部包括：企划财政部、未来创造科学部、教育部、外交部、统一部、法务部、国防部、行政自治部、文化体育观光部、农林畜产食品部、产业通商资源部、保健福祉部、环境部、雇佣劳动部、女性家族部、国土交通部、海洋水产部。5 处包括：国民安全处、人事革新处、法制处、国家报动处、食品医药品安全处。16 厅包括：国税厅、关税厅、采购厅、统计厅、检察厅、兵卫厅、防卫事业厅、警察厅、文化财产厅、农村振兴厅、山林厅、中小企业厅、特许厅、气象厅、行政中心复合城市建设厅、新万金（새만금）开发厅。5 室包括：大总统秘书室、国家安保室、大总统警护室、国务协调室、国务总理秘书室。5 委员会包括：放送通信委员会、公正交易委员会、金融委员会、国民权益委员会、核能安全委员会。

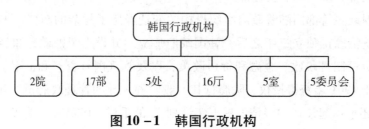

图 10-1　韩国行政机构

（三）国民经济、经济增长和宏观经济

1. 经济转型历程

韩国经济政策经历了一个逐步动态调整过程，完成了模仿型经济向创新型经济的转变，韩国经济发展内嵌其科技发展史中。

（1）70 年代以前的模仿期。朝鲜战争后韩国仍处于没有技术基础的农业社会。战争导致韩国国土荒废，本就自然资源匮乏的韩国不堪由南北对立带来军事重负，财政状况极为不利。于是政府主导积极培育纺织、造船、钢铁等领域相关产业，经济取得飞速发展。特别是朴正熙总统积极推进工业化，1962 年~70 年代末，韩国实现年均增长率为 9% 的汉江奇迹。60 年代初，韩国人均 GDP 为 210 美元，劳动力成本增长低于经济增长，拥有质高价廉的劳动力资源，正好发展劳动密集工业。朴正熙总统时期制订了五年计划，采取政府主导的国内产业培养政策，政府提供担保支持国内企业资金匮乏时从国外银行融资。该时期被提供担保的企业不断发展扩张，形成了三星、现代等大财阀。该时代的经济发展模式为被称为模仿型经济。

（2）80 年代的调整转换期。进入 80 年代，韩国政府逐渐认识到单纯模仿－制造－出口这一模式的局限性，政策导向开始从模仿向自主研发方向转换。1982 年，科学技术部（MOST）引入了第一个国家级研发项目。而后各部委出台了类似的项目，并在各部委开始信息通信、环境、建设、交通、农业、健康等领域的各种研究。另外，在政府投入资金支持研究的基础上，奖励社会企业进行的各种研发活动，政府则从税收优惠、补贴、公共采购、科学技术相关基础设施建设等方面支持社会研发。在政府优惠政策的刺激下，企业的研发支出几年以后便超过政府研发支出。

（3）90年代后的技术革新期。随着韩国薪金水平的上涨，一直以来靠廉价劳动力维持国际竞争力已然变得难以为继。1993年金泳三政权标榜韩国要走向国际化，脱离模仿型经济，并出台了一系列重视基础研究的科技政策。韩国1996年加入OECD后的国际化进程开始加速，到1997年底亚洲金融危机席卷韩国时，韩国经济遭受了自第二次世界大战以来最为沉重的打击：股市暴跌，韩币狂贬，大批工厂倒闭，失业人数攀升，外汇储备急速减少，国家面临破产危机。1998年，金大中上台后提出了建设"小而高效的服务型政府"的改革目标，并围绕这一目标在金融、大企业、劳资结构、公共部门等领域进行了一系列改革。为了促进就业振兴IT产业，奖励财阀创造性的技术革新，增加基础研究投资额，该时期被称为技术革新期，政府和企业的研究开发支出均急剧增加。通过推进迅速、大胆的结构改革，成功阻止了金融危机的进一步发展，平息了社会的不满和政治信任危机。韩国也因此一跃成为遭受金融危机打击的东亚国家中经济最早获得恢复的国家。通过危机，韩国强烈认识到在知识经济社会保持国际优势的必要性。根据总统政策大幅扩大IT产业市场，借助世界IT潮，领先于其他国家建设IT相关基础设施，发展IT服务业。

（4）李明博时期。李明博政府期间，韩国政府正式对外发布了《面向先进一流国家的李明博政府的科技基本计划（2008～2012年）》。该计划明确了未来五年内的研发经费预算、重点发展领域和所要实现的目标，其核心内容简称为"577战略"。由于李明博总统出身于产业界，此时期的科技政策开始向民间主导型科技转型，科技政策充分反映民间对科技的需求，进一步突出了企业的创新主体地位，充分体现了新政府建设小政府、大社会，为各领域的发展提供宽松环境的执政理念。李明博政府强调科技与创新，并以需求为导向制定各项政策。该时期的政府科技决策有更多民间人士的参与。国家科技委员会的成员很多被更换为民间委员，其运营将转变为以民间委员为核心。

（5）朴槿惠时期。朴槿惠总统主导向"创造经济"转型。朴槿惠大总统选举期间打出的方针是将创造经济、科学技术和IT融合到全产业中，创造出就业。创造经济政策的中心是科学技术和IT产业。其科技政策也有一段弯路。如早期的政策重点是支持掌握最先进技术的重点企业，并希望其将研发成果分配给全体国民，但伴随着政策的效应显现，决策者认识到对少数大企业的优惠政策和提高国民生活幸福指数并没有必然联系，因此科技政策开始转向支持国内中小企业及民众创新创业，其性质类似于"草根创新"，或是我国的"大众创新、万众创新"。

一是调整创新管理政府部门的结构。2013年，朴槿惠政权上台后，新政府为提升其国家竞争力，开创美好未来，创造幸福生活，给科技赋予了重担，决定组建被称为是新一届政府"核心中的核心"，韩国科技的"控制塔"——未来创造科学部。朴槿惠政府摒弃了李明博前政府将教育和科技两个领域合并为"教科部"的做法，将教育科学技术部的科学技术部门、知识经济部的应用研发部门、负责管理科学研发预算的国家科学技术委员会和核能委员会、ICT（信息通信技术）领域、广播通信委员会机能职能中的广播通信振兴领域，以及行政安全部的部分机能职能均被归入未来科学创造部。未来创造科学部设立宗旨是以集约科技资源和发挥科技创新想象力，为建设先导型创造经济社会提供有力支撑，其目的是促进韩国经济发展，创造更好的就业岗位。

二是培育未来"创造经济"时代的五大战略。未来创造科学部的战略行动规划将集中培育科学技术与信息通信技术（ICT）新产业，从而实现"创造经济"与"国民幸福"。在构建生态系统方面，以塑造"创造经济"生态环境为方针，从国家科技研发、ICT技术出发，构建出只要有别出心裁的想法和热情就可挑战创业的生态系统，塑造从构想、富有创意的人才培养到创业、成长阶段等投资、回收、再挑战的循环结构；发展并保护中小企业，使其成为"创造经济"的主力军；同时加大对企业的支持力度，进一步扩大技术控股公司规模，将资金筹措方式转为直接投资。到2017年，将推动科学技术与ICT融合、科学技术与文化创意合商业化等"十大创造型新产业"项目，内容将涉及卫星影像大数据处理和分析、干细胞技术、未来型材料技术等。在国家研发和创新实力方面，将基础研究比重扩大至40%，支持具有创意挑战的基础研究；树立对高龄化、环境等科学技术基础未来战略；培育400个技术创业。在信息软件和创意内容产业化方面，未来创造科学部拟制订"云计算发展法"，建立大数据分析中心，并建立基金以培养网络内容产业。塑造文化创意融合氛围，设立文化创意政策研究所，文化创意银行和文化创意基金（4 000亿韩元，约21.63亿人民币），加强网络文化创意教育课程。国际合作与人才方面，韩国未来创造科学部计划将大田"国际科学商务地带"发展为国际基础科学研究枢纽，吸引世界300名著名科学家到韩国，并培养3 000名研发人员，以争取挑战未来科学领域的诺贝尔奖。今后将不断挖掘人才，丰富国家人力资源，提升国家竞争力。

2. 经济发展取得的效果

从1962年"一五"计划至今，韩国的发展成果可谓惊人，GDP和人均收入也水涨船高，节节攀升。1962年韩国国民总收入和人均收入分别仅为23亿美元和87美元，2004年已增至874.2兆韩元和1 820万韩元；2005年继续增至912.6兆韩元和1 896万韩元，2007年经济增长率为5.5%，国民总收入达到1 040.1兆韩元，人均国民收入首次突破2 000万韩元大关，达到2 140万韩元。但此后受全球金融危机及韩元贬值的影响，2009年韩国经济增长率大幅降至0.7%；2010年是韩国经济持续复苏的一年，借助世界经济整体复苏所带来的出口扩大和以信息产业为中心的设备投资的大幅增加的形势，就业状况持续好转，消费开始稳定增长。韩国2010年实际经济增长率达到

6.5%，人均国民收入再创新高，达到2 563万韩元。2011年韩国GDP与2010年相比仅增长了3.6%，增速创2009年以来最低。导致2011年韩国经济增速放缓的主要原因有欧洲主权债务危机等全球经济利空因素、主要产业出口和投资增幅的回落、民间消费和设备投资的减少、建筑业的持续低迷等。韩国2012年经济仅增长2.3%，是三年来的最低增速。2013年、2014年经济增长率逐渐回升，分别为2.9%、3.3%。自2011年以来保持节节攀升态势，2011~2014年人均国民收入分别为2 693万韩元、2 783万韩元、2 867万韩元、2 968万韩元。具体见表10-1。

表10-1　　　　　　　　　　　　韩国经济增长率变化

年　份	国民总收入（名义GNI）（兆韩元）	人均GNI（名义）（万韩元）	经济增长率（实际）（%）
2004	874.2	1 820	4.9
2005	912.6	1 896	3.9
2006	962.4	1 990	5.2
2007	1 040.1	2 140	5.5
2008	1 104.4	2 256	2.8
2009	1 149.0	2 336	0.7
2010	1 266.6	2 563	6.5
2011	1 340.5	2 693	3.7
2012	1 391.6	2 783	2.3
2013	1 439.6	2 867	2.9
2014	1 496.6	2 968	3.3

资料来源：韩国央行，http：//eng. bok. or. kr/broadcast. action？ menuNaviId＝2236。

二、政府间财政关系

（一）行政体制

如图10-2表示，韩国政府结构由中央政府和地方自治团体（地方自治体）构成，地方自治体由广域自治团体和基础自治团体构成。行政区划分为1个特别市：首尔特别市（曾用名："汉城"）；6个广域市：釜山、大邱、仁川、光州、大田、蔚山；9个道：京畿道、江原道、忠清北道、忠清南道、全罗北道、全罗南道、庆尚北道、庆尚南道、济州道。

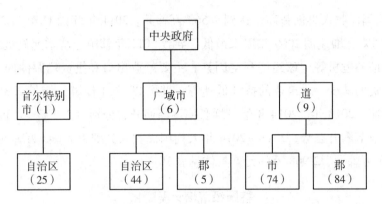

图 10 – 2　韩国行政层级

资料来源：韩国行政安全部。

首尔特别市、广域市和道等广域自治团体位于中央政府和基础自治团体的中间层。广域市和道接受中央机构管理，首尔特别市由管理中央政府机构的国务总理直接管理，首尔特别市和中央政府机构有同等地位。在广域自治体中，道是最多的，有 9 个。和道相比，广域市是历史较短的自治体。通过 1995 年地方自治的实施，广域市和道具有同等地位。

（二）收入划分

韩国是彻底实行分税制的国家，中央政府和地方政府收入主要包括税收收入和非税收入。税收收入是各级政府的主要财源。

1. 税种划分

韩国实行以中央集权为主体的税收体制，税收收入主要集中在中央，地方税收入所占比重相对较小。

韩国中央政府收入包括税收收入、非税收入、债券收入等，其中中央政府税收收入中，国税所占比重最大。国税包括内国税、关税、教育税和农渔村发展特别税。韩国现行国税共 13 种，包括 7 种直接税和 6 种间接税：所得税、法人税、遗产税和赠与税、附加价值税、个人所得税、证券交易税、印花税、交通能源环境税、关税、教育税、综合房地产税、酒税，农特税（农渔村发展特别税）。其中，所得税、法人税及附加价值税是国税的主体税种，占国税的 70% 以上。由于国税收入在韩国总税收中所占比重最大，因此它在韩国政府制定政策及维持财政及安全方面处于重要位置。

韩国宪法规定了地方自治的原则。在此原则下，地方政府被授权征收地方税。地方税包括道税 6 种和市郡税 9 种。道税：取得税、登记税、马券税、免许税、共同设施税和地区开发税。其中，取得税和登记税是道税的主体税种；市郡税：居民税、财产税、汽车税、农地税、屠宰税、烟草消费税、综合土地税、郡市计划税和事业所得。其中，烟草消费税、居民税、综合土地税和汽车税是市郡税的主体税种，2009 年四者合计占本级收入的 80.11% 左右。

　　韩国实行地方自治，地区差别是不可避免的现象。地区差别越激烈，就越强调财政的中央集权化。中央政府通过税收筹措必要的财源，而地方自治团体除税收以外，还通过非税收入、地方交付税、地方让与税、国库补助金等多种税源筹措财源。韩国地方财政规模从 1990 年 22.9 兆韩元增加到 2013 年的 220 兆韩元，增长了近 10 倍。包括教育行政的地方自治团体预算于 2004 年开始首次超过中央政府预算规模，2006 年，中央政府支出占财政支出总体规模的 46.1%，而地方自治团体支出占财政支出总体规模的 53.9%。除去教育费的地方财政支出占财政支出总体的 40% 左右。另一方面，以国税为中心的税收结构没有大的变化，国税地税的比率由 1991 年的 79.1∶20.9 变为 2013 年 82.5∶17.5。地方税在地方财政中占比大约为 50% 左右。韩国地方税中，财产税占地方税收整体的 50% 多，另外，所得税、消费税等比重在 10%～20% 之间。对财产课税大部分是以取得税、登录税的形式，对财产保有课税占地方税总体的 13% 左右。

　　2. 非税收入

　　（1）中央政府非税收入规模。韩国中央政府的财政预算，每年由政府各有关部门制订出方案，再由政府编制汇总后提交国会审议，经国会审批之后确定。一经批准，即具备法律效力，然后交由各部、处、所执行。韩国中央政府的财政预算收支制度称为预算会计制度。根据预算会计法的规定，中央财政预算分为一般会计（一般预算）和特别会计（特别预算）两种。

　　一般会计指为执行政府职能所必要的资金预算的总和以及收支计划。它是国家预算的主体，反映政府机构通常的财政活动及规模。通常说的财政规模就是指一般会计的收支项目及其数额。特别会计指依照法律，国家在经营特定事业和运用特定资金以及用特别税收充当特定支出时设立的收支计划，是为区别一般会计而设立的对一般会计的补充。特别会计包括以下内容：国家需要经营特定事业的费用，国家需要保留和掌握的特定资金，由于其他特定财政收入而充作特定财政支出的费用。

　　一般会计和特别会计分别由一般财政部门和特别会计部门掌管。除了一般会计和特别会计之外，中央政府为事业经营的需要，根据法律设置了特别基金，在收支预算外进行管理（见表 10-2）。

表 10-2　　　　　　　韩国中央政府一般会计收入结构（经济分类）　　　　单位：十亿韩元

	2006 年	2007 年	2008 年	2009 年	2010 年	2011 年	2012 年
总收入	207 519.00	241 547.10	248 500.60	247 992.00	268 153.40	289 920.00	308 795.90
占总收入比重（%）	100.0	100.0	100.0	100.0	100.0	100.0	100.0
经常收入	206 086.00	239 627.90	246 608.50	245 477.00	265 779.70	287 403.60	305 146.80
占总收入比重（%）	99.3	99.2	99.2	99.0	99.1	99.1	98.8
税收收入	165 361.00	191 198.20	200 202.10	198 438.00	213 319.00	231 273.00	246 918.50

续表

	2006 年	2007 年	2008 年	2009 年	2010 年	2011 年	2012 年
占总收入比重(%)	79.7	79.2	80.6	80.0	79.6	79.8	80.0
非税收入	40 725.00	48 429.70	46 406.40	47 039.00	52 460.70	56 130.60	58 228.30
占总收入比重(%)	19.6	20.0	18.7	19.0	19.6	19.4	18.9
资本收入	1 433.00	1 919.30	1 892.00	2 515.60	2 373.70	2 516.40	3 649.10
占总收入比重(%)	0.7	0.8	0.8	1.0	0.9	0.9	1.2

资料来源：韩国企划财政部，https：//www.digitalbrain.go.kr/kor/view/statis/statis03_02_04.jsp?code = DB01030204。

20 世纪 60 年代以前，韩国财政的自立程度很低，其财政收入主要依赖外国（主要是美国）的援助。无偿援助在各年度的财政收入中所占比重高达 50%，最高年度超过 2/3。从 1957 年开始，外援逐年递减。最近几年均没有得到无偿援助。因此，韩国的中央政府一般会计财政收入主要包括经常性收入和资本性收入两部分。其中，经常性收入又包括税收收入、非税收入等。其中国税收入是中央财政一般会计的收入的财源。韩国中央政府财政收入以经常性收入为主，经常性收入中的国税税收收入多年以来一般占到总收入的 80% 左右，是中央财政收入的主要来源。2006 年以来，资本收入占总收入的比重缓中有升，从 2006 年 0.7% 上升至 2012 年 1.2%。而非税收入占到总收入的 20% 左右。如表 3 所示，2006 ～ 2012 年中央政府非税收入规模分别为 407 250 亿韩元、484 297 亿韩元、464 064 亿韩元、470 390 亿韩元、524 607 亿韩元、561 306 亿韩元、582 283 亿韩元，其占中央政府一般会计收入比重依次为 19.6%、20%、18.7%、19%、19.6%、19.4%、18.9%，一直维持接近 20% 的水平，比较稳定，没有较大的起伏。

（2）地方非税收入规模。韩国实行以中央集权为主体的税收体制，中央税收收入占全部税收比重较大，地方税收收入只占一少部分。韩国地方政府的财政收入随着地方分权政策的实施和经济发展，财力大幅增强。90 年代以后增长迅速。地方政府财政收入占 GDP 比重从 1990 年的 12.3% 增加至 2009 年的 21.7%。地方政府的财政收入由地方税、非税收入、中央政府的转移支付给地方的地方交付税、地方让与金（2005 年废除）、国库补助金以及地方债构成。但历年中央财政收入和地方财政收入之比约为 7：3，在这种情况下，韩国地方政府除了依赖于中央对地方的转移支付，还不得不在既定的税收基础上增加非税收入，非税收入已成为地方政府财政收入的重要来源之一，在地方财政收入所有项目中占比最高，是地方政府行使公共管理职能的重要财源保障。

韩国各级政府存在着大量收费和基金收入，它们构成各级政府的重要收入来源。韩国地方政府收费名目繁多，按照广义的政府非税收入可以分为两类，一类是稳定的非税收入，一类是不稳定的非税收入。稳定的非税收入包括经常性收入和事业性收入。经常性收入又包括公共设施的使用费、手续费、公共财产租赁收入、财政性资金的融资收入；事业性收入包括自来水收费收入、地铁收费收入、住宅开发收入、下水道收入等。不稳定的非税收入由临时性收入和事业外收入构成。主要包括财产处置收入、融资资金的回首、地方债收入及捐赠收入等。这些非税收入在法律方面恪守着严格的作风。

韩国地方财政收入中非税收入占比较高的主要原因是由于存在大量的财政结转金，如财产收入、手续费、使用费收入、公共事业收益、地方证券、罚款和滞纳金征收收入、地方公营企业经营收入、利息收入等九个项目。其中近80%来自于罚款和滞纳金征收收入。

从20世纪90年代开始至今，在韩国地方政府的财政收入中，地方税收收入是比较稳定的财源，而转移支付财源的比重呈上升趋势。地方税收收入和中央政府的转移支付财源这两项，分别占地方财政收入的30%左右。非税收入占财政收入比重维持在30%以上的水平。如表10-3所示，2009年，地方政府非税收入为729 064亿韩元，占财政收入比重为32%。根据表10-4，2010年，地方政府非税收入为65 379.62亿韩元，占当年度地方财政收入总额的31.2%。2011年，地方政府非税收入为64 252.2亿韩元，占当年度地方财政收入总额的29.8%。2012年决算显示，韩国地方政府财政收入总额为224 246.2亿韩元，其中政府非税收入为71 678.42亿韩元，占地方财政总收入也为32%（见表10-3、表10-4）。[①]

表10-3　　　　2000～2009年韩国地方政府非税收入规模及占比重　　　单位：亿韩元

税收年度	2000年	2001年	2002年	2003年	2004年	2005年	2006年	2007年	2008年	2009年
总计 （比率%）	962 934 (100.0)	1 159 589 (100.0)	1 340 910 (100.0)	1 526 867 (100.0)	1 542 338 (100.0)	1 586 177 (100.0)	1 739 387 (100.0)	1 885 847 (100.0)	2 053 359 (100.0)	2 276 563 100.0)
非税收入 （比率%）	353 540 (36.7)	410 044 (35.4)	482 859 (36.0)	590 936 (38.6)	639 740 (41.5)	582 884 (36.7)	591 763 (34.0)	657 348 (34.9)	679 478 (33 1)	729 064 (32 0)
地方税 （比率%）	206 006 (21.4)	266 649 (23.0)	315 257 (23.5)	331 329 (21.7)	342 017 (22.2)	359 774 (22.7)	412 937 (23.7)	435 243 (23.1)	454 797 (22.1)	451 678 (19.8)
地方交付税 （比率%）	82 450 (8.6)	122 249 (10.5)	124 791 (9.3)	135 245 (8.9)	143 045 (9.3)	199 240 (12.6)	213 115 (12.3)	244 367 (12.9)	293 266 (14.3)	278 754 (12.3)
补贴等 （比率%）	320 938 (33.3)	360 647 31.1)	418 003 (31.2)	469 357 (30.7)	417 536 (27.0)	444 279 (28.0)	521 572 (30.0)	548 889 (29.1)	625 818 (30.5)	810 067 (35.9)

资料来源：韩国行政安全部。

---

① http：//lofin. mospa. go. kr/lofin_stat/settle/gyumo/seip/Seip_T06. jsp.

表 10 - 4　　　2010 ~ 2012 年韩国地方政府一般会计非税收入规模及比重

单位：百万韩元

	2010 年	2011 年	2012 年
地方财政收入	20 925 637	21 553 270	22 424 620
非税收入/地方财政收入（%）	31.2	29.8	32.0
非税收入	6 537 962	6 425 220	7 167 842
1. 经常性非税收入	1 894 246	2 470 642	2 595 891
2. 临时性非税收入	4 643 716	3 954 578	4 571 951

资料来源：根据韩国安全行政部数据制成，http：//lofin. mospa. go. kr/lofin _ stat/settle/gyumo/ seip/Seip_T06. jsp? year = 2010&jachi1 = 11000。

（三）支出划分

1. 中央与地方事权划分

韩国中央政府和地方自治团体之间仍有不少上下级关系的残留，原因之一是由于两者之间责任划分不明确，有重复的地方。另外，许多自治体需依赖中央的财政支持也是原因之一。

现在的韩国中央政府和地方自治团体的关系，垂直上下关系色彩仍较浓，中央政府在行使国家事务中承担第一位的责任，地方自治团体只分担由中央政府有效执行起来较困难的地方供给，因此，地方自治团体的功能是对中央政府的补充。从 1960 年地方自治中断以来的地方自治团体仅单纯是划分行政区域。

过去的地方自治法规定，中央政府和地方自治团体的事权划分关系是，地方自治团体处理地方公共事务和根据法律属于地方自治团体的事务，但只是从原则上有个规定。具体相应事务没有明确。这种一揽子式的委任方式导致了中央和地方自治团体间事权划分及经费负担等的混乱。因此，1989 年修订的地方自治法充分认识到这个问题，比较详细地规定了中央和地方事权及不同层级地方自治团体的事权划分。即根据现行地方自治法有关规定，中央政府和地方自治团体间的事权划分是国家事务，地方委任事务和地方事务这三种类型。

首先，国家事务是指具全国性利害关系的由中央机关或其他所属机构直接处理的事务。地方自治法第 11 条规定，国家存在所必要的外交、国防、司法、国税等事务，需全国性统一的事务，如物价、金融、进出口政策等，需先进技术或巨大资金投入的和核能开发、航空管理等都是国家事务。

地方委任事务或机关委任事务是指具全国性的利害关系属于中央政府权限的事务，

处于事务处理的经济性及国民便宜的考虑，委任给地方自治团体首长处理的事务。

机关委任事务根据个别法律委任给地方自治团体。这些事务包括国家性的培养、支持部门，如专业技术部门的设立，城市设计的许可等，全国性流通秩序部门，如商品券的发行及注册等，垄断店事业部门，如盐田开发及许可等。

地方事务是指处理权限及责任都专门属于地方自治团体的事务，可区分为地方自治团体的固有事务，也叫自治事务及据法律属于地方自治团体的事务（团体委任事务）。现行地方自治法第9条规定了57项地方自治事务，另外，据该法实施细则第8条，进一步细分为680项事务。地方自治法明确规定的地方自治团体事务中，包括地方自治团体存在、维持的基本事务，如地方自治团体的组织、预算等，地方居民的生活及福祉相关事务，如健康诊断机构的指定等，是仅涉及地方自治团体的事务，如农渔村道路的建设维护等，地区性政策实施事务或需居民参加的事务，如消防检查计划的指定及实施等，有必要和地方居民频繁联系接触的事务，如建筑业许可等，有关地区特性的事务，如渔村系的设立认可等。

2. 支出责任划分

国家事务由于由中央政府直接处理，事务处理的经费原则上全额由中央政府承担。但是，地方自治团体行使的事务，根据自治事务、团体委任事务、机关委任事务等，经费负担主体或者说财源分担体系不同。韩国各级地方自治团体承担着提供地方性公共服务的基本责任，主要是在公共部门中。根据不同的用途，地方自治团体支出类别以及各类别中的具体项目如下：（1）一般管理支出，包括日常管理、财政、文化和公共信息管理；（2）社会福利支出，包括保健、公共卫生和其他社会服务；（3）工业和经济支出，包括农业、商业、工业、畜牧、水产、林业等的指导管理和农田开发；（4）公共工程支出，包括供水、市政、住房、旅游、交通、娱乐以及治安管理；（5）公民防卫支出，包括防火、洪水控制、突发事件管理、不可预测的战争形势的教育管理；（6）教育支出包括与公共教育有关的所有服务。

（四）转移支付制度

韩国实行以中央集权为特征的地方税制体系，即由中央政府集中税收管理权限。地方税的立法权集中在中央，地方自治团体只有一些地方零星税种的执法权。地方税的征收制度和征收标准一般由中央统一制定，地方自治团体在统一的规定下根据本地的情况制定一些具体的征收办法，确定本地地方税的适用税率。全国各税的征收由中央统一管理，征收后再按税种的划分规定拨付给地方。在韩国的税收总额中，地方税收收入所占比重较小，一般无法满足地方自治团体承担各项事务的财政支出需要，地方自治团体财政自立比例全国平均为50%～60%，道、市、自治区是30%～50%，郡是10%左右。如图10-3所示，2005～2013年，地方财政自立度全国平均值在50%以上，2014 年、2015 年地方财政自立度有明显下降，分别为 44.8%、45.1%。

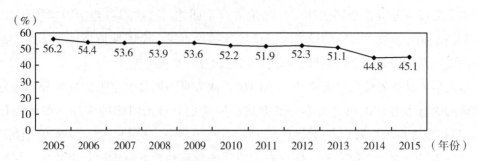

图 10 - 3　地方自治团体财政自立度

资料来源：韩国行政安全部：《地方自治团体综合财政概要》，http：//www.index.go.kr/potal/ main/EachDtlPageDetail.do? idx_cd = 2458。

由此可见，由于大部分财源主要集中在中央，地方自治团体经常出现入不敷出的情况，为了解决地方自治团体的收入不足，满足其支出需求，韩国中央政府只有通过实施转移支付制度，平衡中央和地方财力需求。地方自治团体之间尤其是近邻自治体之间是竞争关系，竞争获得中央更多的财源支持。

如图 10 - 4 所示，韩国地方财政包括一般财政（不包含地方教育）和地方教育财政。两者相互独立，一般地方财政会计和地方教育特别会计是两个相互独立的账户。一般地方财政由行政自治部管理，地方教育财政则由教育科学技术部管理。广域自治体的教育委员会和一般地方行政机构分离，教育委员会的职能包含财政。因此韩国的转移支付体系也分为两个，即地方一般财政的转移支付和地方教育财政的转移支付。

$$地方财政 \begin{cases} 一般财政 \\ 地方教育财政（教育费特别会计） \end{cases}$$

图 10 - 4　韩国地方财政构造

1. 一般财政的转移支付

韩国的地方一般财政的转移支付主要有两种形式：地方交付税和国库补助金，地方交付税属于一般性转移支付，国库补助金属于专项转移支付。如果考虑到地方教育财政，则转移支付制度中还应加进对地方教育财政的转移支付。

地方交付税，是中央政府按照一定的基准，将国家收入中的一部分（一定比率的内国税）交付给财政困难的地方自治团体使用的制度，是地方财政调整制度中最根本的制度。也就是将原本应以地方税源的形式征收的部分以国税的形式征收之后，再根据合理的规定分配到地方，使其作为地方的固有财政资源。

地方交付税在提高地方自治团体的自主性、减缓各地方自治团体间财政差距方面，发挥着重要的作用。它既是依存中央政府的非自主的财政资源，同时由于不受使用用途之限制，又是地方自治团体能够自主使用的财政资源。它是为了满足地方自治团体的基本需要，将一部分国税收入按照固定比例，不指定用途地让渡给地方，充当地方的一般财源。地方交付税的目的在于为地方自治团体的基本行政需要保障财源，促进地区间财政均等化。法定交付税率近几年有多次调整。韩国近几年地方交付税规模的变化（见表10－5），地方交付税规模近年呈增加趋势，仅有2009年受金融危机的影响有所下降，其余年份均较上年有所增长。

表10－5　　　　　　　　韩国近几年地方交付税规模的变化　　　　　　单位：百万韩元

年　份	2008	2009	2010	2011	2012	2013	2014	2015
地方交付税	26 508 107	25 550 511	27 414 064	29 215 937	31 460 015	31 460 015	31 600 605	31 584 869
占地方财政收入比重(%)	15	14	15	15	15	15	14	14

资料来源：韩国行政安全部，http：//lofin. mopas. go. kr/lofin_stat/budget/graph/InOutGraph. jsp。

地方交付税的规模占地方财政收入的比重一般在15%左右。韩国国税中除了关税和目的税以外的几种税统称为内国税，内国税的一定比率充当地方交付税的财源。1969～1972年，法定交付率是内国税税收总额的17.6%。1973～1982年，法定交付率暂定，根据每年的预算不同而不同。1983～1999年，法定交付率是内国税税收总额的13.27%。2000～2004年，法定交付率是内国税税收总额的15%。2005年，法定交付率变为内国税税收总额的19.13%。2006～2009年，法定交付率变为内国税税收总额的19.24%。

韩国的地方交付税主要分为普通交付税和特别交付税两种：普通交付税，是为了使地方自治团体维持行政的一定水平，保障最基本的财力，每年给基本财政收入额未达到基本财政需求额的地方自治团体补充交付不足的那部分财政；特别交付税，是为了解决由于普通交付税算定过程中可能发生的无差别性，考虑由于各种原因未能及时反映到中央的一些具体事项，特别交付给相应地方的地方交付税的一种，能够弹性对应地方财政条件的突然变动或预料之外的财政需求，是补充普通交付税的制度，是地方自治团体需要的财政资金不足或发生意外天灾事故时分配给地方的转移支付资金韩国在地方交付税的分配过程中，以财源不足金额为基准，分配给各个地方自治团体（见表10－6）。接收分配的地方自治团体是广域市、道等广域政府，市、郡等基层政府。在地方交付税中，有10/11是作为普通交付税进行分配的，剩下的1/11作为特别交付税进行分配。由于地方交付税中大部分是普通交付税，故简单介绍普通交付税的计算方法。根据韩国地方交付税法第6条第1项，计算的基本结构为：转移支付给各地方自治团体的普通交付税额＝标准财政需求额－标准财政收入额。计算结构具体为：标准财政需求额＝基础需求额＋修正需求额±需求自身努力反应额。标准财政收入额是普通税税收收入的 80%（地方交付税法第 8 条规定）。标准财政收入额 = 基础收入额 + 修正收入额 ± 收入自身努力反应额。基础收入额即普通税收入额。没有把地方税收收入全部作为基础财政收入额，是为了避免降低地方自治团体征税的积极性，所以只选择了 80% 作为标准财政收入额。虽然按照上述公式计算财政不足额，但事实是根据法定交付税率算出的交付税金额和公式算出的财政不足额通常不一致，财政不足额往往大于交付税交付金额，因此有必要压缩交付金额，这时便需要用到调整率。各自治团体的普通交付税交付额由各自治团体的财政不足额乘以调整率得到。

$$调整率 = \frac{普通交付税的总额（济州特别自治道 3\% 除外）}{发生财政不足的自治团体的财政不足额的总额}$$

普通交付税计算的构成要素：

标准财政需求额 = 测算单位数值（公务员数、道路面积、人口数、行政区域面积等 12 种）× 单位费用（跟各团体已执行的经费及今后应执行的经费为基准计算和经费的相关性）× 修正系数（法定）

标准财政收入额 = 基础收入额（普通税收入的 80%）+ 修正收入额（目的税税收及非税收入的 80%）± 收入自身努力反应额（提高地方税税率、实施弹性税率、减少滞纳金额、发掘新税源等）。

表 10 - 6　　　　　　　韩国普通交付税的地区分配情况　　　　　　单位：亿韩元

年　份	2002	2003	2004	2005	2006	2007	2008	2009	2010
总计	108 849	122 385	130 129	170 776	178 415	198 421	227 234	220 847	232 403
首尔	—	—	—	—	—	—	—	—	—
釜山	1 298	1 520	1 504	1 510	1 739	2 895	4 138	6 061	7 626
大邱	965	1 103	1 346	2 040	2 392	3 412	4 604	5 055	5 753
仁川	1 108	944	871	1 195	1 241	1 458	2 026	2 271	2885
光州	1 115	1 290	1 340	1 804	2 170	2 935	3 571	3 918	4 170
大田	672	759	787	985	1 032	1 178	1 771	2 411	2 899
蔚山	784	894	1 109	1 571	1 550	1 456	1 627	1 621	1 450
京畿道	7 040	8 106	8 391	12 141	12 674	13 205	13 446	12 981	15 062
江原道	13 033	14 650	15 323	19 382	19 763	21 819	24 963	23 613	24 814
忠清北道	8 467	9 598	10 358	13 470	14 117	15 499	16 976	15 901	16 667
忠清南道	11 336	12 629	13 689	17 084	16 269	17 262	19 852	19 514	21 135
全罗北道	11 791	13 317	14 283	18 328	19 886	22 567	26 729	25 137	24 811
全罗南道	17 306	19 318	20 604	26 907	28 017	31 167	35 367	33 531	34 067
庆尚北道	17 031	19 417	20 573	28 087	29 472	32 571	37 550	37 154	39 213
庆尚南道	13 867	15 452	16 357	21 271	22 688	25 112	27 798	25 054	24 879
济州	3 036	3 388	3 594	5 001	5 405	5 885	6 816	6 625	6 972

资料来源：韩国行政安全部。

除了普通交付税、特别交付税，韩国的地方交付税还包括分权交付税及不动产交付税。分权交付税是只有在韩国存在的地方交付税的一种，于 2005 年实施。制度性质和运营与普通交付税类似，预算的编制和运营都根据地方自治团体的自律性运营。也就是说，是不指定用途的一般性财源。2005 年分权交付税的法定税率定为内国税总额的 0.83%，从 2006 年起向上调整为 0.94%。但是分权交付税制度是有实施期限的，仅限于 2005 年 1 月 1 日至 2009 年 12 月 31 日之间实行。2010 年 1 月 1 日以后整合到普通交付税中。不动产交付税，也是只有韩国才有的地方交付税的一种。2004 年，由于综合不动产税转变为国税，导致地方财政收入减少，为了弥补地方收入的减少于 2005 年引入不动产交付税，地方交付税法第 9 条的 3 规定，不动产税的全额作为不动产交付税转移到地方自治团体。

国库补助金是中央政府为了鼓励地方自治团体实施特定事业而对其进行奖励时，对地方自治团体实施该事业项目所需的经费的一部分或者全额进行补助的一种转移支付支出。发放国库补助金的四个必要条件是：地方自治团体为了行使中央政府的某种行政职能；对促进地方事业有必要；判断有必要进行国库补助；地方自治团体实施的该事业对中央政府也会带来好处等。因此，国库补助金的金额不是由公式决定，每年有伸缩变化，基准补助率也不同。2001 年韩国的国库补助金为 11.2 万亿韩元，占地方财政收入的 11.9%。在韩国发生经济危机后的 20 世纪 90 年代后半期，国库补助金充当地方财源的作用越来越突出，当时，在一般地方财政收入中，地方交付税所占比重为 10%，地方让与金所占比重为 4%，而国库补助金 1996 年所占比重为 7.8%，经济危机后的 1999 年上升到 13.2%。

2. 地方教育财政的转移支付

（1）地方教育财政概况。前文已经提到，韩国的地方教育财政独立于一般地方财政。地方教育财政的主要财源是依靠中央政府的转移支付。因此，了解韩国的转移支付制度，不仅要了解地方交付税、国库补助金，对地方教育财政的转移支付也必须考虑在内。

地方教育财政的财源转移体系的构架和一般地方财政的转移支付相似。比如，地方教育财政的转移支付制度的名称是地方教育财政交付金、地方教育让与金及国库支援金。地方教育财政交付金不指定支出目的，充当提供教育有关服务、教育均等化、满足标准教育服务需要的财源。内国税是地方教育财政中最重要的收入来源。地方教育财政交付金和地方交付税不同，它是以市道等广域团体为基准进行分配的。

地方教育让与金的财源是目的税的教育税的全部。地方教育让与金和地方教育财政交付金不同，是作为改善教育环境和提高教师福利水平的特定财源。但在实际使用过程中，和地方教育财政交付金的区别不大。

国库支援金（教育补助金）类似于给地方自治团体的国库补助金。教育补助金只能用在和教育有关的事业项目上，而国库补助金可以用于教育以外的其他范围。

韩国地方教育财政不同于国家教育财政，它属于国家教育财政的一部分。国家教育财政是指中央和地方为支持教育发展而调拨经费并对支出进行管理的经济活动。而地方教育财政仅指针对地方自治团体支持设置在本地区的高中以下的学校，从中央财政的教育财政支出中拨出一部分给地方自治团体，由地方自治团体管理经费支出，用于支持当地教育的发展。在当地教育行政部门的账户中，设置"教育费特别管理"账户。

地方教育财政财源中，规模最大的是"国家负担收入"，"国家负担收入"由"地方教育财政交付金"、"地方教育让与金"及"国库补助金"构成（2001年废除教育环境改善交付金）。其规模约占70%左右，可见地方教育财政对中央政府依存度较高。

一般会计负担收入由根据法律规定的法定转入金和无法律依据的非法定转入金、支援金构成。一般会计负担收入占地方教育财政的20%左右。另外，一般会计负担收入中法定转入金所占比例非常高，全国合计约占99%。

教育费特别会计负担收入由财产收入、学费、手续费等构成。其中规模最大且最稳定的财源是学生所交纳的费用。收费标准由政府制定，各地方自治体无自由裁量权。教育费特别会计负担收入的规模是约占10%。

（2）中央政府教育财政的构造和规模。地方教育财政以教育费特别会计为中心运营，而中央政府教育财政则由一般会计和特别会计构成，主要以国税收入为中心运营。其构造（见表10-7）。

表10-7　　　　　　　　　　　中央政府教育财政财源

	国库
一般会计	人力资源费
	基本运营费
	主要事业费
	地方教育财政交付金
	收入交付金
	经常交付金
	增额交付金
特别会计	财政融资特别会计
	国有财产管理特别会计
	农渔村特别税管理特别会计
	地方教育让与金管理特别会计
	教育环境改善特别会计
	责任运营机关特别会计

资料来源：教育人力资源部。

中央政府的教育预算分为教育人力资源部的本部预算、对地方自治体的转移支付支出以及其他支出，分别从一般会计和特别会计支出。

一般会计中，除地方教育财政交付金以外的全部预算都由教育人力资源部直接执行，几乎全部是自身运营经费。对地方的补助金也包含于其中。

另一方面，地方教育财政交付金全额列入地方自治体的教育费特别会计。

特别会计中，财政融资特别会计、国有财产管理特别会计、农渔村特别税管理特别会计、责任运营机关特别会计是和教育无直接关系的财政支出账目，与此相对，地方教育让与金管理特别会计是和教育有直接关系的预算账目，该账户的财源全部转移支付给地方自治体。

约占中央政府教育财政80%的地方教育财政交付金和地方教育让与金管理特别会计，仅在资金管理上，由教育人力资源部掌握，实际的资金使用全额由地方自治体和各学校全额使用。

在韩国国家（中央加地方）年度教育预算中，中央政府预算约占总体的70%，但如前所述，中央政府教育财政预算的相当一部分转移支付给地方教育财政预算，将这部分转移支付财源从中央教育财政预算中扣除的话，中央政府教育预算仅占20%多。

像韩国这样教育预算的形式上的分配和实质上的分配之间存在较大差异的原因是由于教育事务大部分是地方的事权，需要地方负责，因此中央、地方间进行财源转移是不可避免的。

（3）财源分配制度。在地方自治体教育费特别会计中，中央政府负担的财源比重达到整体的66.7%，在地方教育财政中中央政府负担财源的作用很大。中央政府负担财源制度具体如下。

地方教育财政交付金。"地方教育财政交付金"是根据1971年《地方教育财政交付金法》设立的法定财源，是地方教育财政最根本的财源，是国家为了促进教育均衡发展，保证地方自治团体设置和运营教育机构及教育行政机构而转移支付给地方自治体的财源。地方教育财政交付金的财源是当年义务教育机构的教师基本工资和津贴的合计额及当年内国税总额的13%。中央政府转移支付支出额是各地方自治团体基准财政需求额和基准财政收入额的差额。1971年制定的该制度经数次修正，目前地方教育财政交付金由经常交付金、工资交付金、增额交付金构成，约占地方教育财政整体的55%。

经常交付金。经常交付金是指地方教育自治体在提供教育服务时，是为了填补必要的财源而转移支付给地方的财源，包括普通交付金和特别交付金。其中，普通交付金是当基准财政收入额达不到基准财政需求额时，以不足额作为转移支付的基准。特别交付金是当普通交付金难以满足教育财政需求时，进行特别转移支付。经常交付金由内国税总额的13%构成，其中，普通交付金11.82%，特别交付金1.18%。

工资交付金。义务教育机关的教师基本工资及津贴的全额由中央政府转移支付负担。

增额交付金。地方教育财政运营过程中针对不得已而产生的财政需求，中央政府除了经常交付金以外，还要转移支付一部分增额交付金，额度由国家预算确定。

地方教育让与金。"地方教育让与金"指根据1990年制定的《地方教育让与金法》设立的法定财源。在地方教育财政部门中发挥的作用仅次于地方教育财政交付金。地方教育让与金是用于改善教育环境和提高教师福利的特定财源，在实际运用中，和地方教育财政交付金区别不大。其财源是全部的教育税（属国税）。把教育税拨给地方自治团体，让地方自治团体用于教育机构及教育行政机构的设置及运营经费。教育税税源和教育人力资源部一般会计用途不同，通过地方教育让与金管理特别会计账户管理和运营。其分配和中央政府的财源分配意志或政策无关，根据市·道的人口比率自动分配到市·道。因此，像人口较多的首尔特别市、京畿道等能分到较多让与金。教育税由中央政府征收，再转移支付给地方自治团体，从这点来说和地方教育税（地方征收）有区别，从它是按照人口自动分配这一点来讲，和用于填补地方一般财源不足的地方教育财政支付金也有区别。另外，从教育税是自治体的自主财源来说，和补助金又有区别。教育税的课税标准及税率（见表10-8）。

表10-8　　　　　　　　　　现行教育税的课税标准及税率

金融、保险公司的收益额	5‰
特别消费税税额	30%（部分物品是15%）
交通税税额	15%
酒税税额	10%（但税率超过70%的酒类征30%）

国库补助金。国库补助金每年只占地方教育财政的1%左右。国库补助金是由教育人力财政部拨付给地方自治团体教育费特别会计。国库补助金在地方自治体之间存在较大差距，不是以均衡为目的的财源。另外，交付金在一定程度上可以预测，而补助金则完全不能预测，用途也有严格限制，是中央政府预算管理者比较容易介入和控制的财源。

（4）地方自治体一般财源。地方自治体一般财政分配到地方教育财政的财源主要有法定转入金和非法定转入金。

法定转入金。地方教育自治制度由特别地方自治机构运营，完全分离为一般财政和教育费特别会计。《地方教育财政交付金法》规定，地方自治体必须从一般财政中拿出经费支援教育费特别会计。从2001年开始，教育支出开始成为自治体的固有支出责任。从教育自治和居民自治有密切关系考虑，开始将教育税（国税）的一部分转换成地方教育税（地方税）。

非法定转入金。不规定转入金额和比率，占地方教育财政的比例很小，尚不到 1%。

（5）地方教育费特别会计自身负担财源。在地方教育费特别会计财源中，除中央政府负担财源、地方自治体的转入金之外，剩余为自身收入。主要包括财产收入、手续费、学费、捐款及其他各项收入。这当中规模最大且最稳定的财源是学生的学费。学费的确定按照法律规定是由各个自治体自主确定，但实际上都是按政府每年规定的标准适用的。

（6）地方教育预算的编制。市·道教育厅按照教育人力资源部下达的地方自治体教育费特别会计预算编制方针编制预算。教育监[①]遵守教育人力资源部长官下达的预算编制方针，决定会计年度的预算编制方针，并必须于会计年度开始前 100 日内（上年度 9 月 22 日）通知市·郡教育厅。市·郡教育厅各局·课编制预算要求书，接受教育监的预算审核，编制预算案。

（7）地方教育预算的审议、决议。教育监将编制好的预算案于会计年度开始前 70 日内（上年度 10 月 22 日）提交教育委员会。在教育委员会内，必须于会计年度开始前 60 日内（上年度 11 月 1 日）作出决议。

教育委员会决议通过的预算案于会计年度开始前 50 日内（上年度 11 月 1 日）需提交至市·道议会，经市·道议会审议通过后于 3 日内移送教育监，教育监再于 5 日内移交教育人力资源部长官。

（8）地方教育预算的执行。依据预算会计法及实施细则由教育监执行。

（9）地方教育预算的决算。决算经会计监查机构监查确认后由议会审议。教育监将决算报告及相关文件，附上地方议会委托的监查委员会的检查决议书取得下年度地方议会的许可。得到认可后 5 日内向教育人力资源部长官报告，并公开内容。

三、财政收支运行状况

（一）中央财政支出

1. 支出总规模及其变化

一方面福利、义务教育支出增加，支出结构僵化担忧加深。韩国 2018 年 65 岁以上人口预计将达到总人口的 14%，老龄化加剧，养老年金制度成熟，收入和健康保障的财政需求持续增加，四大公共养老金、健康保险等福利支出、医疗支出为中心的支出需求将扩大。按照韩国税法，按一定比例转移支付给地方的补助金（地方交付税及地方教育财政拨款）在计划实施期间，随着经济复苏预计增加。国家债务利息支出规模也将逐步增加。

---

① 韩国地方教育行政的决议机构是教育委员会，执行机构是教育监。

另一方面，积极财政政策要求支出增大。积极财政经济政策的实施导致财政支出需求持续扩大。此外，以岁月号事故为契机，加强城市消防设备，提高铁路安全等安全投资的需求也增加。

根据《2014～2018年国家财政运用计划》，韩国2014～2018年财政支出年均增加率为4.5%。比政府2014～2018年财政支出增加率低0.6个百分点，4.5%的设定低于2013～2017年国家财政运用计划的年均增长3.5%的水平。这是短期的扩张性财政政策运用的结果（见表10-9）。

表10-9 中期财政支出计划

〈중기 재정지출 계획〉 单位：兆韩元

	2014年	2015年	2016年	2017年	2018年	年均增长率(%)
❖ 财政支出	355.8	376.0	393.6	408.4	424.0	4.5
①预算基金						
○ 预算支出	250.8	259.1	275.3	283.3	291.7	3.9
（比重）（%）	(70.5)	(68.9)	(69.9)	(69.4)	(68.8)	
○ 基金支出	105.0	116.8	118.3	125.1	132.2	5.9
（比重）（%）	(29.5)	(31.1)	(30.1)	(30.6)	(31.2)	
② 支出性质						
○ 义务支出	167.2	174.0	192.2	205.1	219.6	7.1
（比重）（%）	(47.0)	(46.3)	(48.8)	(50.2)	(51.8)	
○ 裁量支出	188.6	202.0	201.4	203.3	204.3	2.0
（比重）（%）	(53.0)	(53.7)	(51.2)	(49.8)	(48.2)	

资料来源：韩国企划财政部《2014～2018年国家财政运用计划》。

2. 支出结构及其变化

2014年世界经济在美国等发达国家为中心呈现增长势头，新兴国家的增长逐渐减弱，复苏势头缓慢。美国从2014年第一季度业绩萧条中逐渐摆脱出来，以消费和投资等民间部门为中心开始经济复苏。欧元区由于俄罗斯和乌克兰事件导致持续萎缩，消费和投资意愿降低，通货紧缩加剧了增长放缓。日本的消费税无影响，复苏势头衰弱。中国等新兴国家相对保持高增长，中国的出口不振、中东等地缘政治风险增加，增长势头呈现受挫势头。2015年预计和2014年一样，预期发达国家增长缓慢。但是，美国基准利率上调可能带来新兴国家经济萎缩。而且还有中国的房地产市场化下行以及日本安倍经济学政策失败等危险因素的担忧（见表10-10）。

表 10 - 10　　　　　　　　　世界经济增长率展望　　　　　　　　单位：%

	2013 年	2014 年	2015 年	2016 年	2017 年	2018 年
世界	3.2	3.4	4.0	4.0	3.9	3.9
- 发达国家	1.3	1.8	2.4	2.4	2.4	2.3
- 新兴国家	4.7	4.6	5.2	5.4	5.4	5.4

资料来源：IMF，2014 年 7 月。

2014 年由于世界经济恢复乏力、岁月号事故影响、比赛等暂时性因素的结构性因素，韩国经济复苏势头持续。年初北美地区寒潮、中国经济放缓、乌克兰、伊拉克事件等地缘政治不稳定等依次出现，出口有所改善。家庭收入放缓等结构性因素持续，岁月号事故的影响等导致经济萎缩，内需疲软。

2015 年以后，世界经济缓慢复苏，国内经济也出现复苏势头。出口预期也将增长，经济创新三年计划制定，监管改革全面推进，内需的增长动力逐渐加强。

（二）中央财政收入

1. 收入总规模及其变化

20 世纪 60 年代以前，韩国财政的自立程度曾经很低，其财政收入主要依赖外国（主要是美国）的援助。无偿援助在各年度的财政收入中所占比重高达50%，最高年度超过 2/3。从 1957 年开始，外援逐年递减。最近几年均没有得到无偿援助。因此，韩国的中央政府一般会计财政收入主要包括经常性收入和资本性收入两部分。其中，经常性收入又包括税收收入、非税收入等。其中国税收入是中央财政一般会计的收入的财源。韩国中央政府财政收入以经常性收入为主，经常性收入中的国税税收收入多年以来一般占到总收入的 80% 左右，是中央财政收入的主要来源。2006 年以来，资本收入占总收入中的比重缓中有升，从 2006 年 0.7% 上升至 2012 年 1.2%。而非税收入占到总收入的 20% 左右。2006 ~ 2012 年中央政府非税收入规模分别为 407 250 亿韩元、484 297 亿韩元、464 064 亿韩元、470 390 亿韩元、524 607 亿韩元、561 306 亿韩元、582 283 亿韩元，其占中央政府一般会计收入比重依次为 19.6%、20%、18.7%、19%、19.6%、19.4%、18.9%，一直维持接近 20% 的水平，比较稳定，没有较大的起伏。

根据《2014 ~ 2018 年国家财政运用计划》，韩国财政收入年均有望增加 5.1%。包括预算和基金在内的财政收入将于 2014 ~ 2018 年期间增加 5.1%。和《2013 ~ 2017 年国家财政运用计划》中提到的 5% 的财政收入增长率相似的水平。不过，最近税收条件恶化，财政收入规模比《2013 ~ 2017 年国家财政运用计划》相比将减少（见表 10 - 11）。

表 10 - 11　　　　　　　　中期财政收入展望　　　　　单位：兆韩元

	2014 年	2015 年	2016 年	2017 年	2018 年	年均增长率（%）
❖ 财政收入	369.3	382.7	404.6	428.1	450.8	5.1
（增长率，%）	（Δ0.9）	（3.6）	（5.7）	（5.8）	（5.3）	
○ 国税收入	216.5	221.5	238.1	254.1	272.3	5.9
○ 非税收入	27.3	27.6	26.7	27.7	27.6	0.3
○ 基金收入	125.6	133.6	139.8	146.3	150.9	4.7

资料来源：韩国企划财政部《2014～2018 年国家财政运用计划》。

2. 收入来源结构及其变化

韩国的中央政府财政收入主要包括经常性收入和资本性收入。其中，经常性收入又包括税收收入、非税收入等。其中国税收入是中央财政一般会计的收入的财源。韩国中央政府一般会计收入结构（见表 10 - 12）。

表 10 - 12　　　　韩国中央政府一般会计收入结构（经济分类）　　单位：十亿韩元

	2008 年	2009 年	2010 年	2011 年	2012 年
总收入	248 500.60	247 992.00	268 153.40	289 920.00	308 795.90
占总收入比重（%）	100.0	100.0	100.0	100.0	100.0
经常收入	246 608.50	245 477.00	265 779.70	287 403.60	305 146.80
占总收入比重（%）	99.2	99.0	99.1	99.1	98.8
税收收入	200 202.10	198 438.00	213 319.00	231 273.00	246 918.50
占总收入比重（%）	80.6	80.0	79.6	79.8	80.0
非税收入	46 406.40	47 039.00	52 460.70	56 130.60	58 228.30
占总收入比重（%）	18.7	19.0	19.6	19.4	18.9
资本收入	1 892.00	2 515.60	2 373.70	2 516.40	3 649.10
占总收入比重（%）	0.8	1.0	0.9	0.9	1.2

资料来源：韩国企划财政部，https：//www.digitalbrain.go.kr/kor/view/statis/statis03_02_04.jsp?code = DB01030204。

韩国中央政府财政收入以经常性收入为主，经常性收入中的国税税收收入多年以来一般占到总收入的 80% 左右，是中央财政收入的主要来源。2006 年以来，资本收入占总收入中的比重缓中有升，从 2006 年 0.7% 上升至 2012 年 1.2%。而非税收入占到总收入的 20% 左右。如表 10 - 12 所示，2006～2012 年中央政府非税收入规模分别为407 250 亿韩元、484 297 亿韩元、464 064 亿韩元、470 390 亿韩元、524 607 亿韩元、

561 306 亿韩元、582 283 亿韩元，其占中央政府一般会计收入比重依次为 19.6%、20%、18.7%、19%、19.6%、19.4%、18.9%，一直维持接近 20% 的水平，比较稳定，没有较大的起伏。

2014 年税收收入由于汇率下跌等因素恶化，由于岁月号事故等导致内需不振，国税收入和预算相比决算预期将发生亏损。2015 年以后由于激活内需、稳定民生、经济革新等新经济政策的实施，2015 年有所好转。但是由于经济增长率预测修正，2015 年税收亏损造成收入下降等国家财政运用计划上的预测值预计将比 2013~2017 年减少。非税收入 2014~2018 年期间整体维持一定水平。预算体系内可能发掘、纳入新的非税收入，征收率也可能进一步提高。基金收入随着 2014~2018 年计划实施期间经济复苏、就业等社会保障性基金及其他收入的增加有逐渐增加的趋势。

（三）财政盈余/赤字情况

1. 财政盈余/赤字水平及其变化

根据表 10-13 所示，为了应对世界经济危机，韩国政府实施了占 GDP 比重 5.0% 的大规模的财政刺激政策来推动经济复苏，因此 2009 年综合财政收支出现赤字，赤字率为 1.5%。积极财政政策的成效很快显现，2010 年韩国财政已经摆脱赤字，实现 1.3% 的盈余。

表 10-13　　　　　　　　　　　综合财政收支　　　　　　　　　单位：兆韩元

	2008 年	2009 年	2010 年	2011 年	2012 年	2013 年	2014 年
综合财政收支	15.8	-17.6	16.7	18.6	18.5	14.2	8.5
（占 GDP，%）	1.4	-1.5	1.3	1.4	1.3	1	0.6
管理财政收支	-11.7	-43.3	-13	-13.5	-17.4	-21.1	-29.5
（占 GDP，%）	-1.1	-3.8	-1	-1	-1.3	-1.5	-2

注：综合财政收支 = 财政收入（经常收入 + 资本收入）- 支出和纯融资

管理财政收支 = 综合财政收支 - 社会保障性基金收支（社会保障性资金收入 - 社会保障性资金支出）

2. 财政盈余/赤字占 GDP 及财政支出的比重

韩国不仅迅速摆脱金融危机，而且不再实施追加措施也能实现财政平衡。2011~2013 年继续保持了盈余，分别为 1.4%、1.3%、1%。2014 年盈余比重有明显下滑，降至 1% 以下。

3. 控制赤字的措施等

由于 2014 年世界经济缓慢恢复，导致韩国政府的税收收入也未达预期。韩国政府基本没有特别的控制赤字的措施，反而是以扩张性财政政策为主。

（四）债务情况

1. 政府总债务水平及其变化

如表 10 – 14 统计所示，韩国国家债务占 GDP 比重远低于经合组织成员国平均值（110.9%），财政健全性和透明度比其他 OECD 成员国良好。但不容忽视的是韩国债务增速较快，而且尚未执行福利领域预算。

表 10 – 14 　　　　　　　　　　国家债务的国际比较　　　　　　　　单位：%

韩国	美国	日本	德国	法国	英国	OECD 平均
34.3	109.2	224.2	81.4	110.4	93.3	110.9

资料来源：OECD Economic Outlook（2014 年 11 月），韩国：政府统计。

韩国政府预计 2015 年韩国国家债务将达 569.9 万亿韩元，其中赤字性债务将达 315.1 万亿韩元，首次超过 300 万亿韩元，到 2018 年该数字或会增至 400.2 万亿韩元，在国家债务中所占比重将逼近 58%。

国家债务分为金融性债务和赤字性债务，其中赤字性债务必须以国家税收来偿还。据预计，韩国赤字性国家债务 2014 年将达 282.7 万亿韩元，2015 年超过 300 万亿韩元达到 315.1 万亿韩元，2018 年则增至 400.2 万亿韩元。预计赤字性债务在国家债务中所占比重还会持续上升（见表 10 – 15）。

表 10 – 15 　　　　　　　　　　国家债务变化　　　　　　　　单位：兆韩元

		2011 年	2012 年	2013 年	2014 年	2015 年	2016 年	2017 年	2018 年
国家债务（1 + 2）		420.5	443.1	489.8	530.5	569.9	615.5	659.4	691.6
（占 GDP，%）		31.6	32.2	34.3	35.7	35.7	36.4	36.7	36.3
中央政府	（1）	402.8	425.1	464	503	544.4	591.1	636.3	669.5
地方自治团体债务	（2）	17.6	18	25.7	27.4	25.5	24.4	23.2	22.2
赤字性债务	（1）	206.9	220	253.1	282.7	315.1	349.6	378.6	400.2
金融性债务	（2）	213.6	223.1	236.7	246.7	254.8	265.9	280.9	291.4

2. 政府债务融资来源及其变化

韩国一般政府（中央、地方自治团体、社保基金）债务包含国债、地方债及借入金。以 2014 年韩国国家债务余额为例，分析其债务状况及变化趋势。2014 年国家债务余额为 530.5 万亿韩元，同比增长 8.3%。其中，中央政府国家债务余额 503 万亿韩元，同比增加 39 万亿韩元，占国家债务额的比重高达 94.8%；地方自治团体负债余额 27.4 万亿韩元，同比减少 0.3 万亿韩元（见图 10 – 5）。

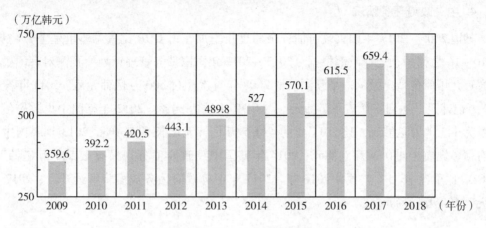

图 10 – 5　中央债务变化

资料来源：http：//www. index. go. kr/egams/stts/jsp/potal/stts/PO_STTS_IdxMain. jsp？idx_cd = 1106&bbs = INDX_001&clas_div = C&rootKey = 1. 48. 0。

韩国政府债务占 GDP 比重总体处于上升趋势，近五年一直维持在 30% 以上。2007 年韩国政府负债占 GDP 的比重为 28.3%，金融危机发生后，2011 年韩国政府负债占 GDP 的比重上升至 31.6%，2012 年，政府债务占 GDP 比重为 32.2%，2013 年上升至 34.3%，2014 年进一步上升至 35.7%。而在 2000 年这一比重仅为 11%。预计 2015 ~ 2018 年该比重将分别达到 35.7%、36.4%、36.7%、36.3%。

3. 政府债务融资来源及其变化

韩国负债规模实际上是政府公布数额的近 3 倍左右。由于经济长期低迷以及少子化、老龄化的发展导致国家财政形势严峻，另一方面，家庭和企业负债也不断增多。如何从负债池沼中走出，是朴槿惠政权面临的巨大挑战。据韩国经济研究院发表的一份报告称，韩国的债务统计不同于大多数国家采用的 IMF 的 2001 年标准，而是沿用 1996 年的老标准。按照韩国国家财政法，国家借款属于政府债务的对象，而在其他先进国家，公营企业等的负债也包含在国家债务中，因此，IMF 认为不能对国家间进行公平比较，在国家债务统计中不再计算韩国债务。

韩国企划财政部于 2014 年 2 月中旬，开始采用国际标准，将过去没有计算进去的国家出资的公共部门及地方自治团体、地方公共部门等的负债额都计算在内，截至 2012 年末，负债额达 821 万亿韩元。除此以外，还有一部分国家负债是不透明的"隐性负债"。"隐性负债"指的是具有政府担保的和金融有关的公营企业的负债。包含韩国政策金融公社、韩国进出口银行、韩国产业银行、中小企业银行等的负债额，加上这些负债，韩国负债额将增加到 1 218 万亿韩元。

另外，加上公务员及军人的年金等，国民年金等，广义负债将进一步扩大到 2 135 万亿韩元。这一数额相当于 2012 年韩国名义 GDP 的约 1.6 倍。虽然其中有一些重复计算的部分，但即便除去重复计算的部分，负债也是在一个较高的水平。

4. 中央政府债务情况

韩国 2005～2017 年中央政府债务余额逐年增加，占 GDP 比重总体也呈上升趋势。表 10 - 16 是韩国企划财政部根据《2013～2017 年国家债务管理计划》预测对韩国中央政府近几年债务情况做的一个预测。继 2008 年首次超过 300 万亿韩元后，2011 年突破 400 万亿韩元，达到 420.7 万亿韩元，占 GDP 比重达 34%。2012 年韩国中央政府债务规模为 443.1 万亿韩元，比 2011 年的 420.5 万亿韩元增长了 5.4%，2013 年韩国中央政府债务规模为 480.3 万亿韩元，2014 年韩国中央政府债务规模突破 500 万亿韩元，占 GDP 比重达 36.5%。预计 2016 年、2017 年中央政府债务规模将继续升高，2017 年将突破 600 万亿韩元。

表 10 - 16　　　　　　国家（中央）债务变化　　　　　　单位：万亿韩元

	2011 年	2012 年	2013 年	2014 年	2015 年	2016 年	2017 年
国家债务	420.5	443.1	480.3	515.2	550.4	583.1	610
（占 GDP,%）	34	34.8	36.2	36.5	36.5	36.3	35.6
一般会计	135.3	148.6	173.1	200.7	223.4	243.7	262.5
公共基金	45.7	45.7	46	47.8	46.4	44.6	42.5
稳定外汇市场	136.7	153	173.7	187	203	219	235
国民住宅基金	48.9	49.6	46.7	45	41.9	40.2	39.6
其他	53.9	46.2	40.9	34.7	35.7	35.6	30.3

注：2014 年以后数据根据《2013～2017 年国家债务管理计划》预测。

资料来源：企划财政部。

5. 地方自治团体债务情况

地方自治团体的债务规模逐年呈现增加趋势。如表 10 - 17 所示，从 2004 年以来，地方债新发行额一直增加，占 GDP 的比重 2007 年以前维持在 2.1%，2008、2009 年，略有下降，占 2%。2010 年，地方自治团体债务占 GDP 比重上升明显，达到 2.5%，2011 年至 2014 年四年间一直呈下降趋势，分别为 2.3%、2.1%、2.0%、1.9%。

表 10 – 17　　　　　　　　　**地方自治团体债务现状**　　　　　　　单位：亿韩元

	2008 年	2009 年	2010 年	2011 年	2012 年	2013 年	2014 年
地方自治团体债务	190 486	255 531	289 933	281 618	271 252	285 886	280 017
（占 GDP，%）	2	2	2.5	2.3	2.1	2.0	1.9
市道（广域）	129 720	177 100	204 443	197 432	192 113	216 654	218 114
市郡区（基础）	60 766	78 431	85 490	84 186	79 139	69 232	61 903

注：计算基准日为每年 12 月末。

资料来源：韩国安全行政部《地方债务现状》。

2004 年地方自治团体债务的规模为 169 468 亿韩元，2008 年增至 190 486 亿元，从 2009 年开始，地方自治团体债务大幅增加，2009 年地方自治团体债务一跃升至 255 531 亿韩元。2009 年以后一直维持在 25 万亿以上的高位。2012 年达到 271 252 亿韩元，是 2004 年的 1.6 倍。2013 年、2014 年的地方自治团体债务规模也是居高不下，分别为 216 654 亿韩元、218 114 亿韩元。

从地方自治团体债务分布来看，大部分债务集中在市道级广域团体，少部分集中在市郡区级基础地方团体。2014 年地方自治团体债务规模为 280 017 亿韩元，其中，市道级广域团体债务规模为 218 114 亿韩元，占到地方自治团体债务总额的比例高达 77.9%，而市郡区级基础地方自治团体债务仅占地方自治团体债务总额的 22.1%。

6. 韩国政府债务制度

中央债务

根据韩国国家财政法第 91 条规定，韩国的政府债务分为三类：国债、借入金及国库债务负担行为。2003 年 11 月开始，外汇平衡基金债券被融合在国库债里统一发行。

借入金。借入金不是政府通过韩国银行、民间基金、外国政府等发行的有价证券，而是直接从这些机构借入的资金。根据借入资金的对象不同，分为国内借入金和国外借入金两种。

国库债务负担行为。是指不纳入国家财政预算由国家行为担保提前借用未来债务的一种行为。是获得国民议会批准的财政范围内的债务负担行为。

国债。在韩国中央政府债务中，国债所占比重最大。

地方债务

韩国地方自治团体的债务主要包括地方自治团体的负债和地方公企业的负债。地方自治团体的负债主要是地方债发行余额。地方债是地方自治团体所发行的债券，其发行目的是地方财政收入的补充，主要担保的是赋税权，一般而言债务的履行时间超过一个财政会计年度。地方债具有以下特征：第一，《地方财政法》第 11 条规定，地方债的发行主体是地方自治团体，本法规定为了地方自治团体的长期利益或者地方自治团体需要紧急救灾的时候，广域和基础地方自治团体可以发行地方债。韩国的地方行政体系分为广域自治团体和基础自治团体。第二，地方债的债务行为超过一年。《地方财政法》第 14 条规定临时借款必须从当年的财政收入中偿还。从这个角度来看，地方债和临时借款都是借钱，但是偿还的时间不同。第三，《地方财政法施行令》第 7 条规定，地方债的发行形式有证书借入和证券发行，即包括地方自治团体在国内外通过证券发行所借入的地方债、证书借入的地方债、由外国政府和国际机构等所引进的借款。

中央政府可以发行国债，地方自治团体可以发行地方债。国债发行的主要目的是宏观经济调控，容易引起通货膨胀，地方债发行的主要目的是地方自治团体的财政补充。但不可以随便发行，地方债设立了总规模限制条件。地方自治团体债务的第二主体是地方公企业，地方公企业具有公益性、企业性和区域性的特征。地方公企业的事业领域包括住宅建设、土地开发等事业。

四、政府预算管理

（一）组织机构

韩国目前参与和介入国家财政事务和财政决策的机构主要涉及总统府、总理秘书室及其附属机构、企划财政部、调达厅、国税厅、海关厅、统计厅、韩国银行和监察院等九大机构。韩国是以贸易立国的新兴工业化国家，作为国家元首和行政首脑的韩国总统必然会投入巨大精力关注经济和财政事务。总统府是直接协助总统掌管财政和经济事务的机构，独立的国家经济咨询委员会间接提供咨询意见。韩国总理是总统领导行政机构的首席助手，总理秘书室是在总理领导下直接协助总理履行其职责的机构。秘书室在金泳三改革中大大增强了其权限范围，其中最主要的就是增加了政策计划和行政事务的分析评估职能，此外，还增设或划拨了若干经济职能部门归秘书室协调和管辖，这些机构实际上是由总理直接领导的，因此，总理秘书室不仅成为协调中心，而且成为总理关注财政问题的主要帮手，由总理秘书室管辖或协调的机构包括政府政策协调办公室、紧急计划委员会、原属经济企划院的公平交易委员会、计划与预算部和财政监察委员会等。2008 年李明博当选韩国总统后，为了精简机构，提高政府工作效率，国务总理室设一名国务总理室长（长官级），其政策协调机能大幅缩减。另在国务总理下设立两名平时不管理日常国政，但负责吸引外资和海外资源开发业务的特任长官，同时，废除原来的经济、教育、科学技术三个副总理职位。金泳三时期的财政经济院由一位副总理领导，成为韩国经济发展和财政事务领域中最重要的机构，其具体职责包括了原经济企划院和财务部的主要功能：制定国民经济发展的总计划，制定和执行财政预算，动员人力、物力与财力，促进投资和技术发展，同外国及国际经济组织合作；它还负责中央政府的财政事务，包括拨款、货币、公债、账户、税收、海关、外汇以及掌管归国家所有的和既得的财产等。李明博时期的企划财政部合并了原财政经济部和计划预算部的职能。主要职责包括：规划和建立国家中长期发展战略；制定和协调经济财政政策；编制、执行、管理预算并监督审查预算支出；在税收、关税、国库、政府会计、彩票和公共基金管理方面的政策改进和管理；监督公共机构，评估其绩效并推动管理创新；制定和实施国际金融和外汇政策，并加强国际金融合作；促进与发达、发展中国家的经济合作，并制定有利于韩国自由贸易协定的措施，等等。

负责韩国政府采购业务的是由企划财政部主管的独立机构调达厅，其主要职责包括：一是为韩国政府各级机构在国内外市场上进行物资采购。二是签订政府重大基础设施工程合同。三是对原材料的物资储备和供应。四是协调和审计政府财产问题。五是管理和经营韩国网上政府采购系统。

韩国的税收包括国税和地税，国税分为国内税和关税。国税厅主要有两方面的职责：一是要征集大量的收入以满足政府履行其职能所需的资金。二是提高税收的公平性。

统计厅因与企划财政部有着直接的关联也归属于企划财政部，其主要职责为：一是作为一个中央统计机构协调统计活动；二是统计标准和分类的确定，为了提高统计数据的可比性和一致性，统计厅规范统计术语和分类；三是汇编和分析基本国民统计信息；四是统计信息的传播；五是统计数据质量评估；六是统计培训及研究。

（二）预算管理体制

韩国的财政预算管理体制与其行政管理体制密切相关。韩国在行政上是一个单一制的中央集权国家，国家财政长期以来都是由强有力的中央政府控制着。1988 年 4 月起实施《地方自治法》，开启地方自治的序幕，随着将地方政府分为两级，其财政预算管理体制改为同这种行政体制相适应的三级。

韩国中央政府机构的财政收支按《预算会计法》及其他有关法律规定管理运作，分为预算和基金。其中预算根据《预算会计法》的规定，分为 1 个一般会计（一般账目）和 18 个特别会计（专项收入账目）。一般会计指为执行政府职能所必要的资金预算的总和以及收支计划。它是国家预算的主体，反映政府机构通常的财政活动及规模。通常说的财政规模就是指一般会计的岁入岁出项目及其数额。特别会计指依照法律，国家在经营特定事业和运用特定资金以及用特别税收充当特定支出时设立的收支计划，是为区别一般会计而设立的对一般会计的补充。特别会计包括以下内容：国家需要经营特定事业的费用，国家需要保留和掌握的特定资金，由于其他特定财政收入而充作特定财政支出的费用。包括 5 个企业特别会计和 13 个其他特别会计。一般会计和特别会计分别由一般财政部门和特别会计部门掌管。除了一般会计和特别会计之外，中央政府为事业经营的需要，根据法律设置了 64 支特别基金，在预算外进行管理（见表 10 - 18）。

表 10 - 18　　　　　　　　　　　**韩国财政结构**

类别	预　算				基　金	
	一般会计		特别会计		64 个	
个数	1 个		18 个			
内容	收入	支出	企业特别会计（5 个）	粮食管理	社会保险性（6 个）	国民年金基金
	内国税	社会福利		调配		就业保险基金等
	关税	教育		责任运行机关	金融性（10 个）	信用保证基金
	交通税	交通及物流		邮政事业		出口保险基金等
	教育税	国防	其他特别会计（13 个）	邮政储蓄	账户性（5 个）	公共资金管理基金
	综合不动产税	一般公共行政		交通设施		公共资金偿还基金等
	非税收入	农林水产食品等		农渔村结构改善	商业性（43 个）	国民住宅基金
				广域地区开发		南北合作基金等
				能源和资源商业等		

　　特别市、直辖市、道一级的高级地方政府和市、郡、区一级的基层地方政府按《地方自治法》、《地方财政法》和相关法律中有关地方财政的条款执行。

　　就中央与地方的预算体制而言，韩国实行建立在分税制基础上的分级预算管理体制，其基本内容主要包括四方面：一是根据中央和地方政府的不同职能划分支出范围；二是按税种划定各级预算的固定收入来源，分别设置机构，分别征收；三是各级政府有独立的预算权，中央预算与地方预算分开，分别编制，自求平衡；四是通过中央预算和专项拨款等形式来实现对地方预算的调剂和控制。

（三）预算编制

　　韩国中央政府的财政预算收支制度称为预算会计制度。中央政府编制预算采取部门预算编制方法。每年由政府各有关部门制定出方案，再由政府编制汇总后提交国会审议，经国会审批之后确定。一经批准即具备法律效力，然后交由各部、处、所执行。

　　韩国的预算年度采用的是历年制（即预算年度与日历年度一致），其预算程序的时间表据此展开。每年 3 月份计划预算部都会向支出各部委下达预算指标确定的基本原则，10 月份向国会递交预算草案，且宪法规定了向国会提交预算草案的最后期限是10 月 2 日，国会批准预算草案的时间为 12 月 2 日。所以韩国的预算案是在预算年度开始前就下达的，预算年度伊始即按具有法律效力的预算案安排国家的各项事务。其预算程序大致可分为四个阶段：预算编制、审批、执行及结果审查。一个完整的预算流程一般是 3 年的时间。第一年是预算编制和审批，第二年是预算执行，第三年是预算执行结果审查。

韩国的财政机构随着社会经济政治的发展变化在不断地调整变迁，相应地预算程序也在不断发生微小变化。韩国的预算程序包括政府内部预算编制程序和经过国会议决的预算立法程序两大部分。在政府内部预算编制程序方面（即预算准备阶段），其过程大体上是：由财政经济院依据 5 年滚动计划的原则指标确定新的财年的预算原则，下发给政府各部门，政府各部门根据财政经济院下发的预算编制原则，提出自己的预算开支计划，包括详细的已有项目规划和新设项目规划，再上交给财政经济院审核和调整，最后交由总理秘书室和总统府批准。其时间安排大体持续 1 年，而财政预算草案必须在财年开始前 90 天（每年 10 月最初几天）提交给国会，由此则转入国会议决程序。在国会议决程序方面，整个工作实际上始于政府将上一年度决算案提交国会之时。按照宪法规定，国会对国家决算有审查权，从而监督国家预算的执行情况。政府须在每年 9 月 3 日前向国会提交决算，10 月 3 日前提交下一年度的预算案。在国会内部，决算和预算案在印发给所有议员的同时，均须首先交付国会所属的常任委员会进行审议，其中主要是财务委员会和其他与政府机构对口设置的专业委员会；经过预审后的决算和预算报告交给议长，议长在预算案和决算案里附加常任委员会的预备审查报告书，交给预算决算特别委员会审议，审查结束后，决算和预算案经议长交国会全体大会决议。国会的所有审议工作必须在新的财年开始前的 30 天内完成。经由国会议决的预算案再由议长送交政府，总统应在 15 天内公布其所收到的、已由国会完成审议的预算法案。总统也有权否决国会通过的议案，但这时应立即向国会提出再议要求。如果在国会送出预算法案后的 15 天之内总统既不公布，也不要求再议，则该法案的法律地位自动生效。此后 5 天内总统再不公布，则由议长公布。

五、施政方针与财政改革

（一）施政方针与目标

韩国经济面临的国内外双重压力。在国外，美国加息的预期逐渐升温、日元加速贬值导致国际金融市场动荡不安，中国和欧元区经济面临停滞风险等不确定因素增多。在国内，韩国家庭负债快速增加，制造业竞争力逐渐下滑，成为经济发展的负累。

韩政府于 2015 年 4 月 15 日在国务会议上审议并敲定了"2015 年度预算案和基金管理计划案拟定指南"（以下简称指南），规定预算案将根据"确保预算工作落到实处、遵守财政原则、以需求方为主"这三大原则编制。政府部门需减少新增工作计划带来的财政负担，制定新计划时必须取消原部分计划，否则不允许该部门扩大预算。

若预算规模超过支出限额，则该部门将受到处分。另外，政府将大幅减少在金融危机时增设的工作岗位，将财政资金集中投入到实现经济改革和腾飞、提高百姓生活质量、奠定韩朝统一基础等方面。具体内容有促进青年就业，帮助因生育而放弃工作的妇女重返岗位，增强中小企业、中型骨干企业的出口能力，寻找增长新动力，支援脱北者在韩国定居等。企划财政部将向有关部门通报"指南"，经部门间协商和听取各界意见等程序后确定预算案，并在9月23日之前提交至国会。

韩国政府于2014年12月敲定并公布了"2015年经济政策方向"，旨在通过公共、金融、劳动、教育等主要领域的改革积极发掘经济发展新动力。根据新的经济政策基调，政府将采取宽松的财政政策，鼓励和引导民间投资，提高居民收入和消费水平，为经济的长期稳定发展奠定良好基础。韩国经济虽然逐渐摆脱了"世越号"沉船事故等带来的阴霾，但仍然缺乏经济复苏的动力。具体来看，生产、消费、投资等各种实体经济指标表现不佳、物价持续低位运行等因素导致经济主体对经济现状的感受并不乐观。尽管如此，韩国经济先行指标呈现良好增长态势，各行业释放出不少利好信号。鉴于就业人数不断增加、房地产市场正趋于稳定等，韩国家庭收入水平有望逐渐提高。根据政策基调，韩国政府把2015年经济政策重点放在"搞活经济"和"推进改革"上，尤其将积极推进军人养老金制度（韩国称军人年金制度）改革和民办学校教职工养老金制度（韩国称私学年金制度）改革。与此同时，政府将进行金融、劳动及教育方面的改革，积极打造经济增长新引擎。

对工人阶级的支持包括：增加儿童保育基金，提供一个定制的日托系统；改善儿童保育专家的工作环境，防止虐待儿童；扩大当前老年就业项目；促进农业产业进一步发展；改善残疾人住房和康复治疗水平；增加支持脱北者和退伍军人家属；增加对工人阶级的住房支持；提供婴儿护理和产科医疗支持；扩大社会保障覆盖范围；改善文化财产维护和增加工人阶级参与文化活动的机会。

刺激经济措施包括：女性再就业支持；增加0.4万亿韩元SOC预算；建设便捷联系自由经济区的基础设施；增加地方自治团体教育经费的支持；促进中小企业和小型商业竞争力；增加投资寻找新的经济增长引擎和增加具体区域产业的研发投资。

安全相关预算包括：改善灾害预防和响应系统，如消防协议，自然灾害控制系统、紧急医疗服务和儿童安全服务；加强食品安全、公共安全与防火；通过增加大使馆安全人员改善海外生活韩国人的安全；扩大军队的福利支持；通过建立战术信息通信网络（TICN）和获取其他设备加强防御能力。

韩国政府2015年9月8日对外公布2016财年预算案，2016年政府预算总额为386.7万亿韩元，较2015年增长3.0%，增幅创下2010年（2.9%）以来的最低水平。韩国政府将2016年预算案的重点放在提振经济、推动文化产业发展和提高福利水平上，因此保健、福利、劳动领域和文化、体育、旅游领域的预算增幅较大，分别达6.2%和7.5%。值得注意的是，包括保健、劳动领域在内的福利预算（122.9万亿韩元）在预算总额中所占的比重最高，达 31.8%，占比创下历史新高。另外，为了保持稳固的防御态势，韩国政府把国防预算较去年提升 4.0%，增幅高于各领域的平均水平。由于韩国政府正在致力于提振经济，预计在此过程中国家债务规模将有所扩大。2015 年 12 月，韩国国会日前通过总额约为 386.4 万亿韩元的 2016 年预算案，总额比2015 年增加 2.9%，但比韩国政府此前提交的 386.7 万亿韩元的预算案减少 3 062 亿韩元。在 2016 年预算案中，增加最多的一项是以支持婴幼儿保育为重点的社会福利预算，增额为 5 000 亿韩元。增额较多的还有交通物流、中小企业和能源等领域，分别增加 4 000 亿韩元和 2 000 亿韩元。此外，该预算被削减的项目主要有普通行政和地方行政，削减额为 1.4 万亿韩元，国防部门预算和预留机动经费各减少 2 000 亿韩元。

（二）2015～2019 年财政管理政策

1. 财政管理政策

（1）刺激经济。政府将利用其财政资源刺激经济，同时继续采用积极财政改革以提高稳健性。政府将计划在今年上半年花掉其提前预算（Frontloaded Budget）。

（2）提高财政稳健性。政府将在 2015～2019 年拟定预算时维持总支出的增量低于总收入的增量，并通过重审税收减免以增加总收入。政府也将继续扩大非税收收入，并第一次将非税收收入连同其他收入一起纳入预算。

政府将提高支出效率通过重新审视所有的财政项目，将通过推广 PPP 和允许私人部门使用公共资产来活用私人部门的资金。

（3）确保中长期的财政稳健。政府将拟定中期税收政策草案，将于 9 月提交国会。政府将于今年 6 月份以前首次公布《长期财政展望 2060》，并每两年更新一次。政府还将在此长期展望的基础上推动财政规则的制度化。

2. 区域资源分配

政府将通过扩大在文化活动，社会福利，维护安全和创造就业机会方面的投资来提高全韩人民的生活质量和全方位的安全稳定。在创建安全稳定的社会环境方面，政府将定期检查易受灾地区，加强对新类型灾害，包括禽流感和埃博拉病毒的应对措施。

政府将在 SOC 项目和其他私有资本的专业领域中加大私有资本的参与度，同时将政府投资重新回到加强重点公共部门职能上面。政府也将推进旨在分担与私营资本风险的新类型 PPP。

政府将支持中小企业（SMEs）通过自由贸易协定（FTAs）进入新的海外市场，并通过支持高附加值产品的研发来加快农业和渔业的发展。

（三）2015～2019 年财政支出改革

财政支出改革将包括地方政府、公共机构（Public Institutions）以及中央政府。为了利用私人部门的资源，政府将推广 PPP 模式。

1. 中央政府

（1）2016 年预算。对所有财政项目推行零基预算并审核所有补助项目（Support Projects）严格把控财政项目数量，采取项目编制制度（一个结项方可申请新项目），补助项目总数量降低 10%。合并重复性项目，终止不必要的项目。2016 预算中将合并或终止 600 个重复或相似项目。

（2）严格把控财政项目的支出。通过审查现有和新设项目的预算来严格把控财政项目的支出。

规范财政项目的支出系统以高效的提供资金，建立公私联合调查小组以纠正低效率支出。

修正评价体系以终止某些不当项目。

（3）增加支出透明度。制定防范措施以防止不公平投标和签约行为。

为了提高政务支出效率，着手建立项目资金管理准则和财政管理信息系统。

建立项目资金管理信息系统以防止资金诈骗。

（4）加强公共基金的管理效率。将一些小规模公共基金的管理外包给专业资产管理机构。

在国家养老基金，邮政存款以及保险基金的管理中提高专业性和透明度。

2. 地方政府

（1）修订地方政府补贴。修订地方政府补贴体系以更好反应地方的实际情况。

修改地方政府教育支持体系时要考虑到当地学生数量。

（2）对由当地政府管理的公共机构进行改革。

落实今年 3 月宣布的《地方政府改革措施》，着眼于提高管理效率和财政稳健性。

3. 公共机构

（1）调整产业。专注 3 个领域的产业调整，除了第一产业农林牧渔之外还有 SOC 和艺术文化。

合并类似或重复性产业，鼓励私营企业的竞争并促进子公司的销售。

（2）引入劳动力市场改革措施。在公共机构中引入劳动力市场改革措施，比如最高工资和绩效工资。

4. PPP

（1）推广 PPP。落实 2015 年 4 月宣布的 PPP 推进措施，其中包括与政府分担投资风险和给予监管豁免，如针对 PPP 中的项目公司（Special Purpose Companies）制定例外制度（Regulatory Exceptions），不把其看作子公司，并引入快车道程序以简化监管程序。

为了给私人部门创造机会，要考察项目的盈利能力以及评估其是否适合私营企业。

（2）加强公共资产管理。大力加强公共资产管理以吸引私有资本投资和创造就业机会。

第十一章
印 度

印度全称印度共和国（The Republic of India），位于南亚次大陆，面积约 298 万平方公里，居世界第七位，人口 12.95 亿人（2014 年）。印度是世界四大文明古国之一，公元前 2500~1500 年之间创造了印度河文明。1600 年英国开始入侵印度，1757 年印度沦为英殖民地，1849 年全境被英占领。1947 年 8 月 15 日，印度独立。印度农业基本自给，工业体系较为完整，自给能力较强。20 世纪 90 年代以来，服务业发展迅速，占 GDP 比重逐年上升，是全球软件、金融等服务业重要出口国。近些年来，印度是世界经济增长最快的国家之一，而且长期保持着较快的增长速度。世界银行预测 2016 年印度经济增速为 7%，成为增长最快的主要经济体。

一、政府治理体系

（一）宪法、政体、政党及政治

1. 宪法

宪法于 1950 年 1 月 26 日生效，规定印度为联邦制国家，是主权的、社会主义的、世俗的民主共和国，采取英国式的议会民主制。公民不分种族、性别、出身、宗教信仰和出生地点，在法律面前一律平等。

2. 政体

印度实行民主议会制，是世界最大的民主联邦制共和国。[①]

---

① ［美］Anwar Shah 编著、贾康等译：《践行财政"联邦制"》，科学出版社 2014 年版，第 120~121 页。

3. 政党

印度人民党（Bharatiya Janata Party）1980年4月成立，其前身是1951年成立的印度人民同盟。自称有350万党员。代表北部印度教教徒势力和城镇中小商人利益，具有强烈民族主义和教派主义色彩。1996年首次成为议会第一大党并短暂执政。1998~2004年两度执政。2014年4月~5月，印度举行第16届人民院选举，印度人民党赢得人民院过半数席位，成为第一大党，在中央单独执政，现任主席阿米特·沙阿（Amit Shah）。

印度国民大会党（英迪拉·甘地派）［The Indian National Congress（Indira Gandhi）］简称国大党（英），通常称国大党。据称有初级党员3 000万人，积极党员150万人。国大党成立于1885年12月，领导了反对英国殖民统治和争取印度独立的斗争，印独立后长期执政，1969年和1978年两次分裂。1978年英·甘地组建新党，改用现名。2004年和2009年人民院选举中再次成为议会中第一大党，2014年人民院选举中遭受重挫，仅获得44个议席，现任主席索尼娅·甘地（Sonia Gandhi）。

印度共产党（马克思主义）［Communist Party of India（Marxist）］简称印共（马）。1964年以孙达拉雅和南布迪里巴德为代表的一派从印度共产党分出后成立。党员81.4万人（2002年），是印度最大的左翼政党。曾在西孟加拉邦长期执政，2011年5月结束在该邦连续34年的执政地位。现任总书记西塔拉姆·亚丘里（Sitaram Yechury）。

印度共产党（Communist Party of India）1920年成立。1964年分裂，以党主席什·阿·丹吉为首的一派仍沿用印共名称。1981年4月，丹吉因支持英·甘地与党内发生分歧而被开除出党，该党再次分裂。现任总书记苏拉瓦拉姆·雷迪（Suravaram Sudhakar Reddy）。

4. 政治

印度独立后长期由国大党统治，反对党曾在1977~1979年、1989~1991年两次短暂执政。1996年后印度政局不稳，到1999年先后举行3次大选，产生了5届政府。1999~2004年，印度人民党为首的全国民主联盟上台执政，瓦杰帕伊任总理。2004~2013年，国大党领导的团结进步联盟执政，曼莫汉·辛格任总理。2014年4月7日至5月12日，印度举行第16届人民院选举，印度人民党赢得人民院过半数席位，成为第一大党，在中央单独执政，纳兰德拉·莫迪出任总理。

（二）政府

1. 立法：议会

联邦议会由总统和两院组成。总统为国家元首和武装部队的统帅，由议会两院及各邦议会当选议员组成选举团选出，任期五年，依照以总理为首的部长会议的建议行使职权。现任总统普拉纳布·慕克吉，2012年7月25日就任。两院包括联邦院（上院）和人民院（下院）。联邦院共250席，由总统指定12名具有专门学识或实际经验的议员和不超过238名各邦及中央直辖区的代表组成，任期六年，每两年改选1/3。联邦院每年召开4次会议。宪法规定副总统为法定的联邦院议长。现任联邦院议长哈米德·安萨里（Hamid Ansari），2007年8月10日当选，2012年8月7日连任。人民院为国家主要立法机构，其主要职能为：制定法律和修改宪法；控制和调整联邦政府的收入和支出；对联邦政府提出不信任案，并有权弹劾总统。人民院共545席，其中543席由选民直接选举产生，每5年举行一次大选。2014年选举产生的第16届人民院得票较多的政党有：印人党获得279席，国大党获44席，全印安纳德拉维达进步联盟获37席，草根国大党34席，胜利人民军20席。现任人民院议长苏米特拉·马哈詹（Sumitra Mahajan），2014年6月6日当选。

2. 司法

最高法院是最高司法权力机关，有权解释宪法、审理中央政府与各邦之间的争议问题等。各邦设有高等法院，县设有县法院。最高法院法官由总统委任。现任首席法官T. S. 塔库尔（T. S. Thakur），2015年12月任命。总检察长由政府任命，其主要职责是就执法事项向政府提供咨询和建议，完成宪法和法律规定的检察权，对宪法和法律的执行情况进行监督等。现任总检察长慕库尔·罗哈吉（Mukul Rohatgi），2014年6月任命。

3. 行政

以总理为首的部长会议是最高行政机关。总理由总统任命人民院多数党的议会党团领袖担任，部长会议还包括内阁部长、国务部长。总理和内阁部长组成的内阁是决策机构，其中内阁部长共27人：总理纳兰德拉·莫迪（Narendra Modi）兼人事、督察和养老金部部长、原子能和空间署署长，内政部长拉吉纳特·辛格（Raj Nath Singh），外交部、海外印人事务部部长苏诗玛·斯瓦拉吉（女）（Sushma Swaraj），国防部部长马诺哈尔·帕里卡尔（Manohar Parrikar），铁道部部长苏雷什·普拉布（Suresh Prabhu），财政部、公司事务部、信息和广播部部长阿朗·杰特利（Arun Jaitley），城市发展部、住房和城市扶贫部、议会事务部部长M·文凯亚·奈杜（M. Venkaiah Naidu），道路交通和公路部、航运部部长尼廷·杰拉姆·加德卡里（Nitin Jairam Gadkari），司法部部长D·V·萨达南达·高达（D. V. Sadananda Gowda），水资源、河流开发和恒河复兴部部长乌玛·巴拉蒂（女）（Uma Bharati），少数民族事务部部长纳吉马·A·赫普图拉（Najma A. Heptulla），科技部、地球科学部部长哈什·瓦尔丹（Harsh Vardhan），消费者事务、食品和公共分配部部长拉姆维拉斯·帕斯万（Ramvilas Paswan），中小企业事务部部长卡尔拉吉·米什拉（Kalraj Mishra），妇女和儿童发展部部长玛内卡·桑杰·甘地（女）（Maneka Sanjay Gandhi），化工和化肥部部长阿南特库马尔（Ananthkumar），通信和信息技术部部长拉维·香卡尔·普拉萨德（Ravi Shankar Prasad），卫生和家庭福利部部长贾盖特·普拉喀什·纳达（Jagat Prakash Nadda），乡村发展部、潘查亚特事务部、饮用水和卫生处理部部长乔杜里·布兰德·辛格

（Chaudhary Birender Singh），民航部部长阿肖克·加杰帕蒂·拉朱·普萨帕蒂（Ashok Gajapathi Raju Pusapati），重工业和公共企业部部长阿南特·吉特（Anant Geete），食品加工工业部部长哈斯姆拉特·考尔·巴达尔（女）（Harsimrat Kaur Badal），矿业部、钢铁部部长纳兰德拉·辛格·托马尔（Narendra Singh Tomar），部落事务部部长久尔·奥拉姆（Jual Oram），农业部部长拉达·莫汉·辛格（Radha Mohan Singh），社会公平和权力部部长塔瓦尔·昌德·盖洛特（Thaawar Chand Gehlot），人力资源开发部部长斯姆里蒂·祖宾·伊拉尼（女）（Smriti Zubin Irani）。独立主持部务的国务部长有13人。

财政部由经济事务司、支出司、收入司、融资服务司、投资回收司组成，部长阿朗·杰特利（Arun Jaitley）。财政部主要负责外汇管理、经济发展方面的国外援助、国内金融、预算、经济管理、相关法案、公共收支、中央政府股权出售、相关的保险、银行、养老金改革等相关事务。[①]

印度行政层级分3层，分别是联邦、地区、地方。印度在独立后的40年中发展成有2个行政层级的联邦制国家。地区层级包括邦和中央直辖区，有的直辖区有立法权，有的没有。1992年宪法第73和第74条修正案使第3层级的政府—城乡地方政府也被赋予立法权。地方层级包括城市和农村，农村中又包括县、乡/镇、村。[②]

二、政府间财政关系

印度财政分为中央和邦两级（见图11-1），中央指联邦和没有立法机构的中央直辖区，邦指邦和有立法机构的中央直辖区。[③] 印度财年从每年4月1日至次年3月31日。

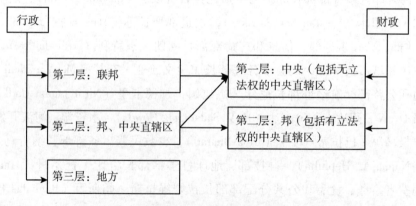

图11-1 印度行政、财政的层级关系结构

---

① 印度财政部网站。

② ［美］Anwar Shah 编著、贾康等译：《践行财政"联邦制"》，科学出版社2014年版，第120～122页。

③ Delhi中央直辖区从1993～1994财年开始划入邦，之前被列入中央。印度邦以下政府的信息难以获得，所以本文就没有提及。

（一）事权划分

印度宪法①规定了联邦和邦的各自权利：联邦有权力 97 项，为国家性、全国性或邦之间的事务，具体包括：国防，军队，确定边界，军队工事，武器、弹药和爆炸物，核能及与其相关的矿产资源，与国防和战争相关的产业，智能发展总局，与国防、对外关系、国土安全相关的预防性拘禁，对外关系，等等；州权力 66 项，包括除联邦权力之外的公共秩序，警察，高法的官员和其他服务人员，除最高法院外的法院费用，监狱、管教所等，地方政府，公共健康、医疗和环境卫生等，印度内的朝圣，烈酒，对残疾人和失业者的救助，丧葬和墓地，等等；共同权力 47 项，具体包括刑法，刑法的程序，与国家安全、社会秩序、社区设施和服务的维护相关的预防性拘禁，在州之间转移犯人，结婚和离婚等，农业地之外的财产转移等，合同，可控告的错事，破产，信托，等等。

（二）支出责任

从中央和邦的支出可以看出（见表 11 - 1），非发展支出中央承担得多些，发展支出邦承担得多些。具体来看，中央负责国防支出，全部的国防支出都是中央承担，此外利息、交通和通讯中央承担的支出责任较多，能源、灌溉和防洪以及社会和社区服务中央承担的支出责任较低；与此相反，邦对能源、灌溉和防洪以及社会和社区服务承担的支出责任较高，也承担了较多的养老金及其他退休福利、行政管理、农业和农业联盟支出，利息支出承担较少，不承担国防支出。

表 11 - 1　　　　　　　各级政府主要支出（2011 ~ 2012 年）　　　　单位：千万卢比

支出项目	中央	邦	总计	占总支出比重（%）
A 非发展支出	660 550.78	485 505.08	1 115 891.67	46.9
利息	273 149.88	140 124.81	403 234.98	16.9
国防（净）	170 913.29	0	170 913.29	7.2
养老金及其他退休福利	61 165.98	128 099.24	189 265.22	7.9
行政管理	47 828.14	84 312.83	130 209.21	5.5
其他	107 493.49	132 968.2	222 268.97	9.3
B 发展支出	580 897.18	749 165.51	1 204 920.68	50.6

---

① Ministry of Law and Justice, Government of India, ［The Constitution of India］ （as modified up to the 1st December, 2007）, 资料来源http://www.india.gov.in/my-government/constitution-india，第 315 ~ 329 页。

续表

支出项目	中央	邦	总计	占总支出比重（%）
社会和社区服务	139 403.98	434 964.26	561 642.06	23.6
农业和农业联盟	70 414.27	94 474.05	150 911.62	6.3
能源、灌溉和防洪	16 945.68	112 718.95	129 664.63	5.4
交通和通讯	74 155.61	68 213.99	121 729.53	5.1
转移支付	98 039.59			0.0
其他	181 938.05	38 794.26	240 972.84	10.1
C 其他	45 549.49	24 776.63	60 621.52	2.5
总支出	1 286 997.45	1 259 447.22	2 381 433.87	100.0

注：表中数据中央＋邦有的超过总计，原因是中央对邦的转移支付和法定拨款等已经计入中央支出，但是邦支出中也将得到的相应资金安排在其支出中了，所以有重复。由于资料可获得性原因，这个问题暂时得不到解决，但对说明问题影响不大。

资料来源：Indian Public Finance Statistics 2012 ~ 2013 的表 1.1、表 2.1 和表 3.1。

（三）税收收入划分

1. 税收权力

宪法规定，在印度征税必须要有法可依。对于联邦的征税权，宪法第 270 条规定，按照议会的法律规定，为了联邦的需要，可以为特殊的用途而征收任意税种，宪法第 271 条这样规定，议会可以通过征收附加税的方式随时增加任何税种的税收负担来满足联邦的需要，这种收入全部都应该归入印度财政统一金库。也就是说，按照宪法，联邦为满足支出需求有权设立任何税种进行征税，也有权在任何税种上征收附加税。邦的征税权体现在邦有一定的税收自主权，例如邦能针对职业、交易、行业和就业的所得征税（宪法第 276 条），任何税费无论是否在联邦目录中，邦和市以及其他地方政府都可以依法征收税费（宪法第 277 条）。邦有权向市/村/镇级政府授予征收特定税费的权力，并建立收入划分机制，与其分享收入并提供转移支付。具体来看，联邦和邦的税收权限主要看税基、税率是由谁确定，税收收入有谁来征缴和监管。根据表 11 - 2，对于归属联邦的税种，税基和税率都是由中央来决定，税收收入的征收和监管也是由中央来负责；对于归属邦的税种，税基和税率都是由邦来决定，税收收入的征收和监管也是由邦负责。

表 11 – 2　　　　　　　　　**各级政府的税收权力**

政府层级	税种	税基的决定	税率的决定	征收和监管
联邦	个人所得税（非农）	中央	中央	中央
	企业所得税	中央	中央	中央
	中央货物税	中央	中央	中央
	关税	中央	中央	中央
	服务税	中央	中央	中央
邦/区	税、土地和农业收入	邦	邦	邦
	印花税和注册费	邦	邦	邦
	销售税	邦	邦	邦
	邦货物税	邦	邦	邦
	交通税	邦	邦	邦
	电费	邦	邦	邦
	娱乐税	邦	邦	邦
	其他	邦	邦	邦
	罚款和收费	邦	邦	邦
邦以下	财产税	区	邦以下	区
	水使用费	邦以下	邦以下	邦以下

注：（1）据作者查证，财富税（wealth tax）是对公司净资产超过150万卢比的征收1%的财富税，商品税（excise duty）是对商品的生产和制造征收的税收，商品不同适用的税率也不同。因翻译的不同，表中的货物税在其他表中为商品税。

（2）资料原文为"地方"处为本文的统一都改为"邦以下"，作者认为区指中央直辖区。

（3）邦/区税种中"税、土地和农业收入"为原文，作者认为是与土地和农业收入相关的个人所得税等。

资料来源：［美］Anwar Shah 编著、贾康等译：《践行财政"联邦制"》，科学出版社 2014 年版，第 127 页。

2. 税种划分

宪法规定了联邦和邦的税种，划分原则一是按部门划分，如农业、制造业以及土地和财产，例如土地收入和农业所得税是属于邦的税种而非农的所得税类税种属于联邦税；二是分环节，例如联邦更多是对生产征税而邦对销售征税；三是按税种，如奢侈（品）税、销售和购买税。中央和邦税的一个重要特点是这两级政府不能同时对同一领域征税，交易印花税除外。印度宪法对联邦和邦的税种划分的具体规定如表 11 – 3，联邦税包括：除农业所得外的所得税，关税，除人饮用的含酒精的烈性酒、鸦片、印度大麻、其他麻醉品和镇静剂外印度生产和制造的烟草和其他商品的商品税，公司税等在内的 10 多个税种；邦税包括土地收入税，农业所得税，农用地的财产继承税和不动产税，土地和建筑物税，矿产资源税等在内的 10 多个税种；共同征收的税种有车辆税和印花税。

表 11 - 3　　　　　　　　　　税收权力在联邦和邦之间的划分

归属	税种	内　容
联邦	所得税	除农业所得外的所得税
	关税	包括出口税在内的关税
	商品税	除人饮用的含酒精的烈性酒、鸦片、印度大麻、其他麻醉品和镇静剂外但包括医疗和洗漱用酒精和含上述其他成分的在印度生产和制造的烟草和其他商品征收的商品税
	公司税	
	资产价值税	对不包括农用地但包括个人和公司的资产的资本价值所征的税收，以及公司资产税
	不动产税	对除农业用地外的财产征收的不动产税
	财产继承税	对除农业用地外的财产的继承征收财产继承税
	运送税	对通过铁路、海上和航空运输的商品和乘客征收运送税
	铁路旅客和货物税	对铁路运输的旅客和货物征铁路旅客和货物税
	印花税	除股票和期货市场外的印花税，规定汇票、支票、本票等的印花税税率
	销售和购买税	报纸销售和购买税，广告印刷税
	销售和购买税	邦之间交易中除报纸之外的商品的销售和购买税
	商品运送税	发生在邦之间的交易中的商品运送税（无论商品是运给任何人即使是制造者也都征收）
	服务税	
	其他	可以是任何其他本表列出的邦税、共同税以及联邦税外的税收
邦	土地收入	包括收入的评估和征缴，土地信息的保管，对收入和财产权的调查，收入的转让
	农业所得税	
	财产继承税	对农业用地征收财产继承税
	不动产税	对农业用地征收不动产税
	土地和建筑物税	

归属	税种	内　容
邦	矿产资源税	以议会法律规定为限，对矿产资源的产权征税
	商品税	对印度生产的供人类饮用的含酒精的烈酒、鸦片、印度大麻、其他麻醉品和镇静剂但不包括医疗和洗漱用的上述相关商品征收的商品税，对国外生产相似产品价格低于国内的征收反倾销税
	商品输入税	对输入当地的商品征税，商品在当地被消费、使用或者销售
	电税	对消费或出售电力征税
	销售和购买税	对除新闻外的商品的销售和购买征税
	广告税	对除在新闻上刊载和广播电视上播放的广告征广告税
	商品和乘客税	对公路或国内水路运输的商品和乘客征收商品和乘客税
	车辆税	无论机械驱动还是非机械驱动、在公路上使用的包括电车在内的车辆都征收车辆税
	动物和船税	对动物和船征税
	过路费	
	对职业、交易、行业和就业征税	
	人头税	
	奢侈税	对包括娱乐和赌博等活动征收奢侈税
	印花税	联邦征收印花税权限外的其他印花税和规定税率
同时的车辆税	对机械动能车辆征收车辆税	
	印花税	除法院征收的印花税之外的所有印花税，但不包括制定税率

注：其他未列明的联邦税收入在联邦和邦之间分配，分配比例由总统在参考财政委员会（the Finance Commissions）建议的基础上决定。

资料来源：The Constitution of India as modified up to the 1st December, 2007.

3. 税收收入的分享

（1）关于收入分享的法律规定。联邦税的税收收入是联邦和邦共同分享的，邦税的税收收入由其独享，下面重点介绍收入共享情况（见表 11 - 4）。

表 11 –4   联邦和邦对收入共享类联邦税的税权划分

税　种	征税权	征缴权	收入归属
印花税	联邦	中央直辖区内的归联邦 邦内归各邦	中央直辖区内的归联邦 邦内的归各邦
特殊商品的商品税	联邦	中央直辖区内的归联邦 邦内归各邦	中央直辖区内的归联邦 邦内的归各邦
服务税	联邦	联邦和邦，具体原则由议会 法律规定	联邦和邦，具体原则由议会法律 规定
商品销售、购买、 运送税	联邦	联邦	中央直辖区的归中央直辖区 邦的归邦，邦之间的分配原则由 议会法律规定
其他联邦税等	联邦	联邦	联邦和邦，邦之间分配原则由总 统听取财政委员会建议后作出的 命令决定

资料来源：The Constitution of India as modified up to the 1st December, 2007, P160 – 170。

联邦印花税和特殊商品的商品税由联邦和邦分别征缴，邦范围内征缴的收入归各邦财政金库。联邦征税目录中的印花税和医疗、洗漱用的相关商品的商品税由印度联邦政府征税。但中央直辖区内的收入征缴工作由联邦负责，中央直辖区外的由各邦负责。在各邦范围内征缴的该收入不归于印度财政统一金库（Consolidated Fund of India），而是直接归属邦。[①]

服务税联邦政府有权征收，该税的征缴由联邦和邦共同负责，征缴的收入由联邦和邦共同使用，联邦和邦对该税征缴和使用的原则由议会颁布的法律来具体规定（宪法第 268A）。

邦之间贸易或商业活动产生的商品销售（不包括报纸）、购买和运送方面的税种是联邦税并由联邦征缴，但是在 1996 年 4 月 1 日后这些税种的净收入除了应该归属中央直辖区的外不应该归于印度财政统一金库，而应该分配给该税征缴所在地的邦们，在各邦之间分配收入的原则可以由议会颁布的法律规定（第 269 条）。

除第 268 和第 269 条规定外的联邦税，根据宪法第 271 条征收的附加税以及按照议会法律为某特殊目的而征收的任何税都应该由联邦征缴，收入在联邦和邦之间分配。这类税种的净收入不应该归入印度财政统一金库，而应该归征缴地所在的邦们，在各邦之间收入分配原则是在财政委员会按宪法成立前由总统的命令来决定，财政委员会

---

① 资料来源：印度宪法第 268 条。注：印度财政金库国家和邦分立，国家的叫印度财政统一金库（Consolidated Fund of India），各邦的叫某邦财政统一金库（the Consolidated Fund of the State）。

按宪法成立后由总统在参考财政委员会建议的基础上作出的命令决定（第270条）。

印度协调基金将出资向 Assam，Bihar，Orissa 和 West Bengal 州提供援助拨款，资金来自每年黄麻及其制品的出口税净收入的一定比例，比例与第270条款采用相同决策方式（第273条）。

（2）历届财政委员向总统提出的税收分享建议。印度财政委员会是根据宪法规定建立的组织，由总统任命的1个主席和4名成员组成，主席由内阁成员担任，委员来自中央政府的部长，每届任期5年，在宪法规定下负责向总统建议联邦和邦以及各邦之间税收收入的分配方案[①]（第280条）。最新的财政委员会是第14届，于2013年1月2日被任命，主席是 Dr. Y. V. Reddy，该届委员会已经提交了对2015～2016财年到2020～2021财年的建议。财政委员会的建议（见表11-5）通常都能得到总统的认可，在议会批准后建议就具有法律效力，在执行中不得调整，因此在税收分配和对邦援助拨款方面发挥重要作用。

表11-5 历届财政委员会分配建议

财政委员会	建 议
第1届 （1952～1957年）	所得税邦的份额为55% 联邦商品税的征税商品及征税比例 水平分配财力的权重是人口占80%，20%看贡献 按照宪法第273条，援助性拨款仅给了四个邦，分别是 Assam，Bihar，Orissa，West Bengal 很多邦得到了宪法第275（1）条和初等教育拨款项目下的拨款
第2届 （1957～1962年）	所得税邦的份额从55%提高到60%，中央直辖区得1% 所得税在邦之间的分配权重是10%看税收征缴，90%按人口分配 商品税由于某些商品税由联邦税改为邦税，估计邦商品税占的份额大概是25%
第3届 （1962～1966年）	所得税在邦之间的分配权重又调整回20%看税收征缴，80%按人口分配，各邦得到的比重是 Maharashtra-13.41，Bihar-9.33，Punjab-4.49，Uttar Pradesh-14.12，Kerala-3.55 联邦商品税1960～1961财年收入超过500万卢比的部分的20%分给各邦，各邦按人口权重分配，结果是超出部分的20%按以下比重分给各邦 Maharashtra-5.73，Bihar-11.56，Punjab-6.71，Uttar Pradesh-10.68，Kerala-5.46 特别拨款采取补偿原则在各邦间分配

① 财政委员会对"其他联邦税等"的收入分享提供建议。

续表

财政委员会	建　议
第 4 届 （1966～1969 年）	邦截至 1970～1771 年度的五年计划的收入以 1965～1966 年年度末各邦税收收入为基础
第 6 届 （1974～1979 年）	所得税在邦之间的分配权重又调整回税收征缴占 10%，90% 按人口分配 中央直辖区得到所得税净收入的比重上调到 1.79%
第 7 届 （1979～1984 年）	中央直辖区得到所得税净收入的比重上调到 2.19% 除中央直辖区得到的之外的所得税净收入的 85% 归邦，分配权重是税收征缴占 10%，人口 90%
第 8 届 （1984～1989 年）	邦仍然获得所得税净收入的 85% 全部的联邦商品税收入和商品税附加收入的 90% 由统一的公式分配，50% 按 1976～1977 年到 1978～1979 年年度邦国内生产总值占各邦国内生产总值平均数的比重分配，50% 按 1971 年人口普查的人口数分配 援助拨款增加到 9.5 亿卢比 把 228.539 亿卢比对邦的借款改为拨款，增加邦的财力
第 9 届 （1989～1995 年）	所得税可分配收入的 85% 归各邦，总量的 1.437% 归中央直辖区
第 10 届 （1995～2000 年）	邦对所得税收入的分享比例从 85% 降至 77.5%，各邦之间的分配是：人口占 20%，州人均收入与最富州人均收入之差占 60%，基础设施指数占 5%，区域面积占 5%，税收努力程度 10%。某邦收入差距分配份额 = 某邦相关收入差距指标×邦人口数/（每个邦收入差距×每个邦人口数），基础设施的分配由专家小组计算的综合指数确定，税收努力程度由（人均税收收入/人均收入）表示，税收努力程度分配的份额 = 某邦税收努力程度×邦人口数/（每个邦税收努力程度×每个邦的人口数） 中央直辖区分享的所得税比重按人口决定，1995～2000 年年度中是 0.927% 47.5% 的消费税收入（以前是 45%）转移给邦，其中 40% 根据公式分配，余下 7.5% 根据税收分享后的赤字按比例分配 来自纺织品、烟草和糖的商品税收入按地方估计消费量分配
第 11 届 （2000～2005 年）	邦获得中央税净收入的 29.5% 中央转移 333.5 亿卢比给各邦弥补赤字；提供 497.2 亿卢比给各邦来提高邦级管理水平；援助 1 000 亿卢比给各邦发展社会服务 对各邦的转移支付（包括税收分享和援助拨款）不得超过中央收入的 37.5% 建议联邦税除消费税和服务税外的所有可分享税收收入按一定比例分配给各邦，部分邦获得的比重为 Bihar – 14.597，Maharashtra – 4.632，Kerala – 3.057，Uttar Pradesh – 19.798，Punjab – 1.147

续表

财政委员会	建 议
第 12 届 (2005~2010 年)	邦获得中央可分享税收收入的 30.5%，邦如果对糖、纺织品和烟草征税，邦的份额将下降到 29.5% 对邦的援助拨款中对 8 个教育落后州的拨款为 10 172 卢比，其他援助拨款还包括赤字拨款、公路和桥梁拨款等
第 13 届 (2010~2015 年)	邦获得中央可分享税收收入的比重上升到 32% 主动减少中央资助计划的数量 使计划拨款以公式法为主
第 14 届 (2015~2020 年)	邦获得中央可分享税收收入的比重提高到 42% 修订了中央可分享收入在邦之间分配的公式 对其他一些转移支付提出了建议，如对城乡机构的拨款等

注：由于资料信息不连贯，所有缺少第 5 届财政委员会对收入分配建议的内容。

资料来源：维基百科，Finance Commission of India。赵建军：《论印度财政改革及对我国的启迪》，载于《南亚研究》2004 年第 1 期。甘行琼：《印度的财政分权及其借鉴》，载于《湖北财税》1998 年第 16 期。第 14 届财政委员会建议参考 Economic Survey 2014~2015 Volume I，P129~131。

（3）税收收入分享结果。中央和邦税收收入的结果见表 11－6，按照制度的安排中央税中有部分收入是分享给邦的，中央税收收入的净值是中央税减去分给邦的部分，邦的税收总收入是邦本级税收收入加上中央从中央税收入中分给邦的部分。以 2010~2011 财年为例，中央和邦税收收入共 12.7 万亿卢比，占 GDP 的 16.31%；其中中央税收入 7.9 万亿卢比，占 GDP 的 10.17%，邦本级税收收入 4.8 万亿卢比，占 GDP 的 6.14%。在中央税分配给邦之后，中央税净收入为 5.7 万亿卢比，占 GDP 的 7.31%，邦税收总收入为 7 万亿卢比，占 GDP 的 9%。也就是说，中央和邦税收收入中，中央税收收入和地方本级税收收入大约是 6：4 的关系，中央将其收入的 28% 分给邦，之后中央税收净收入和邦税收总收入大约是 9：11 的关系。

表 11－6　　　　　　　　印度中央和邦的税收收入情况

（2000~2001 财年至 2013~2014 财年）　　　　　单位：千万卢比

年 份	中央和邦税收收入 A + C	中央税 A	中央税中邦的份额 B	中央税（净值）A－B	邦本级税收 C	邦税收总收入 B + C
2000~2001	305 322	188 605	51 945	136 660	116 717	168 662
2010~2011	1 271 666	793 072	223 203	569 869	478 594	701 797
2011~2012	1 467 891	888 898	259 412	629 486	578 993	838 405
2012~2013 调整数	1 726 549	1 038 037	295 922	742 115	688 512	984 434

续表

年　份	中央和邦税收收入 A + C	中央税 A	中央税中邦的份额 B	中央税（净值）A－B	邦本级税收 C	邦税收总收入 B + C
2013～2014 预算数	2 032 489	1235 870	351 792	884 078	796 619	1 148 411
占 GDP 比重（%）						
2000～2001	14.08	8.70	2.40	6.30	5.38	7.78
2010～2011	16.31	10.17	2.86	7.31	6.14	9.00
2011～2012	16.29	9.87	2.88	6.99	6.43	9.31
2012～2013 调整数	17.22	10.35	2.95	7.40	6.87	9.82
2013～2014 预算数	17.87	10.87	3.09	7.77	7.01	10.10

资料来源：Indian Public Finance Statistics 2012～2013 年的表1.7 和表1.8。

4. 中央税和邦税的特点

总的来说，中央税收入高于邦，中央税以直接税为主，邦以间接税为主，中央税最重要税种是公司所得税，邦最重要税种是一般销售税。

从 2011～2012 财年政府税收收入情况看（见表11－7），中央税收总收入 8.9 万亿卢比，高于邦本级自有税收收入的 5.8 万亿卢比；中央税中邦的份额被转移给邦政府后，中央净税收收入 6.3 万亿卢比，低于邦税收总收入的 8.3 万亿卢比。

表 11－7　　　　　印度中央税和邦税收入情况（2011～2012 财年）　　单位：千万卢比

税　种	中央	税　种	邦
1 直接税	488 160.17	4 直接税	165 587.43
公司所得税	322 816.17	所得税分成	51 195.89
其他所得税	164 525.33	旅馆收入税	66.07
不动产税	0.48	不动产税分成	0.00
利息税	2.57	土地收入税	7 077.62
财富税	786.67	农业税	151.69
赠与税	0.99	公司所得税分成	100 767.91
土地收入税	3.61	财富税分成	388.88
旅店收入税	3.67	其他	5 939.37

续表

税 种	中央	税 种	邦
消费税	20.68		
2 间接税	400 737.63	5 间接税	668 959.05
关税	149 327.50	联邦商品税分成	28 726.43
联邦商品税	144 900.97	邦商品税	74 762.49
服务税	97 508.96	一般销售税	358 055.35
邦商品税	362.45	汽油销售税	1 497.36
印花和注册费	128.48	印花和注册费	66 697.19
销售税	1 779.77	车辆税	29 830.40
车辆税	157.68	商品和乘客税	11 672.18
商品和乘客税	8.41	电税	17 283.86
电税	16.15	娱乐税	1 920.22
其他	6 547.26	甘蔗购买税	269.40
		关税分成	44 394.26
		服务税分成	30 080.48
		其他	3 769.43
3 其中：中央税中邦的份额	259 411.54	3 其中：中央税中邦的份额	259 411.54
中央税收总收入（1+2）	888 897.80	邦自有收入（4+5-3）	578 993
中央税净收入（1+2-3）	629 486.26	邦税收总收入（4+5，包括3）	834 546.48

注：（1）由于邦自有收入数据来自不同表格，所以不能完全对应。

（2）表中邦税收收入中包括了中央税按税收分享方案转移给邦的收入，因此左右两边都重复计算了这类收入，为更清楚说明问题表格后几行进行了调整和说明。

资料来源：印度财政部网站，Indian Public Finance Statistics 2013-2014，table 2.2、table 3.2 and table 1.7，及作者的调整说明（后面几行）。

从税收结构来看，中央税以直接税为主，间接税次之，其中直接税以公司所得税和其他所得税为主，间接税以关税和联邦商品税为主；邦税以间接税为主，直接税次之，其中间接税以一般销售税为主，直接税以公司所得税分成和所得税分成为主。

中央和邦分享的税种包括所得税、不动产税、公司所得税、财富税、联邦商品税、关税和服务税，其中除不动产税分成外，其他税种分成都是对邦获取收入较为重要的税种，中央份额大约是邦分享份额的3倍以上。中央和邦都征收的税种有（不包括税收分成）：旅馆收入税、土地收入税、邦商品税、印花和注册费、车辆税、商品和乘客税、电税。

（四）政府间转移支付

直到 1871 年，印度仍然实行完全中央集权式政府结构，邦级政府所有开支都来自中央政府拨款。《1919 年印度政府法案》正式划分了中央和邦级政府的收入，导致中央赤字，不得不利用邦政府的转移支付来弥补赤字。

目前印度中央政府将其收入的 30% 左右用于对邦级政府的转移支付。[1] 中央对邦级政府转移支付主要通过税收分享、对邦和中央直辖区的拨款以及借款这三种方式来实现（见表 11 -8）。2011 ~ 2012 财年，印度中央政府将其 15.9 万亿卢比收入中的 4.4 万亿（约占中央政府收入的 27.5%）转移给邦政府，其中税收分享、对邦和中央直辖区的拨款以及净借款的金额分别为 2.6 万亿、1.8 万亿和 -66.6 亿卢比，分别占中央政府对邦政府转移支付的 59.5%、40.7% 和 -0.2%。从历史来看，20 世纪 70 年代以来的四十多年里，印度中央政府对邦级政府的转移支付占中央政府收入的比重基本在 25% ~35% 之间，2004 ~2005 财年中央政府对邦级政府转移支付占中央收入的比重最低，为 15.8%，2008 ~ 2009 财年中央政府对邦转移支付占其收入的比重最高，为 38.3%，2010 ~2011 财年以来，中央转移支付占其收入的比重呈上升趋势。中央转移支付中税收分享是最主要的转移支付方式，其次是对邦和中央直辖区的拨款，中央对邦和中央直辖区的净借款多为负值。[2] 经过转移支付的调整后，中央和邦在支出方面基本持平，近年来邦支出的近 35% 依赖中央的转移支付（见表 11 -9）。

表 11 -8　　　　　　　　**印度中央对邦的转移支付**

（1970 ~1971 财年至 2010 ~2011 财年）　　　　单位：千万卢比

年　份	中央政府收入	对邦级政府的转移支付					中央对邦级政府转移支付净值	中央对邦级政府转移支付净值占中央收入的比重（%）
		中央税中邦的份额	中央对邦和中央直辖区的拨款	中央给邦和中央直辖区借款（总量）	邦和中央直辖区偿还的借款	对邦转移支付汇总（总量）		
	1	2	3	4	5	2 +3 +4	2 +3 + 4 -5	(2 +3 + 4 -5)/1
1970 ~1971	5 506	755	612	1 028	658	2 395	1 737	31.5
1980 ~1981	25 507	3 792	2 796	3 146	917	9 734	8 817	34.6
1990 ~1991	117 297	14 535	13 293	14 522	4 653	42 350	37 697	32.1

---

①　这里所述都是指转移支付净值。

②　财政部财政科学研究所：《各国财政运行状况》（2013），中国财政经济出版社 2014 年版，第 244 - 248 页。

| 年　份 | 中央政府收入 | 对邦级政府的转移支付 | | | | | 中央对邦级政府转移支付净值 | 中央对邦级政府转移支付净值占中央收入的比重（%） |
		中央税中邦的份额	中央对邦和中央直辖区的拨款	中央给邦和中央直辖区借款（总量）	邦和中央直辖区偿还的借款	对邦转移支付汇总（总量）		
2000～2001	377 129	51 945	37 684	20 490	11 691	110 119	98 428	26.1
2010～2011	1 452 002	223 203	157 181	10 299	9 327	390 683	381 356	26.3
2011～2012	1 586 601	259 412	177 426	10 088	10 754	446 926	436 172	27.5
2012～2013调整数	1 757 033	295 922	186 628	15 407	9403	497 957	488 554	27.8
2013～2014预算数	2 087 300	351 795	234 736	12 080	9 548	598 611	589 063	28.2

资料来源：印度财政部，Indian Public Finance Statistics 2013～2014，table6.4，印度财政部网站，2014年4月29日。

表 11-9　　　　　　　　邦取得的转移支付占邦支出的比重　　　　　单位：千万卢比

年　份	中央对邦政府的转移支付	邦政府总支出	比重（%）
1990～1991	37 697	81 310.77	46.4
2000～2001	98 428	306 689.35	32.1
2010～2011	381 356	1 090 665.44	35.0
2011～2012	436 172	1 259 447.22	34.6
2012～2013 调整数	488 554	1 526 512.88	32.0
2013～2014 预算数	589 063	1 760 846.89	33.5

资料来源：印度财政部，Indian Public Finance Statistics 2011～2012，table 3.1 and table 7.6 及计算得出。

三、财政收支运行状况

（一）中央和地方财政收入和支出

1. 中央和邦财政支出

政府支出是反映政府规模的方法之一。印度中央和邦的总支出（见表11-10），在2011～2012财年增加到23.5万亿卢比，占GDP的26.5%，比2007～2008财年之前（24%左右）有所增加，但近年来略有下降。

表 11 – 10 印度中央和邦的收入和支出情况

（2000 ~ 2001 财年至 2013 ~ 2014 财年） 单位：千万卢比

年　份	2000 ~ 2001	2010 ~ 2011	2011 ~ 2012	2012 ~ 2013 调整数	2013 ~ 2014 预算数
总支出	544 832. 44	2 106 041. 01	2 347 832. 48	2 728 407. 09	3 191 655. 17
总收入	547 257. 44	2 118 431. 76	2 262 492. 30	2 666 639. 10	3 187 950. 54
财政总赤字	194 915. 00	529 593. 82	688 433. 91	752 109. 66	784 359. 43
占 GDP 比重（%）					
总支出		27. 3	26. 5	26. 8	26. 0
总收入		27. 5	25. 5	26. 2	26. 0
财政总赤字	8. 99	6. 79	7. 64	7. 50	6. 90

注：（1）采用的数据是 total expenditure net of lending，revenue receipts 和 capital receipts 的总额，以及 gross fiscal deficit。

（2）财政总赤字 =（收入性收入 + 非债务资本性收入）- 总支出（包括借款和预付款以及还本付息净值）。

（3）总支出和总收入占 GDP 的比重为计算得出。

资料来源：Indian Public Finance Statistics 2013 ~ 2014，table1. 1、1. 2、1. 5 and 1. 6。

从支出构成来看，中央以非发展支出为主，发展支出次之，其中非发展支出中以利息支出和国防支出为主，发展支出以社会和社区服务支出和对邦和中央直辖区拨款为主。而邦支出是以发展支出为主，非发展支出次之，大概是 5：3 的关系，其中发展支出以社会和社区服务支出为主，占发展支出的一半以上，其次还有能源、灌溉和防洪以及农业和农业联盟服务也较重要；非发展支出中最重要的是利息支出，大约占非发展支出的 30%，其次是养老金和其他退休福利支出，大约占非发展支出的 1/4。

2. 中央和邦财政收入

印度中央和邦的总收入（见表 11 – 10），在 2011 ~ 2012 财年增长到 22. 6 万亿卢比，占 GDP 的 25. 5%，近年来收入占 GDP 比重也是略有下降，与 2007 ~ 2008 财年以前（25%）差不多。

3. 中央财政收入和支出

（1）支出规模及其变化。印度中央支出总量持续增长，2013 ~ 2014 财年，中央支出超过 15 万亿卢比，2014 ~ 2015 财年和 2015 ~ 2016 财年，分别增加到近 17 万亿和 18 万亿卢比。[①] 支出总量跟预算相比都有所下调，显示出政府对支出控制的重视，支出增长率也有所下降。从 2011 ~ 2012 财年开始，中央支出占 GDP 的比重从稳定在 15% 多一

---

① 印度财政部，BUDGET AT A GLANCE 2015 ~ 2016，印度财政部网站。

点下降到近14%（见表11－11）。

表11－11　印度中央支出情况（1990～1991财年至2014～2015财年）

单位：千万卢比

年　份	2000～2001	2010～2011	2011～2012	2012～2013 调整数	2013～2014 预算数	2014～2015 预算数
总支出	313 011.21	1 187 897.76	1 286 997.45	1 416 920.78	1 692 058.36	
增长率(%)		17.2	8.3	10.1	19.4	
占 GDP 比重(%)		15.4	14.5	13.9	13.8	13.9

资料来源：支出数据来源是 Indian Public Finance Statistics 2013～2014，table 2.1 及计算得出，支出占 GDP 比重数据来源是 Economic Survey 2014～2015 VolumⅡ，table 2.2。

（2）支出结构及其变化。经济分类。按经济分类（见表11－12、图11－2），中央支出主要由资本形成、消费性支出、经常性转移支付和其他四部分构成。其中经常性转移支付是支出中最重要内容，占总支出的60%左右，近年来经常性转移支付占 GDP 的比重基本稳定，略有上升。消费性支出和资本形成也是中央支出的重要内容，占总支出的比重均在20%左右，近年来这两类支出占 GDP 的比重稳定，消费性支出占总支出比重略有上升，重回第二的位置，资本性支出占总支出的比重有所下降，退回到第三的位置。其他支出占总支出的比重极低。

2011～2012财年，中央政府总支出12.6万亿卢比，其中经常性转移支付7.6万亿卢比，消费性支出2.6万亿卢比，资本形成2.3万亿卢比，其他支出0.2万亿卢比，分别占中央政府总支出的60%、20%、19%和1%。从总量上看，增长最明显的是经常性转移支付和消费性支出，分别增长了15.3%和11.0%，同时这两类支出对总支出增长的贡献也最多，对增长分别贡献了8.6%和2.2%。

表11－12　　　　　　印度中央政府支出结构：经济分类

（2011～2012财年至2013财年～2014财年）

年　份	2011～2012 实际数	2012～2013 调整数	2013～2014 预算数
	总量（千万卢比）		
总支出	1 263 216	1 398 274	1 658 033
ⅰ）资本形成	234 969	243 775	318 892
ⅱ）消费性支出	255 498	269 339	315 318
ⅲ）经常性转移支付	756 885	862 641	952 913

续表

年 份	2011~2012 实际数	2012~2013 调整数	2013~2014 预算数
ⅳ）其他	15 864	22 519	70 910
增长率（%）			
总支出	8.5	10.7	18.6
ⅰ）资本形成	-8.3	3.7	30.8
ⅱ）消费性支出	11.0	5.4	17.1
ⅲ）经常性转移支付	15.3	14.0	10.5
ⅳ）其他	-27.0	41.9	214.9
对增长的贡献（%）			
总支出	8.5	10.7	18.6
ⅰ）资本形成	-1.8	0.7	5.4
ⅱ）消费性支出	2.2	1.1	3.3
ⅲ）经常性转移支付	8.6	8.4	6.5
ⅳ）其他	-0.5	0.5	3.5

　　资料来源：Ministry of Finance of India，An Economic and Functional Classification of the Central Government Budget 2013~2014，P18，Table 1：Expenditure by Economic Classification。

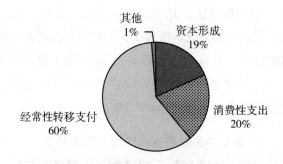

图 11-2　印度中央政府支出结构：经济分类（2011~2012 财年）

注：根据表 11-12 绘制。

　　功能分类。按功能分类，中央政府支出包括社会服务、经济服务、一般服务和未分配支出（见表 11-13）。中央政府支出中除未分配的以外，占总支出的比重从大到小依次是经济服务支出、一般服务支出和社会服务支出，2011~2012 财年这三项支出占总支出的比重分别是 30%、21% 和 14%（见图 11-3），比重在近年来变化不大。从增长趋势来看，2011~2012 财年中央政府总支出增长 8.5%，其中未分配支出增长率最高（16.0%），其次是经济服务支出（6.9%），对总支出增长贡献最多的也是未分配支出（5.2%），贡献超过了一半，其次是经济服务支出（2.1%）。

表 11 –13　　　　　印度中央政府支出结构：功能分类
（2010～2011 财年至 2012～2013 财年）

年 份	2011～2012 实际数	2012～2013 调整数	2013～2014 预算数
	总量（千万卢比）		
社会服务	178 950	188 472	235 463
经济服务	384 095	508 731	460 797
一般服务	259 111	275 663	380 272
未分配	441 061	425 408	581 501
总支出	1 263 216	1 398 274	1 658 033
	增长率（%）		
社会服务	3.3	5.3	24.9
经济服务	6.9	32.4	−9.4
一般服务	2.8	6.4	37.9
未分配	16.0	−3.5	36.7
总支出	8.5	10.7	18.6
	对增长的贡献（%）		
社会服务	0.5	0.8	3.4
经济服务	2.1	9.9	−3.4
一般服务	0.6	1.3	7.5
未分配	5.2	−1.2	11.2
总支出	8.5	10.7	18.6

资料来源：Ministry of Finance of India，An Economic and Functional Classification of the Central Government Budget 2013～2014，P19，Table 2：Expenditure by Functional Head.

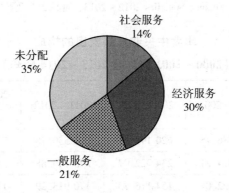

图 11 –3　印度中央政府支出结构：功能分类（2011～2012 财年）

注：根据表 11 –13 绘制。

其他分类。印度的财政统计数据对中央支出还有三种分类方式。一种分成非发展支出、发展支出、自我平衡项目支出、对邦的法定拨款及借款和预付款五类（见表11－14）。总支出中主要是非发展支出和发展支出，其中非发展支出占总支出的50%以上，发展支出占总支出的40%以上（见表11－15、图11－4）。非发展支出和发展支出总量都是增长的，近年来占总支出的比重基本稳定。

　　非发展支出（见表11－15）以利息支出为主，占非发展支出40%左右，此外国防支出也是非发展支出的重要组成部分，占非发展支出的比重在20%多一点。发展支出（见表11－16）中社会和社区服务支出所占比重最高，为25%左右，其次是对邦和中央直辖区的拨款，占发展支出的17%左右。

表11－14　印度中央支出构成（2000～2001财年至2013～2014财年）

单位：千万卢比

年　份	2000～2001	2010～2011	2011～2012	2012～2013 调整数	2013～2014 预算数
非发展支出	199 886.15	620 199.15	660 550.78	735 643.85	892 195.43
发展支出	91 884.12	525 018.87	580 897.18	619 280.86	728 313.63
自我平衡项目	0.00	0.00	0.00	0.00	0.00
对邦的法定拨款	11 578.85	31 514.20	43 972.68	55 031.80	62 134.40
借款和预付款	9 662.09	11 165.54	1 576.81	6 964.27	9 414.90
总支出	313 011.21	1 187 897.76	1 286 997.45	1 416 920.78	1 692 058.36
占总支出比重（%）					
非发展支出	63.9	52.2	51.3	51.9	52.7
发展支出	29.4	44.2	45.1	43.7	43.0
自我平衡项目	0.0	0.0	0.0	0.0	0.0
对邦的法定拨款	3.7	2.7	3.4	3.9	3.7
借款和预付款	3.1	0.9	0.1	0.5	0.6

　　资料来源：Indian Public Finance Statistics 2012～2013，table 2.1及计算得出。

表11－15　　　　　　印度中央非发展支出的构成

（2000～2001财年至2013～2014财年）　单位：千万卢比

年　份	2000～2001	2010～2011	2011～2012	2012～2013 调整数	2013～2014 预算数
非发展支出	199 886.15	620 199.15	660 550.78	735 643.85	892 195.43
1. 利息支出	99 314.21	234 022.07	273 149.88	316 674.16	370 684.49
2. 国防（净值）	49 622.04	154 116.73	170 913.29	178 503.52	203 672.12
3. 边界	214.28	2 421.36	2 206.22	2 172.59	2 663.92

续表

年　份	2000~2001	2010~2011	2011~2012	2012~2013 调整数	2013~2014 预算数
4. 邦机构	1 603.10	3 587.77	4 302.07	4 339.61	4 989.20
5. 财政	4 146.37	16 992.52	10 500.33	13 827.58	53 023.06
6. 管理	13 401.40	41 468.55	47 828.14	53 954.01	60 760.31
7. 养老金和其他退休福利	14 219.88	57 405.45	61 165.98	63 836.41	70 726.00
8. 技术和经济的国际合作	695.32	2 569.81	2 468.76	3 698.87	5 550.29
9. 对印度食品公司的补贴	12 060.00	63 843.79	72 822.07	85 000.00	90 000.00
10. 对中央直辖区的拨款	274.93	495.55	568.00	517.50	515.00
11. 社会保障和社会福利	398.52	18 588.47	1 528.06	1 436.98	1 271.87
12. 其他	3 936.10	24 687.08	13 097.98	11 682.62	28 339.17
占非发展支出比重（%）					
1. 利息支出	49.7	37.7	41.4	43.0	41.5
2. 国防（净值）	24.8	24.8	25.9	24.3	22.8
3. 边界	0.1	0.4	0.3	0.3	0.3
4. 邦机构	0.8	0.6	0.7	0.6	0.6
5. 财政	2.1	2.7	1.6	1.9	5.9
6. 管理	6.7	6.7	7.2	7.3	6.8
7. 养老金和其他退休福利	7.1	9.3	9.3	8.7	7.9
8. 技术和经济的国际合作	0.3	0.4	0.4	0.5	0.6
9. 对印度食品公司的补贴	6.0	10.3	11.0	11.6	10.1
10. 对中央直辖区的拨款	0.1	0.1	0.1	0.1	0.1
11. 社会保障和社会福利	0.2	3.0	0.2	0.2	0.1
12. 其他	2.0	4.0	2.0	1.6	3.2

资料来源：Indian Public Finance Statistics 2013~2014，table 2.1 及计算得出。

表 11 - 16　　　印度中央发展支出的构成（2000～2001 财年至 2013～2014 财年）

单位：千万卢比

年　份	2000～2001	2010～2011	2011～2012	2012～2013 调整数	2013～2014 预算数
发展支出	91 884.12	525 018.87	580 897.18	619 280.86	728 313.63
1. 社会和社区服务	25 142.75	128 905.62	139 403.98	140 281.36	177 144.91
2. 一般经济服务	1 182.64	28 067.08	23 706.70	42 971.12	75 476.22
3. 农业和农业联盟服务	8 502.62	78 868.72	70 414.27	71 839.61	86 982.13
4. 工业和矿业	3 915.73	56 124.53	84 852.97	113 431.12	84 015.88
5. 肥料补贴	13 811.00	62 301.21	70 791.61	65 974.13	65 971.53
6. 能源、灌溉和防洪	3 998.15	9 993.39	16 945.68	10 907.91	17 130.13
7. 交通和通信	17 058.10	76 034.88	74 155.61	69 241.69	92 697.47
8. 公共事务	703.84	3 855.37	2 586.77	2 767.54	3 624.01
9. 对邦和中央直辖区的拨款	17 569.29	80 868.07	98 039.59	101 866.38	125 271.35
占发展支出比重（%）					
1. 社会和社区服务	27.4	24.6	24.0	22.7	24.3
2. 一般经济服务	1.3	5.3	4.1	6.9	10.4
3. 农业和农业联盟服务	9.3	15.0	12.1	11.6	11.9
4. 工业和矿业	4.3	10.7	14.6	18.3	11.5
5. 肥料补贴	15.0	11.9	12.2	10.7	9.1
6. 能源、灌溉和防洪	4.4	1.9	2.9	1.8	2.4
7. 交通和通信	18.6	14.5	12.8	11.2	12.7
8. 公共事务	0.8	0.7	0.4	0.4	0.5
9. 对邦和中央直辖区的拨款	19.1	15.4	16.9	16.4	17.2

资料来源：Indian Public Finance Statistics 2012～2013，table 2.1 及计算得出。

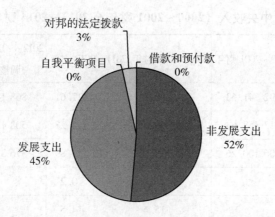

图 11 - 4　印度中央支出构成（2011～2012 财年）

资料来源：Indian Public Finance Statistics 2013～2014, table 2.1 及计算得出。

中央支出的另一种分类如表 11 - 17，分为收入性支出和资本性支出两类。总支出以收入性支出为主，占总支出的 85% 左右；资本性支出占总支出的 15% 左右。近年来收入性支出所占比重略有下降，资本性支出所占比重略为上升。

表 11 - 17　印度中央支出构成（2000～2001 财年至 2013～2014 财年）

单位：千万卢比

年　份	2000～2001	2010～2011	2011～2012	2012～2013 调整数	2013～2014 预算数
收入性支出	277 975.49	1 036 061.17	1 145 955.46	1 259 391.41	1 431 434.60
资本性支出	35 035.72	151 836.59	141 041.99	157 529.37	260 623.76
占总支出比重（%）					
收入性支出	88.8	87.2	89.0	88.9	84.6
资本性支出	11.2	12.8	11.0	11.1	15.4

资料来源：Indian Public Finance Statistics 2013～2014, table 2.3 and table 2.4 及计算得出。

中央支出还分为计划支出（Plan Expenditure）和非计划支出（Non - Plan Expenditure）两类，计划支出是中央对邦和中央直辖区计划的资助性支出。总支出以非计划支出为主，占总支出的 70% 左右，计划支出占总支出的 30% 左右。近年来非计划支出所占比重略有下降，计划支出所占比重略为上升。[1]

（3）中央财政收入状况。中央收入总量增长很大，年增长率不平均。中央收入占 GDP 的比重在 14% 左右，近年略有下降（见表 11 - 18）。2011～2012 财年，收入总量略有增长，增长率是近年来最低的，占 GDP 比重也有所下降。之后财年，虽然中央收入的增长率大幅提高，但收入占 GDP 比重还是略有下降。

---

[1] 资料来源：Economic Survey 2014～2015 Volume II, table 2.2.

表 11 –18　　　印度中央收入（2000～2001 财年至 2013～2014 财年）单位：千万卢比

年　份	2000～2001 财年	2010～2011 财年	2011～2012 财年	2012～2013 财年调整数	2013～2014 财年预算数
收入性收入	192 741. 63	783 809. 51	751 327. 61	868 146. 82	1 051 596. 57
资本性收入	113 358. 63	389 899. 55	424 514. 28	508 178. 62	620 616. 53
总收入	306 100. 26	1 173 709. 06	1 175 841. 89	1 376 325. 44	1 672 213. 10
增长率（%）			0. 2	17. 1	21. 5
占 GDP 比重(%)		15. 4	14. 5	13. 9	13. 8

注：占 GDP 比重最后 2 个财年一个是实际数，一个是暂时的实际数。

资料来源：Indian Public Finance Statistics 2012～2013，table 2. 2 and table 2. 5 及计算得出。占 GDP 比重来自 Economic Survey 2012～2013 Volume II，table 2. 2。

（4）收入结构及其变化。收入总体结构及其变化。中央收入分为收入性收入和资本性收入两部分（见表 11 –19）。收入性收入具体包括税收收入、非税收入和自我平衡项目收入三部分，资本性收入包括市场贷款、外部债务、小额储蓄、州准备金、公共准备金、非政府准备金特别存款、特别证券和各州杂项资本性收入这八个部分。收入性收入是收入的主体，大约占总收入的 63% 左右，资本性收入也很重要，占总收入的比重在 37% 左右，近年来收入性收入所占比重略有下降，资本性收入所占比重略有上升。

表 11 –19　印度中央收入结构（2000～2001 财年至 2013～2014 财年）　　单位：%

年　份	2000～2001	2010～2011	2011～2012	2012～2013 调整数	2013～2014 预算数
收入性收入	63. 0	66. 8	63. 9	63. 1	62. 9
资本性收入	37. 0	33. 2	36. 1	36. 9	37. 1
总收入	100. 0	100. 0	100. 0	100. 0	100. 0

资料来源：Indian Public Finance Statistics 2013～2014，table 2. 2 and table 2. 5 及计算得出。

收入性收入的结构及其变化。中央收入性收入分为税收收入、非税收入和自我平衡项目收入三类（见表 11 –20）。其中税收收入是收入性收入的主体，占比在 85% 左右，其次是非税收入，自我平衡项目收入小到可以忽略不计。2011～2012 财年，税收收入和非税收入分别为 6. 3 万亿和 1. 2 万亿卢比，占收入性收入的比重分别为 83. 8% 和 16. 2%，税收收入所占比重在之前一财年大幅下降后又回升到原来的水平（见图 11 –5）。

表 11 – 20　　　　　印度中央收入性收入的总量和结构

（2000～2001 财年至 2013～2014 财年）　单位：千万卢比

年　份	2000～2001	2010～2011	2011～2012	2012～2013 调整数	2013～2014 预算数
税收收入	136 658.56	569 868.90	629 486.26	742 114.99	884 078.32
非税收入	56 083.07	213 940.61	121 841.35	126 031.83	167 518.25
自我平衡项目	0.00	0.00	0.00	0.00	0.00
收入性收入汇总	192 741.63	783 809.51	751 327.61	868 146.82	1 051 596.57
占总收入比重（%）					
税收收入	70.9	72.7	83.8	85.5	84.1
非税收入	29.1	27.3	16.2	14.5	15.9
自我平衡项目	0	0	0	0	0

资料来源：Indian Public Finance Statistics 2013～2014 财年，table 2.2 及计算得出。

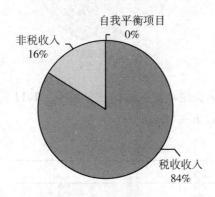

图 11 – 5　中央收入性收入结构（2011～2012 财年）

　　税收收入的结构及其变化。税收收入是中央收入性收入中最重要的内容，按收入类型可以分为直接税和间接税两种。印度中央税的一部分，即中央税收收入的大约 40% 需要分享给邦，因此中央税收收入包括表 11 – 21 的直接税和间接税，但中央本级可以支配的税收收入还要减去分给邦的收入。从表 11 – 21 中可以看出，近年来中央税税收收入中的直接税所占比重略高于间接税，直接税占税收收入比重高于 70%，间接税占税收收入比重高于 60%。2007～2008 财年，直接税的税收收入开始超过间接税，2009～2010 财年，直接税所占比重达到顶峰，之后所占比重略有下降。近年来，中央税收收入分给邦的份额一直保持在中央税收收入近 40% 的水平，比 2007～2008 财年以前的 35% 有所上升。

　　从税种来看（表 11 – 22），直接税的主体是公司所得税和其他所得税，2011～2012 财年，公司所得税占直接税和间接税总量的 36.3%，其他所得税占 18.5%（见图

11 - 6、图 11 - 7)。从 2006 ~ 2007 财年开始，公司所得税所占比重从 27% 左右开始增加，到 2009 ~ 2010 财年已经接近 40%，之后有所下降，是直接税收入超过间接税但近年来所占比重有所下降的重要因素。其他所得税所占比重多年来基本稳定在 18% 左右。

间接税中重要税种依次是联邦商品税、关税和服务税，2011 ~ 2012 财年占直接税和间接税总量的比重分别为 16.3%、16.8% 和 11.0%（见图 11 - 6、图 11 - 7）。其中联邦商品税所占比重从 2005 ~ 2006 财年的超过 30% 下降到目前的水平，是间接税收入占税收收入比重下降的主要原因。近年来，联邦商品税和关税占直接税和间接税收入比重略有下降，服务税比重有所上升，是间接税所占比重上升的主要原因。

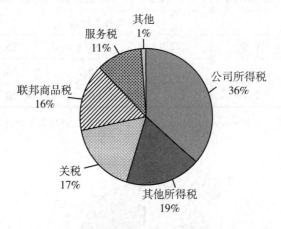

图 11 - 6　中央税收收入结构：分税种（2011 ~ 2012 财年）

注：资料来源同表 11 - 17 和表 11 - 18。

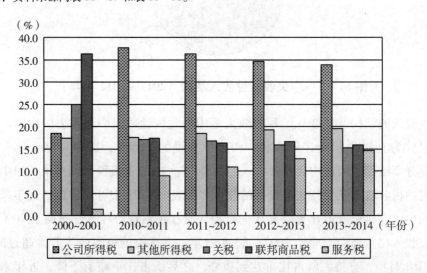

图 11 - 7　印度主要税种税收收入变化（2000 ~ 2001 财年至 2013 ~ 2014 财年）

注：根据表 11 - 19 绘制。

表 11 - 21　　　　　　　　　印度中央税收收入结构

（2000 ~ 2001 财年至 2013 ~ 2014 财年）　　　单位：千万卢比

年　份	2000 ~ 2001	2010 ~ 2011	2011 ~ 2012	2012 ~ 2013 调整数	2013 ~ 2014 预算数
税收收入(1 + 2 - 3)	136 658. 56	569 868. 90	629 486. 26	742 114. 99	884 078. 32
1 直接税	49 651. 71	438 515. 45	488 160. 17	559 676. 85	661 395. 85
2 间接税	87 264. 24	354 556. 27	400 737. 63	478 359. 76	574 474. 23
3 分给邦的收入	257. 39	223 202. 82	259 411. 54	295 921. 62	351 791. 76
占税收收入比重（%）					
1 直接税	36. 3	77. 0	77. 5	75. 4	74. 8
2 间接税	63. 9	62. 2	63. 7	64. 5	65. 0
3 分给邦的收入	0. 2	39. 2	41. 2	39. 9	39. 8

资料来源：Indian Public Finance Statistics 2013 ~ 2014, table 2. 2 及计算得出。

表 11 - 22　　　　　印度中央政府税收收入结构：分税种

（2000 ~ 2001 财年至 2013 ~ 2014 财年）　　　单位：千万卢比

年　份	2000 ~ 2001	2010 ~ 2011	2011 ~ 2012	2012 ~ 2013 调整数	2013 ~ 2014 预算数
直接税 + 间接税	136 915. 95	793 071. 72	888 897. 8	1 038 036. 61	1 235 870. 08
1. 直接税	49 651. 71	438 515. 45	488 160. 17	559 676. 85	661 395. 85
a) 公司所得税	25 177. 53	298 687. 89	322 816. 17	358 874. 00	419 520. 00
b) 其他所得税	23 766. 34	139 102. 20	164 525. 33	199 933. 10	240 922. 10
c) 不动产税	0. 31	0. 24	0. 48	0. 00	0. 00
d) 利息税	414. 49	3. 74	2. 57	0. 00	0. 00
e) 财富税	90. 50	686. 83	786. 67	866. 00	950. 00
f) 赠与税	- 0. 30	0. 38	0. 99	0. 00	0. 00
g) 土地收入税	1. 53	1. 92	3. 61	3. 75	3. 75
h) 旅店收入税	0. 49	3. 18	3. 67	0. 00	0. 00
i) 消费税	200. 82	29. 07	20. 68	0. 00	0. 00
2. 间接税	87 264. 24	354 556. 27	400 737. 63	478 359. 76	574 474. 23
a) 关税	34 163. 02	135 812. 51	149 327. 50	164 853. 00	187 308. 00
b) 联邦商品税	49 757. 70	137 700. 94	144 900. 97	171 315. 09	196 804. 95
c) 服务税	1 964. 43	71 015. 91	97 508. 96	132 697. 05	180 141. 04
d) 邦商品税	102. 72	289. 82	362. 45	401. 09	392. 52

年　份	2000～2001	2010～2011	2011～2012	2012～2013 调整数	2013～2014 预算数
e）印花和注册费	21.52	152.56	128.48	132.79	135.19
f）销售税	326.39	1 405.51	1 779.77	1 947.18	2 055.95
g）车辆税	20.70	71.67	157.68	133.80	133.40
h）商品和乘客税	4.07	6.59	8.41	6.20	5.90
i）电力税	5.65	13.70	16.15	15.55	15.27
j）其他	898.04	8 087.06	6 547.26	6 858.01	7 480.01
占直接税和间接税总量的比重（%）					
1. 直接税	36.3	55.3	54.9	53.9	53.5
a）公司所得税	18.4	37.7	36.3	34.6	33.9
b）其他所得税	17.4	17.5	18.5	19.3	19.5
c）不动产税	0.0	0.0	0.0	0.0	0.0
d）利息税	0.3	0.0	0.0	0.0	0.0
e）财富税	0.1	0.1	0.1	0.1	0.1
f）赠与税	0.0	0.0	0.0	0.0	0.0
g）土地收入税	0.0	0.0	0.0	0.0	0.0
h）旅店收入税	0.0	0.0	0.0	0.0	0.0
i）消费税	0.1	0.0	0.0	0.0	0.0
2. 间接税	63.7	44.7	45.1	46.1	46.5
a）关税	25.0	17.1	16.8	15.9	15.2
b）联邦商品税	36.3	17.4	16.3	16.5	15.9
c）服务税	1.4	9.0	11.0	12.8	14.6
d）邦商品税	0.1	0.0	0.0	0.0	0.0
e）印花和注册费	0.0	0.0	0.0	0.0	0.0
f）销售税	0.2	0.2	0.2	0.2	0.2
g）车辆税	0.0	0.0	0.0	0.0	0.0
h）商品和乘客税	0.0	0.0	0.0	0.0	0.0
i）电力税	0.0	0.0	0.0	0.0	0.0
j）其他	0.7	1.0	0.7	0.7	0.6

注：（1）据查财富税（wealth tax）是对公司净资产超过150万卢比的征收1%的财富税。

（2）商品税（excise duty）是对商品的生产和制造征收的税收，商品不同适用的税率也不同。

资料来源：Indian Public Finance Statistics 2013～2014，table 2.2 及计算得出。

（二）财政盈余/赤字

1. 财政盈余/赤字水平及其变化

财政盈余/赤字涉及一些基本的概念。其中收入赤字（Revenue Deficit）指收入性支出超过收入性收入的部分；财政（总）赤字（Fiscal Deficit）是指收入性收入和非债务资本性收入与包括借款和预付款（净值）的总支出之间的差额，反映的是政府各种途径的借款总量；财政净赤字（Net Fiscal Deficit）指财政总赤字减去借款和预付款净值；原发性（总）赤字（Primary Deficit）指财政赤字减去支付的利息；原发性赤字净值（Net Primary Deficit）指财政净赤字减去利息支付净值；预算赤字（Budgetary Deficit）指包括借款和预付款的总支出与总收入的差额，等于财政赤字加上现金余额的下降以及市场稳定计划的净收入。[①]

中央和邦的财政赤字大幅增长。财政赤字在 2011～2012 财年是 6.9 万亿卢比（见表 11-23）。历史来看从 2008～2009 财年开始，财政赤字是之前财年的 2～3 倍。

表 11-23　中央和邦盈余/赤字（2008～2009 财年至 2012～2013 财年）

单位：千万卢比

年　份	2010～2011	2011～2012	2012～2013 调整数	2013～2014 预算数
1. 收入账户的盈余/赤字	-235 890.22	-366 689.94	-366 554.41	-322 799.22
2. 资本账户的盈余/赤字	244 407.11	269 537.00	291 578.94	303 671.69
3. 总盈余/赤字	8 516.89	-97 152.94	-74 975.47	-19 127.53
备忘项目				
1. 财政总赤字	529 593.82	688 433.91	752 109.66	784 359.43
2. 财政净赤字	500 143.06	661 413.78	725 988.41	753 095.01
3. 原发性总赤字	178 448.69	285 198.93	286 980.98	245 325.84
占 GDP 比重（%）				
1. 收入性盈余/赤字	-3.03	-4.07	-3.66	-2.84
2. 总盈余/赤字	0.11	-1.08	-0.75	-0.17
3. 财政总赤字	6.79	7.64	7.50	6.90
4. 财政净赤字	6.42	7.34	7.24	6.62
5. 原发性总赤字	2.29	3.17	2.86	2.16

资料来源：Indian Public Finance Statistics 2013～2014，table 1.6.

[①]　资料来源：Indian Public Finance Statistics 2012～2013，P ⅹⅲ。注：这里解释了这几个赤字指标的含义，如想加强理解，请参考英文原文。

2. 财政盈余/赤字占 GDP 的比重

财政赤字占 GDP 的比重从 2008～2009 财年开始明显上升，2011～2012 财年是7.64%，近年来略有下降（见表11-23）。从历史来看比重变化不大，近年来比重最高的是 2009～2010 财年的 9.46%，最低的是 2007～2008 财年的 4.00%。

（三）政府债务

1. 中央和邦政府债务水平及其变化

近年来印度债务总量占 GDP 的比重在 70% 以上，但比重呈下降态势，债务状况不断改善。2011～2012 财年，中央和邦政府债务占 GDP 的比重为 70.5%。近年来，中央和邦政府债务占 GDP 比重在 2005～2006 财年曾一度高达 88.0%，之后一直呈现下降态势（见表11-24），债务风险总体可控，并呈下降态势。从债务结构来看，中央债务比重约占总债务的 70%，邦债务约占 30%。中央债务和邦债务占 GDP 比重也都呈下降趋势。

表 11-24　　　　　　　　印度中央和邦债务余额占 GDP 比重
（2000～2001 财年至 2013～2014 财年，截至 3 月底）　　　　单位：%

年　份	2000～2001	2010～2011	2011～2012	2012～2013 调整数	2013～2014 预算数
A 中央债务	53.9	50.5	50.0	50.3	49.7
1 内债	50.8	48.5	48.1	48.5	48.1
2 外债	3.0	2.0	1.9	1.9	1.6
B 邦债务	16.4	21.6	20.5	20.2	20.0
政府债务汇总（A＋B）	70.3	72.1	70.5	70.4	69.7

资料来源：Indian Public Finance Statistics 2013～2014, table 6.2（A）.

2. 中央政府债务情况

中央政府债务占 GDP 比重不断下降，债务状况不断改善。2011～2012 财年，印度中央政府债务占 GDP 的 50.0%（见表11-24）。从历史趋势来看，中央政府债务占GDP 的比重呈现下降态势，债务占 GDP 比重从 2005～2006 财年的 61.0% 一直呈现下降态势。

从债务结构来看，印度中央债务以内债为主，外债比重很低。2011～2012 财年，印度中央债务内债占 GDP 的 48.1%，外债占 GDP 的 1.9%。近年来，印度中央债中的内债占 GDP 比重呈下降趋势，外债所占比重也是如此。

3. 邦债务情况

邦债务占 GDP 比重呈现下降趋势，债务状况不断改善。2011～2012 财年，印度邦债务占 GDP 的 20.5%（见表 11 - 24）。从历史趋势来看，邦债务占 GDP 的比重相比十几年前有所上升，但是 2003~2004 财年以来（占 GDP 的 25%）呈现下降态势。

四、施政方针与财政改革

（一）面临的优势和挑战

1. 优势

（1）经济改革促进经济发展。新政府的改革因为现实性强，预期会取得好的效果，已经吸引了世界的目光。这些改革对促进投资和经济增长的影响将十分显著。改革已经在很多领域展开，而且一些重大的改革正在计划之中。

（2）贸易条件优化。2014 年 6 月开始，由于原油和其他商品价格下降了近一半，印度的贸易条件得到优化。贸易条件的改善如果是持久性的，将促进消费的增长，如果是暂时的，将造成储蓄的增加。短期来看，低油价将刺激经济的增长。原油是重要的投入要素，低油价将有助于企业盈利，使资产负债表更好看。

（3）通货膨胀得到缓解，货币政策压力不大。较低的通货膨胀率和通货膨胀预期有助于减轻货币政策的压力，刺激经济在短期内增长。通货膨胀率的进一步下降以及由此带来的货币政策压力的减轻将通过刺激家庭对利率较敏感的支出（如房贷）、减轻企业债务负担、优化资产负债表来促进经济增长。2015 年 1 月，批发价格指数通缩表明，投入成本已经出现下降。

（4）家庭消费预计增长。低油价以及减税政策将增加家庭的支出能力，因此将促进消费和经济的增长。

（5）季风有利。根据预报，2015~2016 年度的季风会在正常水平，比上一年的情况要好。

2. 挑战

就业。由于不同来源、方法和范围计算的就业长期趋势充满矛盾和混乱，因此很难解读。一个暂时的结论是，长期就业增长率在下降，就业增长率的弹性也在下降。据此推断，劳动力的增长率会超过就业的增长率。因此创造工作岗位的任务将很重。

（二）施政方针、目标

1. 财政巩固

预算将继续沿着财政巩固的方向迈进。印度 2014 财年收入占 GDP 的比重按 IMF 的估计为 19.5%。印度收入占 GDP 的比重将进一步提高，并与类似国家（亚洲新兴经济体的 25% 以及 G20 中新兴市场国家的 29%）看齐。在增加财政收入的同时，还将控制支出。

在 2014~2015 财年中期经济分析中提到①，政府将遵循赤字占 GDP4.1% 的目标。虽然面临收入不佳、投资不振的压力，但是新的柴油和汽油消费税（收入大约有 2 000 亿卢比）、减少补贴和压缩支出将确保目标的实现。

2. 税收改革

实施商品和服务税（GST）的宪法修正案将在议会和各邦批准后成为法律，该税在设计上将最大限度地促进增长、提高法律遵从度和有助于单一市场的形成。在商品和服务税实施的同时，现代综合的间接税体系框架也将建立，直接税也是如此。目标是建造一个高度竞争、可预测、清晰以及税收减免较少的税收政策体制，这种体制将降低资金成本，刺激储蓄并提高纳税人的税收依从度。

（三）重点推进的财政政策和改革措施

新政府在 2014 年 5 月开始运行后，开始实施了一些新的改革措施，其综合影响十分显著。到 2015 年 3 月底前出台和实施的主要措施包括：

1. 2014~2015 财年的财政政策和改革措施②

（1）财政支出方面。厨房用煤气补贴被替换成全国范围的直接转移支付。

为深化金融的包容性，建立了一项重要计划，名称为 the Pradhan Mantri Jan Dhan Yojana。按照该计划，截至 2014 年 2 月中旬，已经开立了金额为 1.25 亿卢比的新账户。

继续促进 Aadhaar 计划的扩展，该计划的目标是实现 10 亿印度学生的入学；截至 2 月初，7.57 亿学生已经被确认入学，139 个与 Aadhaar 项目相关的银行账户已经开立。

（2）税收方面。商品和服务税改革。商品和服务税的设计包括，单一税率与国际基本持平、税收减免受到限制。政府目前要确保达成的商品和服务税政治协议的执行，保证相应宪法修正案完成立法程序并被通过。

对能源产品征税。从 2014 年 10 月开始，利用油价的下跌，柴油和煤的消费税增长了 4 倍。除了带来约 7 000 亿卢比的年收入外，还会产生良好的环境效果。

印度政府修订了煤炭的税率，在原基础上上调 1 倍，相当于征收碳税。

印度已经削减了能源补贴并增加了化石能源税（汽油和柴油），将碳补贴制度转为碳税。这明显增加了汽油和柴油的价格，同时减少了二氧化碳的排放。

---

① MOF of India, the Mid-Year Economic Analysis 2014~2015，印度财政部网站。
② Economic Survey 2014~2015 Volume I & Volume II.

2014～2015 年度预算提高了个人所得税基准免税限额，适用人群范围包括 60 岁以下的人、印度全职家庭或联合会中的人或个人组织（无论是否合并纳税），或者注册的个人法人，免税限额都从 20 万卢比提高到 25 万卢比。对在印度居住、年龄在 60 岁或以上小于 80 岁的个人的免税限额从 25 万卢比提高到 30 万卢比。

按投资新工厂和设备总额 15% 的投资补贴，延期执行到 2017 年 3 月 31 日，享受该政策的投资最低额下调到 2.5 亿卢比。

国外证券投资人通过证券交易获得的收入按资本利得纳税。

对国外分红所得适用 15% 的优惠税率继续征税。

关税调整包括：关税适用日期调整方面，对脱脂豆油、花生油饼/油饼等免除关税直到 2014 年 12 月 31 日；关税降低方面，降低了化学品和石油化工产品部门的基础关税（BCD - Basic Customs Duty），降低了风能发电和太阳能生产项目设备的基础关税，对符合规定的抗艾滋病药品免除关税和产品税；关税增加方面，对各种非结块煤炭的基础关税合理化调整到 2.5%，并加征 2% 的反倾销税，现成纺织服装的装饰品再加工出口的适用税率从 3% 提高到 5%，特定不锈扁钢产品的基础关税从 5% 提高到 7%，铝土矿（Bauxite）的出口关税从 10% 提高到 20%，对钻石和有色宝石的基础税率也有所提高，等等。

产品税方面，税率下调的包括：生产肉和家禽设备的产品税税率从 10% 下降到 6%，建立太阳能产品项目和生物能工厂所需机器设备免除产品税，对品牌汽油的中央产品税税率从每公升 7.50 卢比下调到 2.35 卢比；税率上调的包括，铜绕组线税率从 10% 上调到 12%，大幅上调了香烟税率，可记录智能卡税率大幅上调到 12%，对煤炭、褐煤和泥煤征收的清洁能源税的税率从每公吨 50 卢比提高到 100 卢比。

在 2014～2015 财年预算之后还将出台一些措施如下：

对未加工和精炼的白糖的基础关税税率从 15% 调高到 25%。

调高汽油和柴油基础产品税税率，非品牌汽油税率从每公升 1.20 卢比提高到 4.95 卢比，品牌汽油税率从 2.35 卢比调高到 6.10 卢比，非品牌柴油税率从 1.46 卢比调高到 3.96 卢比，品牌柴油税率从 3.75 卢比调高到 6.25 卢比。

（3）财政体制方面。最新的财政委员会是第 14 届，于 2013 年 1 月 2 日被任命，主席是 Dr. Y. V. Reddy，该届委员会负责拟定对 2015～2016 财年至 2020～2021 财年的建议，目前建议已经提交，一些主要建议如下[1]：

将中央与邦可分享税收收入中邦可获得的份额从 32% 提高到 42%，这是过去垂直税收转移支付历史中最大幅地增加。上两届财政委员会提出的分享建议的比重分别是 30.5% 和 32%。

---

[1] Economic Survey 2014～2015 Volume I, P129 - 131. 其他届财政委员会建议请参考财政部财政科学研究所：《各国财政运行状况（2013）》，中国财政经济出版社 2014 年版，第 242～243 页。

财政委员会也提出了一个新的水平转移支付公式（见表 11 - 25）用于可分享收入在各邦之间进行分配。公式中变量和权重都发生了变化。新的财政委员会引入了两个新变量：2011 年的人口数和森林覆盖面积，剔除了财政纪律变量。

建议的几项其他转移支付包括对城乡地方机构的拨款、根据救灾和弥补收入性赤字拨款的绩效进行的拨款。这些转移支付总量在 2015 ~ 2020 财年内大约为 5.3 万亿卢比。

财政委员会与第 13 届财政委员会不同，没有对部门特殊拨款（Sector Specific - Grants）提出任何建议。

表 11 - 25 第 13 和 14 届财政委员会提出的水平转移支付公式的比较

变量	权重	
	第 13 届财政委员会	第 14 届财政委员会
人口（1971）	25	17.5
人口（2011）	0	10
财政能力/税收收入差距	47.5	50
面积	10	15
森林覆盖面积	0	7.5
财政纪律	17.5	0
汇总	100	100

资料来源：Economic Survey 2014 ~ 2015 Volume I, P131, Table10.1.

（4）机构方面。国家计划委员会被新成立的机构国家改革印度学会取代。印度计划委员会成立于 1950 年，由印度首任总理贾瓦哈拉尔·尼赫鲁设立，已有 65 年历史。计划委员会主席由政府总理兼任，成员由一些主要部门的部长组成，负责批准各邦的发展计划，并以此作为邦取得中央拨款的条件。[①]

计划委员会被批评为是造成长期困扰印度经济增长缓慢局面的原因。印度总理莫迪在古吉拉特邦担任总理时就曾对计划委员会的干预大为恼火，他也曾发誓要废除该委员会，称其阻碍经济发展。

2015 年新成立的国家改革印度学会（NITI）将更像是一个研究机构或论坛。其成员将包括印度 29 个邦和 7 个中央直辖区的领导人，但其专职班子——副主席、总裁和专家——将直接听命于总理。莫迪称新机构将以"亲民、积极、参与性强的发展规划"

---

① 邦取得中央拨款和贷款的具体计算方式请参考财政部财政科学研究所：《各国财政运行状况 2013》，中国财政经济出版社 2014 年版。

取代过去一刀切的做法。①

建立支出管理委员会（the Expenditure Management Commission），该委员会已经提交了针对提高支出合理化的中期报告。

2. 2015～2016 财年的财政政策和改革措施②

根据 2015～2016 财年的预算，出台及将要实施的改革措施包括：

（1）财政支出方面：

将为基础设施投资提供更多的资金。

在考虑公共财政状况时从整个政府角度考虑，而不是只考虑中央的财政状况，整个政府的公共支出可能会明显增加。

在基础设施支出方面：大幅增加公路和铁路支出，公共部门资本性支出也将上调；建立国家投资和基础设施基金（NIIF – National Investment and Infrastructure Fund），每年为该基金投入 2 000 亿卢比；铁路、公路和灌溉部门的基础设施债券免税；再次发展和恢复基础设施建设的 PPP 模式；等等。

非计划支出估计为 13.1 万亿卢比，计划支出为 4.7 万亿卢比，总支出为 17.8 万亿卢比。

（2）税收方面：

税收收入估计为 14.5 万亿卢比，非税收入估计为 2.2 万亿卢比。

稳定税收政策和非敌对的税收管理。

严厉打击黑钱。

为下一年商品和服务税的实施（GST）做各种准备。

个人所得税税率不做调整。

建议在今后 4 年中将公司所得税税率从 30% 下调到 25%，从下一财年开始实施。

更合理安排及取消各种税收减免，减少税收争议并改善税收管理。

继续实施对个人纳税人的税收减免来鼓励储蓄。

对中等收入纳税人给予优惠，例如医疗保险保费的扣除上限从 1.5 万卢比提高到 2.5 万卢比，对老年人的扣除上限从 2 万卢比提高到 3 万卢比，等等。

关税方面，提高了部分基础关税税率，例如将铁、钢以及钢铁制品的基础关税税率从 10% 提高到 15%，商用车税率从 10% 提高到 40%，等等；对特别说明的数码静止成像摄影器材的基础关税实行零税率；等等。

服务税方面，对患者提供的救护车服务等免除服务税。

（3）赤字和债务方面：

赤字占 GDP 的目标设定为 3%，计划在 3 年而不是 2 年内实现。对 2015～2016 财

① 参考消息转路透社报道。
② 资料来源：MOF of India, Key Features of Budget 2015～2016, Feb. 28 2015.

年、2016～2017 财年、2017～2018 财年设定的赤字占 GDP 目标分别是 3.9%、3.5% 和 3.0%。

债务管理方面，在本年，公共债务管理局（PDMA – Public Debt Management Agency）对外债和内债统一在一个限额下进行管理；完善相关债务立法，修订 2015 年财政法案（the Finance Bill）中包括的政府债券法案（the Government Securities Act）和 RBI 法案；促进市场委员会（Forward Markets Commission）与 SEBI 合并；等等。

（4）财政管理方面：

中央对邦在税收方面的转移支付估计为 5.2 万亿卢比，中央税收净收入为 9.2 万亿卢比。

有必要减少补贴的滴漏，而不是减少补贴本身。为实现该目标，政府承诺让补贴的安排更合理化。

对受益人的直接转移支付将进一步扩大，受益人将从 1 000 万人增加到 1.03 亿人。

第十二章
泰　国

泰国位于中南半岛中部，与柬埔寨、老挝、缅甸和马来西亚接壤，东南临泰国湾（太平洋），西南濒安达曼海（印度洋），西和西北与缅甸接壤，东北与老挝交界，东南与柬埔寨为邻，疆域沿克拉地峡向南延伸至马来半岛，与马来西亚相接，其狭窄部分居印度洋与太平洋之间。截至2015年年底，泰国总人口6 493万人，较上年下降0.3%；适龄劳动力人口3 855万人，较上年下降0.1%；就业人口3 802万人，较上年下降0.2%，其中农业从业人口1 227万人，下降3.6%，非农业从业人口2 574万人，增长1.6%。2014年，泰国GDP达到131 322亿泰铢（按当年价格计，约合4 162.91亿美元），人均GDP约6 392.67美元。

一、政府治理体系

根据泰国《宪法》规定，泰国是以国王为国家元首的君主立宪制国家。国会是最高立法机构，实行上、下两院制，其中上议院议员150人，任期为六年；下议院议员500人，任期四年。全国设有76个省（府），省（府）下设县、区、村。泰国司法系统由宪法法院、司法法院、行政法院和军事法院组成，其中，宪法法院的主要职能是对总理或议员涉嫌违宪或重大经济问题案件进行终审裁定；行政法院分为最高行政法院和初级行政法院，主要负责审理涉及国家行政机关、国有企业及地方政府间的诉讼纠纷，公务员与私企间的诉讼纠纷；军事法院主要受理军事犯罪和法律规定的其他案件；司法法院分为最高法院、上述法院和初审法院，负责受理不属于上述三个法院审理的其他案件。

根据泰国宏观经济政策局和财政政策办公室联合发布的泰国2014～2015年度经济预测，2014年泰国经济年度增长率为1.4%。2014年下半年，经济增长2.9%，这主要受益于政治逐渐稳定，以及政府的经济复苏政策逐渐得到市场的消化，尤其表现在第四季度泰国经济的增长。私人消费同比增长1.4%，较之上年以加速度在增长，这主要得益于政治逐渐明朗带来的信心。此外，政府的各项支持性政策也会扶持消费，例如向参与稻米典押计划（政府收购稻米计划）的稻农偿还债务、削减稻农成本和对橡胶价格的支持性措施等。

但同时，私人投资预计将继续下降3.0%左右，一部分原因是私营部门仍在观望经济的走向，且商品出口低迷期推迟了出口导向型产品的投资。同时，公共消费仍将是经济复苏的主要驱动因素，尤其是在预算支出进度加快的情况下，公共消费将为今年泰国经济的复苏提供持续的支持。公共消费同比增长4.5%左右，公共投资预计同比增长1.0%。然而，货物和劳务出口量预计同比下降0.1%，这是由于泰国的主要经济贸易伙伴（特别是欧洲地区）的经济复苏速度减缓。此外，出口价格，尤其是农产品出口价处于较低水平。伴随着较低的国内需求，货物和劳务进口量预计同比下降2.9%。

2015年泰国经济年度增长率预计为4.1%（或在3.6%～4.6%间波动）。2015年经济加速的驱动力是私人消费的扩大、出口的复苏和政府部门的大量投资。私人消费预计会进一步扩大至3.7%（或在3.4%～4.2%间波动），这得益于良好经济形势下非农收入的提高和就业状况的改善，尤其制造业和旅游业发展。此外，消费信心的增强将持续支持私人消费的扩大。然而由世界农产品价格下跌导致农民收入水平低，可能会阻碍私人消费的复苏。同样的，私人投资预计以8.0%的比率继续扩大（或在7.0%～9.0%间波动），支持其扩大的因素包括出口的复苏以及为应对劳动力结构性失衡投资的生产结构调整。2015年的政府支出将继续成为泰国经济增长的核心动力。政府消费预计增长3.6%（或在3.1%～4.1%间波动），同时政府投资预计上升至10.7%（或在8.7%～12.7%间波动）。计划投资的资金支出率预计会加速，对基础设施投资计划的支出极有可能在2015年启动。在国际贸易方面，根据预测，货物和劳务出口量将恢复并以高于2014年的速度增长，这得益于全球经济的复苏，尤其是泰国主要贸易伙伴（包括美国）的经济复苏。此外随着政治的稳定，旅游业的发展前景更加乐观，这可以从多国取消泰国旅游（禁令）建议中反映出来。因此，货物和服务的出口量预计上升至6.5%（或在5.5%～7.5%间波动）。由于私人消费的扩大，出口领域和大型政府投资项目的恢复，货物和劳务进口量预计会以9.6%（或在8.6%～10.6%间波动）的速度加速增长。

二、政府间财政关系

（一）政府间的行政关系

根据1991年颁布的《泰国管理法》（Thai Administration Act），泰国政府由三个级公共行政机构组成，即中央，省和地方。然而，省级政府缺乏充分的自治权力，直接接受中央政府的管理。另一方面，地方政府在地方管理方面拥有一些自主性和权力。

中央政府由包括总理办公室在内的 15 个行政部门组成。省级管理机构是由一个中央政府任命的总督和一些省级职能部门共同组成，省级政府各个行政部门的最高首长是由中央政府相应部门任命的。内政部从其下属的地方行政部的人员中，选调和任命除首都曼谷以外的 75 个省级政府的最高长官（总督），曼谷的最高行政首长是唯一通过民选产生的。此外，省级政府的最高首长并不直接管理省级其他行政机构。地方（区级）政府，即省级以下政府，是由地方总长负责管理，而地方总长的任命权则归内政部下的地方行政部，地方总长的管理范围延伸至分区和农村。

泰国共有 76 个省份（75 个省和曼谷），省级以下细分为区，分区（Tambon）和村庄。这些地方政府主要负责其区域内的行政管理事务。泰国地方政府可分为六种形式：（一）省级行政机构；（二）区级（市）行政机构；（三）公共卫生行政区①（提供各种公共卫生服务）；（四）分区行政组织；（五）曼谷大都市管理机构；（六）帕塔亚市。地方政府不仅有不同的政治和行政结构，而且在规模上有较大差异。

其中，曼谷市是一个省级特别市，帕塔亚市则是一个区级特别市。曼谷市总督由民选产生，且曼谷市拥有比其他省级政府更大的自治权。帕塔亚市由城市执行长（市长）负责管理，市长受雇于私营专业管理部门。然而，帕塔亚市议会成员由民选产生。曼谷市和帕塔亚市都独立于其他四个形式的地方政府。

区（市）和卫生公共行政区拥有相同的行政当局，并且两者皆负责城市社区的管理，但前者的权利和规模大于后者。当卫生公共行政区管理区域扩展到整个区（市）时，它就成为区（市）级政府。分区政府负责农村地区各社区的管理。省级政府负责监督省域内，但又在区（市）级政府、卫生公共行政机构及分区政府管理区域以外的地方行政管理。

泰国实行三级政府管理体制，即中央、省和地方，其分权改革的目标是通过给予地方政府更多的事权和相应的税权，增强地方政府的财政能力。分权化改革后，泰国形成了中央与地方两条并行的公共管理体系，中央在 76 个省、878 个行政区和 5 770 个分区设置了办公室，这些办公室同时还承担着协调和监督地方政府的职责。地方行政区（LAO）大约有 7 853 个，其中包括了 76 个省级行政区，是地方最高层级政府；2 007个市级行政区，根据人口总量、人口密度以及税收总量等因素，分为都市、市镇和区镇；5 770 个乡镇（TAO）。此外，曼谷大都会行政区和芭提雅市是特别行政区。地方行政区的地方议会议员、地方行政执行长官均采取直接选举办法选举产生，地方议会议长采取间接选举办法选举产生（见图 12 - 1）。

---

① 1999 年 5 月，卫生行政区都被升格为区。

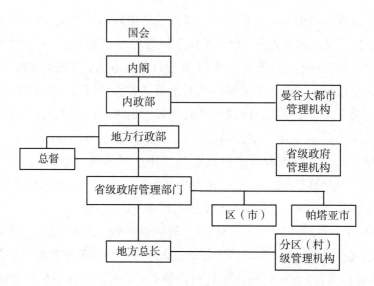

图 12 - 1　泰国地方政府结构

（二）财政分权体制

自 20 世纪 90 年代民主化改革后，地方自治和权力下放的原则在泰国 1997 年的《宪法》中获得确立，其中，明确了议会通过制定法律推进分权化改革。1999 年，泰国通过《分权法案》及其实施计划，授权组成国家分权委员会。《财政分权法》中提到："……为了进一步推进分权改革，使其达到一个更高的水平，法律应对财政分权的相关事项作出明确的规定，应至少包括下列内容：明确划分中央政府与地方政府及地方各级政府间在提供公共服务方面的权力及职责；应根据各级政府的职责合理分配税收；设立一个委员会负责上述两项职责。该委员会成员由有关政府机构代表、地方当局代表和拥有法律规定资格的人员共同组成，三者代表数量应相同。"2000 年，国家分权委员会成立，主要负责国家权力下放计划的实施，该计划界定了中央政府和地方政府间的关系和责任划分；分权委员会还负责协调中央政府机构的公共服务职能及其掌握的公共资源向地方政府机构转移，并有权决定中央与地方机构间补助的标准。

《财政分权法案》颁布实施的最初几年，泰国中央政府并没有明确将事权转移给地方政府，尽管该法明确规定应下放给地方政府的事权，但由于事权分配的框架仍在调整中，因此，各级政府的事权分配没有明确指定。地方政府在确定优先事项和支出分配方面只有有限的权力，地方预算仍然必须由省长（或区议会）批准，地方获得的各种补贴都必须接受中央政府的监督。

根据《财政分权法案》，事权分配计划主要包含三个层次的内容：第一层次内容主要是将需要转移的公共服务分成六类：基础设施；与民生相关的公共服务；社区和社会的秩序和安全；规划，促进投资，以及商业和旅游业；自然资源和环境的保护；文化艺术，传统和地方名胜。第二层次内容是确定中央各部委和有关部门需要转移的公共服务职能。第三层次则确定接受职能转移的地方政府，明确目标完成的期限，并将下放的公共服务职责分为两类，一类是地方政府必须提供的公共服务；另一类是由地方政府可选择性提供的公共服务。

1. 事权分配

省级政府所承担的职责主要包括：（1）制定全省发展计划；（2）提供省域内跨地区的公共服务，如省域内跨地区的基础设施、污水治理、废物处理、大型公共交通设施等；（3）社会福利事业，包括：公共教育，公共健康，社会保障和其他省级的社会福利事业；（4）自然资源和环境保护；（5）促进旅游、文化，艺术，贸易和投资的发展；（6）向省级以下各级政府提供技术和财政支持。

省级以下地方政府所需要承担的责任主要包括：（1）制定地方和社区发展的计划；（2）促进地方经济发展，促进投资、就业、贸易和旅游；（3）负责地方公共服务的提供，包括：地方道路，人行道，公共交通系统和路灯，公共标识，港口和码头，废物处理，供水系统，公共事业，公园，垃圾收集，宠物管制，牲畜屠宰，公共安全，自然资源和环境保护，灾害防治，公共卫生和火葬服务等；（4）社会福利事业，包括教育，儿童、老年人和残疾人的社会福利，基本医疗服务，保障性住房，艺术和文化保护；（5）促进民主价值观，公民权利，公众参与，法律和秩序，解决冲突。

如上所述，在实施财政分权改革前，泰国事权高度集中于中央政府，因此，此处所列出的省级政府事权以外的事权均集中于中央政府。

2. 财权分配

泰国地方政府的财政收入只有三个来源：本级政府征收的税收、中央政府征收的附加税和共享税以及中央政府的转移支付。省级以下地方政府负责征收的税收和收费包括：建筑和土地税、牌照税、屠宰税、垃圾收集费、建筑许可费等；省级政府负责征收的税收包括：旅店税、加油站税、烟草销售税等。中央征收的附加税包括：增值税附加（11.11%）、特别商业税附加（10%）、酒精税附加（10%）、消费税附加（10%）、酒类零售许可费和赌博许可费附加（10%）、赛马赌博税附加（2.5%）；共享税包括增值税和矿产石油税，其中，增值税的5%归除曼谷市外的省级政府；60%的矿产石油税归来源地政府；增值税按分权法转移给各级地方政府。此外，由政府职能部门统一收取的税费也通过税收转移的方式返回给地方政府，包括：由省级注册机关收取的机动车税费；房地产注册费。

3. 政府间转移支付

（1）增值税转移支付。基于中央政府增值税收入分享公式确定的增值税转移支付，根据1999年分权法案，地方政府有权获得由中央政府征收的增值税收入，但总量不超过30%。该项转移支付的分配由泰国国家分权委员会负责，采取因素公式法分配，主要考虑了人口、行政区面积、财政收入和财政支出等因素，分配基数根据每年增值税收入略有调整。目前，增值税转移支付额度占增值税收入的比重达 18.5% 左右。

（2）一般性转移支付。一般性转移支付约占省级财政收入的 8.3%（2009 年），是其最重要的财政收入来源之一，约占中央转移支付总额的 15%。一般性转移支付的主要目标是弥补地方政府的财政缺口，匹配其支出责任。其中，5% 是作为赤字补助，是根据地方行政区（LAO）基本公共服务支出与其财力间的缺口来分配。剩余的一般性转移支付中，有 90% 分配给市级行政区和乡镇行政区，仅有 10% 分配给省级行政区（PAO）。这部分转移支付的分配方法兼顾了公平和平等原则，其中 65% 按照人口基数来分配，剩余 35% 采取平均法分配。

三、财政收支运行状况

（一）中央财政支出

泰国财政高度中央集权，中央政府集中了 80% 以上的财力，从全国财政支出总量上看，2010~2013 年，泰国财政支出由 22 431.9 亿泰铢增至 273 114.98 亿泰铢，其中在 2011 年，由于受到国家经济形势和国际关系动荡，以及国内 50 年一遇特大洪灾的影响，泰国经济增长放缓，这也反映在财政支出总量和分项支出的变化上。从支出结构来看，雇员报酬与商品和服务支出的占比最高，其中，雇员报酬支出呈逐年上升的趋势，由 2010 年的 30.24% 上升至 2013 年的 31.02%；商品和服务支出占比水平基本稳定，由 2010 年的 32.08% 下降至 2013 年的 27.6%。固定资产投资领域的支出完全由中央政府承担，且占比呈现下降的趋势，由 2010 年的 4.86% 下降至 2013 年的 2.5%，基础设施投资不足一直是困扰泰国经济增长的长期问题（见表 12 - 1）。

表 12 - 1　　　　　　　　泰国财政支出情况　　　　　　　　单位：百万泰铢

年 份		2010	2011	2012	2013
财政支出	全国	2 243 190.7	2 344 973.9	2 567 005.2	2 731 149.8
	中央	1 983 991.8	2 126 478.3	2 301 207.6	2 430 492.6
	比重（%）	88.45	90.68	89.65	88.99
	地方	259 199	218 495.7	265 797.6	300 657.2
	比重（%）	11.55	9.32	10.35	11.01
雇员报酬	全国	678 355	701 861.7	792 486.9	847 323.7
	中央	583 454.5	617 147.8	680 956.8	713 915.5
	比重（%）	86.01	87.93	85.93	84.26
	地方	94 900.5	84 713.9	111 530.1	133 408.2
	比重（%）	13.99	12.07	14.07	15.74

续表

年 份		2010	2011	2012	2013
商品和服务支出	全国	719 506	666 078.3	709 213.2	753 906.2
	中央	588 606.3	555 147.3	579 846.5	610 486.2
	比重（%）	81.81	83.35	81.76	80.98
	地方	130 899.7	110 931.1	129 366.7	143 420.1
	比重（%）	18.19	16.65	18.24	19.02
固定资产投资	全国	109 015.7	75 822.4	71 555.6	68 238.7
	中央	109 015.7	75 822.4	71 555.6	68 238.7
	比重（%）	100.00	100.00	100.00	100.00
	地方	0	0	0	0
	比重（%）	0	0	0	0
利息支出	全国	145 737.4	142 459	135 428.3	116 984.7
	中央	144 013.9	139 723.5	133 659.7	116 984.7
	比重（%）	98.82	98.08	98.69	100
	地方	1 723.4	2 735.5	1 768.6	0
	比重（%）	1.18	1.92	1.31	0.00
津贴支出	全国	170 168.5	162 667.1	167 583.4	98 921.3

资料来源：泰国财政部网站。

（二）中央财政收入

如表 12 - 2 所示，2014 年泰国财政收入达 31 438.53 亿泰铢，其中税收收入达 22 597.25 亿泰铢，占比为 71.88%，地方财政收入为 5 543.49 亿泰铢，占全国财政收入的 17.63%，全国财政收入占 GDP 22.99%。

表 12 - 2   **泰国 2005 ~ 2014 年财政收入情况**   单位：百万泰铢

年 份	2014	2013	2012	2011	2010	2005
全国财政收入	3 143 853.1	3 209 733.8	2 829 066.1	2 662 740.3	2 423 343	1 734 443.2
税收占比（%）	71.88	75.2	73.52	74.82	71.04	74.09
地方财政收入	554 348.9	537 176.8	499 605.9	431 182.1	348 914.6	293 914.7
占比（%）	17.63	16.74	17.66	16.19	14.4	16.95
财政收入占GDP比重（%）	22.99	24.84	23.18	23.65	26.03	24.44

注：财政收入不包括预算外收入。

资料来源：泰国财政部网站。

从税收收入结构来看，泰国以商品和劳务税为主，收入占税收总收入的比例基本稳定在50%以上，其次为所得、利润和资本收益税，在40%左右（见表12-3）。

表12-3　　　　泰国2010~2013年中央政府税收收入结构　　　　单位：%

年 份	2013	2012	2011	2010
税收收入（百万泰铢）	2 823 030	2 507 183.79	2 411 738.1	1 738 058.86
所得、利润和资本收益税	39.29	42.51	41.31	40.57
薪金和劳动力税	0	0	0	0
财产税	1.42	0.86	1.08	1.01
商品和劳务税	53.16	51.02	51.29	53.1
国际贸易税	5.34	4.95	5.67	4.69
其他税	0.79	0.65	0.66	0.64

资料来源：泰国财政部网站。

（三）政府债务

如下表12-4所示，截至2015年6月，泰国政府直接负债规模达到40 913.78亿泰铢，其中，内债为40 112.73亿泰铢，外债为801.05亿泰铢。2014年泰国银行共有46 774.5亿泰铢的政府部门债券被拍卖，较上年下降20%。在泰国债券市场协会记名的商业票据新发行11 848.4亿泰铢，比2013年增长-1%。短期国库券发行额达9 674.7亿泰铢，增长148%；政府债券共发行5 348.3亿泰铢，较上年增长3%。2014年新发行的国有企业债券共1 622.5亿泰铢，较2013年增长-36%；而新发行的外国债券共115.9亿泰铢，较上年增长-54%；新发行的长期企业债券为5 539.4亿泰铢，较上年增长32%。

表12-4　　　　在泰国债券市场协会注册的债券发行　　　　单位：百万泰铢

类型＼年份	2013	2014	增长率（%）
政府债券	518 696	534 826	3
国库券	389 907	967 467	148
国有企业债券	252 506	162 247	-36
政府机构债券	5 850 354	4 677 452	-20
长期企业债券	418 458	553 941	32
商业票据	1 201 105	118 484	-1
外国债券	25 350	11 590	-54
合 计	8 656 376	8 092 366	-7

资料来源：泰国财政部网站。

截至 2014 年 12 月泰国债券市场协会记名债券的未偿还价值总额达 92 872.9 亿泰铢，较上年增长 3%。这包括了 33 556.8 亿泰铢的政府债券，27 427.6 亿泰铢的政府机构债券，18 357.6 亿泰铢的长期企业债券，7 932.4 亿泰铢的国有企业债券，3 714.7 亿泰铢的商业票据和 913.7 亿泰铢的外国债券（见表 12 – 5）。

表 12 – 5　　　　　　泰国债券市场协会记名债券的未偿还价值　　　单位：百万泰铢

年份 类型	2013	2014	增长率（%）
政府债券	3 336 937	3 355 677	1
国库券	80 000	97 010	21
国有企业债券	731 585	793 240	8
政府机构债券	2 843 377	2 742 756	– 4
企业债券	1 883 446	2 207 230	17
—长期企业债券	1 592 862	1 835 762	15
—商业票据	290 584	371 468	28
外国债券	116 474	91 374	– 22
合计	8 991 819	9 287 288	3

资料来源：泰国财政部网站。

长期企业债券最大的未偿还部分是能源和公用事业（占 20%），其次是银行业（占 18%）、然后是房地产开发行业（占 11%）、金融和证券业（占 9%）、建筑材料行业（占 9%），交通及物流行业（占 4%），信息和通信技术行业（占 3%），其余行业（占 26%）。考虑到企业债券的发行数量，发行人的评级为 A 的比例已经从 47% 下降到38%，换言之，发行人评级为 BBB 的（包括 BBB +/BBB/BBB –）和未评级的分别提高到 31% 和 13%（见表 12 – 6）。

表 12 – 6　　　泰国债券市场协会记名债券的市盈率和未偿还债务
（截至 2014 年 12 月 30 日）

债券类型	市盈率（年）	未偿还（十亿泰铢）
国库券	0 – 5	97.01
	合计	97.01
政府债券	0 – 5	48.22
	6 – 10	751.66
	11 – 15	1 078.77
	>15	1 477.03
	合计	3 355.68

续表

债券类型	市盈率（年）	未偿还（十亿泰铢）
政府机构债券	0－5	2 635.42
	6－10	107.34
	合计	2 742.76
国有企业债券	0－5	250.08
	6－10	268.60
	11－15	181.47
	>15	93.09
	合计	793.24
长期企业债券	0－5	670.26
	6－10	561.36
	11－15	489.30
	>15	114.83
	合计	11 835.76
商业票据	0－5	371.47
	合计	371.47
外国债券	0－5	53.94
	6－10	16.53
	11－15	20.91
	合计	91.37

资料来源：泰国财政部网站。

四、施政方针与财政改革

（一）面临的问题和挑战

1. 政治的稳定性

1932 年，泰国建立了君主立宪制，这一政治体制一直延续到今天，可以说，泰国的宪政体制和基本政治制度是稳定的。然而，这一体制确立后的 80 多年的时间里，泰国的政治继承的稳定性却不高，即政府权力的交接并不完全按照其确立的政治制度完成，军事政变和学潮不断发生。政治领导人的非正常更迭对其本国经济造成较为严重的影响，根据泰国 2014 年 3 月的月度经济报告，由于受到 1 月份持续不断的政治骚乱的影响，2014 年 2 月的私人消费呈现出放缓迹象，2014 年 2 月消费者信心指数为 59.7 点，是过去 12 年的最低水平，制造业生产指数（MPI）下降了 4.4%，此外，服务业尤其是旅游业的放缓，入境游客人数缩减了 8.1%。

2. 人口老龄化

根据联合国的预测，在保持中等生育水平的情况下，泰国将于 2025 年进入全面的人口老龄化社会，到那时，将会有 20% 以上的人口超过 60 岁。与亚洲其他国家（除日本和韩国外）相比，泰国将更快进入全面老龄化社会，并且，泰国经济仍处于发展中国家水平。如果泰国的生育率下降，到 2045 年，其全国人口将减少约 6 380 万人，这意味着未来泰国将面临严重的劳动力短缺问题。因此，泰国必须对社保基金制度进行改革。

3. 公共管理效率低下

政府部门不能够有效的执行公共政策，一是由于一些地方政府部门与公众之间缺乏有效的沟通，使得行政机关的威信下降；二是部分政府部门行政低效率，导致执法的低效；三是政策实施过程中不透明，导致出现部分涉及经济、社会和政治领域的政策执行的不平等和不公平的问题。

（二）施政方针和目标

2014 年，巴育代表新一届政府向国家立法议会阐述了新政府施政方针，包括坚持君主立宪制、维护国家安全、加入东盟一体化、发展教育和科技、打击腐败、维护公平和完善法律制度等。

1. 减少社会不平等

泰国政府优先解决社会群体收入和生活的不平等问题，使弱势群体获得与其他社会群体一样享受公平的机会。一是农林领域存在的农业用地短缺与森林保护的问题，泰国提出将通过明确土地的产权形式来解决，防止保护区外或非农人口获得这些土地。将利用现代技术，如观测卫星，各部委必须使用统一的卫星图片来处理土地产权重叠、土地划界和野生动物保护等问题。二是社会就业，泰国提出通过加强公共部门与私人部门的合作，进一步扩大社会就业。三是社会保障和储蓄体系，泰国提出改善持续而有效的家庭账户和社区统筹账户，解决社会隐性债务的问题，提高弱势群体、残疾人、老年人、妇女和儿童的生活质量。

2. 大力发展教育

泰国政府提出，将大力发展泰国教育、宗教、文化和艺术等社会文化和教育事业，塑造一个充满美德的社会。泰国政府把发展教育重点放在正规教育，鼓励各部委和机构（尤其是教育部和非正规教育办公室）密切合作，鼓励泰国人民通过自学等非正规教育方式来提高文化素质。

3. 提升公共卫生服务和居民医疗保健水平

泰国提出在短时间内在全国范围内建立起一个坚实的卫生服务基础，将新建一个机构以全方位监督卫生安全工作，确保人民可以获得均等的、全面的卫生服务。将更关注于预防疾病，而不是疾病治疗。建立一个全面的、分散的健康保障体系，使其能够覆盖更广大的人民。

4. 改善基础设施状况

泰国在地理位置上处于东盟地区的核心地带，是东盟国家物流、贸易和金融中心，也是中国与东盟市场连接的桥梁，因此，泰国近年来越来越重视其国内基础设施的投资。泰国于 2011 年通过《泰国基础设施发展规划（2012 – 2016）》，提出政府将安排 22 700 亿泰铢财政拨款用于基础设施项目建设，2013 年，泰国于中国签订《中泰关系发展远景规划》，试图以"大米换高铁"的模式，推动其基础设施的全面更新，但由于受到政局动荡的影响，这一规划进展缓慢。

（三）重点推进的财政改革

1. 未来泰国财政运行所面临的主要压力

（1）对外依赖程度过高。泰国是一个典型的外向型经济国家，2014 年，其出口额与 GDP 之比达到 3∶4，在过去，泰国经济主要依赖外国投资和出口，但这后来成为制约其提高竞争力的主要因素。同时，外向型经济结构对农业的补偿率较低，导致农民收入水平提高严重滞后于经济发展水平。过度依赖外部经济使得泰国经济容易受到世界经济的不确定性影响，对其宏观调控能力提出了更高的要求。

（2）人口老龄化。根据泰国《第十一个五年规划》，泰国将于 2025 年进入老龄化社会，青年和适龄劳动人口比重将持续下降，年龄在 60 岁以上的人口将会超过 20%，是除了日本和韩国之外，人口老龄化最为严重的亚洲国家之一，与东亚的日本和韩国不同的是，泰国仍是一个发展中国家。这不仅对劳动力供给产生严重的影响，公共医疗支出的增长也将会成为公共财政的沉重压力。因此，对于泰国来说，未来十年是逃离"中等收入陷阱"的关键时期，否则十年后泰国的经济能力将无法承受人口老龄化所带来的诸多问题。然而，泰国的工业发展主要依赖的是低成本劳动力的竞争优势，而缺乏自主创新的能力，大大制约了其经济的发展。这种粗放型的经济增长模式会导致一系列的社会问题，如大量的劳动力长期维持在低收入、低消费的水平上，国民收入分配中的收入不平等问题等。

（3）资源与环境问题。对自然资源的开发和利用低效率、气候变化以及随着经济增长和城市化而快速增长的废物、垃圾等，使泰国承受着生物多样性的减少和持续海岸侵蚀的风险，频繁发生的自然灾害也严重威胁着农业生产、粮食和能源安全，乃至民众的健康和生活，这些都对泰国政府有效实施环境保护政策提出更高的要求。

（4）国家安全问题。由于政治动荡、恐怖主义、经济危机和国际竞争等因素导致各种威胁国家安全问题的事件快速增加，要求政府必须做好风险管理和应急准备，并不断加强国家在国际舞台上的竞争力。

2. 财政政策的调整和改革措施

（1）加大基础设施投资。从2013年起，泰国开始实施为期7年，总额超过2.4兆泰铢（约相当于其国内生产总值20%）的基础设施投资计划，目的是加强泰国与周边国家的互联互通，以及提高泰国经济的抗灾能力。

（2）控制政府债务风险。泰国政府近年来通过扩大投资、降低公司所得税税率等政策刺激经济，收到了良好的效果，但同时，泰国政府的财政赤字规模也逐年扩大，其债务风险也引起泰国政府的重视。泰国政府提出在2017年保持政府债务余额占国内生产总值比重不超过50%的财政风险控制目标，这一目标也被纳入未来财政基线预测的考虑范围。为此目标，泰国政府实施了一些具体的政策调整，如削减非生产性支出，调整税制，加强税收征管，强化中期财政规划的约束力等。

（3）优化财政体制。泰国是一个财政高度集权的国家，其原因之一是中央政府需要集中主要的财力以维持国家政治的稳定性。在泰国《第十一个五年规划》中明确指出，尽管泰国财政分权在逐渐深化，地方政府获得了更多的财政能力，但未来迫切需要解决的是中央与地方政府间支出责任划分不明晰的问题。

3. 税收政策的调整和改革措施

（1）遗产税和不动产税改革。为了提高经济发展的包容性和可持续性，强化经济基础，泰国在其《第十一个五年规划》中提出将改革税制，以改善收入分配状况，促进社会资源公平配置。泰国现行税制是以商品税为主体，其收入占比达50%以上，财产税则仅占比1%左右。目前，在泰国有两种类型的财产税：房屋和土地税和地方发展税。其中，房屋和土地税是对业主的房屋、建筑物、构筑物或土地，用于出租或以其他方式投入商业使用而征收的税收。包括不是由主人使用的应税财产（包括房屋），工业和商业建筑物及附带使用的土地。以年度评估该财产出租的价值为基础，税率为12.5%。其次，地方发展税是对拥有土地或使用土地的人征收的税。根据估计土地价值，税率各不相同，介于0.25%～0.5%。土地评估由地方当局负责。用于个人住房、饲养牲畜及种植作物的土地，可获得一定的税收宽免。税收宽免的数额将取决于土地所在地。

（2）环境税改革。目前，泰国未开征有环境税，但由于近年来工业化和城市化的快速发展，使其不得不考虑通过税收政策来调节市场主体对自然资源的使用。在泰国《第十一个五年规划》中将环境税的改革作为其增强自然与环境管理工作的重要组成部分，提出将积极推动环境税的征收，以提高自然资源的利用效率和环节环境污染的问题。

（3）吸引外资税收政策调整。为了提高泰国作为国际资本投资目的地的竞争优势，泰国自2012年起开始降低其公司所得税税率，公司所得税一般税率由原来的30%降低至2012年的23%，2013年又进一步降低至20%。

主要参考文献

［1］H. N. 沙伊贝．H. G. 瓦特．H. U. 福克纳：《近百年美国经济史》，中国社会科学出版社1981年版。

［2］道格拉斯·C·诺斯：《制度、制度变迁与经济绩效》，上海三联书店1994年版。

［3］高德步、王珏：《世界经济史》，中国人民大学出版社2001年版。

［4］约翰·F·沃克、哈罗德·G·瓦特：《美国大政府的兴起》，重庆出版社2001年版。

［5］小詹姆斯·R·斯托纳，姚中秋译：《普通法与自由主义理论，柯克、霍布斯及美国宪政主义之源头》，北京大学出版社2005年版。

［6］亚历山大·汉密尔顿、詹姆斯·麦迪逊、约翰·杰伊：《联邦当人文集》，中国青年出版社2014年版。

［7］任东来等：《美国宪政历程》，中国法制出版社2015年版。

［8］蔡玉文：《法国的预算编制》，载于《中国财政》2003年第1期。

［9］财政部财政科学研究所：《各国财政运行状况（2011）》，经济科学出版社2012年版。

［10］财政部财政科学研究所：《各国财政运行状况（2013）》，经济科学出版社2014年版。

［11］王玲：《法国新预算法简析》，载于《中国财政》2005年第9期。

［12］中国外交部：《印度国家概况》，中国外交部网站，2015年9月更新。

［13］亚洲开发银行编著，财政部科研所译：《政府支出管理》，人民出版社2001年版。

［14］财政部财政科学研究所：《经济危机中的财政——各国财政运行状况（2011）》，中国财政经济出版社2012年版。

［15］世界银行：《超越年度预算——中期支出框架的全球经验》，中国财政经济出版社2013年版。

［16］韩国企划财政部：《2014～2018年国家财政运行计划》。

［17］财政部财政科学研究所：《部分国家政府非税收入管理法律框架》，《研究报告》，2014年。

［18］（美）Anwar Shah编著，贾康等译：《践行财政"联邦制"》，科学出版社2014年版。

［19］财政部财政科学研究所：《各国财政运行状况》（2013），中国财政经济出版社2014年版。

［20］财政部财政科学研究所：《各国财政运行状况》（2011），中国财政经济出版社2012年版。

［21］童伟：《俄罗斯政府预算制度》，经济科学出版社2013年版。

［22］徐海燕：《俄罗斯政党发展与社会政治心态》，载于《重庆社会主义学院学报》，2010年第3期。

［23］程亦军：《当前俄罗斯经济的基本特征与发展前景》，载于《人民论坛．学术前沿》2013年第17期。

［24］张琳、高凌云：《2013～2014年俄罗斯宏观经济形势分析与展望》，载于《中国市场》2015年5期。

［25］郭连成、车丽娟：《俄罗斯预算联邦制的改革与发展》，载于《俄罗斯中亚东欧研究》2009年第3期。

［26］郭晓琼：《俄罗斯联邦稳定基金的发展》，载于《俄罗斯中亚东欧市场》2008年第1期。

［27］韩爽、徐坡岭：《俄罗斯实现持续经济增长面临的主要挑战》，载于《俄罗斯中亚东欧研究》2011年第5期。

［28］薛福岐：《"中期稳定"战略与普京的新执政之路》，载于《当代世界》2012年第3期。

［29］蒋莉：《普京新政评析》，载于《现代国际关系》2012年第12期。

［30］中国现代国际关系研究院课题组：《普京复任后的俄罗斯内外政策调整》，载于《俄罗斯东欧中亚研究》2013年第2期。

［31］程亦军：《后危机时期的俄罗斯经济形势》，载于《欧亚经济》2014年第6期。

［32］郭连成：《俄罗斯财税政策及其影响》，载于《俄罗斯东欧中亚研究》2013年第5期。

［33］殷红：《俄罗斯经济形势与政策分析》，载于《俄罗斯东欧中亚研究》2014年第3期。

［34］徐向梅：《全球冲突下俄罗斯面临的挑战》，载于《学习时报》2015年04月27日。

［35］黄河：《俄罗斯债务问题——从国家风险评估角度进行分析》，载于《东欧中亚研究》1999 年第 4 期。

［36］（美）Anwar Shah 编著，贾康等译：联邦制全球对话第Ⅳ卷，《践行财政"联邦制"》，科学出版社 2015 年版。

［37］（美）安瓦·沙主编，刘亚军、周翠霞译：《发展中国家的地方治理》，清华大学出版社 2010 年版。

［38］Office for Budget Responsibility 网站信息。

［39］IMF，BUDGET INSTITUTIONS IN G – 20 COUNTRIES—COUNTRYEVALUATIONS，April 7，2014，IMF 网站。

［40］Office for National Statistics，Public Sector Finances，April 2015，issued on 22 May 2015，英国财政部网站。

［41］HM Treasury，Statistical Bulletin：Public Spending Statistics April 2015，英国财政部网站。

［42］HM Treasury，Budget 2015，March 2015，英国财政部网站。

［43］IMF，BUDGET INSTITUTIONS IN G – 20 COUNTRIES—COUNTRYEVALUATIONS，April 7，2014，IMF 网站。

［44］韩国企划财政部网站 www. mosf. go. kr。

［45］韩国行政自治部网站 www. moi. go. kr。

［46］韩国银行网站 www. bok. or. kr。

［47］韩国租税财政研究院网站 www. kipf. re. kr。

［48］韩国的地方自治 http：//www. clair. or. kr/down_file/115_00. pdf#search = '% E9% 9F% 93% E5% 9B% BD + % E4% B8% AD% E6% 9C% 9F% E8% B2% A1% E6% 94% BF% E9% 81% 8B% E5% 96% B6% E8% A8% 88% E7% 94% BB'。

［49］http：//www. mosf. go. kr/com/synap/synapView. do？ atchFileId = ATCH_OLD_00004095916&fileSn = 466292。

［50］韩国企划财政部《2015 ~ 2019 年国家财政运用计划》。

［51］http：//blog. naver. com/kord1/220475409294。

［52］Ministry of Finance of India，Indian Public Finance Statistics 2013 – 2014 及之前财年的报告，印度财政部网站，2014 年 4 月。

［53］Ministry of Finance of India，Economic Survey 2014 – 2015，印度财政部网站，2015 年 2 月。

［54］Ministry of Finance of India，Mid – Year Economic Analysis 2014 – 2015，印度财政部网站。

［55］Ministry of Finance of India，An Economic and Functional Classification of the Central Government Budget 2013 – 2014，印度财政部网站。

［56］ Ministry of Law and Justice, Government of India, ［The Constitution of India］ (as modified up to the 1st December, 2007) http：//www. india. gov. in/my – government/constitution – india。

［57］ Ministry of Finance of India, BUDGET AT A GLANCE 2015 – 2016，印度财政部网站。

［58］ Ministry of Finance of India, Key Features of Budget 2015 – 2016, Feb. 28 2015，印度财政部网站。

［59］ Ministry of Finance of India, The Medium Term Fiscal Policy Statement，印度财政部网站。

［60］ Speech of Pranab Mukherjee, Minister of Finance, March 16. 2012, http：//www. legalserviceindia. com/income%20Tax/budget_2012. htm。

［61］ Ministry of Finance of India, Medium – term Expenditure Framework Statement laid before Parliament as required under the Fiscal Responsibility and Budget Management Act, 2003, December 2014，印度财政部网站。

［62］ IMF, BUDGET INSTITUTIONS IN G – 20 COUNTRIES—COUNTRYEVALUATIONS, April 7, 2014, IMF 网站。

［63］ 中国外交部，《印度国家概况》，中国外交部网站，2014 年 9 月更新。

［64］ 巴西财政部财政统计数据：

［65］ https：//orcamentofederal. gov. br/informacoes – orcamentarias/texto – estatisticas – fiscais。

巴西财政部：

［66］ http：//www. tesouro. fazenda. gov. br/en/central – government – primary – balance。

［67］ 2015 年巴西财政预算报告：

http：//www. planejamento. gov. br/ministerio. asp? index = 8&ler = s1146。

［68］ 2015 巴西中央银行公共财政数据：http：//www. bcb. gov. br/? INDICATORS。

［69］ 巴西年度财政计划：

http：//www. tesouro. fazenda. gov. br/plano – anual – de – financiamento。

［70］ 链接地址：http：//www. bcb. gov. br/? FISCPOLICY。

［71］ 巴西财政部年度举债计划：

http：//www. tesouro. fazenda. gov. br/annual – borrowing – plan。

［72］ 巴西财政部年度债务报告：

http：//www. tesouro. fazenda. gov. br/annual – debt – report。

［73］ CMB, Economic Report of the Present, 2015.

[74] CBO, The 2015 Long – Term Budget Outlook.

[75] CMB, Fiscal Year Budget of the U. S Government, 2016.

[76] France's Finance Ministry: Stability Programme 2015 – 2018, April 2015.

[77] France's Finance Ministry: 2015 Budget Bill, March 2015.

[78] IMF: Budget Institutions in G – 20 Countries—Country Evaluations, April 7, 2014.

[79] OECD: The Legal Framework for Budget Systems, 2004.

[80] L. F. Jameson Boex, Jorge Martines – Vazquez, Robert M. Mcnab: Multi – Year Budgeting: A Review of International Practices and Lessons for Developing and Transitional Economies, Public Budgeting & Finance, Summer 2000.

[81] OECD: OECD Economic Surveys—France, March 2015.

[82] Office for National Statistics: Public Sector Finances, April 2015, issued on 22 May 2015.

[83] World Bank: Beyond the Annual Budget—Global Experience with medium Term Expenditure Frameworks, 2013.

[84] Anwar Shah, Local Government in Industrial Countries, the World Bank 2006.

[85] Budgeting in Australia, By Jón R. Blöndal, Daniel Bergvall, Ian Hawkesworth and Rex Deighton – Smith.

[86] International Experience and Best Practice in Implementing Medium Term Expenditure Frameworks, David Shand, Almaty, Kazakhstan.

[87] The Australians Mid – Term Expenditure Framework (MTEF). Its Features and Its Underlying Supporting Institutions/Systems.

[88] Task Force for the Implementation of the Environmental Action Programme for Central and Eastern Europe, Caucasus and Central Asia Regulatory Environmental Programme Implementation Network: INTRODUCTION TO MEDIUM – TERM EXPENDITURE FRAMEWORKS (MTEF), By Organisation for Economic Co – operation and Development (OECD).

[89] Multi – Year Budgeting: A Review of International Practices and Lessons for Developing and Transitional Economies, L. F. Jameson Boex, Jorge Martinez – Vazquez and Robert M. McNab.

[90] Australia 2014 G20, Comprehensive Growth Strategy: South Africa.

[91] Our future – make it work, National Development Plan 2030 – Executive Summary, National Planning Commission Department of The Presidency Republic of South Africa.

[92] Medium – Term Strategic Framework (MTSF) 2014 – 2019, Planning, Monitoring and Evaluation Department of ThePresidency Republic of South Africa.

[93] Budget Institutions in G – 20 Countries—Country Evaluations, IMF Policy Paper, April 7, 2014.

后　记

　　2011 年，我们公开出版了《经济危机中的财政》，开创了"各国财政运行"系列研究。在过去几年的研究基础之上，我们逐渐拓展并形成了"G20 框架下财政运行分析"的跟踪研究体系。2015 至 2016 年，中国财政科学研究院外国财政研究中心联合广西（东盟）财经研究中心共同撰写《世界主要国家财政运行报告（2016）》，并得到了北京用友政务软件有限公司的大力支持。我们愿意与广大读者分享研究成果，希望本书能够对社会有所助益。

　　中国财政科学研究院外国财政研究中心负责外国财政制度、政策及国际、地区间经济协作等方面的研究任务，参与外事及对外交流计划的设计。经过多年来的研究和探索，我们逐渐积累了丰富的国别财税资料和外国财政研究经验，本书亦是多年研究积累的体现。

　　全书共分为六篇十二章，各章作者如下：

　　第一章英国：李欣；第二章德国：张东明；第三章法国：于雯杰；第四章俄罗斯：白忠涛；第五章美国：李博、梁佳雯；第六章巴西：王美桃；第七章澳大利亚：冯丽薇；第八章南非：刘翠微；第九章日本：李三秀、田远；第十章韩国：景婉博；第十一章印度：李欣；第十二章泰国：秦强。

　　此外，王朝才副院长组织领导了本书的撰写，吕旺实研究员提出了很好的修改意见，张晓云研究员、马洪范研究员、李欣研究员具体承担了全书的总撰和完善工作。

　　本书是集体研究的成果，经过多次会议研究修改而成。虽然我们竭尽全力，但不当之处在所难免，敬请各位读者批评指正。

外国财政研究中心　马洪范

2016 年 8 月 23 日

图书在版编目（CIP）数据

世界主要国家财政运行报告. 2016 ／ 中国财政科学

研究院著 . —北京：经济科学出版社，2016. 12

（中国财政科学研究院智库报告丛书）

ISBN 978 – 7 – 5141 – 7662 – 9

Ⅰ. ①世…　Ⅱ. ①中…　Ⅲ. ①财政管理体制 – 研究

报告 – 世界 – 2016　Ⅳ. ①F811. 2

中国版本图书馆 CIP 数据核字（2016）第 311210 号

责任编辑：高进水　刘　颖　胡蔚婷
责任校对：曹　力　辰轩文化
责任印制：王世伟

世界主要国家财政运行报告（2016）

中国财政科学研究院　著

经济科学出版社出版、发行　新华书店经销

社址：北京市海淀区阜成路甲 28 号　邮编：100142

总编部电话：010 – 88191217　发行部电话：010 – 88191522

网址：www. esp. com. cn

电子邮件：esp@ esp. com. cn

天猫网店：经济科学出版社旗舰店

网址：http：//jjkxcbs. tmall. com

北京季蜂印刷有限公司印装

787 × 1092　16 开　23. 5 印张　470000 字

2016 年 12 月第 1 版　2016 年 12 月第 1 次印刷

ISBN 978 – 7 – 5141 – 7662 – 9　定价：56. 00 元

（图书出现印装问题，本社负责调换。电话：010 – 88191510）

（版权所有　侵权必究　举报电话：010 – 88191586

电子邮箱：dbts@ esp. com. cn）